JN025096

〈入門〉

実践する計量経済学

藪 友良
Yabu Tomoyoshi

東洋経済新報社

はじめに

本書は計量経済学の入門から中級向けの教科書です．計量経済学の目的は，経済変数間の関係を数量化することによって，経済政策の評価や，経済理論の検証をすることにあります．大学院で経済学を専攻する学生にとって，計量経済学は，ミクロ経済学やマクロ経済学と並ぶ必須科目の1つです．また，学部生の卒論においても，データ分析を行う際には計量経済学を用いることが標準になりつつあります．計量経済学を用いた分析は，もはや経済分野にとどまらず，経営学やマーケティング分野でも広く用いられています．

計量経済学の手法には前提条件があり，何を分析するかによって適切な推定方法が異なります．予想に反する結果が出たとき，その理由を判断するために，計量経済学の高度な知識が必要です．本書は，計量経済学の手法を自由自在に操れるスキルを身につけ，社会においてデータ分析を実践できるようになることを目的としています．

本書の特徴は，以下の3点です．第1の特徴は，豊富な実証例を多数あげている点です．初学者にとっては，計量経済学がどのように役に立つのかを知ることは，計量経済学を学ぶ意識を高めるだけでなく，計量経済学を実際に用いるうえでも有用な知識となります．これらの実証例を理解することで，単なる理論体系ではなく，「生きた」知識として計量経済学を身につけることができます．

第2の特徴は，高校初級程度の数学的知識で理解できるようにした点です．証明はできるだけ丁寧に記述し，証明の理解が容易となるよう心がけています．また，図を用いることで，視覚的にも理解できるように工夫しています．章末に証明がまとめられていますが，必ずしもこれらを読まなくても，各章の概要が把握できるようになっています．

第3の特徴は，本書によって計量経済学の深い理解が可能であり，上級の専門書を読むための基礎を作ることができる点です．データや練習問題の解答は，サポートウェブサイトに掲載しており，これらに取り組むことによって理解を深めることができるでしょう．練習問題において，初学者には難しいと思

われる問題には★印を，実証分析などを行う問題には☆印を付しています．なお，サポートウェブサイトでは，理解をより深めるための追加資料も提供しています．

　本書の構成は，以下のとおりです．計量経済学とは何かを説明する第1章に続き，第I部：回帰分析の基礎，第II部：回帰分析の応用，第III部：時系列分析から構成されます．第I部では，統計学で学習した回帰分析の基礎を説明します．第II部では，データを分析するために，回帰分析をさまざまな方向に拡張しています．第III部では，時系列データに固有の分析手法を紹介しています．第III部の時系列分析は，時系列データを扱うために必須の知識ですが，時系列データに関心がなければ読む必要はありません．なお，本書を理解するうえで必要な数学は付録A，微分は付録B，主要な確率分布は付録C，文献紹介は付録D，ギリシャ文字の読み方は付録Eにまとめています．

　本書は，筆者が学部3，4年生向けに開講している「計量経済学」の講義資料をもとに執筆したものです．2019年に発生した新型コロナウイルス感染症の影響で，授業がすべてオンラインとなった際，独学の助けにと，講義資料を大幅に書き直したのが本書となります．過不足のない平易な記述による解説，例を用いた理解の確認，そして練習問題と解説を用意することで，授業向けの教科書としてだけでなく，独学者が深い理解に達することができるようになっています．

　本書の想定する読者は，統計学の基礎を既に学習した学部生もしくは社会人で，かつ，真剣に計量経済学を学習したい人になります．本書を読むことで，計量経済学の理論，および，その実用法を深く理解できるはずです．また，統計学の基礎は，計量経済学の理解には不可欠です．本書でも時折参照してありますが，拙著『入門　実践する統計学』（東洋経済新報社，2012年）は，本書と同様，独学を前提とした詳細な解説をした参考書です．統計学の理解に自信のない読者，または，復習をしたい読者は，ぜひ参照してみてください．

　授業の受講生からは，たくさんの有益なコメントをいただきました．とくに山下拓真，笹川晶永，中原彩花，名和龍太郎，村井裕亮の各氏からは，学部生の視点から難しく感じる点や疑問点を教えてもらいました．また，遠藤正寛研究会の学生からは，多くのフィードバックをもらいました．本書作成にあたって，遠藤正寛，大津敬介，大野由香子，岡達志，黒住英司，庄司俊章，新谷元嗣，瀬田聖子，高尾庄吾，田邉勝巳，長倉大輔，中島上智，中村建太，花岡智恵，星河武志，三橋平，宮崎憲治の各氏から貴重なコメントをいただきまし

た．また，これまで指導していただいた伊藤隆敏，黒川和美，田村晶子，渡辺努，ピエール・ペロンの各先生からは，データ分析に関して多くを教えていただきました．東洋経済新報社の伊東桃子，村瀬裕己，茅根恭子の各氏からは，本書の企画から最終稿の完成まで丁寧なサポートをしていただきました．これらの方々に厚く御礼を申し上げます．

　最後に，いつもあたたかい励ましをしてくれる家族，とくに妻に心から感謝したいと思います．また，兄には，何度も未完成の原稿を読み，いつも率直な感想を教えてくれたことに感謝します．最後に，本書を通じて，計量経済学を理解し，計量経済学を好きになったと思ってくれる読者が1人でもいたら，これ以上の喜びはありません．

2022年11月25日

藪　友良

サポートウェブサイトのご案内

　サポートウェブサイトでは，本書で用いたデータや練習問題の解答などを提供しています．各自ダウンロードしてお使いください．

https://www.fbc.keio.ac.jp/~tyabu/keiryo/

3 章　最小 2 乗推定量の統計的性質　51

Ⅱ部　回帰分析の応用

6章　定式化　133

III部　時系列分析

付録

実例から学ぶ計量経済学
——例目次——

《入門》

実践する計量経済学

藪 友良

第 **1** 章　計量経済学とは何か

　計量経済学の目的は，経済変数間の関係を数量化（計量化）し，経済政策の効果を評価したり，経済理論を検証したりすることにあります．たとえば，経済理論に基づくと，金利を下げれば投資は増加すると考えられます．しかし，経済理論から明らかになるのは増える，あるいは減るといった方向であり，厳密に何％変化するかは明らかにはなりません．そもそも金利を下げても投資が増えないならば，経済理論が誤っている可能性もあります．本章では，計量経済学とは何であるのかについて説明します．この章を通じて，計量経済学の概要と意義を明らかにしていきたいと思います．

1.1　経済学における計量経済学の位置付け

　経済学は，大きく分けて経済理論と実証分析から構成されます．経済理論は，さらにミクロ経済学とマクロ経済学から構成されます（図1-1の左側に該当します）．ミクロ経済学は，消費者や企業の最適行動を理論的に考察するものであり，マクロ経済学は，国内総生産（GDP）や政府支出などマクロ経済変数間の関係について分析するものです．もっとも，マクロ経済学も，消費者や企業の最適行動を前提に**モデル**（変数間の関係を表す数式）を作ることが近年では標準的になってきており，両分野は相互に近接しつつあるといえます．数式を用いて表された経済理論をとくに**経済モデル**（economic model）といいます．

　計量経済学（econometrics）による実証分析では，データを用いて経済モデルを推定し，経済変数間の数量的関係を計量化します（図1-1の右側に該当します）．推定結果に基づいて，経済政策の効果を評価することで，経済理論の検証が可能となります．たとえば，経済理論に基づくならば，金利を下げると企業の借り入れコストが低下するので，投資が活発になるという知見が得られます．しかし，その数量的効果はどの程度のものであるか（金利を1％ポイント下げると，投資は何％増加するか）は，計量経済学による実証分析をしな

図1-1　経済理論と実証分析の関係

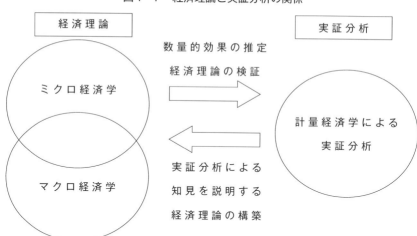

いとわかりません.

　他方, 計量経済学による実証分析から新しい法則を発見したうえで, それを説明する経済理論を構築することもできます. たとえば, 行動経済学は, 実験を通じて集めたデータを実証分析することで, 従来の経済学で仮定されているほど人々は合理的ではない可能性を指摘しています. 現在では, 限定的な合理性を前提とした経済理論の構築が発展しています. 実証分析は, 経済理論の検証だけでなく, 新たな実証結果を経済理論に反映させるためにもあるといえます. 計量経済学は, 現実経済と経済理論の「橋渡し」をすることで, 経済学を発展させる重要な役割を果たしているのです.

1.2　計量経済学と統計学の違い

　計量経済学は, 統計学を基礎とし, 経済変数間の数量的関係を測ることを目的とした学問です. では統計学と計量経済学の違いは何でしょうか.

　統計学は, 経済学だけでなく, データ分析を扱うすべての学問分野で必須の基礎知識です. それぞれの学問分野では, それぞれに関心のあるデータや数理モデルが異なることから, 独自の統計理論を発展させてきました. 各分野で独自に発展した統計学は, 分野によって異なる学問領域となっています. 医療の分野では医療統計学, 生物学の分野では生物統計学, 心理学の分野では心理統計学, そして, 経済学の分野では計量経済学と呼ばれます.

　本書で扱う計量経済学の特徴は，経済データには実験データではなく観察データが多い点，経済モデルを推定するために独自の統計手法が必要になる点にあります．以下では，実験データと観察データの違い，経済モデルの推定に伴う困難さについて説明します．

1.2.1　実験データと観察データの違い

　実験データ（experimental data）とは，実験者の制御下で得られたデータをいいます．これに対し，**観察データ**（observational data）とは，人々や企業などの行動を観察することで得られるノイズのあるデータをいいます．我々が目にするデータのほとんどは観察データです．たとえば，世論調査，財務データ，株価，国内総生産（GDP）は，すべて観察データです．

　自然科学では，実験データの収集ができますが，社会科学である経済学では観察データの収集しかできない場合がほとんどです．しかし，上述のとおり，観察データはノイズのある情報であり，そこから法則性を見つけ出すことは容易ではありません．たとえば，株価が下がると雇用がどれぐらい失われるかを明らかにしたかったとしても，日経平均株価を10％下げる実験を行うことは難しいでしょう．こうした観察データから法則性を見つけ出す方法が，計量経済学になります．

　以下では，3つの例を通じて，実験データ（屋内実験，屋外実験）と観察データに関する理解を深めていきましょう．

例1-1：実験データ――屋内実験

　実験というと，屋内の実験室で実施されるイメージが多いのではないでしょうか．ここで，ボールを使った実験を考えてみましょう．図1-2(a)では，ボールを斜面に10秒間転がして，0.5秒刻みでボールの進んだ距離を調べる実験のイメージを示しています．図1-2(b)では，その実験結果，すなわち，実験で得られたデータを示しています．横軸は経過時間（秒），縦軸は0.5秒間で進んだ距離（m）です．この結果から，時間（秒数）が経過するほど，0.5秒で移動した距離が線形に伸びていることがわかります．つまり，時間の経過に伴いボールの速度は増しており，かつ，線形になっていることから，加速度は一定といえます．これは等加速度直線運動と呼ばれる一直線上を一定の加速度（速度の変化）で進む運動です．実験結果は，さまざまな要因（斜面の角度，風，温度，湿度など）によって変化しますが，

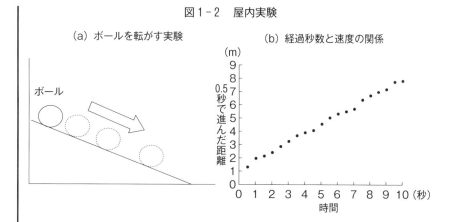

図1-2　屋内実験

(a) ボールを転がす実験　　　　　(b) 経過秒数と速度の関係

屋内実験では，その他の要因を一定に保つことができるため，経過時間に依存してボールの速度がどのように変化するのかを容易に調べることができます．

例1-2：実験データ──屋外実験

　肥料量がトウモロコシの収穫量に与える効果を知りたいとします．実験は屋外で実施するため，他要因（雨量，気温，肥沃度，日照時間，水はけ，害虫など）を一定にしながら，肥料の効果を測ることは困難です．しかし，肥料量と他要因が独立になるように実験を実施することで，肥料量が収穫量に与える影響を測ることが可能となります．たとえば，肥料量を，小量，中量，大量とします．そして実験農場を小区画に分けて，各区画に異なる肥料量を与えて収穫量を測ることとします．

　図1-3は，実験農場を9つの区画に分けて，区画ごとに異なる肥料量を与えた農場のイメージを示したものです．図1-3(a) の農場では，左列はいずれも小量，中列はいずれも中量，右列はいずれも大量としました．しかし，列ごとに外的要因が異なる場合には，このような方法では肥料量の収穫量に与える効果を測ることはできません．たとえば，左列の肥沃度が高い場合には，肥料は少ないにもかかわらず高い収穫量となる可能性があります．

　これに対し，図1-3(b) の農場では，ランダムに肥料量を変えた場合を示しています．このような方法であれば，肥料量と上記のような他要因との関係を排除できるため，肥料量が収穫量に与える影響を正確に測ることができます．

図1-3　農場を9区画に分けた屋外実験

(a) 悪い実験

小	中	大
小	中	大
小	中	大

(b) 良い実験

中	大	小
小	中	大
大	小	中

例1-3：観察データ──教育が所得に与える効果

　教育年数が所得に与える影響を知りたい場合，もし実験が可能であれば，子どもごとに受けさせる教育年数をランダムに決定し（中卒，高卒，大卒を割り当てる），その後の所得を観察すれば，所得に対する教育効果をデータ結果から得られます．ランダムに教育水準を割り当てることができれば，教育水準は他要因（生まれつきの能力，親の所得，性別，年齢など）からは独立になります．この場合には，教育年数と他要因との関係を排除できるため，教育年数が所得に与える影響を正しく測ることができます．

　しかし，子どもたちの教育年数をランダムに決めることは，そもそも倫理的に許されず，こうした実験を行うことはできません．このとき，他要因を一定としたうえで，教育年数が所得に与える影響を調べる必要があります．計量経済学では，これを重回帰分析によって行うことになります（詳しくは5章参照）．なお，親の所得，性別，年齢などは観察できますが，生まれつきの能力は観察できません．観察できない変数がある場合には，パネル分析，操作変数，自然実験などで対応できますが，これらは11章，13章，14章で詳しく説明します．

1.2.2　経済モデルの推定に伴う困難さ

　計量経済学の目的は，経済変数間の関係を数量化し，経済政策の効果を評価したり，経済理論を検証したりすることにあります．経済変数間の関係の数量化は，経済モデルの推定により行われます．経済モデルは，消費者の効用最大化，企業の利潤最大化から理論的に導出された数式であることもあれば，分析者による経済理論の考察を通じて推測された式であることもあります．経済モデルの推定には，さまざまな困難があることから，計量経済学では，さまざまな統計手法が開発されてきました．

　以下では例を通じて，経済モデルとは何か，推定の困難さは何かについてみていきましょう．

例1-4：経済モデル推定の困難さ——需要曲線の推定

　メロンの販売量を Q，価格を P としたとき，経済理論から需要曲線は，次式によって表すことができます．

$$Q = \alpha + \beta P + u$$

需要曲線は，価格と数量という経済変数間の関係を表す数式であり，経済モデルの1つになります．ここで，u は誤差項であり，販売量に影響を与える価格以外の要因をまとめたものです（たとえば，テレビ番組でメロンが健康に良いと紹介されたら，誤差項 u はプラスになる）．経済学者の関心は，未知のパラメータ（α, β）の推定にあります．経済理論から，価格が上がったら需要量は減少するので，$\beta < 0$ と想定されます．しかし，価格が1％上がったら需要量が何％減少するのか，すなわち β の値は，計量経済学を用いた推定によって求められます．

　需要曲線の推定は，価格と販売量の関係だけをみてもわかりません．図1-4（a）が示すとおり，メロンの価格と販売量は需要曲線と供給曲線の交点（均衡）で決定されます．図1-4（b）では，需要曲線と供給曲線は一定ではなく，曲線全体が左右にシフトし，均衡点が変わる状況を示しています．この観察データ（均衡点の集まり）を散布図にすると，図1-4（c）のようになります．図1-4（c）の観察データをみると，価格と数量には何の関係もないようにみえます．この観察データが何を表しているか（需要曲線を表しているか，供給曲線を表しているか）は明らかではありません．

　実は，供給曲線だけを変化させる要因を特定できれば，需要曲線を推定することができます．たとえば，天候不順が原因でメロンが不作だった場合には，供給曲線は左にシフトしますが，需要は変わらないため需要曲線はシフトしません．これは需要曲線に沿った変化であり，価格が変化したとき需要量がどれぐらい変化したかがわかります（図1-4（d）参照）．つまり，天候を原因とする不作時や豊作時の状況を分析することで，需要曲線の形状を正しく推定できるわけです．13章では，具体的な推定方法について説明します．

図1-4　メロン市場の需給

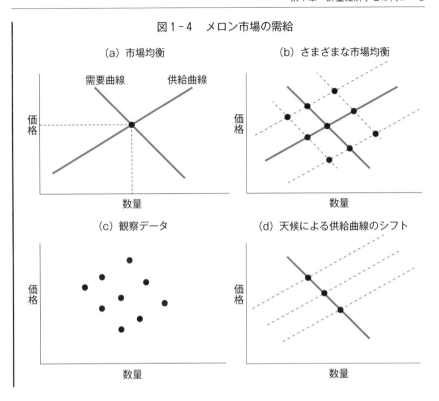

(a) 市場均衡

(b) さまざまな市場均衡

(c) 観察データ

(d) 天候による供給曲線のシフト

例1-5：経済モデル推定の困難さ──構造変化の可能性

　自然科学では，変数間の関係は安定していることが多く，パラメータは時間を通じて一定となります．たとえば，「万有引力の法則」は，物体の間に働く引力の強さを表す式であり，その関係を規定するパラメータは常に一定です．これに対して，経済主体の行動は，制度変更や環境変化などによって行動が変化してしまう可能性があります．これは変数間の関係を表すパラメータが一定ではなく，その値が時間を通じて変化する可能性を示唆します．

　計量経済学では，パラメータが変化することを構造変化といいます．たとえば，1973年の石油価格の高騰（いわゆるオイルショック）により，先進国のGDP成長率は大きく低下しました．日本の実質GDP成長率は，1973年以前は約9％でしたが，1974年からは約4％に，1991年以降はさらに0.7％まで低下しています．構造変化があった場合に，構造変化を考慮しないでパラメータを推定するとおかしな結果になってしまいます．7章では，構造変化の検定，構造変化点の推定方法について説明します．

1.3　データの種類

前節では，計量経済学と統計学の違いに即して実験データと観察データについて触れましたが，以下では，それ以外のデータの分類法を紹介します．

1.3.1　時系列データ，横断面データ，パネルデータ

データには，時系列データ，横断面データ，パネルデータがあります．

時系列データ（time series data）とは，時間の経過とともに観測されるデータです．時系列データは，その観察頻度が，年単位であれば年次データ，四半期単位（3カ月ごと）であれば四半期データ，月単位であれば月次データ，日単位であれば日次データといわれます．なお，時系列データの特徴の1つとして，季節性があります（コラム1-1参照）．季節性は経済動向とは無関係の動きであるため，元の変数から季節性を除いた季節調整済み系列を分析に用いたりします．

コラム　1-1　時系列データにおける季節性

時系列データでは，1年の中で季節性がみられることが多くあります．季節性は，天候，暦，社会慣習などの要因から生じます．天候要因は，気温や降水量などの変動から発生します．たとえば，農産物は収穫期に生産が集中し，建設事業は雨季や降雪の時期は避けて行われます．暦要因は，各月に含まれる日数の違いなどから生じます．社会慣習要因は，さまざまな社会慣習から生じる変動になります．たとえば，ボーナスは7月と12月に支給する企業が多く，この時期の消費活動は活発になります．こうした季節変動のパターンは一定ではなく，時代によって変わる可能性もあります．たとえば，バレンタインデーは1970年代に定着したといわれており，それ以前では2月にチョコレート消費が顕著に増大する傾向はありませんでした．

図1-5は，1994年から2021年までの国内総生産（GDP）の四半期データを示しています．実線がGDP，点線がGDPの季節調整済み系列（季節性を除いた部分）です．季節調整済み系列は，X-12-ARIMAにより求めました[1]．これをみると，GDPは第4四半期（10〜12月）に上昇し，翌年の第1四半期（1〜3月）に下落するという季節変動のパターンを繰り返しています．第4四半

期の GDP が高くなる理由として，ボーナスやクリスマス商戦で消費活動が活発になっていると考えられます．また，季節変動のパターンをみると，1990 年代には大きく変動している一方，2010 年代は変動が小さくなっています．次に，季節調整済み系列をみると，GDP の動きがスムーズになった系列になっています．季節変動は GDP を上下に変動させますが，そうした季節変動を除いた系列が季節調整済み系列となるわけです．政府統計では，季節調整済み系列が公表されていることが多く，そうした場合，自分で季節性を除去する必要はありません．

図 1-5　日本の国内総生産の推移

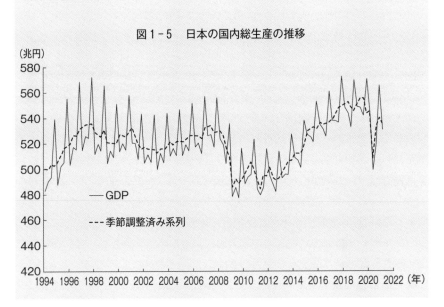

横断面データ（cross-sectional data）とは，ある時点における複数の対象を記録したデータです．これに対して，同一対象を調査した横断面データが複数時点にわたり記録されたものは**パネルデータ**（panel data）と呼ばれます．画像にたとえていうと「横断面データは瞬間をとらえた静止画であり，パネルデータは多数の静止画からなる動画」といえます．ただし，同一対象を複数時点にわたって追跡調査するのは難しいため，パネルデータの利用はいまだ限定的です（たとえば，個人が調査協力を継続する負担が重いことなどが原因としてあげられます）．

1）　X-12-ARIMA は，米国の国勢調査局が作成した，移動平均を駆使して季節性を除去する方法です．詳しくは，有田帝馬（2012）『入門 季節調整』東洋経済新報社，を参照してください．

図1-6 3種類のデータの概念

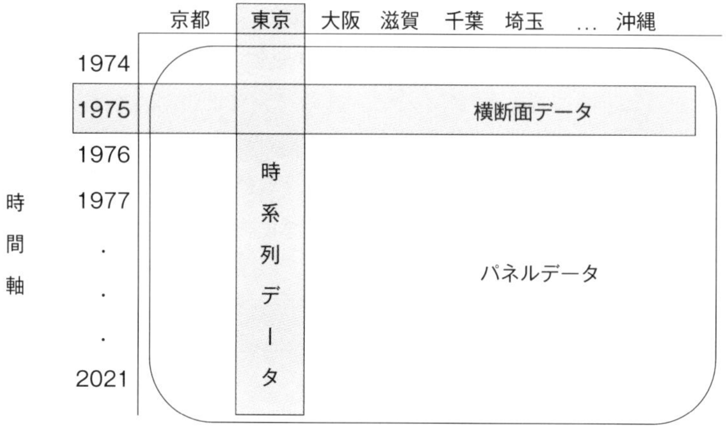

	京都	東京	大阪	滋賀	千葉	埼玉	…	沖縄

時間軸
1974
1975 横断面データ
1976
1977 時系列データ
・
・ パネルデータ
・
2021

(出所) 北村行伸 (2007)「パネルデータ分析」『ESP』10月号をもとに作図しました.

図1-6は,1974〜2021年にわたる47都道府県の県内総生産の記録のイメージ図です.このデータ全体はパネルデータですが,たとえば,1974〜2021年の東京都の県内総生産のデータは時系列データ,1975年だけの47都道府県のデータは横断面データです.

1.3.2 繰り返し横断面データと疑似パネルデータ

パネルデータに似ているものの本質的に異なるデータとして,繰り返し横断面データと疑似パネルデータがあります.

繰り返し横断面データ(repeated cross-sectional data)とは,横断面データが複数時点にまたがって存在するという点ではパネルデータと同じであるものの,調査時点によって調査対象が異なるという違いのあるデータをいいます.もっとも,日本ではいまだにパネルデータの数は少なく,データの多くは,毎年もしくは数年おきに調査対象が入れ替わる繰り返し横断面データです.

これに対し,**疑似パネルデータ**(pseudo panel data)とは,繰り返し横断面データを利用し,同じ属性を持ったグループ別にデータを集計し作成されたパネルデータをいいます.同一対象を追跡調査しているものではなく,グループ別のパネルデータになっているため,疑似パネルデータと呼ばれます.

例1-6:繰り返し横断面データをもとに疑似パネルデータを作成する例

総務省統計局が5年ごとに行っている「全国家計構造調査(旧全国消費実

態調査)」では，毎回，調査対象者の入れ替えが生じます．すなわち，これは繰り返し横断面データです．最近では2004年，2009年，2014年，2019年に調査が実施されましたが，毎回，異なる対象者に調査の回答を依頼しています．

　ここで，繰り返し横断面データを生まれ年別にグループ化し，可処分所得の平均値を計算したとします．たとえば，1984年生まれ世代なら2004年調査時は20歳，2009年時は25歳，2014年時は30歳，2019年時は35歳になります．各調査年の平均所得を計算すると，1984年生まれの世代については，4年分（2004年，2009年，2014年，2019年）のデータを作成できるわけです．同様にして，他の世代もデータを作成できます．集計されたデータをもとにパネルデータを作成しているので，これは疑似パネルデータになります．

1.3.3　ミクロデータとマクロデータ

　ミクロデータ（micro data）は，個人，家計，企業を主体として記録されたデータです．これに対して，**マクロデータ**（macro data）は，ミクロデータを国，県，市区町村別に集計したデータです．たとえば，「全国家計構造調査」は家計別のデータ，すなわち，ミクロデータですが，それを県別に集計するとマクロデータとなります．また，企業別の財務諸表などのデータはミクロデータですが，それらを日本全体で集計するとマクロデータとなります．

　マクロデータは，集計されたデータであり，個人情報などを含まず，幅広く公表されています．さまざまな大学や研究機関で導入されているデータベースとして，「日経 NEEDS」があります．「日経 NEEDS」では，日本経済のマクロデータが網羅されているだけでなく，企業の財務データも豊富です．ほかにも日本の政府統計をまとめた「e-Stat（政府統計の総合窓口)」があります（練習問題 7 参照）．また，米国を中心とした海外のデータに関心がある場合には，米セントルイス連銀のデータベース（Federal Reserve Economic Data)，通称「FRED」がお勧めです（練習問題 8 参照）．

　ミクロデータは，個人や企業別のデータを含むので，**サンプルサイズ**（データに含まれる観測値の数）が大きくなる特徴があります．ただし，ミクロデータには個人情報が含まれるために，個人情報の保護に配慮したうえで，研究者に限定して公開されることが多く，一般の人は簡単にアクセスできないことが多いようです．最近では，個人情報を識別できないように加工（匿名データ化）したうえで，一般の人でも申請すれば利用できるミクロデータも増えてき

ています．たとえば，「東京大学 SSJDA」は全国で実施された調査データの委
託を受け付けており，豊富なデータが提供されています（練習問題9参照）．
こちらは学外の人でも，利用できるデータになります．

　これら以外にも，学術雑誌や論文著者のウェブサイトがお勧めです．学術雑
誌では，論文の再現性が重視されており，分析で用いたデータが公開されてい
ます．これにより，結果の捏造や推定の誤りを防ぐことができると考えている
からです．たとえば，雑誌 *Econometrica* では，「すべての実証分析，実験，
およびシミュレーションの結果は再現可能でなければならない．著者は，再現
に必要となるデータ，プログラム，シミュレーションの情報……を提出する必
要がある」としています．学術雑誌ではデータの公開が進んでおり，マクロ
データだけでなく，ミクロデータも入手しやすくなっています．ぜひさまざま
な論文を読んで，興味をひくデータがあったら，学術雑誌や著者のウェブサイ
トをチェックしてみるといいでしょう．

1.3.4　オルタナティブデータの利用

　近年，**オルタナティブデータ**（alternative data）と呼ばれる，通信機器，
衛星画像，新聞や SNS などから得られる新しいタイプのデータが利用できる
ようになりつつあります．政府の公表データなどが伝統的データと呼ばれるの
に対して，これまで利活用が遅れていたオルタナティブデータは非伝統的デー
タと呼ばれます．

　オルタナティブデータの利点として，**高頻度，高粒度，速報性の高さ**があげ
られます．オルタナティブデータは，企業が業務の中で自動的に収集したデー
タであり，データの観察頻度は高くなります．これらのデータには，個人がい
つ何をしたかという粒度の細かい情報が含まれます．また一度，処理システム
を作ってしまえば，自動的に集計や公表業務までが行われるため，速報性は自
然と高くなります．

　たとえば，スーパーマーケット，コンビニエンスストアなどでは，レジでの
購買履歴を記録し，POS データとして蓄積しています．これを，会員カード
などに基づく会員情報と紐付けることで，消費者属性（年齢，性別など）に応
じた購買行動を分析することも可能です．また，携帯電話端末の位置情報は
GPS データとして日々記録されています．Google は，位置履歴をオンにして
いるユーザーに限定し，日本を含むさまざまな場所で人流（人々の移動量）を
測定しており，そのデータを Community Mobility Reports として公表してい

ます.

　オルタナティブデータはもちろん万能ではなく，いくつかの注意点があります.第 1 に，企業業務の中で得られたデータであるため，必ずしも全体を反映していない点です.たとえば，クレジットカードの決済データであれば，カード保有者に限定されたデータとなり，日本全体の消費行動を反映していない可能性があります.第 2 に，データの継続性が担保されていない点です.社会環境や企業業務に変化があれば，データ自体がなくなる可能性があります.たとえば，Community Mobility Reports は，新型コロナウイルス流行の中で人流を把握する目的で公表されているため，感染が終息した後に，データの公開が継続されるかは不透明です（なお，2022 年 10 月時点でデータ更新停止）.

　オルタナティブデータは魅力的なデータではありますが，データの特徴をよく理解してから用いることが重要になります[2].

1.3.5　量的データと質的データ

　GDP や体重のように数量的に表される情報を**量的データ**（quantitative data）といいます.これに対して，「銀行が融資するか，しないか」「殺虫剤の散布で虫が死ぬか，死なないか」のような質的情報を数値に変換したものを**質的データ**（qualitative data）といいます.

　質的データは，質問の答えが 2 つならば，慣例として 0 か 1 を用いて記録します.たとえば，「喫煙するか，しないか」という質問なら，「喫煙する」と答えたら 1 とし，「喫煙しない」と答えたら 0 として記録します.もちろん 0 と 1 を逆にしてもかまいません.このように 0 か 1 の値だけをとる変数は，**ダミー変数**（dummy variable）ともいいます（ダミー変数については 4.5 節で詳しく説明します）.

　質問によっては，答えは，2 つではなく複数あるかもしれません.さらにいえば，選択肢の値（数値の大きさ）に意味がある場合と値に意味がない場合があります.たとえば，授業への満足度を聞いたとしましょう.授業に「不満である」なら 0，「どちらでもない」なら 1，「満足である」なら 2 と記録します.この場合，値が大きくなるにつれて，授業の満足度が上がっていくため，選択肢の値に意味があります.これに対し，通勤手段を聞いて，答えが「徒

歩」なら0,「自転車」なら1,「バス」なら2,「電車（JR）」なら3,「電車（地下鉄）」なら4と記録した場合には,選択肢の値にはとくに意味はありません.

1.4　計量経済学が発展した背景

1.1節で説明したとおり,計量経済学は,現実経済と経済理論の「橋渡し」をすることで,経済学を発展させる重要な役割を果たしてきました.こうした計量経済学の重要性は,年々さらに高まっているのが現状となります.計量経済学が発展している背景として,以下のような3つの理由があります.

第1の理由は,経済理論の数学化です.経済理論は,言葉の論理で展開された分析が主流であった時代から,数式を用いた分析が主流となる時代へとシフトしています.現在では,経済変数間の関係は経済モデルを用いて記述されており,計量経済学を用いたデータ分析に適した環境になっています.大学の授業では,幅広い学生に理解してもらうために,数学的議論はできるだけ避けて説明しますが,大学院の授業では,数学的議論が積極的に活用されます.

第2の理由は,データ整備の急速な進展です.私が学生だった1990年代は,政府官公庁のデータであっても,図書館で政府資料を入手し,データを手入力する必要がありました.しかし,現在では,政府統計は「e-Stat（政府統計の総合窓口）」や「日経NEEDS」から簡単にダウンロードできます.研究者であれば,さまざまなミクロデータにもアクセスできるようになりました.また,企業はデータ（購買行動やオンライン履歴など）を日々蓄積し,データを利益につなげようと努力しています（コラム1-2参照）.計量経済学を用いれば,観察データから多くの知見を得ることができ,政府の政策効果を測ったり,企業収益の改善につなげたりすることが可能となります.

第3の理由は,パーソナル・コンピュータ（PC）の急速な進歩にあります.以前はスーパー・コンピュータがなければできなかった膨大な量の計算を,個人の所有するPCであっても瞬時にできるようになりました.これにより,ビッグデータと呼ばれる大規模データであっても,個人のPCを使って計算できるようになったのです.またExcel,Stata,EViews,R,Python,MATLABなど,多数の統計ソフトが開発されたことから,学生であってもデータ分析を簡単に行える環境が整っています.ちなみにExcelはほとんどのPCにインストールされていますし,RやPythonは無料でウェブサイトからダ

ウンロードできます.

　経済モデル，データの入手やPCの進歩も，データ分析者が計量経済学について理解していなければ何の意味もありません．逆にいえば，計量経済学をきちんと理解できていれば，さまざまなデータを分析し，データから興味深い知見を自由自在に得ることができるわけです.

　現在，大学院で経済学を専攻する学生にとって，計量経済学はミクロ経済学，マクロ経済学と並ぶ必須科目の1つです．また，学部生の卒業論文であっても，計量経済学を用いたデータ分析が標準になりつつあります．計量経済学を用いた分析は，もはや経済分野にとどまらず，観察データを用いる経営学やマーケティング分野でも広く用いられています.

　本書をお読みいただくことによって，計量経済学の理解を深めることができ，計量経済学を用いて，データを自由自在に分析する確かな力が得られるはずです.

コラム 1-2　ターゲット社の広告戦略[3]

　自身の購買履歴やネット閲覧履歴が，企業のマーケティング戦略に利用されていることはご存知でしょうか．米国の大手スーパーであるターゲット社のある店舗に，1人の怒った男性が来店し，「自分の娘が郵便物を受け取った．高校生にベビー服やベビーベッドのクーポンを送るとは何事だ！　娘に妊娠を勧めているのか」と抗議しました．店長は状況がわかりませんでしたが，郵便物をみると，確かにその男性の娘宛てに，育児用品の広告が送られていたことがわかりました．店長は，その場で謝罪をしたうえで，数日後にも再度，謝罪の電話を入れましたが，電話口で父親は申し訳なさそうに「娘と話をしたら，自分は知らなかったことが起きてたんだ」といいました.

　ターゲット社は，どのようにして彼女の妊娠を知ることができたのでしょうか．アンドリュー・ポールは，ターゲット社でデータ分析の専門家として働いていました．当時，ポールは，マーケティング部門の同僚から，「妊娠の有無を予測できないか．消費者の購買習慣はなかなか変わらないが，購買習慣は出産時に大きく変化する．この時期の広告効果はとくに高い．他店が赤ちゃんの誕生を知る前に，そして，多くの妊婦が育児用品を買い始める妊娠中期より前

---

3) 本コラムは，*New York Times Magazine* の記事（2012/2/16）をもとに作成しました.
　https://www.nytimes.com/2012/02/19/magazine/shopping-habits.html

に，妊婦に特別な広告を送りたい」との相談を受けていました．ポールは，データを分析することで，いくつかのパターンを発見しました．たとえば，妊婦は，大容量の無香料化粧水やサプリメント（カルシウム，マグネシウム，亜鉛など）を購入する傾向がありました．その他にも約25の商品を特定した結果，女性の買い物客に，「妊娠予測スコア」を割り振ることができ，購入履歴を通して出産予定日を僅かな誤差で予測できるようになりました．

練習問題

1．経済学において，計量経済学が果たす重要な役割は何か．

2．計量経済学が発展した理由を3つあげよ．

3．データ（a）〜（d）がある．これらのデータ（a）〜（d）は，①量的データと質的データのいずれか，②時系列データ，横断面データ，パネルデータ，繰り返し横断面データ，疑似パネルデータのいずれか．

　（a）ある時点の学生100人分の体重の記録

　（b）ある2時点で同じ100人に対して内閣を支持しているか（支持なら1，不支持なら0）を調査した記録

　（c）上記（b）と同じだが，2時点で調査対象の入れ替えがある記録

　（d）過去10年分の千葉県の降水量の記録

4．四半期データ，月次データ，日次データの具体例をそれぞれあげよ．

5．時系列データにおいて，季節性が生じる要因を3つあげよ．

6．あるコンビニチェーンでは，POSデータを有効に活用し，商品の売れ残りを少なくし，売り上げを伸ばす取り組みをしたいと考えている．データをどのように活用すれば，目的を達成できるかを述べよ．データには，年齢・性別・日時・天気・気温・商品別の売り上げなどの情報が含まれる．

7．☆「e-Stat（政府統計の総合窓口）」では，どのようなデータが利用できるかを確認せよ．

8．☆「FRED」では，どのようなデータが利用できるかを確認せよ．また，日本の実質GDPの四半期データを入手して図示せよ．

9．☆「東京大学SSJDA」では，どのようなデータが利用できるかを確認せよ．

10．☆日本銀行特設サイト「オルタナティブデータ分析」をみて，どのような分析がなされているかを確認せよ．

第 I 部
回帰分析の基礎

　第 I 部では，回帰分析の基礎を学習します．これは統計学を学習した読者にとっては，馴染みのある内容かもしれません．計量経済学では，経済データを分析するため，回帰分析をさまざまな方向に拡張しています．このため，回帰分析の基礎をしっかり理解しておくことが不可欠です．

　2 章から 4 章までは，説明変数を 1 個とした単回帰分析を扱い，5 章では，説明変数を 2 個以上とした重回帰分析の内容になります．2 章では，パラメータの推定方法として最小 2 乗法，また，回帰直線の当てはまりの良さの尺度である決定係数を学習します．3 章では，標準的仮定のもとで，最小 2 乗推定量の統計的性質を説明します．4 章では，パラメータに関する仮説検定を学習します．5 章では，重回帰分析に特有の問題として，欠落変数バイアス，自由度調整済み決定係数，多重共線性を学習します．

第 **2** 章　最小2乗法と決定係数

　本章では，説明変数を1個とした単回帰分析を通じて，最小2乗法と決定係数の説明をします．最小2乗法とはパラメータを推定する方法です．そして決定係数とは，データに直線を当てはめたときに，その当てはまりの良さを示す指標をいい，0以上1以下の値となります．決定係数が0に近いほど当てはまりは悪く，1に近いほど当てはまりは良いと解釈されます．

2.1　回帰モデル

　計量経済学では，変数間の数量的関係を表すパラメータの推定や仮説検定を行います．変数間には，次の**線形関係**があるとします（αやβなどのギリシャ文字の読み方は巻末付録Eにまとめています）．

$$Y = \alpha + \beta_1 X_1 + \beta_2 X_2 + \cdots + \beta_K X_K$$

これはK個の変数X_1, X_2, $\cdots$, X_Kによって，変数Yの動きを説明するモデルであることを意味しています．Yは**被説明変数**（dependent variable），Xは**説明変数**（explanatory variable）といいます．たとえば，X_1は1番目の説明変数，X_KはK番目の説明変数です．**パラメータ**（parameter）とは，変数間の数量的関係を表す数値（α, β_1, β_2, $\cdots$, β_K）をいいます．とくにαは**定数項**（constant term）といい，またβ_1, β_2, $\cdots$, β_Kは**回帰係数**（regression coefficient）といいます．

　このモデルは，説明変数が1個（$K=1$）なら**単回帰モデル**（simple regression model），説明変数が2個以上（$K \geq 2$）なら**重回帰モデル**（multiple regression model）といいます．また，パラメータの推定や統計的推論を含む分析を行うことを**回帰分析**（regression analysis）と呼びます．とくに単回帰モデルを扱うなら**単回帰分析**，重回帰モデルを扱うなら**重回帰分析**といいます．

　回帰係数β_1の値は「他変数（X_1以外の説明変数）を一定とし，説明変数

X_1が1単位増えたときに被説明変数Yが何単位変化するか」を表していま
す．たとえば，被説明変数Yは賃料（単位万円）で，説明変数X_1は専有面積
（単位 m^2）の場合には，係数β_1は「専有面積以外の要因を一定とし，専有面
積が$1\,\mathrm{m}^2$増えたとき賃料が何万円変化するか」を示します．

　具体的に確認していきましょう．他変数を一定として，X_1だけが1単位増
えると，$Y=\alpha+\beta_1 X_1+\beta_2 X_2+\cdots+\beta_K X_K$は，次の$Y'$に変化します．

$$Y'=\alpha+\beta_1(X_1+1)+\beta_2 X_2+\cdots+\beta_K X_K$$

ここで，YからY'への変化がβ_1であることは，次のように確認できます．

$$Y'-Y=[\alpha+\beta_1(X_1+1)+\beta_2 X_2+\cdots+\beta_K X_K]$$
$$-[\alpha+\beta_1 X_1+\beta_2 X_2+\cdots+\beta_K X_K]=\beta_1$$

　定数項αは，「すべての説明変数が0のとき（$X_1=X_2=\cdots=X_K=0$）の被説
明変数Yの値」ということを意味します．ただし，説明変数が0という状況
がありえない場合には，定数項αは単なる数学的切片であり，とくに意味を
与える必要はありません．たとえば，X_1が専有面積，Yが賃料の場合には，
面積$X_1=0$の物件は存在しないので，定数項αは単なる数学的切片であり，
その解釈は不要になります．これに対して，Yが賃料，X_1が築年数の場合
（$K=1$とする），$X_1=0$は新築物件を意味しますから，定数項αは意味のある
値になります．定数項は，分析対象によって，その解釈が異なることに注意が
必要です．

　本章では，単回帰モデル（$K=1$）について，そのパラメータを推定する方
法である最小2乗法について学びます．そのうえで，推定モデルの精度を測る
決定係数について説明していきます．単回帰モデルでは，説明変数は1個のみ
なので，説明変数X_1と回帰係数β_1の下添字は省略し，次式で表されます．

$$Y=\alpha+\beta X$$

コラム　2-1　資産運用におけるβ値

　みなさんは株価のβ値をご存じでしょうか．個別企業の株式銘柄のβ値と
は，「株価が株式市場全体の動きに対して，どの程度敏感に反応するか」を示
した指標です．株式市場全体の動きは，東京証券株式指数（TOPIX）でみる
のが標準的です．このとき，β値が1の企業ならば，TOPIXが1％上昇（下

降）すると株価も1％上昇（下降）します．これに対して，β値が0.5の企業ならば，TOPIXが1％上昇（下降）しても株価は0.5％しか上昇（下降）しません．β値が高い銘柄ほど，株価の変動は大きくなり，リスクの高い銘柄となります．β値が高い業界には景気変動の影響を受けやすい証券業や鉱業があり，β値が低い業界には景気変動の影響を受けにくい食品業や電力・ガス業があります．

　個別銘柄のβ値は，最小2乗法によって求めることができます．被説明変数 Y は個別企業の株価変化率，説明変数 X は TOPIX の変化率とすると（つまり，$Y = \alpha + \beta X$），その係数 β がまさに β値になります[1]．この式をみれば，$\beta = 1$ のときには，TOPIX が1％上昇すると株価も1％上昇することが容易に理解できます．

　表2-1では，日本を代表する企業のβ値を掲載しています．これをみると，証券業と鉱業の分野ではβ値が高く，電力・ガスや食料品の分野ではβ値が低いことがわかります．たとえば，マネックスグループのβ値は2.22であり，TOPIX が1％変化すると株価は2.22％も変化します．これに対して，味の素は0.13であり，株価は0.13％しか反応しません．一般的に，好況期にはβ値が高い銘柄，不況期にはβ値が低い銘柄が投資対象として好まれる傾向があります．

表2-1　個別企業のβ値

会社名	業界	β値
マネックスグループ	証券	2.22
日鉄鉱業	鉱業	1.28
トヨタ自動車	自動車	0.97
東京電力	電力・ガス	0.62
東京ガス	電力・ガス	0.40
味の素	食料品	0.13

（注）　β値は，過去5年間（2015年7月～2021年6月）のデータを用いて計算しました．β値は時間を通じて変動すること，β値が低い業界であってもβ値が高い企業も存在することに注意してください．

---

1)　資本資産価格モデル（CAPM）に基づくならば，リスクなし資産のリターンを考慮すべきですが，リスクなし資産のリターンの変動は小さいため，ここでは考慮していません．

2.2　データの整理

　回帰分析を行うにあたっては，その準備段階として，データをわかりやすくまとめることが重要です．本節では，データを視覚化する散布図，またデータの特徴を数値で表す特性値を紹介します．

2.2.1　散布図

　郊外のH駅周辺の物件iの賃料（万円）をY_iとし，その専有面積（m^2）をX_iとしましょう．ここで，iは物件番号です．データは，(Y_1, X_1)，(Y_2, X_2)，$\cdots$，(Y_n, X_n)とします．物件数にあたるnはサンプルサイズを表します．たとえば，(Y_1, X_1)は，物件番号1の賃料と専有面積になります．

　データは，表2-2にまとめています．物件数は8件のため，サンプルサイズは$n=8$となります．また，1番目の物件を例にとると，$Y_1=4.2$，$X_1=12$から，賃料4.2万円，専有面積12m^{2}となります．データは数字の羅列であり，表2-2をみただけで情報を得るのは大変そうです．

　2つの変数間の関係を視覚化するために，図2-1では，縦軸に賃料（万円），横軸に専有面積（m^2）をとった**散布図**（scatter plot）を描いています．散布図の各点は(Y_1, X_1)，(Y_2, X_2)，$\cdots$，(Y_8, X_8)となります．図をみると，専有面積Xが広くなると賃料Yが高くなっているのがわかります．

表2-2　賃料と専有面積

i	賃料(万円)Y	面積(m^2)X
1	4.2	12
2	5.0	16
3	5.9	20
4	7.4	45
5	8.7	30
6	9.5	37
7	10.1	42
8	12.9	60

図2-1　賃料と専有面積の関係を表す散布図

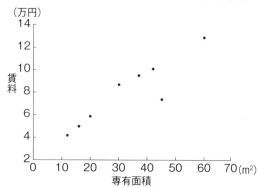

2.2.2　特性値

　データを散布図にまとめることによって，一目でその特徴をつかむことができました．ここではデータの特徴を数値で表す**特性値**を紹介します．標本分散などの特性値に馴染みがない読者は，統計学の入門書を事前に読むことをお勧めします[2]．

　標本平均（sample average）は，データの中心を測る指標です．専有面積の標本平均は，総和をサンプルサイズで割ることで，次のように定義されます．

$$\bar{X} = \frac{1}{n}\sum_{i=1}^{n} X_i$$

ここで，Σ記号は，和を簡易表記するための記号です（巻末付録 A.1参照）．これを求めると，$\bar{X} = \frac{1}{8}(12+16+20+45+30+37+42+60) = 32.75$です．同様に，賃料の標本平均は$\bar{Y} = \frac{1}{n}\sum_{i=1}^{n} Y_i$であり，これは$\bar{Y} = \frac{1}{8}(4.2+5.0+5.9 +7.4+8.7+9.5+10.1+12.9) = 7.96$です．つまり，平均的な物件は，賃料7.96万円，専有面積32.75m^{2}となります．

　標本分散（sample variance）は，データのばらつきの程度を測る指標です．専有面積の標本分散は，次のように定義されます．

$$s_X^2 = \frac{1}{n-1}\sum_{i=1}^{n}(X_i - \bar{X})^2$$

ここで$X_i - \bar{X}$は，標本平均$\bar{X}$からの乖離であり，とくに**偏差**（deviation）と呼ばれます．偏差はプラスもマイナスもあるため，2乗してから足し合わせて$n-1$で割ることで，全体のばらつきを測ります[3]．ここで，$\sum_{i=1}^{n}(X_i - \bar{X})^2 = 1877.5$を7（$= n-1$）で割ると，$s_X^2 = 1877.5/7 = 268.21$です．

　標本分散s_X^2は偏差の2乗をもとに求めた値であるため，標本分散の桁数は，データの桁数から変わっています（たとえば，偏差が10ならば，2乗をすると100になる）．よって，データの桁数に合わせるため，標本分散の平方根をとって桁数を元に戻します．これが**標本標準偏差**（sample standard deviation）です．

$$s_X = \sqrt{s_X^2} = \sqrt{\frac{1}{n-1}\sum_{i=1}^{n}(X_i - \bar{X})^2}$$

標本標準偏差s_Xは，「各データから平均$\bar{X}$までの距離の平均」として解釈さ

---

2)　本書の姉妹書である藪友良『入門　実践する統計学』（東洋経済新報社，2012年）の 2 章では標本平均，標本分散，標本標準偏差を，3 章では標本共分散と標本相関係数を解説しています．

3)　n ではなく $n-1$ で割る理由は，それによって標本分散が不偏性という良い性質を持つためです．詳しくは，藪友良（2012）『入門　実践する統計学』東洋経済新報社，の6.3.1節を参照してください．

図2-2　相関関係のイメージ

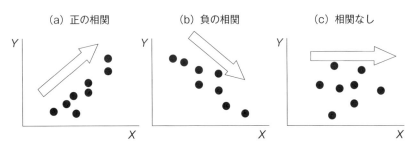

（a）正の相関　　　　（b）負の相関　　　　（c）相関なし

れます．この値を計算すると，$s_X = \sqrt{268.21} = 16.38$であり，専有面積は平均$32.75\text{m}^2$から，平均的に$16.38\text{m}^2$だけ乖離しているといえます．同様に，賃料について計算すると，$s_Y = \sqrt{s_Y^2} = \sqrt{\dfrac{1}{n-1}\sum_{i=1}^{n}(Y_i - \overline{Y})^2}$であり，これは2.91です．

　最後に，2変数間の相関関係を測る指標として，標本共分散と標本相関係数があります．**標本共分散**（sample covariance）は，次のように定義されます．

$$s_{XY} = \frac{1}{n-1}\sum_{i=1}^{n}(X_i - \overline{X})(Y_i - \overline{Y})$$

標本共分散s_{XY}がプラスであれば，2変数間には「正の相関がある」，標本共分散がマイナスであれば，2変数間には「負の相関がある」，標本共分散が0に近いなら「相関なし」と解釈されます（相関関係のイメージは図2-2参照）．ここで，$\sum_{i=1}^{n}(X_i - \overline{X})(Y_i - \overline{Y}) = 305.925$を7（$= n-1$）で割ると$s_{XY} = 305.925/7 = 43.70$であり，専有面積と賃料に正の相関があることが確認できます．

　標本相関係数（sample correlation）は，標本共分散を，XとYの標本標準偏差で除して標準化したもので，以下のように定義されます．

$$r_{XY} = \frac{s_{XY}}{\sqrt{s_X^2 s_Y^2}} = \frac{s_{XY}}{s_X s_Y}$$

ここで，標本相関係数r_{XY}は，-1から$+1$の範囲の値をとります．プラスなら「正の相関がある」，マイナスなら「負の相関がある」，0に近いと「相関なし」と解釈されます．ここで，$s_{XY} = 43.70$，$s_X = 16.38$，$s_Y = 2.91$であり，標本相関係数は$r_{XY} = \dfrac{43.70}{16.38 \times 2.91} = 0.916$と1に近い値になるため，専有面積と賃料の間には強い正の相関があることがわかります．

コラム 2-2 平均と標準偏差から偏差値を定義する

偏差値は，試験の難易度を調整したうえで，相対的な学力を測る便利な指標です．相対評価に用いられる偏差値は，標本平均と標本標準偏差を用いて，次のように定義されます．

$$i さんの偏差値 = 50 + 10\left(\frac{X_i - \bar{X}}{s_X}\right)$$

ここで，i さんの点数は X_i，標本平均は $\bar{X}$，標本標準偏差は s_X とします．たとえば，点数 X_i が平均点 $\bar{X}$ と同じなら，$X_i - \bar{X} = 0$ から偏差値は50です．点数が平均を1標本標準偏差 s_X だけ上回ると（$X_i = \bar{X} + s_X$），偏差値は60となり，点数が平均を1標本標準偏差 s_X だけ下回ると（$X_i = \bar{X} - s_X$），偏差値は40となります．

偏差値が高くなるのは，(1) 自分の点数 X_i が高い，(2) 全体の平均 $\bar{X}$ が低い，(3) 全体の標本標準偏差 s_X が小さいときです．自分の点数が平均に比べて少し高いだけという場合であっても，標本標準偏差が小さければ，偏差値は高くなります．これは標本標準偏差が小さいときには，平均から少し良いという事実が高く評価されるためです．

偏差値は，図2-3のような正規分布に従うことが多くなります（正規分布は巻末付録C.1参照）．このとき，偏差値40〜60の間に全体の約68%，偏差値30〜70の間に全体の約95%，偏差値20〜80の間に全体の約99〜100%の観測値が入ります．

図2-3　偏差値の分布

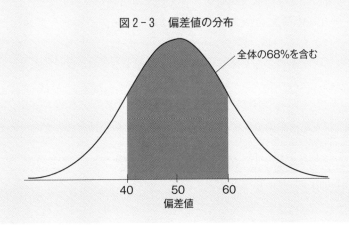

全体の68%を含む

40　　50　　60
偏差値

2.3　最小 2 乗法

　本節では，パラメータを推定するための方法として，最小 2 乗法を学習します．最小 2 乗法とは，残差 2 乗和を最小にするようにパラメータを推定する方法になります．

2.3.1　最小 2 乗推定量

　ここでの分析の目的は，専有面積 X と賃料 Y に線形関係 $Y = \alpha + \beta X$ があると考え，パラメータ (α, β) を推定することです．図 2-4 では，ためしに，$\tilde{Y} = \tilde{\alpha} + \tilde{\beta} X$ という直線を引いてみました．$\tilde{\alpha}$ と $\tilde{\beta}$ は，とりあえずおいた値なので，α と β に「~（ティルダと読む）」を付けて表記しています．では，$\tilde{\alpha}$ と $\tilde{\beta}$ をどのように選択したら，最も当てはまりの良い直線が引けるでしょうか．この問いに答えるためには，そもそも「当てはまり」という概念を定義する必要があります．

　そこで物件 i の賃料 Y_i と，専有面積 $X = X_i$ で評価された直線上の値 $\tilde{Y}_i = \tilde{\alpha} + \tilde{\beta} X_i$ との差について考えましょう．両者の差は**残差**（residual）と呼ばれ，次の式のように定義されます．

$$\tilde{u}_i = Y_i - \tilde{Y}_i = Y_i - (\tilde{\alpha} + \tilde{\beta} X_i)$$

すなわち，残差 $\tilde{u}_i$ が 0 に近いほど，当てはまりは良いことになります．一方で，残差 $\tilde{u}_i$ が 0 から乖離するほど，当てはまりは悪いといえます．図 2-4 をみると，点 (Y_i, X_i) は，直線 $(\tilde{Y} = \tilde{\alpha} + \tilde{\beta} X)$ の下側で観察されます．つまり，$Y_i < \tilde{Y}_i$ となるため，残差 $\tilde{u}_i = Y_i - \tilde{Y}_i$ はマイナスです．ここでは物件 i の残差をみていますが，当てはまりの良さを確認するうえでは，全物件の情報を考慮する必要があります．

　図 2-5 (a) は，全物件の残差を点線で表しています．各点と直線との差が残差です．点が直線の上側で観察された場合には残差はプラスとなり，点が直線の下側で観察された場合には残差はマイナスとなります．

　次に，すべての残差を集約する方法を考えます．

　1 番目の方法としては，残差の総和（つまり，$\sum_{i=1}^{n} \tilde{u}_i$）が考えられます．しかし，これは当てはまりの尺度としては悪い指標です．なぜなら，残差にはプラスとマイナスがあることから，残差の総和を求めると，それらが打ち消し

図2-4　線形関係と残差

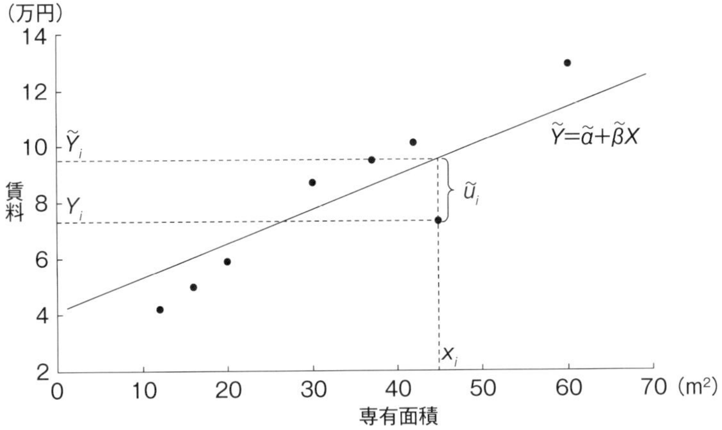

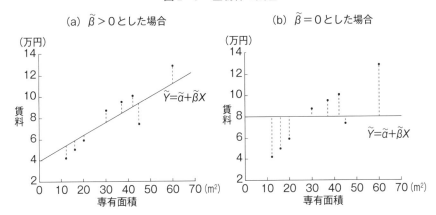

図2-5　全物件の残差

(a) $\widetilde{\beta}>0$ とした場合　　　　　(b) $\widetilde{\beta}=0$ とした場合

合って小さな値となる可能性があるからです．たとえば，図2-5(b) の直線は，当てはまりの悪い直線ですが，残差の総和を求めると，ちょうど0になります．

　2番目の方法としては，残差がマイナスの値をとりうることに伴う問題を回避するために，残差の2乗の総和を用いることが考えられます．残差はマイナスであっても2乗すればプラスになるため，総和を求めるときに，互いに打ち消しあう問題はありません．残差2乗の総和は，**残差2乗和**（sum of squared residuals，SSR）と呼ばれ，この値が小さいほど，「当てはまり」が良いと解釈されます．

$$\sum_{i=1}^{n} \widetilde{u}_i^{2} = \sum_{i=1}^{n} (Y_i - (\widetilde{\alpha} + \widetilde{\beta}X_i))^2 = \sum_{i=1}^{n} (Y_i - \widetilde{\alpha} - \widetilde{\beta}X_i)^2$$

以上を踏まえると，「当てはまり」の良い直線を引くには，残差2乗和を最小にするように，$\widetilde{\alpha}$ と $\widetilde{\beta}$ を選ぶことになります．そして，残差2乗和を最小にするように，$\widetilde{\alpha}$ と $\widetilde{\beta}$ を選択する方法を**最小2乗法**（ordinary least squares，OLS）といい，選ばれた $\widetilde{\alpha}$ と $\widetilde{\beta}$ を**最小2乗推定量（OLS推定量）**といいます．最小2乗推定量は「＾（ハット）」を付けて $\hat{\alpha}$ と $\hat{\beta}$ と表し，以下のように計算されます（式の導出は本章末の補足参照）．

最小2乗推定量（OLS推定量）

$$\hat{\alpha} = \bar{Y} - \hat{\beta}\bar{X}$$

$$\hat{\beta} = \frac{\sum_{i=1}^{n} (X_i - \bar{X})(Y_i - \bar{Y})}{\sum_{i=1}^{n} (X_i - \bar{X})^2}$$

2.3.2　最小2乗推定量の解釈

最小2乗推定量（OLS推定量）の直観的な解釈を説明します．まず，OLS推定量 $\hat{\beta}$ の解釈を考えましょう．$\hat{\beta}$ の分母と分子を $n-1$ で割ると，次のようになります．

$$\hat{\beta} = \frac{\dfrac{1}{n-1}\sum_{i=1}^{n} (X_i - \bar{X})(Y_i - \bar{Y})}{\dfrac{1}{n-1}\sum_{i=1}^{n} (X_i - \bar{X})^2} = \frac{s_{XY}}{s_X^2}$$

このとき，分母は，面積 X の標本分散 s_X^2 であり，分子は，面積 X と賃料 Y の標本共分散 s_{XY} となります（標本分散と標本共分散は2.2.2節参照）．

OLS推定量 $\hat{\beta}$ の符号は，標本分散 s_X^2 が常にプラスのため，標本共分散 s_{XY} と同じ符号になります．すなわち，標本共分散がプラスなら $\hat{\beta}$ もプラス，標本共分散がマイナスなら $\hat{\beta}$ もマイナスです．図2-6(a) は標本共分散がプラス，図2-6(b) は標本共分散がマイナスの状況を示した散布図です．これらの図からも，標本共分散がプラスなら $\hat{\beta}$ はプラス，標本共分散がマイナスなら $\hat{\beta}$ もマイナスとなることが明らかです．

OLS推定量 $\hat{\beta}$ の分母は，X の標本分散 s_X^2 であるため，標本分散が大きくなると直線の傾きは緩やかとなり（$|\hat{\beta}|$ は小さくなり），標本分散が小さくなると傾きは急になります（$|\hat{\beta}|$ は大きくなる）．図2-7は，X と Y の標本共分散

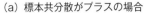
図2-6　係数と標本共分散の符号

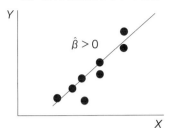
（a）標本共分散がプラスの場合

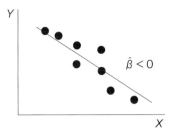
（b）標本共分散がマイナスの場合

図2-7　Xの標本分散と傾きの関係

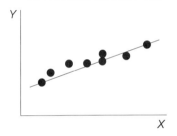
（a）Xの標本分散が大きい場合

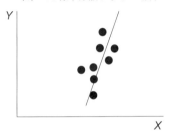
（b）Xの標本分散が小さい場合

をプラスとして，Xの標本分散と傾きの関係を示しています．図2-7（a）は，Xの標本分散が大きく，直線の傾きは緩やかになっています（$\hat{\beta}$は小さくなる）．これに対し，図2-7（b）は，Xの標本分散が小さく，直線の傾きは急になります（$\hat{\beta}$は大きくなる）．

　次に，OLS推定量$\hat{\alpha}$の解釈を考えましょう．ここで$Y_i = \alpha + \beta X_i$から$\alpha = Y_i - \beta X_i$となるので，αは$Y_i - \hat{\beta}X_i$として推定できます．そして，各点$(Y_i,\ X_i)$から，αを推定できることから，$\hat{\alpha}$に関するn個の推定量を導出できます．

$$Y_1 - \hat{\beta}X_1,\ \ Y_2 - \hat{\beta}X_2,\ \cdots,\ Y_n - \hat{\beta}X_n$$

たとえば，αの推定量として，最初の観察点(Y_1, X_1)から$Y_1 - \hat{\beta}X_1$，最後の観察点$(Y_n,\ X_n)$から$Y_n - \hat{\beta}X_n$が得られます．

　すべての情報を利用してαを推定するため，これらを平均すると次式となり，これはまさにOLS推定量$\hat{\alpha}$になります．

$$\frac{1}{n}\sum_{i=1}^{n}(Y_i - \hat{\beta}X_i) = \frac{1}{n}\sum_{i=1}^{n}Y_i - \hat{\beta}\frac{1}{n}\sum_{i=1}^{n}X_i = \bar{Y} - \hat{\beta}\bar{X}$$

式展開では，係数$\hat{\beta}$は定数であるため，Σ記号の外に出しました（巻末付録A.1.2参照）．

　OLS推定量は，一見すると意味のない式にみえますが，よく眺めてみると直観的に理解できる推定式となっていることがわかります．

例2-1：パラメータのOLS推定——賃料と専有面積の関係

　表2-2のデータを使って，OLS推定量を計算してみましょう．標本平均を求めると，$\bar{Y}=7.96$，$\bar{X}=32.75$となりました．また，$\sum_{i=1}^{n}(X_i - \bar{X})^2 = 1877.5$，$\sum_{i=1}^{n}(X_i - \bar{X})(Y_i - \bar{Y})=305.925$であり，これらを代入すると，次のようになります．

$$\hat{\beta} = \frac{305.925}{1877.5} = 0.163, \quad \hat{a} = 7.96 - 0.163 \times 32.75 = 2.62$$

ここで，$\hat{\beta}=0.163$であり，面積が$1\,\mathrm{m}^2$増えると賃料は0.163万円高くなることがわかります．また，面積が0の物件はありませんから，$\hat{a}=2.62$は数学的切片ということになります．

2.4　回帰直線と予測

　ここでは重要な概念をいくつか紹介します．まず，残差2乗和を最小にするように選ばれた直線$\hat{Y}=\hat{a}+\hat{\beta}X$を**回帰直線**（regression line）といいます．そして，Xに具体的な値X_iを代入して求めた回帰直線上の値を，次のように表記します．

$$\hat{Y}_i = \hat{a} + \hat{\beta}X_i$$

ここで，$\hat{Y}_i$は，$X=X_i$のとき，モデルから予想されるYの値であるため，観測値Y_iの**予測値**といいます（予測値は**理論値**ともいう）．また，Xは，データに含まれない値であるX_0を代入しても，$\hat{Y}_0=\hat{a}+\hat{\beta}X_0$として，蓋然性の高い値を予測することも可能となります．

　回帰直線を用いた場合の**残差**は，観測値Y_iと予測値$\hat{Y}_i(X=X_i$で評価された回帰直線上の値）との差であり，とくに「＾」を付けて，次のように表します．

$$\hat{u}_i = Y_i - \hat{Y}_i = Y_i - (\hat{\alpha} + \hat{\beta} X_i)$$

残差の定義（$\hat{u}_i = Y_i - \hat{Y}_i$）より，観測値 Y_i は予測値＋残差として，次の式で表すことができます．

$$Y_i = \hat{Y}_i + \hat{u}_i = \hat{\alpha} + \hat{\beta} X_i + \hat{u}_i$$

換言すれば，観測値 Y_i は，「モデルで説明された部分（予測値 $\hat{Y}_i = \hat{\alpha} + \hat{\beta} X_i$）」と「モデルで説明されなかった部分（残差 $\hat{u}_i$）」に分解することができます．

例 2-2：回帰分析からの予測値——賃料と専有面積の関係

表 2-2 のデータを分析した結果，$\hat{\alpha} = 2.62$，$\hat{\beta} = 0.163$ となりました．このため，回帰直線は次のようになります．

$$\hat{Y} = 2.62 + 0.163X$$

たとえば，1番目の物件（$Y_1 = 4.2$，$X_1 = 12$）をみてみましょう．この物件の予測値は，4.58万円（$= 2.62 + 0.163 \times 12$）です．実際の賃料は4.2万円であるため，残差は -0.38（$= 4.2 - 4.58$）となり，専有面積から考えると割安物件であることがわかります．あなたが仮に，このエリアの賃貸物件を探しており，25m^{2}の広さ（$X = 25$）を希望している場合，この式を知っていれば，予測値の6.69万円（$= 2.62 + 0.163 \times 25$）をもとに妥当な賃料の物件を探すことができるでしょう．

例 2-3：回帰分析により真実を掘り起こす——同性愛者の割合

全人口の何％が同性愛者なのでしょうか．これはプライバシーに深く関わる事項であるため，聞き取り調査から実態を知ることは難しい問題でしょう．ここでは，アメリカの州別データを用いて，同性愛者の割合を推定してみましょう[4]．

図 2-8 は，横軸に「同性婚を支持する割合（％）」，縦軸に「同性愛を自己申告する割合（％）」を示しています．同性婚に不寛容なのはミシシッピ州，寛容なのはロードアイランド州，自己申告割合が低いのはノースダコタ州，割合が高いのはハワイ州でした．この図から，同性婚を支持する割合が

---

4) 詳しくは，クリスチャン・ラダー（2016）『ハーバード数学科のデータサイエンティストが明かす ビッグデータの残酷な現実』ダイヤモンド社，矢羽野薫訳，を参照してください．

高くなると，同性愛を自己申告する割合も高くなることが確認できます．どの州でも同性愛者の割合は一定と仮定すると，同性婚を支持する州ほど社会的偏見や差別が小さく，同性愛をカミングアウトしやすい環境になっているといえそうです[5]．

　被説明変数 Y を「同性愛を自己申告する割合（%）」，説明変数 X を「同性婚を支持する割合（%）」とします．2 つの変数間に線形関係があると考えて OLS 推定すると，次のような関係式が得られます．

$$\hat{Y}_i = 1.34 + 0.045 X_i$$

定数項は1.34であり，同性婚を支持する割合 X が 0 % であっても，1.34% は同性愛を自己申告することがわかります．回帰係数は0.045であり，同性婚を支持する割合 X が 1 % ポイント増えると，同性愛を自己申告する割合 Y は0.045% ポイント（＝0.045×1）増えます．

　図 2 - 8 の実線は回帰直線を示しています．同性婚を支持する割合 X を 100%（同性愛に対する偏見や差別が小さい社会）としたとき，その予測値

図 2 - 8　同性婚支持割合と同性愛自己申告割合

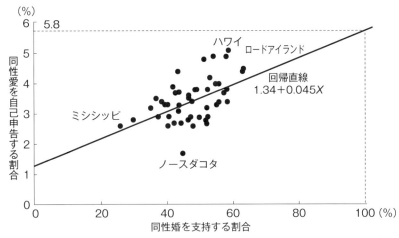

（注）「同性愛を自己申告する割合」はギャラップ調査，「同性婚を支持する割合」は N. シルバー（Nate Silver）による推定値，データはすべて2012年の値です．
（出所）クリスチャン・ラダー（2016）『ハーバード数学科のデータサイエンティストが明かす ビッグデータの残酷な現実』ダイヤモンド社，矢羽野薫訳，をもとに作図しました．

5)　セス・スティーヴンズ＝ダヴィドウィッツ『誰もが嘘をついている』（光文社，2018年，酒井泰介訳）は，人々がGoogle 検索したワードを調べることで，どの州でもゲイの割合はほぼ一定であることを確認しています．

$\hat{Y}$は5.8％（＝1.34＋0.045×100）となります．この結果から全体の5.8％は同性愛者であると予測できます．たとえば，ミシシッピ州では同性愛を自己申告したのは約2.5％ですが，残り3.3％（＝5.8％－2.5％）は社会的圧力によって自己申告ができていない可能性を示しています．回帰分析は，データから真実を掘り起こす力を持ったツールであるといえるでしょう．

コラム　2-3　オリンピックの獲得メダル数の予測

　2021年に開催された東京2020オリンピックでは，日本は史上最多58個ものメダルを獲得しました（新型コロナウイルス流行のために，オリンピックは1年遅れで開催）．日本の過去の獲得メダル数をみると，ロンドン2012は計38個，リオデジャネイロ2016は41個であり，東京2020における日本の獲得メダル数はきわめて多かったことがわかります．

　Financial Times では，東京2020オリンピック開催前のデータだけを用いて，回帰分析によりメダル数の予測をしました．被説明変数は各国のメダル数であり，説明変数として人口，1人当たり GDP，開催国，社会主義国などとしています．人口が多いほうが競技人口は増えるため，メダルを増やす効果があります．1人当たり GDP の高さは国の豊かさを意味し，人々がスポーツをする時間的余裕や支援体制も整うため，メダルを増やす効果があります．また，開催国であることは，ホームアドバンテージからメダル獲得に有利に働きます．社会主義国は，国威を示すためにスポーツを支援する傾向があり，メダル獲得に有利に働きます．

　表2-3は，東京2020オリンピックにおいてメダル獲得数が多かった5カ国について，実際のメダル数と予測値を掲載したものです．表をみると，ロシアのメダル数が予測より17個も多く，健闘していたことがわかります．米国は予

表2-3　獲得メダル数と予測値

国名	メダル数（個）	予測値（個）
米国	113	121
中国	88	74
ロシア	71	54
英国	65	68
日本	58	57

測より8個少なく，期待したほどメダルが獲得できなかったという結果でした．最後に，日本ですが，メダル数は予測より1個多く，ほぼ予想どおりの結果でした．日本の予測値が過去の値より大きいのは，開催国としてホームアドバンテージが働いたと考えられます．パリ2024オリンピックでは，東京2020オリンピックで金メダルを獲得した野球，ソフトボール，空手が競技として実施されないこと，また開催国ではないことから，メダル数は減少すると予想されます．

2.5　残差の性質

最小2乗法（OLS）では，残差 $\tilde{u}_i = Y_i - (\tilde{\alpha} + \tilde{\beta} X_i)$ の2乗和を最小にするように OLS 推定量 $\hat{\alpha}$ と $\hat{\beta}$ が選ばれました．そして観測値 Y_i と予測値 $\hat{Y}_i$ の差として，残差 $\hat{u}_i$ が定義されています．本節では，残差 $\hat{u}_i$ の2つの性質を紹介します（証明は本章末の補足参照）．

残差の性質

性質① $\displaystyle\sum_{i=1}^{n} \hat{u}_i = 0$

性質② $\displaystyle\sum_{i=1}^{n} X_i \hat{u}_i = 0$

残差の性質①から，「残差の総和は0」になります．残差の総和が0であるため，残差の平均である $\bar{u} = \frac{1}{n}\sum_{i=1}^{n}\hat{u}_i$ も0です．この結果から，Y_i と $\hat{Y}_i$ の平均は同じ $\bar{Y}$ となることも，次のように確認できます．

$$\bar{Y} = \frac{1}{n}\sum_{i=1}^{n} Y_i = \frac{1}{n}\sum_{i=1}^{n}(\hat{Y}_i + \hat{u}_i) = \frac{1}{n}\sum_{i=1}^{n}\hat{Y}_i + \frac{1}{n}\underbrace{\sum_{i=1}^{n}\hat{u}_i}_{=0} = \frac{1}{n}\sum_{i=1}^{n}\hat{Y}_i$$

式展開では，$Y_i = \hat{Y}_i + \hat{u}_i$ を用いました（2.4節参照）．

残差の性質②から，「説明変数と残差の積和は0」になります．これは，説明変数と残差の標本共分散が0であることを意味します．そもそも標本共分散は，残差の平均が0であることを用いると，

$$\frac{1}{n-1}\sum_{i=1}^{n}(X_i-\bar{X})(\hat{u}_i-0)=\frac{1}{n-1}\left(\underbrace{\sum_{i=1}^{n}X_i\hat{u}_i}_{=0}-\bar{X}\underbrace{\sum_{i=1}^{n}\hat{u}_i}_{=0}\right)=0$$

であり，ちょうど0になるわけです．最後の等式において，右辺第1項は残差の性質②から0，右辺第2項は残差の性質①から0になります．説明変数 X_i と残差 $\hat{u}_i$ が無相関ということは，残差には説明変数によって説明できる変動が残されていないことを意味します．これは残差が，説明変数では捉えられない被説明変数の動きであることを意味します．

2.6 決定係数

決定係数（coefficient of determination）とは，データに直線を当てはめたときに，その当てはまりの良さを示す指標です．決定係数は R^2 と表記され，0以上1以下の値として計算されます．決定係数 R^2 が1に近いほどモデルの当てはまりが良く，決定係数 R^2 が0に近いほどモデルの当てはまりが悪いことになります．以下では，決定係数 R^2 の考え方を説明します．

前節でみたとおり，観測値 Y_i は予測値 $\hat{Y}_i=\hat{a}+\hat{\beta}X_i$ に残差 $\hat{u}_i$ を加えたものであり，$Y_i=\hat{Y}_i+\hat{u}_i$ と表記できます．予測値 $\hat{Y}_i$ は「モデルで説明された部分」，残差 $\hat{u}_i$ は「モデルで説明されなかった部分」と解釈されます．このとき，Y の変動が予測値 $\hat{Y}$ の動きで上手に説明されていれば当てはまりの良いモデルであり，Y の変動が予測値 $\hat{Y}$ ではなく残差 $\hat{u}$ で説明されていれば当てはまりの悪いモデルです．

Y の**全変動**（Y がどのくらい変動しているか）は，どのように測ったらよいのでしょうか．標本分散はばらつきを測る指標であるため，標本分散が全変動を測る指標として自然でしょう．このため，以下では，Y の全変動は，Y の標本分散の分子である偏差2乗和 $\sum_{i=1}^{n}(Y_i-\bar{Y})^2$ で評価することにします．

図2-9は散布図であり，Y の平均（$Y=\bar{Y}$）のところで横線を加えています．ここで偏差 $Y_i-\bar{Y}$ は，Y_i と横線 $\bar{Y}$ との差になります．この図から，偏差 $Y_i-\bar{Y}$ は，予測値（モデル）で説明できた部分 $\hat{Y}_i-\bar{Y}$ と，予測値（モデル）で説明できなかった部分 $\hat{u}_i$ に分解できることがわかるでしょう．

これに対応して，Y の全変動も次のように分解することができます（証明は本章末の補足参照）．

図 2-9 偏差の分解

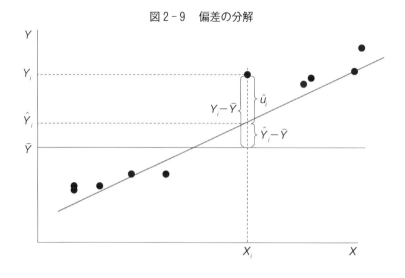

$$\underbrace{\sum_{i=1}^{n}(Y_i-\bar{Y})^2}_{Y \text{の全変動}} = \underbrace{\sum_{i=1}^{n}(\hat{Y}_i-\bar{Y})^2}_{\text{モデルで説明された部分}} + \underbrace{\sum_{i=1}^{n}\hat{u}_i^2}_{\text{モデルで説明されなかった部分}}$$

そして，Y の全変動のうち予測値の変動の割合，すなわち「モデルで説明された Y の変動の割合」を当てはまりの尺度とします．これが決定係数 R^2 であり，次のように定義されます．

決定係数

$$R^2 = \frac{\sum_{i=1}^{n}(\hat{Y}_i-\bar{Y})^2}{\sum_{i=1}^{n}(Y_i-\bar{Y})^2}$$

決定係数の別表現として，次の式もよく用いられます（他の別表現は練習問題 3 参照）．

$$R^2 = 1 - \frac{\sum_{i=1}^{n}\hat{u}_i^2}{\sum_{i=1}^{n}(Y_i-\bar{Y})^2}$$

当然ですが，どちらの式から計算しても，決定係数 R^2 は同じ値になります．

どちらの表現も同じであることを確認しましょう．まず，Y の全変動を分解した式 $\sum_{i=1}^{n}(Y_i-\bar{Y})^2=\sum_{i=1}^{n}(\hat{Y}_i-\bar{Y})^2+\sum_{i=1}^{n}\hat{u}_i^2$ の両辺を，$\sum_{i=1}^{n}(Y_i-\bar{Y})^2$ によって割ると次のようになります．

図2-10 決定係数

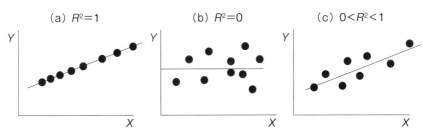

(a) $R^2=1$　　　　(b) $R^2=0$　　　　(c) $0<R^2<1$

$$1 = \frac{\sum_{i=1}^{n}(\hat{Y}_i - \overline{Y})^2}{\sum_{i=1}^{n}(Y_i - \overline{Y})^2} + \frac{\sum_{i=1}^{n}\hat{u}_i^2}{\sum_{i=1}^{n}(Y_i - \overline{Y})^2}$$

これを書き換えると次の式になります.

$$\frac{\sum_{i=1}^{n}(\hat{Y}_i - \overline{Y})^2}{\sum_{i=1}^{n}(Y_i - \overline{Y})^2} = 1 - \frac{\sum_{i=1}^{n}\hat{u}_i^2}{\sum_{i=1}^{n}(Y_i - \overline{Y})^2}$$

左辺は決定係数 R^2 の定義式, 右辺は決定係数の別表現であることから, 両式が等しいことを確認できました.

　決定係数 R^2 は, 0以上1以下であり, 1に近いほど当てはまりが良く, 0に近いほど当てはまりが悪いと説明しました. 図2-10 (a) のように, すべての点が回帰直線上にあれば, 残差 $\hat{u}_i$ はすべて0になり, (決定係数の別表現から) 決定係数は $R^2=1$ となります. これに対して, 図2-10 (b) では $\hat{\beta}=0$ となっており, X は Y の動きを全く説明できておらず, 決定係数 R^2 は0になります. これは $\hat{\beta}=0$ から $\hat{\alpha}=\overline{Y}-\hat{\beta}\overline{X}=\overline{Y}$ となるため, $\hat{Y}_i=\hat{\alpha}+\hat{\beta}X_i=\overline{Y}$ となることから確認できます (つまり, $\sum_{i=1}^{n}(\hat{Y}_i-\overline{Y})^2=0$ となる). 現実のデータを分析すると, こうした極端な状況ではなく, 図2-10 (c) のように, R^2 は0と1の間の値として観察されます.

コラム 2-4　回帰分析の語源

　回帰とは「1周して元へ戻ること」という意味です. なぜ変数間の数量的関係を測る分析を回帰分析というのでしょうか. 回帰分析が初めて利用されたのは19世紀といわれています. 著名な生物学者 F. ゴールトン (Francis Galton) は, 進化論で有名な C. ダーウィン (Charles Darwin) のいとこであり, 人の

才能は遺伝で決まると考えていました．ゴールトンは，両親の平均身長（X）が子の身長（Y）に影響を与えると考え，$Y=\alpha+\beta X$ という関係式を推定しました．その結果，係数 β は2/3と推定され，①親の身長が高いと子の身長も高くなること，しかし，②親ほどは身長が高くならないこと，が発見されました．前者は遺伝の重要性を示しており，後者は身長の「平均への回帰」を意味します．身長の平均への回帰とは，身長が平均へ戻る動きがあることを意味します．変数間の数量的関係を初めて測ったゴールトンの分析結果が，偶然にも回帰性を示していたことから，以後，変数間の関係を数量的に測ることを回帰分析と呼ぶようになりました．

例 2 - 4 ：身長にみる回帰性——親子の身長の関係

授業の受講生164人（男性113人，女性51人）から聞きとりしたデータを用いて，親子の身長の関係を分析しました．まず，ゴールトンの研究に従って，説明変数 X を両親の平均身長（cm）とし，次のように計算します．

$$両親の平均身長 = \frac{1}{2}（父親の身長 + 1.08 \times 母親の身長）$$

コラム 2 - 4 では説明を省略しましたが，ゴールトンの研究でも，女性は平均的に男性より背が低いため，母親の身長を1.08倍して（男性身長に換算して）から平均を求めています[6]．被説明変数 Y は，子の身長（cm）とします．母親と同様，娘の身長も1.08倍した男性換算値を用います．

図 2 -11は，横軸を両親の身長（cm），縦軸を子の身長（cm）としています（両方とも男性身長に換算しています）．これをみると，両親の身長が高くなると，子の身長が高くなることが確認できます．パラメータを OLS 推定すると，次式となりました（決定係数 $R^2 = 0.295$）．

$$\hat{Y}_i = 58.41 + 0.661X_i$$

親の身長の係数は0.661であり，ゴールトンの推定値2/3とほぼ同じになります．これは両親の身長が 1 cm 高くなると子の身長は0.661cm 高くなることを意味します．

ここで「平均への回帰」を確認してみましょう．両親の平均身長が190cmならば子の身長は184cm（$= 58.41 + 0.661 \times 190$）であり，親ほど子の身長

---

6)　「学校保健統計調査」（2015年）によると，17歳の平均身長は男性170.7cm，女性157.9cm です．男女の身長比は1.08 = 170.7/157.9であり，ゴールトンの計算は日本でも当てはまることがわかります．

図2-11　親子の身長の関係

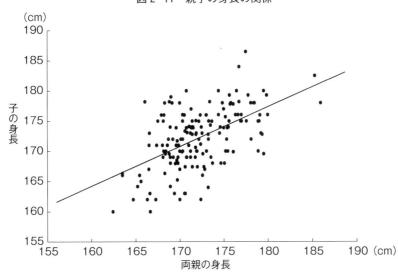

は高くなりません. また, 両親の平均身長が150cm ならば子の身長は158cm (＝58.41＋0.661×150) であり, 親ほど子の身長は低くなりません. このデータでも, やはり「平均への回帰」が確認できます.

　ここで父親の身長が180cm, 母親の身長が158cm ならば, その子の身長は何 cm になると予測できるでしょうか. 両親の平均身長は175.32cm $\left(=\frac{1}{2}(180+1.08\times158)\right)$ であり, 子 の 身 長 は174.3cm (＝58.41＋0.661× 175.32) です. これは男性換算値なので, 息子である場合の身長になります. 娘の場合には, この値を女性換算して (174.3cm を1.08で割る), 161.4cm という値が得られます.

　推定結果をみると, 決定係数 R^2 は0.295です. これは, 子の身長の全変動のうち, 約30％が両親の身長の変動で説明できることを意味します. たった30％であり, いかにランダムな要因 (残差) が影響を与えているかがわかります. たとえば, 兄弟であっても身長が異なるのは, 両親から「身長を高くする遺伝子」と「身長を低くする遺伝子」をどれぐらい受け継ぐかが異なるからです. 私の知り合いに, 両親の身長は低く, 自分の身長も低いが, 弟の身長は180cm であるという人がいました. また, ここでは生活習慣 (食生活, 睡眠時間, 運動など) を考慮していませんが, これらも身長に影響を与える要因になります.

補　足

OLS 推定量の導出 （2.3.1節）

　OLS 推定量の導出には偏微分を用います．微分や偏微分に馴染みがない読者は巻末付録 B を読んでから，こちらを読んでください．

　ここで残差は，次の式で表されます．

$$\tilde{u}_i = Y_i - \tilde{\alpha} - \tilde{\beta} X_i$$

最小 2 乗法では，残差 2 乗和である，

$$\sum_{i=1}^{n} \tilde{u}_i^2 = \sum_{i=1}^{n} (Y_i - \tilde{\alpha} - \tilde{\beta} X_i)^2$$

を最小にするように $\tilde{\alpha}$ と $\tilde{\beta}$ を選択します．最小化問題を解くには，上式を $\tilde{\alpha}$ と $\tilde{\beta}$ に関して偏微分して，それぞれの式が 0 に等しいとします．微分は関数の傾きを求める方法でした．ある関数が最小値をとるとき，その関数のグラフの傾きは 0 となりますから，微分をとって傾きが 0 となる点を求めれば，それが関数を最小にする点になります（練習問題 8 参照）．

　残差 2 乗和を，$\tilde{\alpha}$ に関して偏微分し（$\tilde{\beta}$ は固定した値とみなして微分する），それが 0 に等しいとします．

$$\frac{\partial \sum_{i=1}^{n} \tilde{u}_i^2}{\partial \tilde{\alpha}} = \sum_{i=1}^{n} \frac{\partial \tilde{u}_i^2}{\partial \tilde{\alpha}}$$
$$= \sum_{i=1}^{n} \frac{\partial \tilde{u}_i^2}{\partial \tilde{u}_i} \frac{\partial \tilde{u}_i}{\partial \tilde{\alpha}} = 0$$

1 番目の等式は，残差の和の偏微分は，各残差の偏微分の和になることを意味します．2 番目の等式は，合成関数の微分の公式から，

$$\frac{\partial \tilde{u}_i^2}{\partial \tilde{\alpha}} = \frac{\partial \tilde{u}_i^2}{\partial \tilde{u}_i} \frac{\partial \tilde{u}_i}{\partial \tilde{\alpha}}$$

になることを用いました（合成関数の微分の公式は付録 B.4参照）．ここで，

$$\frac{\partial \tilde{u}_i^2}{\partial \tilde{u}_i} = 2 \tilde{u}_i = 2(Y_i - \tilde{\alpha} - \tilde{\beta} X_i)$$

$$\frac{\partial \tilde{u}_i}{\partial \tilde{\alpha}} = \frac{\partial (Y_i - \tilde{\alpha} - \tilde{\beta} X_i)}{\partial \tilde{\alpha}} = -1$$

であるため，次式が得られます．

$$\frac{\partial \sum_{i=1}^{n} \tilde{u}_i^2}{\partial \tilde{\alpha}} = -2 \sum_{i=1}^{n} (Y_i - \hat{\alpha} - \hat{\beta} X_i) = 0$$

この式を満たす $\tilde{\alpha}$ と $\tilde{\beta}$ は,既に最小化問題の解であるため,$\hat{\alpha}$ と $\hat{\beta}$ と表記しました.

同様に,残差2乗和を $\tilde{\beta}$ に関して偏微分し($\tilde{\alpha}$ は固定した値とみなして微分する),それが0に等しいとすると,次のようになります.

$$\frac{\partial \sum_{i=1}^{n} \tilde{u}_i^2}{\partial \tilde{\beta}} = \sum_{i=1}^{n} \frac{\partial \tilde{u}_i^2}{\partial \tilde{u}_i} \frac{\partial \tilde{u}_i}{\partial \tilde{\beta}} = -2 \sum_{i=1}^{n} (Y_i - \hat{\alpha} - \hat{\beta} X_i) X_i = 0$$

式展開では,以下の結果を用いました.

$$\frac{\partial \tilde{u}_i}{\partial \tilde{\beta}} = \frac{\partial (Y_i - \tilde{\alpha} - \tilde{\beta} X_i)}{\partial \tilde{\beta}} = -X_i$$

偏微分の式を0と置くことで求めた各式の両辺を -2 で割ると,次の2本の連立方程式が得られます.これらは**正規方程式**とも呼ばれます.

$$\sum_{i=1}^{n} (Y_i - \hat{\alpha} - \hat{\beta} X_i) = 0 \tag{1}$$

$$\sum_{i=1}^{n} (Y_i - \hat{\alpha} - \hat{\beta} X_i) X_i = 0 \tag{2}$$

(1)式は残差2乗和を $\tilde{\alpha}$ に関して偏微分して0と置いた式,(2)式は残差2乗和を $\tilde{\beta}$ に関して偏微分して0と置いた式です.これら連立方程式の解が OLS 推定量 $(\hat{\alpha}, \hat{\beta})$ になります.

まずは(1)式を展開すると,

$$\sum_{i=1}^{n} Y_i - n\hat{\alpha} - \hat{\beta} \sum_{i=1}^{n} X_i = 0$$

と表すことができるので,両辺を n で割ってから,$\hat{\alpha}$ について解くと,次の式が得られます.

$$\hat{\alpha} = \bar{Y} - \hat{\beta} \bar{X}$$

次に(2)式を展開すると,

$$\sum_{i=1}^{n} Y_i X_i - \hat{\alpha} \sum_{i=1}^{n} X_i - \hat{\beta} \sum_{i=1}^{n} X_i^2 = 0$$

であり,よって,上式に $\hat{\alpha} = \bar{Y} - \hat{\beta} \bar{X}$ を代入すると,

$$\sum_{i=1}^{n} Y_i X_i - (\bar{Y} - \hat{\beta}\bar{X}) \sum_{i=1}^{n} X_i - \hat{\beta} \sum_{i=1}^{n} X_i^2 = 0$$

となります．さらに式を展開すると，

$$\sum_{i=1}^{n} Y_i X_i - \bar{Y} \sum_{i=1}^{n} X_i + \hat{\beta}\bar{X} \sum_{i=1}^{n} X_i - \hat{\beta} \sum_{i=1}^{n} X_i^2 = \sum_{i=1}^{n} (Y_i - \bar{Y}) X_i - \hat{\beta} \sum_{i=1}^{n} (X_i - \bar{X}) X_i = 0$$

となります．これを $\hat{\beta}$ について解くと，次の式が得られます．

$$\hat{\beta} = \frac{\sum_{i=1}^{n} (Y_i - \bar{Y}) X_i}{\sum_{i=1}^{n} (X_i - \bar{X}) X_i}$$

この式は OLS 推定量の式と一見異なりますが，実は同じ式であり，

$$\frac{\sum_{i=1}^{n} (Y_i - \bar{Y})(X_i - \bar{X})}{\sum_{i=1}^{n} (X_i - \bar{X})^2} = \frac{\sum_{i=1}^{n} (Y_i - \bar{Y}) X_i}{\sum_{i=1}^{n} (X_i - \bar{X}) X_i}$$

が成立します．まず，分子が同一であることは，

$$\sum_{i=1}^{n} (Y_i - \bar{Y})(X_i - \bar{X}) = \sum_{i=1}^{n} (Y_i - \bar{Y}) X_i - \bar{X} \underbrace{\sum_{i=1}^{n} (Y_i - \bar{Y})}_{\text{偏差の和は}0} = \sum_{i=1}^{n} (Y_i - \bar{Y}) X_i$$

と確認できます．ここで偏差の和は 0 となる，つまり，

$$\sum_{i=1}^{n} (Y_i - \bar{Y}) = \sum_{i=1}^{n} Y_i - n\bar{Y} = \sum_{i=1}^{n} Y_i - n \frac{1}{n} \sum_{i=1}^{n} Y_i = 0$$

に注意してください．同様に，分母も同一であると確認できます．

$$\sum_{i=1}^{n} (X_i - \bar{X})(X_i - \bar{X}) = \sum_{i=1}^{n} (X_i - \bar{X}) X_i - \bar{X} \underbrace{\sum_{i=1}^{n} (X_i - \bar{X})}_{\text{偏差の和は}0} = \sum_{i=1}^{n} (X_i - \bar{X}) X_i$$

残差の性質 （2.5節）

ここでは残差の性質①②を証明します．(1)式は，

$$\sum_{i=1}^{n} \underbrace{(Y_i - \hat{\alpha} - \hat{\beta} X_i)}_{= \hat{u}_i} = 0$$

となります．残差は $\hat{u}_i = Y_i - \hat{\alpha} - \hat{\beta} X_i$ であることに注意すると，これは残差の和が 0 であること（残差の性質①）を意味します．(2)式は，

$$\sum_{i=1}^{n} X_i \underbrace{(Y_i - \hat{\alpha} - \hat{\beta} X_i)}_{=\hat{u}_i} = 0$$

となります. 残差の定義に注意すると, これは残差と説明変数との積和が0であること（残差の性質②）を意味します.

Yの全変動の分解（2.6節）

ここで Y の全変動は, $Y_i = \hat{Y}_i + \hat{u}_i$ から, 次のようになります.

$$\sum_{i=1}^{n} (Y_i - \bar{Y})^2 = \sum_{i=1}^{n} ((\hat{Y}_i - \bar{Y}) + \hat{u}_i)^2$$

$$= \sum_{i=1}^{n} (\hat{Y}_i - \bar{Y})^2 + \sum_{i=1}^{n} \hat{u}_i^2 + 2\sum_{i=1}^{n} (\hat{Y}_i - \bar{Y})\hat{u}_i$$

ここで右辺第3項は, 残差の性質①②から, 次のように0になります.

$$2\sum_{i=1}^{n} (\hat{Y}_i - \bar{Y})\hat{u}_i = 2\underbrace{\sum_{i=1}^{n} \hat{Y}_i \hat{u}_i}_{=0} - 2\bar{Y}\underbrace{\sum_{i=1}^{n} \hat{u}_i}_{=0} = 0$$

残差の性質①から $\sum_{i=1}^{n} \hat{u}_i = 0$ は明らかでしょう. また, 残差の性質①②から, 次式が成立することを確認できます[7].

$$\sum_{i=1}^{n} \hat{Y}_i \hat{u}_i = \sum_{i=1}^{n} (\hat{\alpha} + \hat{\beta} X_i)\hat{u}_i$$

$$= \hat{\alpha}\underbrace{\sum_{i=1}^{n} \hat{u}_i}_{=0} + \hat{\beta}\underbrace{\sum_{i=1}^{n} X_i \hat{u}_i}_{=0} = 0$$

---

7)　予測値 $\hat{Y}_i$ と残差 $\hat{u}_i$ の積和は0となりますが, これは新しい残差の性質ではなく, 残差の性質①②から導かれた含意と解釈されます.

練習問題

1. 回帰直線は，散布図上の点 $(\bar{X},\ \bar{Y})$ を通ることを示せ．Hint：$\bar{Y} = \hat{a} + \hat{\beta}\bar{X}$ を示せばよい．

2. 下表では，賃料 Y と面積 X のデータを掲載した．Y と X の標本平均と標本分散，また，両変数間の標本共分散と標本相関係数を求めよ．

i	賃料（万円）Y	面積（m²）X
1	3	5
2	6	6
3	5	5
4	7	8
5	9	11

3. 決定係数は，$\hat{\beta}$ を用いて次のように表せることを示せ．

$$R^2 = \hat{\beta}^2\ \frac{\sum_{i=1}^{n}(X_i - \bar{X})^2}{\sum_{i=1}^{n}(Y_i - \bar{Y})^2}$$

Hint：$\hat{Y}_i = \hat{a} + \hat{\beta}X_i$，$\bar{Y} = \hat{a} + \hat{\beta}\bar{X}$ を用いる．

4. クラスの人数と平均点の関係を知りたい．i クラスの人数を X_i，平均点を Y_i としたとき，$\bar{Y} = 65$，$\bar{X} = 25$，$\sum_{i=1}^{n}(X_i - \bar{X})^2 = 400$，$\sum_{i=1}^{n}(Y_i - \bar{Y})^2 = 500$，$\sum_{i=1}^{n}(X_i - \bar{X})(Y_i - \bar{Y}) = -430$ とする．

   (a) $\hat{a}$ と $\hat{\beta}$ を求め，その解釈を述べよ．

   (b) クラスの人数が20人のとき，平均点はいくつと予想されるか．

   (c) 決定係数を求め，その解釈を述べよ．

5. ラーメン屋の店長は気温と冷麺の売り上げ個数の関係を知りたい．i 日の気温を X_i，売り上げ個数を Y_i としたとき，$\bar{Y} = 90$，$\bar{X} = 20$，$\sum_{i=1}^{n}(X_i - \bar{X})^2 = 250$，$\sum_{i=1}^{n}(Y_i - \bar{Y})^2 = 5000$，$\sum_{i=1}^{n}(X_i - \bar{X})(Y_i - \bar{Y}) = 1000$ とする．

   (a) $\hat{a}$ と $\hat{\beta}$ を求め，その解釈を述べよ．

   (b) 気温が30℃のとき，冷麺はいくつ売れると予想されるか．

   (c) 決定係数を求め，その解釈を述べよ．

6. 決定係数は，X と Y との標本相関係数の 2 乗となることを示せ．Hint：練習問題 3 の決定係数の別表現を用いる．

7. 回帰係数 β を 0 としたモデル $Y_i = \alpha$ を考える．このとき，OLS 推定量 $\hat{a}$ は，標本平均 $\bar{Y}$ となることを示しなさい（つまり，$\hat{a} = \bar{Y}$）．Hint：残差 2

乗和 $\sum_{i=1}^{n} \tilde{u}_i^2 = \sum_{i=1}^{n} (Y_i - \tilde{\alpha})^2$ を最小にする $\tilde{\alpha}$ を求めよ.

8. ★ここでは，OLS 推定量が残差2乗和を最小化することを確認する.

(a) 任意の $\tilde{\alpha}$ と $\tilde{\beta}$ に対して，残差2乗和が次のように分解できることを示せ.

$$\sum_{i=1}^{n} (Y_i - \tilde{\alpha} - \tilde{\beta} X_i)^2 = \sum_{i=1}^{n} (\hat{u}_i + (\hat{\alpha} - \tilde{\alpha}) + (\hat{\beta} - \tilde{\beta}) X_i)^2$$

Hint：$Y_i = \hat{\alpha} + \hat{\beta} X_i + \hat{u}_i$ を用いる.

(b) 残差の性質を用いて，次式が正しいことを示せ.

$$\sum_{i=1}^{n} (\hat{u}_i + (\hat{\alpha} - \tilde{\alpha}) + (\hat{\beta} - \tilde{\beta}) X_i)^2 = \sum_{i=1}^{n} \hat{u}_i^2 + \sum_{i=1}^{n} ((\hat{\alpha} - \tilde{\alpha}) + (\hat{\beta} - \tilde{\beta}) X_i)^2$$

(c) 次式が成立することを示せ. また，この式の意味を述べよ.

$$\sum_{i=1}^{n} \hat{u}_i^2 \leq \sum_{i=1}^{n} (Y_i - \tilde{\alpha} - \tilde{\beta} X_i)^2$$

9. ☆例2-3の推定結果を再現せよ. また，各変数の基本統計量（標本平均，標本標準偏差，最小値，最大値）を計算せよ.

10. ☆例2-4の推定結果を再現せよ. また，各変数の基本統計量（標本平均，標本標準偏差，最小値，最大値）を計算せよ.

最小2乗推定量の統計的性質

本章では，単回帰分析を通じて，最小2乗推定量（OLS推定量）の統計的性質について学習します．まず，OLS推定量が不偏性と一致性を満たした良い推定量，すなわち，推定結果が平均的に正しく，サンプルサイズが大きくなると真の値に収束することをみていきましょう．次に，推定結果の標本変動を評価するために，パラメータの信頼区間について学びます．

なお，本章は，確率，確率変数，確率分布などの基礎知識が前提となります．これらの理解に自信がなければ，統計学の入門書で確認しておきましょう[1]．

3.1　確率的モデル

2章では，$Y = \alpha + \beta X$ で表される2変数間の線形関係を分析しました．しかし，被説明変数 Y の動きを説明する要因は説明変数 X だけではないかもしれません．たとえば，物件の賃料 Y を説明する要因としては，専有面積 X のほかに，築年数，駅までの所要時間，階数なども考えられます．

本章では，X 以外の他要因をすべて足し合わせて u と表し，次の定式化を考えます（i は観測番号です）．

$$Y_i = \alpha + \beta X_i + u_i$$

ここで，u は**誤差項**（error term）と呼ばれ，Y の動きを説明する X 以外の他要因を合計したものです．

本章では，誤差項 u は**確率変数**（random variable）であると仮定します．このため，誤差項 u をその構成要素として持つ Y も確率的に決まります．このように，Y が確率的に決まるモデルを**確率的モデル**（stochastic model）と

---

1)　巻末付録Cでは，主要な確率分布とその性質を掲載していますので参考にしてください．また，藪友良（2012）『入門　実践する統計学』東洋経済新報社，の4章では確率，5章では確率変数，6章では確率分布，9章では t 分布を解説しています．

いいます.

　たとえば，$\alpha=2$，$\beta=3$，$X=5$とし，誤差項uは離散的な値をとる確率変数（離散確率変数）とします．誤差項uは，-1，0，1のいずれかの値をとり，確率はそれぞれ$P\{u=-1\}=0.25$，$P\{u=0\}=0.5$，$P\{u=1\}=0.25$と仮定します[2]．このとき，$u=-1$ならば，$Y=2+3\times5-1=16$という値が実現します．$P\{u=-1\}=0.25$となるため，$P\{Y=16\}=0.25$です．同様に，$u=0$ならば，$Y=2+3\times5-0=17$となり，$u=1$ならば，$Y=2+3\times5+1=18$という値が実現します．確率は$P\{Y=17\}=0.5$，$P\{Y=18\}=0.25$です．また，Xの値が変われば，Yの確率分布も変わります．たとえば，Xの値が6に変われば（$X=6$），Yは$2+3\times6-1=19$，$2+3\times6-0=20$，$2+3\times6+1=21$で，その確率は$P\{Y=19\}=0.25$，$P\{Y=20\}=0.5$，$P\{Y=21\}=0.25$です．

　なお，以下では，誤差項uは離散確率変数ではなく，より現実的な正規分布に従う確率変数であるとして分析を進めます．

3.2　回帰分析における標準的仮定

　以下では，統計的分析の説明を簡略化するため，回帰モデルに次の追加的仮定をします．これらの仮定は，回帰分析における**標準的仮定**と呼ばれます.

標準的仮定

　　　　仮定1：説明変数 X_i は確率変数ではない

　　　　仮定2：n が大きくなると，$\sum_{i=1}^{n}(X_i-\bar{X})^2$は$\infty$に近づく

　　　　仮定3：$E[u_i]=0$

　　　　仮定4：$V(u_i)=\sigma^2$

　　　　仮定5：$Cov(u_i, u_j)=0$　（ただし $i\neq j$）

　　　　仮定6：誤差項 u_i は正規分布に従う

　ここで，$E[u_i]$ は誤差項 u_i の**期待値**（expected value），$V(u_i)$ は誤差項 u_i の**分散**（variance），$Cov(u_i, u_j)$ は誤差項 u_i と u_j の**共分散**（covariance）を表します．また，n はサンプルサイズとなります．以下では，標準的仮定の意味と妥当性についてみていきましょう.

---

2)　Pは確率（probability）の頭文字です．たとえば，$P\{u=-1\}=0.25$とは，uが-1という値をとる確率は0.25であることを意味します.

3.2.1　標準的仮定 1 ：説明変数 X_i は確率変数ではない

　標準的仮定 1 は，現実には満たされないことが一般的です．自然科学におけ
る実験（研究者が説明変数 X を完全に制御している場合）を除くと，説明変
数 X は確率的に決まることがほとんどです．たとえば，消費関数を推定する
場合，被説明変数 Y は消費額，説明変数 X は所得になりますが，所得は不確
実な要因で変動するために，説明変数 X は確率変数になります．なお， 8 章
では，説明変数が確率変数である場合について，OLS 推定量の統計的性質を
学習します．

3.2.2　標準的仮定 2 ：説明変数 X_i の変動が十分ある

　標準的仮定 2 は，説明変数 X にある程度の変動がある場合には満たされま
す．X の偏差 2 乗である $(X_i - \bar{X})^2$ を無限に加えれば，総和は無限になると考
えるのが自然です．

　そもそも，説明変数 X に変動がなければ，係数 β の推定は不可能でしょ
う．たとえば，図 3-1 (a) では，専有面積20m²の物件データしかないため
に，「面積 X が広くなったら賃料 Y がどの程度上がるか」を知ることはでき
ません（すべての X_i が20m²ならば，$\bar{X}$ も20m²なので $X_i - \bar{X} = 0$ となり，仮定
2 は満たされない）．これに対して，図 3-1 (b) は，さまざまな広さの物件
データがあり，面積が賃料に与える影響を正しく推定できます．仮定 2 は，図
3-1 (a) のような特殊ケースを排除するための仮定と位置付けられます．

図 3-1　説明変数の変動と係数 β の推定との関係

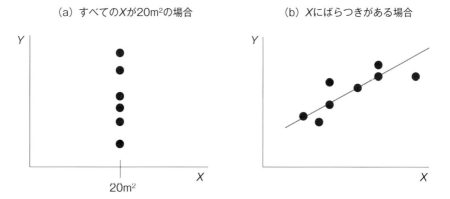

（a）すべてのXが20m²の場合　　　（b）Xにばらつきがある場合

3.2.3　標準的仮定3：誤差項 u_i の期待値は0となる

　誤差項 u_i は，他要因をすべて足し合わせたものであり，その期待値（$E[u_i]$）を0とする仮定には違和感を持つかもしれません．しかし，標準的仮定3（誤差項 u の期待値は0となる）が成立するよう定数項 α が（暗黙のうちに）定義されていると考えれば問題はありません．

　この点を明らかにするために，本当のモデルが次式で表され，誤差項 u_i^* は標準的仮定3を満たさないとしましょう．つまり，誤差項 u_i^* の期待値は0ではなく任意の定数 c と考えます（$E[u_i^*] = c$）．

$$Y_i = \alpha^* + \beta X_i + u_i^*$$

ここで，上式の右辺に $c - c$ を加えると（0を加えても等号は変わらない），

$$\begin{aligned} Y_i &= \alpha^* + \beta X_i + u_i^* + c - c \\ &= (\alpha^* + c) + \beta X_i + (u_i^* - c) \end{aligned}$$

となります．定数項を $\alpha = \alpha^* + c$，誤差項を $u_i = u_i^* - c$ と定義すると，モデルは，次のように表記できます．

$$Y_i = \alpha + \beta X_i + u_i$$

このとき，新たな誤差項 u_i の期待値を求めると，以下のとおりに0となり，標準的仮定3が満たされることが示されます．

$$\begin{aligned} E[u_i] &= E[u_i^* - c] \\ &= E[u_i^*] - c = 0 \end{aligned}$$

新しいモデル $Y_i = \alpha + \beta X_i + u_i$ では，標準的仮定3（$E[u_i] = 0$）が成立するように，定数項が $\alpha = \alpha^* + c$ と定義されています．

3.2.4　標準的仮定4：誤差項 u_i の分散は σ^2 となる

　標準的仮定4は，誤差項の分散（$V(u_i)$）は一定とするものであり，**均一分散**（homoskedasticity）の仮定といわれます．標準的仮定3（$E[u_i] = 0$）を前提とすると，

$$V(u_i) = E[(u_i - 0)^2] = E[u_i^2]$$

であることから，標準的仮定4は，誤差項の2乗の期待値が一定（$E[u_i^2] = $

σ^2）であることを意味します．もっとも，現実には，均一分散が成立する場合は特殊ケースであり，むしろ分散が一定ではないとした**不均一分散**（heteroskedasticity）が一般的です．なお，9章では，不均一分散の場合について，OLS推定量の統計的性質を学習します．

3.2.5　標準的仮定5：誤差項同士の共分散は0となる

標準的仮定5は，誤差項同士の共分散（$Cov(u_i, u_j)$）は0とするものです．標準的仮定3（$E[u_i]=0$）を前提とすると，

$$Cov(u_i, u_j) = E[(u_i - 0)(u_j - 0)] = E[u_i u_j]$$

であることから，標準的仮定5は誤差項同士の積の期待値が0であるということを意味します．

無作為抽出によって入手したデータであれば，データは相互に独立となるため，この仮定は満たされると考えられます．しかし，時系列データであれば，異なる時点間で誤差項が互いに相関している可能性は高く，この仮定は満たされないことがほとんどです．なお，10章では，標準的仮定5が満たされない場合について，OLS推定量の統計的性質を学習します．

3.2.6　標準的仮定6：誤差項 u_i は正規分布に従う

標準的仮定6は，誤差項 u_i は**正規分布**（normal distribution）に従うというものです（巻末付録C.1参照）．仮に被説明変数 Y に影響を与える説明変数 X 以外の他要因が多数あれば，**中心極限定理**（central limit theorem）によって，正規分布の仮定は正当化されます（巻末付録C.1.4参照）．

誤差項 u_i は，被説明変数 Y に影響を与える説明変数 X 以外の他要因（$e_1, e_2, \cdots, e_M$）から構成されるとします．

$$u_i = e_1 + e_2 + \cdots + e_M$$

他要因の数 M が十分に大きければ，中心極限定理によって，他要因の和である誤差項 u_i は正規分布に従う，と考えることは自然でしょう．

注意すべきは，これら他要因は相互に密接に関連し，他要因の数 M も小さい可能性があることです．そう考えると，中心極限定理は成立しないため，正規分布の仮定が成立しない可能性もあります．なお，8章では，標準的仮定6が満たされないもとで，OLS推定量の統計的性質を学習します．

コラム 3-1 身長は正規分布する

　人気プロゲーマーが，2022年2月15日の動画配信中に不適切な発言をし，炎上するという事件がありました．具体的には，身長が「170ないと，正直，人権ないんで．170cm ない方は『俺って人権ないんだ』って思いながら，生きていってください」との発言でした．当該プロゲーマーは謝罪しましたが，所属するプロeスポーツチームはこの方との契約を解除しています．

　こうした発言は許せないものですが，身長分布で考えると，170cm はどのように位置付けられるでしょうか．図3-2は，17歳男性の身長の分布であり，正規分布であることがわかります．身長を決める要因は多々あり，それらが累積する形で身長が決まるので中心極限定理が成立する，と思われます．分布の平均は170.6cm，標準偏差は5.9cm でした．たとえば，169cm は平均より僅かに低いだけです．実際，170cm 未満は全体の43％もいます．この方は男性全体の43％を敵に回したかもしれません．また，図をみると，身長170cm が不自然に多いようにもみえます．これは170cm を僅かに下回る男性が，何らかの操作を通じて身長を引き上げた可能性を示唆しています．これは計測者側の操作（170cm を下回っても170cm にしてあげる）もしくは本人側の操作（つま先立ちするなど）が影響しているかもしれません．

　データ分析では，データの分布をみることでわかることも多くあります．みなさんもぜひデータを図示する習慣を身に付けましょう．

図3-2　17歳男性の身長分布

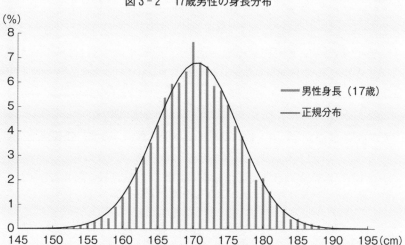

3.2.7 誤差項に関する仮定の総括

標準的仮定3～6は，誤差項 u_i に関する仮定であり，次のようにまとめることができます．

$$u_i \sim i.i.d.\, N(0,\, \sigma^2)$$

ここで，記号「～」は「従う」という意味であり，$i.i.d.$ は「相互に独立（independent），同一（identically）の分布（distributed）」を意味します．また，$N(0,\, \sigma^2)$ は正規分布であり，期待値は 0，分散は σ^2 であることを表します．したがって，$u_i \sim i.i.d.\, N(0,\, \sigma^2)$ とは，誤差項 $u_1,\, u_2,\, \cdots,\, u_n$ が，相互に独立で同じ正規分布 $N(0,\, \sigma^2)$ に従うことを表します．

3.3 最小2乗推定量の確率的性質

本節では，標準的仮定を前提として，最小2乗推定量（OLS 推定量）の確率的性質を学習します．

3.3.1 確率変数としての最小2乗推定量

2.3.1節で学習したとおり，OLS 推定量 $\hat{\alpha}$, $\hat{\beta}$ は以下となります．

$$\hat{\alpha} = \bar{Y} - \hat{\beta}\bar{X}$$

$$\hat{\beta} = \frac{\sum_{i=1}^{n}(X_i - \bar{X})(Y_i - \bar{Y})}{\sum_{i=1}^{n}(X_i - \bar{X})^2}$$

ここで Y_i はデータ収集前の値，y_i はデータ収集後の実現値とします．データ収集前であれば，Y_i がどの値をとるかはわからないため，Y_i は確率変数とみなすことができます．これに対して，データ収集後であれば，Y_i は実現値 y_i をとったことが明らかなため，y_i はもはや確率変数ではありません．

データがあれば値が計算できる関数（計算式）を**推定量**（estimator），データを代入して計算した値を**推定値**（estimate）といいます．OLS 推定量は関数であり，データ収集前には，Y_i の値がわからないので確率変数です．データ収集後には，観察された Y_i の実現値 y_i を OLS 推定量に代入すれば推定値が得られることになります．

OLS 推定量は次のように書き換えることができます（導出は本章末の補足参照）．

OLS 推定量の確率的表現

$$\hat{\alpha} = \alpha - (\hat{\beta} - \beta)\bar{X} + \bar{u}$$

$$\hat{\beta} = \beta + \frac{\sum_{i=1}^{n}(X_i - \bar{X})u_i}{\sum_{i=1}^{n}(X_i - \bar{X})^2}$$

　ここで，$\bar{u}$ は誤差項 u_i の標本平均と定義します（$\bar{u} = \frac{1}{n}\sum_{i=1}^{n}u_i$）．OLS 推定量 $\hat{\alpha}$ と $\hat{\beta}$ の式は，確率変数 u_i に依存しており，OLS 推定量は確率変数であることが明らかです．このため，上記表現は，OLS 推定量の**確率的表現**と呼ばれます．

　推定量の優劣を判断する基準には，不偏性，一致性，有効性があります[3]．以下では，OLS 推定量が不偏性と一致性を満たす優れた推定量であることを示します（有効性については8.1節参照）．なお，ここでは，$\hat{\beta}$ についてのみ説明しますが，$\hat{\alpha}$ にも同様の性質があることは練習問題で確認してください．

3.3.2　最小 2 乗推定量の期待値と不偏性

　不偏性（unbiasedness）とは，「推定量の期待値がパラメータ（真の値）と等しいこと」をいいます．係数 $\hat{\beta}$ の期待値は，$\hat{\beta}$ の確率的表現の期待値をとることで，次式で表すことができます．式展開では，標準的仮定 1（X_i は確率変数ではない）と標準的仮定 3（$E[u_i] = 0$）を用いています．

$$E[\hat{\beta}] = \beta + \frac{\sum_{i=1}^{n}(X_i - \bar{X})E[u_i]}{\sum_{i=1}^{n}(X_i - \bar{X})^2}$$

$$= \beta + \frac{\sum_{i=1}^{n}(X_i - \bar{X}) \times 0}{\sum_{i=1}^{n}(X_i - \bar{X})^2} = \beta$$

すなわち，OLS 推定量 $\hat{\beta}$ の期待値はパラメータ β に等しく（$E[\hat{\beta}] = \beta$），不偏性を満たすことが確認できます．

例 3 - 1：不偏性の意味——賃料と専有面積の関係

　2 章では，専有面積 X と賃料 Y の相互関係を調べるため，ランダムに選ばれた 8 物件について OLS 推定を行いました．その結果，$\hat{\beta}_{(1)} = 0.163$ とな

---

3)　不偏性，一致性，有効性は藪友良（2012）『入門 実践する統計学』東洋経済新報社，の7.2.3節参照．

りました（1回目に得られた推定結果なので，$\hat{\beta}$ の下添字に（1）を付けて
います）．次に，新たに抽出した8物件についても，OLS推定を行った結
果，$\hat{\beta}_{(2)} = 0.165$ となりました（2回目の推定結果ですので，下添字は（2）
としています）．このような抽出を1000回繰り返し，そのたびに新しいデー
タで推定して記録します．記録した結果は，

$$\hat{\beta}_{(1)}, \ \hat{\beta}_{(2)}, \ \cdots, \ \hat{\beta}_{(1000)}$$

と表記します（i 回目の結果は $\hat{\beta}_{(i)}$ と表記することとします）．データは各回
で異なりますから，推定結果も異なることになります．しかし，推定量が不
偏性を満たすものであれば（つまり，$E[\hat{\beta}] = \beta$ となる），推定量は平均的に
はパラメータと等しくなるはずです．これは，次式が成立することを意味し
ます．

$$\frac{1}{1000} \sum_{i=1}^{1000} \hat{\beta}_{(i)} = \beta$$

この例から，OLS推定量は確率変数であること，OLS推定量は平均的にパ
ラメータと一致すること（不偏性）を確認できます．

3.3.3　最小2乗推定量の分散と一致性

推定量の分散は，推定量のばらつきを評価する尺度の1つです．OLS推定
量の分散 $V(\hat{\beta})$ は，推定誤差（$\hat{\beta} - \beta$）の2乗の期待値であり，次式で表され
ます（証明は本章末の補足参照）．

OLS推定量の分散

$$V(\hat{\beta}) = E\left[(\hat{\beta} - \beta)^2\right] = \frac{\sigma^2}{\sum_{i=1}^{n}(X_i - \bar{X})^2}$$

この式から，次の2点が明らかになります．第1は，誤差項 u_i の分散 σ^2 が
小さいほど，OLS推定量の分散は小さくなるという点です．図3-3では，実
線が真の X と Y との関係 $\alpha + \beta X$ を表し，点線はデータから推定された回帰直
線を表しています（点線が数本ありますが，これはデータが変わると回帰直線
が変わり得る範囲を表したイメージと考えてください）．図3-3（a）は σ^2 が
小さい場合です．この場合，データは直線 $\alpha + \beta X$ に近いところで観察される
ため，X と Y の関係を安定的に推定できます[4]．これに対して，σ^2 が大きい場

図 3-3　誤差項の分散 σ^2 が OLS 推定量の分散に与える影響

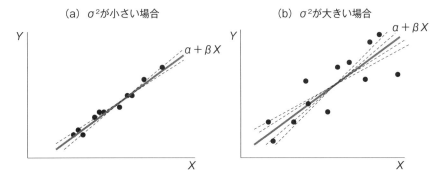

（a）σ^2 が小さい場合　　　　　　　　　（b）σ^2 が大きい場合

合の図 3-3（b）では，データは直線 $\alpha+\beta X$ から離れたところで観察されるため，X と Y の関係の推定は不安定になります．

　第 2 は，説明変数 X のばらつきが大きいほど（$\sum_{i=1}^{n}(X_i-\bar{X})^2$ が大きいほど），OLS 推定量の分散は小さくなるという点です．図 3-4（a）は，X のばらつきが小さい場合であり，データが少し異なるだけで回帰直線は大きく変わるのがわかります．図 3-4（b）は，X のばらつきが大きい場合であり，データが少し異なっていても回帰直線は安定して推定されます．専有面積と賃料の例でいえば，面積が狭い物件だけでは，面積と賃料の相互関係を安定して測ることができません．さまざまな広さの物件があってはじめて，面積と賃料の相互関係を安定して測ることができます．

　一致性（consistency）とは，「サンプルサイズ n が大きくなると，推定量は真のパラメータに収束すること」を意味します．それでは，OLS 推定量 $\hat{\beta}$ が，一致性を満たしていることを確認していきましょう．

　分散 $V(\hat{\beta})=\sigma^2/\sum_{i=1}^{n}(X_i-\bar{X})^2$ の分母には，X の偏差 2 乗和 $\sum_{i=1}^{n}(X_i-\bar{X})^2$ があります．よって，n が大きくなると，分散 $V(\hat{\beta})$ は，0 に近づいていきます（標準的仮定 2 を思い出してください）．

　図 3-5 では，サンプルサイズ n が小さいケース，n が大きいケース，n が ∞ というケースにわけて $\hat{\beta}$ の分布を描いています．OLS 推定量については，不偏性（$E[\hat{\beta}]=\beta$）が成立するため，分布の中心は常に β になります．n が大きくなると，分散 $V(\hat{\beta})$ は 0 に近づくため，$\hat{\beta}$ は β 付近で分布します．また，

4）　誤差項 u は，期待値 0 で分散 σ^2 の正規確率変数であることから，分散 σ^2 が小さいほど誤差項 u は 0 に近い値をとりやすくなります（たとえば，分散 0 なら $u=0$ です）．$Y=\alpha+\beta X+u$ から，u が 0 に近い値ならば，Y の実現値は $\alpha+\beta X$ に近い値になります．

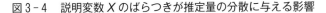

図3-4　説明変数 X のばらつきが推定量の分散に与える影響

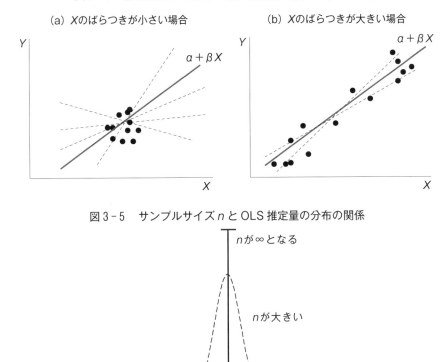

（a）X のばらつきが小さい場合　　　　　　（b）X のばらつきが大きい場合

図3-5　サンプルサイズ n と OLS 推定量の分布の関係

n が∞となると，分散 $V(\hat{\beta})$ は0になるため，$\hat{\beta}$ は β と一致します．換言すれば，n が大きくなるほど，X と Y の関係がより正確に把握できるようになること，つまり，$\hat{\beta}$ は一致性を満たしていることが確認できます．

コラム　3-2　サンプルサイズ

　私が学生だった1990年代には，データの収集というと，政府資料を手入力することが一般的でした．また，データの観察頻度も年次や四半期であることが多く，サンプルサイズもせいぜい30か40と小さなものでした．当時でも，県別パネルデータの作成は可能でしたが，個人での手入力は膨大な作業であり，そこまでやった学生は少なかったと思います．しかし，現在では，政府統計は

ウェブ上（e-Stat など）で公開されているほか，研究者が収集したデータも一般公開されることがあります．私の授業を履修している学部生たちも，パネルデータ，ミクロデータ，オルタナティブデータなどを研究に用いるようになっており，サンプルサイズが 1 万を超える研究も増えています．また，以前であれば，データの制約から，研究トピックも制約を受けていましたが，現在は，関心にあったデータを見つけやすくなっています．学生の研究発表を聞くと，こんなデータもあるのかと驚くことがあります．

　しかし，経済以外の他分野に目を向けると，今でも，サンプルサイズの小さい研究は数多くあります．たとえば，生物化学系研究では動物実験が欠かせませんが，動物福祉に対する懸念，実験コストの増大などの問題から，サンプルサイズが 10 以下の研究もみられます．サンプルサイズが小さいと，それが偶然得られた結果なのか，意味ある結果なのかよくわからないという問題があります．サンプルサイズは分野によって異なりますが，経済学や経営学といった分野ならば，データ入手は比較的容易です．ぜひ，みなさんもサンプルサイズが大きい研究にチャレンジしてみてください．

3.3.4　誤差項と残差の違いとは何か

　誤差項 u_i と残差 $\hat{u}_i$ は混乱する概念の 1 つです．ここでは，誤差項 u_i と残差 $\hat{u}_i$ の違いを学習しましょう．

　モデルは $Y_i = \alpha + \beta X_i + u_i$ となるため，誤差項 u_i は次のように表すことができます．

$$u_i = Y_i - (\alpha + \beta X_i)$$

これに対して，残差は次のように表すことができます．

$$\hat{u}_i = Y_i - (\hat{\alpha} + \hat{\beta} X_i)$$

つまり，誤差項 u_i は，「実現値 Y_i と真の回帰式からの予測値 $\alpha + \beta X_i$ との差である」といえるのに対し，残差 $\hat{u}_i$ は，「実現値 Y_i と推定された回帰式からの予測値 $\hat{\alpha} + \hat{\beta} X_i$ との差である」といえます．すなわち，誤差項 u_i の推定量が残差 $\hat{u}_i$ です．また，誤差項 u_i は観察できませんが，残差 $\hat{u}_i$ はデータから計算できるという違いにも注意してください．

3.4　最小2乗推定量の分散の推定方法

前節では，OLS 推定量 $\hat{\beta}$ の分散は，

$$V(\hat{\beta}) = \frac{\sigma^2}{\sum_{i=1}^{n}(X_i - \bar{X})^2}$$

となることを紹介しました．ここで，分母 $\sum_{i=1}^{n}(X_i - \bar{X})^2$ はデータから計算できますが，分子 σ^2 は何らかの方法で推定する必要があります．本節では，誤差項の分散 σ^2 の推定方法を学習しましょう．

3.4.1　誤差項の分散 σ^2 の推定方法

誤差項 u_i は，その期待値が 0 であり（標準的仮定 3），分散が σ^2 でした（標準的仮定 4）．よって，$\sigma^2 = E[(u_i - 0)^2] = E[u_i^2]$ となりました．ここで，$\sigma^2 = E[u_i^2]$ であるため，誤差項 u_i の 2 乗の標本平均，つまり，

$$\hat{\sigma}^2 = \frac{1}{n}\sum_{i=1}^{n}u_i^2$$

によって，分散 σ^2 は推定できそうです．実際，$\hat{\sigma}^2$ の期待値をとると，

$$E[\hat{\sigma}^2] = \frac{1}{n}\sum_{i=1}^{n}E[u_i^2] = \frac{1}{n}\underbrace{(\sigma^2 + \sigma^2 + \cdots + \sigma^2)}_{\sigma^2 \text{が} n \text{個ある}}$$

$$= \frac{1}{n}n\sigma^2 = \sigma^2$$

となり，不偏性を満たした良い推定量であることがわかります（$\hat{\sigma}^2$ は σ^2 の不偏推定量となる）．式展開では，標準的仮定 4（$E[u_i^2] = \sigma^2$）を用いました．しかしながら，誤差項 u_i は観察できないため，$\hat{\sigma}^2$ も計算はできません．こうした問題を解決するのが，以下で紹介する推定量 s^2 になります．

3.3.4節では，誤差項 u_i の推定量が残差 $\hat{u}_i$ となることを学習しました．このため，誤差項 u_i を残差 $\hat{u}_i$ で代用することで，誤差項の分散 σ^2 の推定量 s^2 を，次のように計算できます．

誤差項の分散 σ^2 の推定量

$$s^2 = \frac{1}{n-2}\sum_{i=1}^{n}\hat{u}_i^2$$

　残差 $\hat{u}_i$ は，データから計算できるため，推定量 s^2 もデータから計算できます．以後，誤差項の分散 σ^2 の推定量として，s^2 を用います．

　なお，ここで，残差2乗和を n ではなく，n より小さな値 $n-2$ で割った理由について，直観的に説明しておきます．そもそも OLS 推定量 $(\hat{\alpha}, \hat{\beta})$ は，残差2乗和を最小にするように選択されたものでした（2.3.1節参照）．つまり，$\tilde{\alpha}$ と $\tilde{\beta}$ を任意の値とすると，次の関係式が成立します．

$$\sum_{i=1}^{n} (Y_i - \hat{\alpha} - \hat{\beta}X_i)^2 \leq \sum_{i=1}^{n} (Y_i - \tilde{\alpha} - \tilde{\beta}X_i)^2$$

右辺 $\tilde{\alpha}$ と $\tilde{\beta}$ は任意の値であるため，これらがどのような値であっても不等式は成立します．ここで，$\tilde{\alpha}=\alpha$，$\tilde{\beta}=\beta$ と置いて，両辺を n で割ると，

$$\frac{1}{n}\sum_{i=1}^{n} \underbrace{(Y_i - \hat{\alpha} - \hat{\beta}X_i)^2}_{=\hat{u}_i} \leq \frac{1}{n}\sum_{i=1}^{n} \underbrace{(Y_i - \alpha - \beta X_i)^2}_{=u_i}$$

となります．残差と誤差項の定義から，上式は，次のようになります．

$$\frac{1}{n}\sum_{i=1}^{n} \hat{u}_i^2 \leq \frac{1}{n}\sum_{i=1}^{n} u_i^2$$

ここで，左辺 $\frac{1}{n}\sum_{i=1}^{n} \hat{u}_i^2$ は，右辺の不偏推定量 $\hat{\sigma}^2 = \frac{1}{n}\sum_{i=1}^{n} u_i^2$ に比べて，小さな値になります．つまり，$\frac{1}{n}\sum_{i=1}^{n} \hat{u}_i^2$ は，σ^2 を過小に推定する問題があります．このため，残差2乗和 $\sum_{i=1}^{n} \hat{u}_i^2$ を，n より小さな値の $n-2$ で割ることで，$\frac{1}{n}\sum_{i=1}^{n} \hat{u}_i^2$ よりも値を大きくする必要があるわけです．

　厳密には，推定量 $s^2 = \frac{1}{n-2}\sum_{i=1}^{n} \hat{u}_i^2$ の期待値を求めると，

$$E[s^2] = \sigma^2$$

となり，s^2 は誤差項の分散 σ^2 の不偏推定量であることを確認できます．また，推定量 s^2 は不偏性だけでなく，一致性も満たした良い推定量になります（本章末の補足参照）．

3.4.2　最小2乗推定量の分散の推定量

　誤差項の分散 σ^2 を，その推定量 s^2 で置き換えることで，OLS 推定量 $\hat{\beta}$ の分散 $V(\hat{\beta})$ の推定量は，次式で表すことができます．

> **OLS 推定量の分散の推定量**
>
> $$s_{\hat{\beta}}^2 = \frac{s^2}{\sum_{i=1}^{n}(X_i - \bar{X})^2}$$

　説明変数の偏差2乗和 $\sum_{i=1}^{n}(X_i - \bar{X})^2$，および，誤差項の分散 σ^2 の推定量 s^2 は，いずれもデータから計算できますから，OLS 推定量の分散もデータから計算できることになります．

3.5　最小2乗推定量の標準誤差

　OLS 推定量は，パラメータを値（点）として推定することから，**点推定**（point estimation）となります．当然ですが，点推定は必ずしも真のパラメータと一致するわけではなく，得られるデータによっては高めの値となったり，低めの値となったりします．このように，得られるデータにより推定結果が変わることを**標本変動**といいます．そして，標本変動が小さいほど，パラメータの推定精度が高いといえます．

　OLS 推定量 $\hat{\beta}$ の分散 $E[(\hat{\beta}-\beta)^2]$ は，推定量の標本変動の大きさを測る指標の1つとなります．しかし，推定誤差 $(\hat{\beta}-\beta)$ を2乗してから期待値をとっていることから，もとのデータから桁数が変わってしまうという問題があります（たとえば，推定誤差が10なら $10^2 = 100$ になる）．このため，推定量の標本変動は，分散の平方根（2乗したものを元に戻す操作）である標準偏差で測定することになります．

　OLS 推定量 $\hat{\beta}$ の**標準偏差**（standard deviation）は，分散の平方根，つまり，

$$\sqrt{V(\hat{\beta})} = \sqrt{E\left[(\hat{\beta}-\beta)^2\right]} = \sqrt{\frac{\sigma^2}{\sum_{i=1}^{n}(X_i - \bar{X})^2}}$$

となります．OLS 推定量 $\hat{\beta}$ の標準偏差の推定量は，誤差項の分散 σ^2 を推定量 s^2 で置き換えた次式であり，これは**標準誤差**（standard error）と呼ばれます．

OLS 推定量の標準誤差

$$s_{\hat{\beta}} = \sqrt{s_{\hat{\beta}}^2} = \sqrt{\frac{s^2}{\sum_{i=1}^{n}(X_i - \bar{X})^2}}$$

標準誤差が大きいほど標本変動は大きい（推定精度が低い），標準誤差が小さいほど標本変動は小さい（推定精度が高い）と解釈されることになります．実証分析では，パラメータの推定値に加えて，標準誤差を掲載するのが，現在のスタンダードです[5]．

例3-2 ：標準誤差を求める──賃料と専有面積の関係

2.2節の表2-2のデータを使って，H駅周辺の賃料 Y と専有面積 X の関係を分析します（物件数は8です）．推定の結果，次のようになりました．

$$\hat{Y} = 2.62 + 0.163X$$
$$(1.05) \quad (0.029)$$

式の下に表記されたカッコ内の値は標準誤差を示します．係数 $\hat{\beta}$ の推定値は0.163，標準誤差 $s_{\hat{\beta}}$ は0.029です．

サンプルサイズ n を増やすと，どのような結果となるでしょう．新たに入手した724物件のデータを用いて同じ推定をします．

$$\hat{Y} = 2.69 + 0.160X$$
$$(0.101) \quad (0.003)$$

係数 $\hat{\beta}$ の推定値は0.160であり，大きな違いはありません．しかし，標準誤差 $s_{\hat{\beta}}$ は0.003と大きく低下しています．これはサンプルサイズが大きくなったため（ n は8から724に増加した），OLS推定量 $\hat{\beta}$ の標本変動が大きく低下した（推定精度が大きく改善した）ことを示しています．

コラム 3-3　野球における規定打席

首位打者はプロ野球のタイトル（打撃表彰）であり，打席数が「規定打席」に達した選手のうち，最も打率の高い選手に与えられます．「規定打席」は，

---

[5]　3.3.3節で学習したとおり，OLS推定量 $\hat{\beta}$ の分散が小さくなるのは，(1) 誤差項 u_i の分散 σ^2 が小さいとき，(2) 説明変数 X のばらつきが大きいとき，(3) サンプルサイズ n が大きいときでした．同様に，これらの状況では，標準誤差も小さくなります．

「試合数×3.1（端数は四捨五入）」として計算されます．2022年現在，試合数は143ですから，規定打席は443（＝143×3.1）です．

なぜ規定打席が必要なのでしょうか．統計学的にいうと，これは選手の実力を正確に測るためには，ある程度の打席数が必要だからといえます．たとえば，打席数10回でヒット3回なら打率は3割，同様に，打席数100回でヒット30回でも打率は3割です．当然ですが，打席数10回より100回のほうが，打者の実力を正確に測れているはずです．換言すると，「打席数が多いほうが，打率の推定精度が上がる」といえます．

ある打者の真の実力は打率3割としましょう．図3-6では，打席数に応じて，打率の95%信頼区間を描いています（3.6節では，信頼区間を学習します）．図をみると，10打席では，打率は0.016から0.584まで広い範囲をとりえますが，450打席もあれば，打率は0.258から0.342の狭い範囲に収まります．この図からは，打席が増えるにつれて，打者の真の実力が高い精度で推定できるようになっていることがわかります．

図3-6　3割打者の95%信頼区間

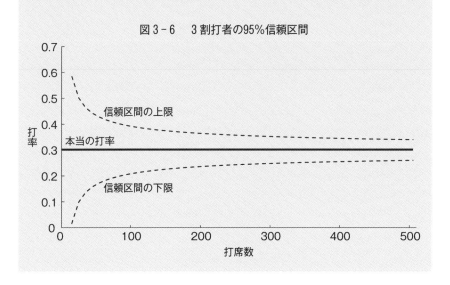

3.6　区間推定

推定には点推定だけでなく，**区間推定**（interval estimation）があります．区間推定とは，「パラメータが存在すると思われる区間の推定」であり，点推

定と標準誤差の情報から計算されます. 区間推定を理解することで, 推定値と標準誤差の関係についての理解も深まります. 本節では, OLS 推定量 $\hat{\beta}$ に関する t 統計量が t 分布に従うこと, そして, その結果を用いて, 係数 β の信頼区間を計算する方法を説明します.

3.6.1　正規分布

OLS 推定量 $\hat{\beta}$ の確率分布を求めてみましょう. $\hat{\beta}$ の確率的表現から,

$$\hat{\beta} = \beta + \frac{\sum_{i=1}^{n}(X_i - \overline{X})u_i}{\sum_{i=1}^{n}(X_i - \overline{X})^2} = \beta + \frac{(X_1 - \overline{X})u_1 + \cdots + (X_n - \overline{X})u_n}{\sum_{i=1}^{n}(X_i - \overline{X})^2}$$

$$= \beta + \left(\frac{X_1 - \overline{X}}{\sum_{i=1}^{n}(X_i - \overline{X})^2}\right)u_1 + \cdots + \left(\frac{X_n - \overline{X}}{\sum_{i=1}^{n}(X_i - \overline{X})^2}\right)u_n$$

となります (3.3.1節参照). ここで,

$$c_i = \frac{X_i - \overline{X}}{\sum_{i=1}^{n}(X_i - \overline{X})^2}$$

と定義すると, $\hat{\beta}$ は, 誤差項 $(u_1,\ u_2,\ \cdots,\ u_n)$ の線形関数となります.

$$\hat{\beta} = c_0 + c_1 u_1 + c_2 u_2 + \cdots + c_n u_n$$

ただし, $c_0 = \beta$ としています. 標準的仮定 6 から, 誤差項は正規分布に従うため, 誤差項の線形関数である $\hat{\beta}$ も正規分布に従います (巻末付録 C.1.1参照).

　3.3節では, OLS 推定量 $\hat{\beta}$ の期待値はパラメータ β と等しく, $\hat{\beta}$ の分散は $V(\hat{\beta}) = \sigma^2 / \sum_{i=1}^{n}(X_i - \overline{X})^2$ となることを確認しました. まとめると, OLS 推定量 $\hat{\beta}$ は期待値 β, 分散は $V(\hat{\beta})$ とした正規分布に従うことになります. これは次のように表すことができます.

$$\hat{\beta} \sim N(\beta, V(\hat{\beta}))$$

そして, OLS 推定量 $\hat{\beta}$ を標準化 (期待値 β を引いて標準偏差 $\sqrt{V(\hat{\beta})}$ で割る操作) したものは, 次のように**標準正規分布** (standard normal distribution) に従います (巻末付録 C.1.2, C.1.3参照).

OLS の推定量の確率分布

$$\frac{\hat{\beta} - \beta}{\sqrt{V(\hat{\beta})}} = \frac{\hat{\beta} - \beta}{\sqrt{\dfrac{\sigma^2}{\sum_{i=1}^{n}(X_i - \bar{X})^2}}} \sim N(0, 1)$$

この結果を用いれば，β の区間推定ができそうです．しかし，$\hat{\beta}$ の標準偏差 $\sqrt{V(\hat{\beta})}$ はわからないため，標準誤差 $s_{\hat{\beta}}$ で置き換える必要があります．

3.6.2　t 統計量

$\hat{\beta}$ の標準偏差 $\sqrt{V(\hat{\beta})}$ はわからないため，標準誤差 $s_{\hat{\beta}}$ で置き換えると，次のようになります．

---

t 統計量

$$t_{\hat{\beta}} = \frac{\hat{\beta} - \beta}{s_{\hat{\beta}}} = \frac{\hat{\beta} - \beta}{\sqrt{\dfrac{s^2}{\sum_{i=1}^{n}(X_i - \bar{X})^2}}} \sim t(n-2)$$

ここで，統計量 $t_{\hat{\beta}}$ は，**自由度 $n-2$ の t 分布**（t distribution）となることから，とくに **t 統計量**（t-statistic）と呼ばれます（t 分布は巻末付録 C.3参照）．$t(n-2)$ は自由度 $n-2$ の t 分布を意味します．統計量 $t_{\hat{\beta}}$ が t 分布することの証明は本章末の補足を参照してください．

以下では，t 統計量が t 分布することの直観的理由を説明します．まず，t 分布の形状を確認しましょう．図3-7では，標準正規分布 $N(0, 1)$ と自由度 1，2，4 の t 分布（$t(1)$，$t(2)$，$t(4)$ と表記）を描いています．t 分布は，0 を中心とした左右対称の分布であり，標準正規分布より分散が大きいという特徴があります．ただし，自由度が大きくなると，t 分布は標準正規分布に近づいていくという特徴もあります．

次に，誤差項の分散 σ^2 についてです．t 統計量の計算では，σ^2 の代わりに推定量 s^2 を用いました．誤差項の分散 σ^2 は固定した値ですが，その推定量 s^2 は確率変数であることに注意してください．つまり，t 統計量の計算では，新たな確率変数 s^2 が加わることで，分布のばらつきが（σ^2 を使って計算される）標準正規分布よりも大きくなることになります．ただし，サンプルサイズ n

図3-7 自由度とt分布の形状

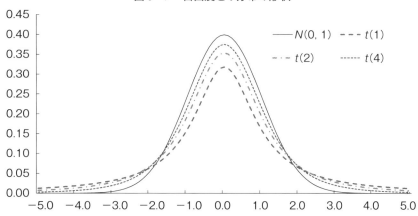

が大きくなると，推定量s^2は分散σ^2を正確に推定できるため，t分布は標準正規分布に近づいていく，という説明になります．

3.6.3 信頼区間

t統計量によってパラメータの区間推定が可能となります．

図3-8は，自由度$n-2$のt分布を描いたものです．ここで，$t_{n-2, 0.05}$は次式を満たす値と定義します（$t_{n-2, 0.05}$の下添字は，統計量$t_{\hat{\beta}}$の自由度$n-2$と確率5％を表す）．

$$P\{t_{n-2, 0.05} < |t_{\hat{\beta}}|\} = 0.05$$

つまり，統計量$t_{\hat{\beta}}$の絶対値が値$t_{n-2, 0.05}$を上回る確率は5％です（図の網掛けの面積に該当）．t分布は左右対称であるため，$t_{n-2, 0.05} < t_{\hat{\beta}}$となる確率は

図3-8 t統計量の分布

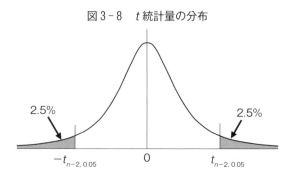

2.5%，$t_{\hat{\beta}} < -t_{n-2,\,0.05}$となる確率も2.5%になります（合計は5％になる）．

確率の和は100%ですから，統計量$t_{\hat{\beta}}$が$-t_{n-2,\,0.05}$から$t_{n-2,\,0.05}$の範囲に収まる確率は，次のように95%となります（図の白い領域の面積）．

$$0.95 = P\{-t_{n-2,\,0.05} < t_{\hat{\beta}} < t_{n-2,\,0.05}\}$$

$t_{\hat{\beta}} = (\hat{\beta} - \beta)/s_{\hat{\beta}}$であることから，上式の｛ ｝内は次のように展開できます．

$$0.95 = P\left\{-t_{n-2,\,0.05} < \frac{\hat{\beta} - \beta}{s_{\hat{\beta}}} < t_{n-2,\,0.05}\right\}$$
$$= P\{\hat{\beta} - t_{n-2,\,0.05}\,s_{\hat{\beta}} < \beta < \hat{\beta} + t_{n-2,\,0.05}\,s_{\hat{\beta}}\}$$

2番目の等式では，両辺に$-s_{\hat{\beta}}$を掛けてから全体に$\hat{\beta}$を足しました．

ここで，95％という数値が表しているものを**信頼度**（confidence level），｛ ｝内の区間を**信頼区間**（confidence interval）と呼びます．

95％信頼区間

$$\underbrace{\hat{\beta} - t_{n-2,\,0.05}\,s_{\hat{\beta}}}_{\text{信頼区間の下限}} < \beta < \underbrace{\hat{\beta} + t_{n-2,\,0.05}\,s_{\hat{\beta}}}_{\text{信頼区間の上限}}$$

信頼度95％の信頼区間とは，真の値βを含む確率が95％であるような区間となります（信頼区間の意味は3.6.4節参照）．信頼度95％の信頼区間は，**95％信頼区間**とも呼ばれます．

値$t_{n-2,\,0.05}$は，統計学の教科書ではt分布表に掲載されていますが，統計ソフトを用いれば容易に計算できます[6]．そもそも自由度が30もあれば，t分布と標準正規分布はほぼ同じになります．たとえば，自由度1なら$t_{1,\,0.05} = 12.706$と大きいですが，自由度30なら$t_{30,\,0.05} = 2.042$となり，自由度∞の$t_{\infty,\,0.05} = 1.96$とほぼ同じ値になります．$Z \sim N(0, 1)$ならば，$P\{1.96 < |Z|\} = 0.05$となることに注意してください（巻末付録C.1.2参照）．

一般的に，経済データでは，サンプルサイズnが大きく，$t_{n-2,\,0.05}$は1.96と考えて問題ありません．実証分析では，簡便法として1.96ではなく2を用いて，95％信頼区間を，次のように計算することがよくみられます．

$$\hat{\beta} - 2 \times s_{\hat{\beta}} < \beta < \hat{\beta} + 2 \times s_{\hat{\beta}}$$

OLS推定量$\hat{\beta}$と標準誤差$s_{\hat{\beta}}$の情報がわかれば，この式から，簡単に95％信頼

6）Excelの場合，自由度$n-2$が10なら「＝TINV(0.05, 10)」と入力すれば2.228が得られます．

区間を計算でき，$\hat{\beta}$ の推定精度の評価が可能となることが理解できます.

3.6.4 信頼度95％の信頼区間とは何か

　信頼度95％の信頼区間とはどのような意味か，次の例を用いて説明しましょう．面積 X と賃料 Y の相互関係を調べる調査を1000回行うこととします．各調査では，ランダムに選ばれた 8 物件のデータから β を推定し，95％信頼区間を計算することとします．偶然，$\hat{\beta}$ が大きすぎたり小さすぎたりすると，信頼区間が真のパラメータ β を含まない可能性もあります.

　図 3 - 9 は，真のパラメータを $\beta=0.16$ とし，第 1 回〜第15回分の調査結果を描いたものです．縦軸は β の95％信頼区間，横軸は調査回数を，そして，矢印は，調査ごとの95％信頼区間を表しています．第 1 回の調査で得た信頼区間は真の値0.16を含んでいるのがわかります．しかし，第12回の調査で得た信頼区間は0.16を含んでいません．こうした調査を1000回行います（図では1000回の調査をすべては表示していません）．そして，この例に即していうと，信頼度95％とは，「1000回調査をすると950回は信頼区間の中に真の値0.16が含まれる」という意味になります.

　信頼度としては95％以外に，90％と99％が用いられることもあります．ここで，$t_{n-2,0.1}$ と $t_{n-2,0.01}$ を次の条件を満たす値とします.

$$P\{t_{n-2,0.1} < |t_{\hat{\beta}}|\} = 0.1$$
$$P\{t_{n-2,0.01} < |t_{\hat{\beta}}|\} = 0.01$$

このとき，90％と99％の信頼区間は以下となります.

図 3 - 9　信頼度95％の信頼区間

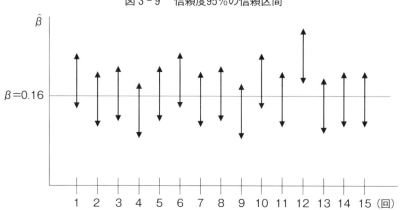

$$90\%信頼区間：\hat{\beta}-t_{n-2,\,0.1}\,s_{\hat{\beta}}<\beta<\hat{\beta}+t_{n-2,\,0.1}\,s_{\hat{\beta}}$$
$$99\%信頼区間：\hat{\beta}-t_{n-2,\,0.01}\,s_{\hat{\beta}}<\beta<\hat{\beta}+t_{n-2,\,0.01}\,s_{\hat{\beta}}$$

なお，自由度∞では$t_{\infty,\,0.1}=1.645$，$t_{\infty,\,0.01}=2.576$になることから，nが大きい場合には，これらの値で代用することができます．

3.6.5 信頼区間の性質

信頼区間には2つの性質があります．第1は，信頼区間は信頼度が上がると広くなるという性質です．これは，$t_{n-2,\,0.1}<t_{n-2,\,0.05}<t_{n-2,\,0.01}$という関係から明らかです．区間を広げるほどパラメータが区間内に収まる確率（信頼度）が上がるのは当然でしょう．信頼度を高く設定すれば信頼区間は広がり，反対に，信頼度を低く設定すれば信頼区間は狭まるといえるでしょう．

第2は，サンプルサイズnが大きくなると，信頼区間は狭くなるという性質です．nが大きくなると，標準誤差は小さくなるため，信頼区間も狭くなります．情報量が増えるとパラメータを高い精度で推定でき，信頼区間は狭くなるともいえます．

例3-3：95％信頼区間──同性愛者の割合

2.4節で紹介した同性愛者の割合を考えましょう．被説明変数Yは「同性愛を自己申告する割合（％）」，説明変数Xは「同性婚を支持する割合（％）」とします．OLS推定の結果，次のようになりました．

$$\hat{Y}=1.34+0.045X$$
$$(0.509)\ (0.011)$$

式の下に表記されたカッコ内の値は標準誤差を示します．ここで，サンプルサイズnは50であるため，95％信頼区間を求めるには，$t_{n-2,\,0.05}=t_{48,\,0.05}$の情報が必要になります．ここで，$t_{48,\,0.05}=2.01$となるため，$\hat{\beta}=0.045$と標準誤差$s_{\hat{\beta}}=0.011$を用いて，95％信頼区間は，

$$\underbrace{0.045-2.01\times0.011}_{=0.023}<\beta<\underbrace{0.045+2.01\times0.011}_{=0.066}$$

となります．下限と上限を計算すると，これは$(0.023,\ 0.066)$区間です．以上から，同性婚を支持する割合Xが上がると，同性愛を自己申告する割合Yも上がることがわかります．

補 足

OLS 推定量の確率的表現 (3.3.1節)

ここで，標本平均 $\bar{Y}$ は，

$$\bar{Y} = \frac{1}{n} \sum_{i=1}^{n} Y_i = \frac{1}{n} \sum_{i=1}^{n} (\alpha + \beta X_i + u_i)$$
$$= \frac{1}{n} \left(n\alpha + \beta \sum_{i=1}^{n} X_i + \sum_{i=1}^{n} u_i \right) = \alpha + \beta \bar{X} + \bar{u}$$

となり，これを $\hat{\alpha} = \bar{Y} - \hat{\beta}\bar{X}$ の式に代入すると，

$$\hat{\alpha} = (\alpha + \beta\bar{X} + \bar{u}) - \hat{\beta}\bar{X} = \alpha - (\hat{\beta} - \beta)\bar{X} + \bar{u}$$

となり，$\hat{\alpha}$ の確率的表現が得られます．

次に，$\hat{\beta}$ は次のように変形できます．

$$\hat{\beta} = \frac{\sum_{i=1}^{n} (X_i - \bar{X})(Y_i - \bar{Y})}{\sum_{i=1}^{n} (X_i - \bar{X})^2} = \frac{\sum_{i=1}^{n} (X_i - \bar{X}) Y_i - \sum_{i=1}^{n} (X_i - \bar{X}) \bar{Y}}{\sum_{i=1}^{n} (X_i - \bar{X})^2}$$

偏差の和は0という性質を使うと，分子の第2項は，

$$\sum_{i=1}^{n} (X_i - \bar{X}) \bar{Y} = \bar{Y} \underbrace{\sum_{i=1}^{n} (X_i - \bar{X})}_{= 0} = 0$$

となります．したがって，

$$\hat{\beta} = \frac{\sum_{i=1}^{n} (X_i - \bar{X}) Y_i}{\sum_{i=1}^{n} (X_i - \bar{X})^2} = \frac{\sum_{i=1}^{n} (X_i - \bar{X})(\alpha + \beta X_i + u_i)}{\sum_{i=1}^{n} (X_i - \bar{X})^2}$$
$$= \alpha \frac{\sum_{i=1}^{n} (X_i - \bar{X})}{\sum_{i=1}^{n} (X_i - \bar{X})^2} + \beta \frac{\sum_{i=1}^{n} (X_i - \bar{X}) X_i}{\sum_{i=1}^{n} (X_i - \bar{X})^2} + \frac{\sum_{i=1}^{n} (X_i - \bar{X}) u_i}{\sum_{i=1}^{n} (X_i - \bar{X})^2}$$

となります（式展開では，$Y_i = \alpha + \beta X_i + u_i$ を用いました）．

$\sum_{i=1}^{n} (X_i - \bar{X}) = 0$ という性質から，右辺第1項の分子は0です．右辺第2項の分子は，$\sum_{i=1}^{n} (X_i - \bar{X}) X_i = \sum_{i=1}^{n} (X_i - \bar{X})^2$ です．これは，

$$\sum_{i=1}^{n} (X_i - \bar{X})(X_i - \bar{X}) = \sum_{i=1}^{n} (X_i - \bar{X}) X_i - \bar{X} \underbrace{\sum_{i=1}^{n} (X_i - \bar{X})}_{= 0} = \sum_{i=1}^{n} (X_i - \bar{X}) X_i$$

と確認できます．まとめると，$\hat{\beta}$ の確率的表現を導出できます．

$$\hat{\beta} = \alpha \, \frac{0}{\sum_{i=1}^{n}(X_i - \bar{X})^2} + \beta \, \frac{\sum_{i=1}^{n}(X_i - \bar{X})^2}{\sum_{i=1}^{n}(X_i - \bar{X})^2} + \frac{\sum_{i=1}^{n}(X_i - \bar{X})u_i}{\sum_{i=1}^{n}(X_i - \bar{X})^2}$$

$$= \beta + \frac{\sum_{i=1}^{n}(X_i - \bar{X})u_i}{\sum_{i=1}^{n}(X_i - \bar{X})^2}$$

OLS 推定量の分散 (3.3.3節)

$\hat{\beta}$ の分散を導出します. 3.3.1節で学習した $\hat{\beta}$ の確率的表現から,

$$\hat{\beta} - \beta = \frac{\sum_{i=1}^{n}(X_i - \bar{X})u_i}{\sum_{i=1}^{n}(X_i - \bar{X})^2}$$

となります. このため, 分散 $V(\hat{\beta}) = E[(\hat{\beta} - \beta)^2]$ は,

$$E[(\hat{\beta} - \beta)^2] = E\left[\left(\frac{\sum_{i=1}^{n}(X_i - \bar{X})u_i}{\sum_{i=1}^{n}(X_i - \bar{X})^2}\right)^2\right] = \frac{E\left[\left(\sum_{i=1}^{n}(X_i - \bar{X})u_i\right)^2\right]}{\left(\sum_{i=1}^{n}(X_i - \bar{X})^2\right)^2}$$

となります (式展開では, X は確率変数ではないことを用いました).

分散 $V(\hat{\beta})$ の分子を考えましょう. 標準的仮定 4 から, $i=j$ なら $E[u_i u_j] = \sigma^2$ であり, 標準的仮定 5 から, $i \neq j$ なら $E[u_i u_j] = 0$ になります. このため,

$$E\left[\left(\sum_{i=1}^{n}(X_i - \bar{X})u_i\right)^2\right]$$

$$= \sum_{i=1}^{n}\sum_{j=1}^{n}(X_i - \bar{X})(X_j - \bar{X})E[u_i u_j]$$

$$= \sum_{i=1}^{n}(X_i - \bar{X})(X_i - \bar{X})E[u_i^2]$$

$$= \sigma^2 \sum_{i=1}^{n}(X_i - \bar{X})^2$$

となります[7]. これを $V(\hat{\beta})$ の式に代入すると $\hat{\beta}$ の分散が導出できます.

---

7) 式展開が難しいので, $n=2$ の場合をみてみましょう. これは次のように展開できます.

$$E\left[\left(\sum_{i=1}^{2}(X_i - \bar{X})u_i\right)^2\right]$$

$$= E\left[\left((X_1 - \bar{X})u_1 + (X_2 - \bar{X})u_2\right)^2\right]$$

$$= (X_1 - \bar{X})^2 E[u_1^2] + (X_2 - \bar{X})^2 E[u_2^2] + 2(X_1 - \bar{X})(X_2 - \bar{X})E[u_1 u_2]$$

$$= (X_1 - \bar{X})^2 \sigma^2 + (X_2 - \bar{X})^2 \sigma^2 + 2(X_1 - \bar{X})(X_2 - \bar{X}) \times 0$$

$$= \sigma^2 \left[(X_1 - \bar{X})^2 + (X_2 - \bar{X})^2\right]$$

標準的仮定 4 から $E[u_1^2] = E[u_2^2] = \sigma^2$, 標準的仮定 5 から $E[u_1 u_2] = 0$ となることを用いました.

$$E\big[(\hat{\beta}-\beta)^2\big] = \frac{\sigma^2 \sum_{i=1}^{n}(X_i-\bar{X})^2}{\left(\sum_{i=1}^{n}(X_i-\bar{X})^2\right)^2} = \frac{\sigma^2}{\sum_{i=1}^{n}(X_i-\bar{X})^2}$$

推定量 s^2 の性質 （3.4.1節）

　推定量 s^2 の期待値と分散を求めることによって，推定量 s^2 が誤差項の分散 σ^2 の不偏推定量であり，一致性も満たしていることを確認します.

　標準的仮定により，誤差項 u_i は相互に独立な正規確率変数 $N(0,\ \sigma^2)$ であることから（$i.i.d.\,N(0,\ \sigma^2)$），誤差項 u_i を標準偏差 σ で割って標準化すると，標準正規分布 $N(0,\ 1)$ に従います（巻末付録 C.1.3参照）.

$$\frac{u_i}{\sigma} \sim i.i.d.\,N(0,\ 1)$$

　χ^2 確率変数とは，n 個の独立な標準正規確率変数の2乗和をいい，自由度とは，その2乗和を構成する確率変数のうち自由に動ける確率変数の数と定義されます（巻末付録 C.2参照）. ここで，標準化した u_i/σ は相互に独立な標準正規確率変数であり，n 個の変数 $(u_1/\sigma, u_2/\sigma, \cdots, u_n/\sigma)$ はすべて自由に動くことができるため，

$$\sum_{i=1}^{n}\left(\frac{u_i}{\sigma}\right)^2 \sim \chi^2(n)$$

となります. $\chi^2(n)$ は，自由度 n の χ^2 分布を意味します.

　上式で誤差項 u_i を残差 $\hat{u}_i$ で置き換えると，

$$\sum_{i=1}^{n}\left(\frac{\hat{u}_i}{\sigma}\right)^2 \sim \chi^2(n-2)$$

となり，自由度は n から $n-2$ へと減少します. 2.5節で学習したとおり，残差 $\hat{u}_i$ には2つの性質がありました.

性質① $\sum_{i=1}^{n}\hat{u}_i=0$，　性質② $\sum_{i=1}^{n}X_i\,\hat{u}_i=0$

つまり，$n-2$ 個の残差 $\hat{u}_i$ が決定されると，この2本の連立方程式を解くことで，残り2つの残差は自動的に決定されます[8]. つまり，自由に動ける残差 $\hat{u}_i$ は $n-2$ 個だけです. これが，残差 $\hat{u}_i$ を用いると自由度が $n-2$ となる理由になります.

　χ^2 確率変数の期待値は自由度，分散は $2 \times$ 自由度でした（巻末付録 C.2参照）. したがって，推定量 s^2 の期待値は，

$$E[s^2] = E\left[\frac{1}{n-2}\sum_{i=1}^{n}\hat{u}_i^2\right] = \frac{\sigma^2}{n-2}\,E\left[\sum_{i=1}^{n}\left(\frac{\hat{u}_i}{\sigma}\right)^2\right] = \frac{\sigma^2}{n-2}\,(n-2) = \sigma^2$$

となります（式展開では，2番目の等号では分母と分子に σ^2 を入れたこと，3番目の等号では χ^2 確率変数 $\sum_{i=1}^{n}(\hat{u}_i/\sigma)^2$ の期待値は自由度 $n-2$ となることを用いました）．つまり，推定量 s^2 は不偏性を満たしています．

また，推定量 s^2 の分散 $V(s^2)$ は，$E[s^2]=\sigma^2$ から次のようになります．

$$V(s^2) = E\left[(s^2-\sigma^2)^2\right]$$

$$= E\left[\left(\frac{\sigma^2}{n-2}\sum_{i=1}^{n}\left(\frac{\hat{u}_i}{\sigma}\right)^2 - \left(\frac{n-2}{n-2}\right)\sigma^2\right)^2\right]$$

$$= \frac{(\sigma^2)^2}{(n-2)^2}\,E\left[\left(\sum_{i=1}^{n}\left(\frac{\hat{u}_i}{\sigma}\right)^2 - (n-2)\right)^2\right]$$

$$= \frac{\sigma^4}{(n-2)^2}\,2(n-2) = \frac{2\sigma^4}{n-2}$$

式展開では，χ^2 確率変数 $\sum_{i=1}^{n}(\hat{u}_i/\sigma)^2$ の分散 $E[(\sum_{i=1}^{n}(\hat{u}_i/\sigma)^2-(n-2))^2]$ は $2\times$ 自由度，つまり，$2(n-2)$ になることを用いました．

以上から，推定量 s^2 の期待値は σ^2 になることから，s^2 は不偏性を満たしており，また，n が大きくなると分散 $V(s^2)$ は 0 に収束するため，s^2 は一致性も満たします（この議論は図3-5と同じです）．

t 統計量が t 分布する証明（3.6.2節）

ここでは t 統計量が t 分布する証明をみてみます（t 分布は巻末付録 C.3 参照）．t 統計量は次のようになります．

---

8)　たとえば，$\hat{u}_1,\ \hat{u}_2,\ \cdots,\ \hat{u}_{n-2}$ が決まっているとします．このとき，残り2つの残差 $\hat{u}_{n-1},\ \hat{u}_n$ は，残差の性質を表す2つの式，つまり，

$$\sum_{i=1}^{n}\hat{u}_i = \sum_{i=1}^{n-2}\hat{u}_i + \hat{u}_{n-1} + \hat{u}_n = 0$$

$$\sum_{i=1}^{n}X_i\hat{u}_i = \sum_{i=1}^{n-2}X_i\hat{u}_i + X_{n-1}\hat{u}_{n-1} + X_n\hat{u}_n = 0$$

を $\hat{u}_{n-1}$ と $\hat{u}_n$ に関して解くことで求められます．ここで $\sum_{i=1}^{n-2}\hat{u}_i$ と $\sum_{i=1}^{n-2}X_i\hat{u}_i$ の値はすべてわかっています（X_i は確率変数ではなく，値がわかっている点に注意してください）．つまり，残差 $\hat{u}_{n-1}$ と $\hat{u}_n$ は自由に動ける変数ではなく，自由度は $n-2$ になります．

$$t_{\hat{\beta}} = \frac{\hat{\beta} - \beta}{\sqrt{\dfrac{s^2}{\sum_{i=1}^{n}(X_i - \bar{X})^2}}} = \frac{\hat{\beta} - \beta}{\sqrt{\dfrac{\dfrac{1}{n-2}\sum_{i=1}^{n}\hat{u}_i^2}{\sum_{i=1}^{n}(X_i - \bar{X})^2}}}$$

右辺の分母と分子に $\sqrt{\sum_{i=1}^{n}(X_i - \bar{X})^2}$ を掛けてから展開すると，

$$t_{\hat{\beta}} = \frac{\sqrt{\sum_{i=1}^{n}(X_i - \bar{X})^2}(\hat{\beta} - \beta)}{\sqrt{\dfrac{1}{n-2}\sum_{i=1}^{n}\hat{u}_i^2}} = \frac{\dfrac{\hat{\beta} - \beta}{\sqrt{1/\sum_{i=1}^{n}(X_i - \bar{X})^2}}}{\sqrt{\dfrac{1}{n-2}\sum_{i=1}^{n}\hat{u}_i^2}}$$

となります[9]．さらに右辺の分母と分子を $\sqrt{\sigma^2}$ で割ると（同じ値で割るため，等号関係は変わらない），t 統計量は次のように書き換えられます．

$$t_{\hat{\beta}} = \frac{\dfrac{\hat{\beta} - \beta}{\sqrt{\sigma^2/\sum_{i=1}^{n}(X_i - \bar{X})^2}}}{\sqrt{\dfrac{1}{n-2}\sum_{i=1}^{n}\left(\dfrac{\hat{u}_i}{\sigma}\right)^2}} = \frac{N(0, 1)}{\sqrt{\dfrac{1}{n-2}\chi^2(n-2)}}$$

　右辺分子は標準正規分布 $N(0, 1)$ に従い（3.6.1節参照），分母 $\sum_{i=1}^{n}(\hat{u}_i/\sigma)^2$ は自由度 $n-2$ の χ^2 分布になります（本補足にある推定量 s^2 の性質を参照）．つまり，分子は $N(0, 1)$ であり，分母は χ^2 確率変数を，その自由度 $n-2$ で割って平方根をとったものです．これは t 分布の定義そのものですから，t 統計量は自由度 $n-2$ の t 分布に従うことになります（$t_{\hat{\beta}} \sim t(n-2)$）[10]．

---

9)　式展開では，$\sum_{i=1}^{n}(X_i - \bar{X})^2 = 1/(1/\sum_{i=1}^{n}(X_i - \bar{X})^2)$ に注意してください．
10)　厳密には，標準正規確率変数と χ^2 確率変数の独立性を証明する必要があります．

練習問題

1. X と Y の関係を知るためには，X の変動が必要となる（標準的仮定2参照）．では，変数間の関係を知るために Y の変動は必要か．

2. 標準的仮定3（$E[u_i] = 0$）が問題とならない理由を述べよ．

3. 係数 β と推定量 $\hat{\beta}$ との違いを説明せよ．

4. 誤差項 u_i と残差 $\hat{u}_i$ との違いを説明せよ．

5. β の推定量として $\hat{\beta}_1$ と $\hat{\beta}_2$ がある．下図では，各推定量の分布を $n = 10$，100，∞ について示した．各推定量が不偏性と一致性を満たすか述べよ．

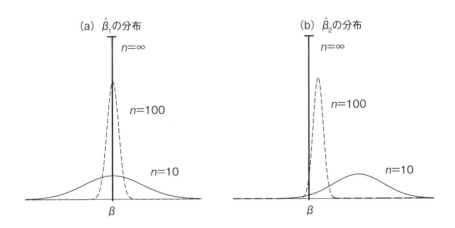

6. 例3-2では，H駅周辺の賃料 Y と専有面積 X のデータを用いて，$\hat{\beta}$ とその標準誤差を計算した．これらの情報を用いて，$n = 8$ と $n = 724$ の2ケースについて，95%信頼区間をそれぞれ求めよ．

7. $\sum_{i=1}^{n}(u_i/\sigma)^2$ と $\sum_{i=1}^{n}(\hat{u}_i/\sigma)^2$ の期待値を求めよ．

8. $\dfrac{1}{n}\sum_{i=1}^{n}\hat{u}_i^2$ の期待値を求めよ．

9. 推定量 $\hat{\alpha}$ の期待値は α となることを示せ．

10. ★推定量 $\hat{\alpha}$ の分散は，次のようになることを示せ．

$$V(\hat{\alpha}) = E[(\hat{\alpha} - \alpha)^2] = \sigma^2\left(\frac{1}{n} + \frac{\overline{X}^2}{\sum_{i=1}^{n}(X_i - \overline{X})^2}\right) = \frac{\sigma^2\sum_{i=1}^{n}X_i^2}{n\sum_{i=1}^{n}(X_i - \overline{X})^2}$$

Hint：確率的表現から $\hat{\alpha} - \alpha = -(\hat{\beta} - \beta)\overline{X} + \overline{u}$ となる．

11. ★推定量 $\hat{\alpha}$ と $\hat{\beta}$ の共分散が，次のようになることを示せ．

$$Cov(\hat{\alpha}, \hat{\beta}) = E[(\hat{\alpha}-\alpha)(\hat{\beta}-\beta)] = -\frac{\sigma^2 \overline{X}}{\sum_{i=1}^{n}(X_i - \overline{X})^2}$$

12. ★定数項がない回帰モデルは次式で表される．ここで $\alpha=0$ としている．

$$Y_i = \beta X_i + u_i$$

(a) OLS 推定量 $\hat{\beta}$ は次式となることを示せ．

$$\hat{\beta} = \frac{\sum_{i=1}^{n} X_i Y_i}{\sum_{i=1}^{n} X_i^2}$$

Hint：残差 2 乗和は $\sum_{i=1}^{n} \tilde{u}_i^2 = \sum_{i=1}^{n}(Y_i - \tilde{\beta} X_i)^2$ となる．

(b) OLS 推定量の確率的表現は次式となることを示せ．

$$\hat{\beta} = \beta + \frac{\sum_{i=1}^{n} X_i u_i}{\sum_{i=1}^{n} X_i^2}$$

(c) $\hat{\beta}$ の期待値と分散を求めたうえで，不偏性と一致性について述べよ．

(d) 定数項がない回帰モデルの問題を述べよ．

第 **4** 章　仮説検定

本章では，仮説検定の方法を学んでいきます．仮説検定とは，パラメータについて仮説を設定し，仮説とデータが整合的かどうかを検証する方法です．仮説がデータと整合的であれば仮説は採択され，データと矛盾していれば仮説は棄却されます．仮説検定は，統計学で学習する内容ですが，本章では，回帰分析の内容に沿った形で説明していきます．

4.1　仮説検定の手続

仮説検定（hypothesis testing）を行うには，まず，分析者はパラメータに関する2つの仮説を設定します．検証したい仮説を**帰無仮説**（null hypothesis）といい[1]，帰無仮説が成立しないときの受け皿となる仮説を**対立仮説**（alternative hypothesis）といいます．また，帰無仮説は H_0，対立仮説は H_1 と表記します．

仮説検定は，3つの手順により行われます．

手順1　帰無仮説 H_0 と対立仮説 H_1 を次のように設定します．

$$H_0 : \beta = \beta_0, \quad H_1 : \beta \neq \beta_0$$

ここで，分析者は，β_0 の値を決めます．対立仮説 H_1 は，β が β_0 より大きいとき（$\beta > \beta_0$），小さいとき（$\beta < \beta_0$）の両方を含むことになるため，この場合の検定は**両側検定**（two-sided test）と呼ばれます．対立仮説 H_1 を $\beta > \beta_0$（もしくは $\beta < \beta_0$）とした**片側検定**（one-sided test）も可能ですが，本章では両側検定だけを扱います．

実証研究では，$\beta_0 = 0$ とする次の仮説がよく用いられます．

$$H_0 : \beta = 0, \quad H_1 : \beta \neq 0$$

---

[1]　4.6.1節で詳しく説明しますが，帰無仮説は棄却することに意味があります．仮説検定は，検証したい仮説を無に帰すことが目的であるため，検証したい仮説を帰無仮説と呼びます．

帰無仮説 $H_0 : \beta = 0$ であれば，「説明変数 X は被説明変数 Y に対して何の説明力もない」，つまり，「説明変数 X は意味がない」ということを意味します．対立仮説 $H_1 : \beta \neq 0$ であれば，「説明変数 X は被説明変数 Y の動きを説明するうえで意味がある」ということを意味します．

　手順2　設定した仮説を検証するために，帰無仮説 H_0 を前提として統計量を計算します．本章では，3.6.2節で学習した t 統計量を用いるため，次のとおりとします（ただし，$t(n-2)$ は自由度 $n-2$ の t 分布です）．

$$t_{\hat{\beta}} = \frac{\hat{\beta} - \beta_0}{s_{\hat{\beta}}} \sim t(n-2)$$

t 統計量の計算においては，帰無仮説 H_0 が正しいという前提を置いていることから，$\beta = \beta_0$ と設定されます．なお，データから計算された t 統計量の値は **t 値**（t-value），t 統計量を用いた仮説検定は **t 検定**（t-test）と呼ばれます．

　手順3　データから推定した結果が，帰無仮説 $H_0 : \beta = \beta_0$ と矛盾しないかを判断します．矛盾しなければ帰無仮説 H_0 が採択され，矛盾すれば帰無仮説 H_0 が棄却されて対立仮説 H_1 が採択されることになります．

4.2　仮説検定の手順3の詳細

　仮説検定の手順3では，有意水準を設定し，帰無仮説がデータと矛盾しないかを判断します．本節では，手順3について詳しく解説します．

4.2.1　仮説検定の判断

　図4-1は，帰無仮説 H_0 が正しいという前提で統計量 $t_{\hat{\beta}}$ の確率分布を描いたものです．帰無仮説 $H_0 : \beta = \beta_0$ が正しい場合には，OLS推定量 $\hat{\beta}$ は β_0 付近で推定される（$\hat{\beta} - \beta_0$ は0に近い値となる）ため，統計量 $t_{\hat{\beta}} = (\hat{\beta} - \beta_0)/s_{\hat{\beta}}$ は0に近い値をとりやすくなります．これに対して，対立仮説 $H_1 : \beta \neq \beta_0$ が正しい場合には，OLS推定量 $\hat{\beta}$ は β_0 から乖離した値をとり，統計量 $t_{\hat{\beta}} = (\hat{\beta} - \beta_0)/s_{\hat{\beta}}$ は0から離れた値をとりやすくなります．以上より，統計量 $t_{\hat{\beta}}$ が0付近で観察された場合には帰無仮説 H_0 が採択され，統計量 $t_{\hat{\beta}}$ が0から大きく乖離した場合には帰無仮説 H_0 が棄却されます．

　なお，帰無仮説 H_0 を採択するか否かの境界値 $c > 0$ は，とくに **臨界値**（critical value）と呼ばれます．そして，厳密には，t 統計量の絶対値である

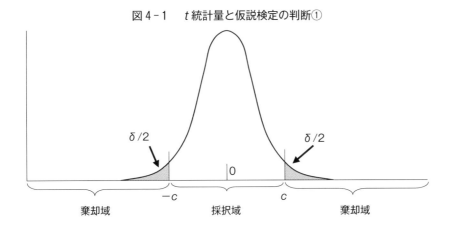

図 4 - 1　　t 統計量と仮説検定の判断①

$$|t_{\hat{\beta}}| = \frac{|\hat{\beta} - \beta_0|}{s_{\hat{\beta}}}$$

が臨界値 c より小さい値ならば，統計量 $t_{\hat{\beta}}$ は 0 に十分に近いと考えて，帰無仮説 H_0 は正しいと評価します．逆に，$|t_{\hat{\beta}}|$ が臨界値 c より大きな値ならば，統計量 $t_{\hat{\beta}}$ は 0 から十分に遠いと考えて，帰無仮説 H_0 は誤りと評価します．

以上をまとめると，次のとおりです（図 4 - 1 参照）．

---

t 検定の判断

$|t_{\hat{\beta}}| < c$ ならば，帰無仮説 H_0 を採択する

$|t_{\hat{\beta}}| \geq c$ ならば，帰無仮説 H_0 を棄却する

なお，帰無仮説 H_0 を採択する領域は**採択域**（$-c$ から c の範囲），帰無仮説 H_0 を棄却する領域は**棄却域**（$-c$ 以下か c 以上の範囲）と呼ばれます．

4.2.2　棄却域の決定

仮説検定の結果には，4 つの可能性があります（表 4 - 1 参照）．正しい判定は，「帰無仮説 H_0 が正しいとき帰無仮説 H_0 を採択すること」（表の左上隅），および，「対立仮説 H_1 が正しいとき帰無仮説 H_0 を棄却し対立仮説 H_1 を採択すること」（表の右下隅）です．これに対して，悪い結果は，「帰無仮説 H_0 が正しいとき帰無仮説 H_0 を棄却し対立仮説 H_1 を採択すること（**第 1 種の過誤**）」（表の右上隅），および，「対立仮説 H_1 が正しいとき帰無仮説 H_0 を採択すること（**第 2 種の過誤**）」（表の左下隅）となります．正しい判定の 1 つ，対

表4-1　仮説検定における4つの可能性

		検定結果	
		帰無仮説 H_0 を採択	対立仮説 H_1 を採択
本当の状態	帰無仮説 H_0 が正しい	正しい判定	第1種の過誤
	対立仮説 H_1 が正しい	第2種の過誤	正しい判定

立仮説 H_1 が正しいとき帰無仮説 H_0 を棄却し対立仮説 H_1 を採択する確率を，とくに**検定力**（power）と呼びます．

　第1種の過誤が生じる確率は，**有意水準**（significance level）と呼ばれます．図4-1は，帰無仮説 H_0 が正しい前提で統計量 $t_{\hat{\beta}}$ の確率分布を描いており，有意水準を δ と設定しています（有意水準 δ は，図の網掛けの面積に該当）．帰無仮説 H_0 が正しいとき，統計量 $t_{\hat{\beta}}$ が臨界値 $-c$ を下回る確率は $\delta/2$，$t_{\hat{\beta}}$ が臨界値 c を上回る確率は $\delta/2$，よって，帰無仮説 H_0 が正しいとき帰無仮説 H_0 を誤って棄却する確率は δ（$=\delta/2+\delta/2$）ということになります．

　仮説検定では，有意水準 δ を低い値（1%，5%，10%）に設定します．そして与えられた有意水準に対応した臨界値 c が選択されます．帰無仮説 H_0 が正しい場合であっても，標本変動の結果として，$|t_{\hat{\beta}}|$ が偶然大きな値となり，帰無仮説 H_0 が棄却される場合があるでしょう．しかし，有意水準を低く設定すれば，標本変動によって帰無仮説 H_0 が誤って棄却されることはきわめてまれな事象となります．換言すれば，有意水準を低く設定することで，帰無仮説 H_0 の棄却は，単なる標本変動の結果ではなく，そもそも帰無仮説 H_0 が誤りであるという「意味ある（有意な）原因」から生じている可能性が高くなります．帰無仮説 H_0 の棄却を**有意**，棄却されないことを**有意でない**というのはこのためです．以下では，例を通じて仮説検定の理解を深めていきましょう．

例4-1：第1種の過誤と第2種の過誤——新薬の開発

　新薬の開発では仮説検定によって，新薬の効果が検証されます（表4-2参照）．帰無仮説 H_0 は「新薬の効果なし」，対立仮説 H_1 は「新薬の効果あり」です．第1種の過誤は，新薬の効果がないとき「効果あり」と判断する誤りであり，第2種の過誤は，新薬の効果があるとき「効果なし」と判断する誤りです．

　新薬の開発では，新薬の効果が一定基準を下回ると帰無仮説 H_0（効果なし）が採択され，新薬の効果が基準を上回ると対立仮説 H_1（効果あり）が

表 4 - 2　新薬開発における 4 つの可能性

		検定結果	
		帰無仮説 H_0 を採択 （新薬の効果なし）	対立仮説 H_1 を採択 （新薬の効果あり）
本当の状態	帰無仮説 H_0 が正しい （新薬の効果なし）	正しい判定	第 1 種の過誤
	対立仮説 H_1 が正しい （新薬の効果あり）	第 2 種の過誤	正しい判定

採択されます．また，基準値の設定に応じて，第 1 種の過誤と第 2 種の過誤が生じる確率は変化します．たとえば，基準を厳しくする（新薬の効果が非常に高いときだけ効果ありとする）ならば，帰無仮説 H_0（効果なし）が採択されやすくなります（第 1 種の過誤が生じる確率は低くなり，第 2 種の過誤が生じる確率は高くなる）．逆に，基準を緩和する（新薬の効果が低くても効果ありとする）ならば，対立仮説 H_1（効果あり）が採択されやすくなります（第 1 種の過誤が生じる確率は高くなり，第 2 種の過誤が生じる確率は低くなる）．

　新薬開発では，有意水準（第 1 種の過誤の確率）を低い値に設定し，基準を厳しく設定します．これによって，効果のない薬を誤って人々に提供し，人体に悪影響を与えるリスクは低くなりますが，効果のある薬を誤って「効果なし」と判断するリスクは高くなります．こうした基準値の設定が支持されるのは，新薬開発では，効果のある薬を「効果なし」と判断するリスクより，効果のない薬を「効果あり」として投与し，人体に悪影響を与えるリスクのほうを深刻なものと捉えているからであると説明できるでしょう[2]．

例 4 - 2：t 検定の例——親子の身長の関係

　2.6 節で紹介した親子の身長データを用いて，仮説検定をしてみましょう．説明変数 X は両親の平均身長（cm）とし，被説明変数 Y は子の身長（cm）とします（女性の身長は1.08倍した男性換算値です）．帰無仮説 H_0 は「両親の身長は子に影響しない」，対立仮説 H_1 は「両親の身長は子に影響す

---

[2]　有意水準をどの値に設定するかは状況によって変わります．新薬の開発では，効果のない薬を「効果あり」と誤って判断（第 1 種の過誤）することがないよう，有意水準を低く設定すべきでしょう．これに対して，人間ドックなどの簡易検査では，帰無仮説は「体調に問題なし」，対立仮説は「問題あり」としており，有意水準はあまり低く設定すべきではありません．これは問題があるのに「問題なし」と判断（第 2 種の過誤）してしまうと，病気が進行してしまうリスクが大きいためです．逆に，問題がないのに「問題あり」と判断（第 1 種の過誤）しても，精密検査の時間と費用が無駄になるだけです．

る」とします.

$$H_0 : \beta = 0, \qquad H_1 : \beta \neq 0$$

帰無仮説 H_0 が正しい前提のもとで，t 統計量は次のようになります（H_0 が正しいと考え，$\beta = 0$ と設定します）.

$$t_{\hat{\beta}} = \frac{\hat{\beta}}{s_{\hat{\beta}}} \sim t(n-2)$$

図 4 - 2 は，帰無仮説 H_0 が正しいという前提で統計量 $t_{\hat{\beta}}$ の確率分布を描いたものです（統計量の分布は自由度 $n-2$ の t 分布となります）. 帰無仮説 H_0 が正しければ，$|\hat{\beta}|$ は 0 に近い値となり，$|t_{\hat{\beta}}|$ も 0 に近い値をとりやすくなります. 有意水準 5 ％の場合には，仮説検定の判断は次のようになされます（有意水準は，図の網掛けの面積に核当）.

$$|t_{\hat{\beta}}| < t_{n-2,\,0.05}\text{ならば，帰無仮説 } H_0 \text{ を採択する}$$
$$|t_{\hat{\beta}}| \geq t_{n-2,\,0.05}\text{ならば，帰無仮説 } H_0 \text{ を棄却する}$$

3.6.3 節で学習したとおり，$P\{t_{n-2,\,0.05} < |t_{\hat{\beta}}|\} = 0.05$ となるため，臨界値 c は $t_{n-2,\,0.05}$ になります.

データを OLS 推定した結果，次のようになりました（決定係数 $R^2 = 0.295$）.

$$\hat{Y} = 58.41 + 0.661X$$
$$(13.82)\quad(0.08)$$

図 4 - 2　t 統計量と仮説検定の判断②

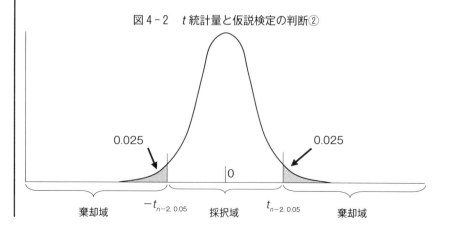

カッコ内は標準誤差です．サンプルサイズは $n=164$ と大きいので，臨界値 $t_{n-2, 0.05}$ として1.96を用いて問題ありません（実際，$t_{162, 0.05}$ を求めると1.979 であり，1.96とほぼ同じです）．ここで，$\hat{\beta}=0.661$，$s_{\hat{\beta}}=0.08$ であり，$t_{\hat{\beta}}=$ $0.661/0.08=8.2$ は1.96より大きいことから，帰無仮説 $H_0: \beta=0$ は棄却されます[3]．この結果から，両親の身長は子どもに影響するということが確認できました．

コラム 4-1 1000本ノック

学部生の頃，ゼミ活動の1つとして，関心のある被説明変数について，有意な説明変数を見つけるという作業をグループで行ったことがあります．経済学的考察をあまりせず，とりあえずいろいろな説明変数の組み合わせを試したため，そのすべての推定をすると，1000本程度の推定式になりました．この作業は，まさに「1000本ノック」のようなものです．有意水準を5％にした場合，100個の無関係な説明変数で推定したとしても，そのうち5個くらいは偶然であれ有意な結果が得られます．このため，このような1000本ノックで有意な説明変数を見つけられたとしても，これらの説明変数が，本当に被説明変数に影響を与えているかは疑わしいところです．

意味のある検定を行うには，経済学や経営学など自分の分析対象について深く理解し，意味のある説明変数を選択することが重要です．

4.3 仮説検定と信頼区間

仮説検定と信頼区間は表裏一体の関係にあります．仮説を，

$$H_0: \beta=\beta_0, \qquad H_1: \beta \neq \beta_0$$

としたとき，t 統計量は $t_{\hat{\beta}}=(\hat{\beta}-\beta_0)/s_{\hat{\beta}}$ となります．そして，有意水準5％とした帰無仮説 H_0 の採択域 $(-c < t_{\hat{\beta}} < c)$ は，次のようになります．

---

3) ここで，$t_{\hat{\beta}}=0.661/0.08=8.2$ としましたが，$0.661/0.08=8.2625$ なので，四捨五入して8.3ではないかと思われた方もいるでしょう．実は，$\hat{\beta}=0.6608823$，$s_{\hat{\beta}}=0.0803273$ ですが，四捨五入して，$\hat{\beta}=0.661$，$s_{\hat{\beta}}=0.08$ と記載しています．このため，$t_{\hat{\beta}}=0.6608823/0.0803273=8.227369$ となり，これを四捨五入して8.2となります．今後も，数値をまるめる関係で，値が多少変わることがありますので注意してください．

$$-t_{n-2,\,0.05} < \frac{\hat{\beta} - \beta_0}{s_{\hat{\beta}}} < t_{n-2,\,0.05}$$

これを書き換えると（両辺に $-s_{\hat{\beta}}$ を掛けてから両辺に $\hat{\beta}$ を足す），

$$\hat{\beta} - t_{n-2,\,0.05}s_{\hat{\beta}} < \beta_0 < \hat{\beta} + t_{n-2,\,0.05}s_{\hat{\beta}}$$

となります．95％信頼区間の下限は $\hat{\beta} - t_{n-2,\,0.05}s_{\hat{\beta}}$，上限は $\hat{\beta} + t_{n-2,\,0.05}s_{\hat{\beta}}$ となります（3.6.3 節参照）．つまり，係数 β の95％信頼区間の中に β_0 が含まれている場合には，有意水準 5 ％で帰無仮説 H_0 は採択され，95％信頼区間の外に β_0 がある場合には，有意水準 5 ％で帰無仮説 H_0 は棄却されます．

なお，有意水準 1 ％なら99％信頼区間，有意水準10％なら90％信頼区間に β_0 が存在するかというように，判断がなされます（練習問題 4 参照）．

例 4 - 3 ：信頼区間を用いて仮説検定——親子の身長の関係

　例 4 - 2 で紹介した親子の身長データを OLS 推定した結果，$\hat{\beta} = 0.661$，$s_{\hat{\beta}} = 0.08$ となりました．サンプルサイズが $n = 164$ と大きいため，$t_{n-2,\,0.05} = 1.96$ として，係数 β の95％信頼区間を作ると，次のようになります．

$$0.661 - 1.96 \times 0.08 < \beta < 0.661 + 1.96 \times 0.08$$

これを計算すると（0.50, 0.82）区間です．95％信頼区間の下限は0.50ですから，この信頼区間は 0 を含んでいません．このため，有意水準 5 ％で，帰無仮説 $H_0 : \beta = 0$ は棄却される結果となります．この結果から，両親の身長は子どもに遺伝することが確認できました．

　ゴールトンの研究では，係数 β は2/3（≈0.67）と推定されました（例 2 - 4 参照）．我々の上記の推定結果（$\hat{\beta} = 0.661$）がゴールトンの研究結果と矛盾していないかを調べるため，帰無仮説を $H_0 : \beta = 0.67$ としてみましょう．95％信頼区間は下限0.50，上限0.82となり，区間内に $\beta = 0.67$ が含まれることになります．よって，有意水準 5 ％で，帰無仮説 $H_0 : \beta = 0.67$（ゴールトンの研究と同じ）を棄却できません．

4.4　*p* 値

　統計ソフトを使って回帰分析を行うと，これまでに学習してきた統計指標

($\hat{a}$, $\hat{\beta}$, t 統計量など）以外に，p 値といわれる指標が表示されます．本節では，この p 値を紹介します．

4.4.1　p 値の定義

　データ分析の結果，t 値が t^* であったとしましょう．このとき，**p 値**（p-value）とは，「帰無仮説 H_0 が正しいにもかかわらず，t 統計量の絶対値が t^* の絶対値より大きな値をとる確率」と定義されます．つまり，OLS 推定量 $\hat{\beta}$ の p 値は，帰無仮説 H_0 が正しいとき，次の式で表されます[4]．

$$p \text{ 値} = P\{|t_{\hat{\beta}}| > |t^*|\}$$

　図4-3は，帰無仮説 H_0 が正しいという前提で，統計量 $t_{\hat{\beta}}$ の分布を示したものです．データ分析の結果，t 値が $t^* = 1.8$ だったとしましょう．帰無仮説 H_0 が正しければ，統計量 $t_{\hat{\beta}}$ は 0 を中心とした t 分布に従います．もっとも，統計量 $t_{\hat{\beta}}$ は確率的に変動するため，その絶対値 $|t_{\hat{\beta}}|$ が偶然1.8より大きくなることもあります．この確率を計算したのが p 値です（図の網掛けの面積に核当）．この図から，t 値の絶対値である $|t^*|$ が大きくなると，p 値が小さくなるのは明らかです．

　p 値は，帰無仮説 H_0 が正しいとき，「$|t_{\hat{\beta}}|$ が $|t^*|$ を上回ることがどれほど珍しいか」を表します．たとえば，p 値が 2 ％なら，帰無仮説 H_0 が正しいとき，$|t_{\hat{\beta}}|$ が $|t^*|$ を上回る確率は 2 ％しかない珍しい事象となります．そうした

図4-3　t 値が $t^* = 1.8$ のときの p 値

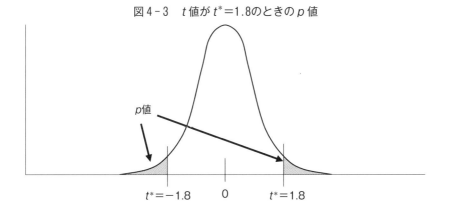

　p値

$t^* = -1.8$　　0　　$t^* = 1.8$

---

4)　統計ソフトで自動的に表示される t 統計量や p 値は，仮説 $H_0 : \beta = 0$，$H_1 : \beta \neq 0$ に対応する値です．

珍しい事象が生じたということは，そもそも帰無仮説 H_0 が正しいという前提が誤りである可能性が高いと考えられます．つまり，「p 値が低いほど，帰無仮説 H_0 が正しいという前提が誤りである可能性が高い」と解釈されます．

4.4.2　p 値の使い方

　実証分析するときは，p 値によって，何％の有意水準で帰無仮説 H_0 を棄却できるかをチェックします．

　図 4 - 4 (a) は，横軸に $|t^*|$ を，縦軸に p 値をとって，両者の関係を表したものです（n が十分に大きいと考え，p 値は標準正規分布 $N(0, 1)$ から計算しました）．ここで，$|t^*| = 0$ のとき，p 値は 1 となり，$|t^*|$ が大きくなると，p 値は 0 に近づいています[5]．$|t^*|$ が大きくなると，p 値は低くなるため，帰無仮説 H_0 が正しいという前提が誤りである可能性が高くなることがわかります．

　図 4 - 4 (b) は，横軸 $|t^*|$ が1.5から2.7の範囲について，図 4 - 4 (a) を拡大したものです．p 値は，$|t^*|$ が1.645のとき10％，$|t^*|$ が1.96のとき 5 ％，$|t^*|$ が2.576のとき 1 ％です（$Z \sim N(0, 1)$ ならば，$P\{1.645 < |Z|\} = 0.1$，$P\{1.96 < |Z|\} = 0.05$，$P\{2.576 < |Z|\} = 0.01$ となることに注意）．これらの $|t^*|$ の値は，それぞれ有意水準10％，5 ％，1 ％の臨界値となっています．

　仮説検定では，p 値をみることで，帰無仮説 H_0 を棄却できるか否かの判断ができます．また，実証分析では，有意水準は10％，5 ％，1 ％として設定さ

図 4 - 4　$|t^*|$ と p 値との関係

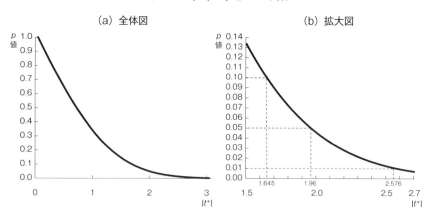

(a) 全体図　　　　　　　　　　(b) 拡大図

---

5)　$|t^*| = 0$ ならば，p 値は $P\{|t_{\tilde{n}}| > 0\} = 1$ です．$|t_{\tilde{n}}|$ は絶対値であり，0 より大きくなる確率は 1 です．ここで，連続確率変数が 1 点をとる確率は 0 なので，$P\{|t_{\tilde{n}}| = 0\} = 0$ に注意してください．

れるのが慣例です．その結果，次のように判断されます．

仮説検定の判断

p 値 ≤ 0.01 ならば，　　　　有意水準 1 ％で帰無仮説 H_0 は棄却される

$0.01 < p$ 値 ≤ 0.05 ならば，　有意水準 5 ％で帰無仮説 H_0 は棄却される

$0.05 < p$ 値 ≤ 0.1 ならば，　有意水準10％で帰無仮説 H_0 は棄却される

$0.1 < p$ 値ならば，　　　　　有意水準10％でも帰無仮説 H_0 は棄却されない

　たとえば，p 値＝0.06としましょう．このとき，有意水準10％ならば，帰無仮説 H_0 は棄却されますが，有意水準 5 ％ならば，帰無仮説 H_0 は棄却されません．また，p 値＝0.11ならば，有意水準10％であっても，帰無仮説 H_0 は棄却されません．

4.5　平均差の検定

　統計学では，**平均差の検定**，つまり，2 つのグループの各平均が同じか否かを調べるための検定を学習します．本節では，平均差の検定は，ダミー変数を用いた単回帰分析によっても行えることを説明します．

　たとえば，数学の点数についての男女の平均差を分析することとしましょう．男性（male）の平均を μ_m，女性（female）の平均を μ_f と表記します．このとき，生徒 i の点数 Y_i は，次のように表されます．

$$Y_i = \mu_m + (\mu_f - \mu_m)F_i + u_i$$

ただし，変数 F_i は，生徒 i が女性なら 1 の値をとり，生徒 i が男性なら 0 の値をとる**ダミー変数**となります（ダミー変数は1.3.5節参照）[6]．とくに F_i は，**女性ダミー**ともいわれます．たとえば，生徒 i が男性ならば（$F_i = 0$ となる），$Y_i = \mu_m + u_i$ となる一方，生徒 i が女性ならば（$F_i = 1$ となる），$Y_i = \mu_m + (\mu_f - \mu_m) + u_i = \mu_f + u_i$ となります．

　上式は，次の単回帰モデルとして表されます．

$$Y_i = \alpha + \beta F_i + u_i$$

ただし，パラメータは $\alpha = \mu_m$，$\beta = \mu_f - \mu_m$ と定義しました．つまり，定数項は

---

6)　藪友良（2012）『入門 実践する統計学』東洋経済新報社，の12.4節では，ダミー変数を詳しく説明しています．ただし，女性ダミーは，定数ダミーとして説明されています．

男性平均，係数 β は女性平均－男性平均となります．

　ここで，仮説を次のように設定します．

$$H_0 : \beta = 0 \ (\text{つまり，} \ \mu_f - \mu_m = 0)$$
$$H_1 : \beta \neq 0 \ (\text{つまり，} \ \mu_f - \mu_m \neq 0)$$

帰無仮説 H_0 が正しいならば，「男女間の平均に差はない」，対立仮説 H_1 が正しいならば，「男女間の平均に差はある」ということになります．

　以下では例を通じて，平均差の検定の理解を深めましょう．

例4-4：平均差の検定──男女の成績の差

　国際教育到達度評価学会（IEA）が実施している国際数学・理科教育動向調査（TIMSS）とは，小学4年生と中学2年生を対象とした教育到達度に関する世界的調査です．2003年に実施された日本のミクロデータを用いて，中学2年生の男女の点数差を分析してみましょう．サンプルサイズ n は4508，内訳は男性2259人，女性2249人です．

　被説明変数 Y_i は，（偏差値に換算した）数学の点数とします．こちらは偏差値換算したため，点数の標本平均は50点，標本標準偏差は10点です（偏差値の定義はコラム2-2参照）．また，説明変数は，女性ダミーとします．

　表4-3では，生徒5人分のデータを示しています．表の1列目は生徒の番号，2列目は女性ダミー F_i，3列目は数学の点数を示しています．生徒1，2，4は $F_i = 1$ であることから，女性であるとわかります．

　すべてのデータを用いて推定すると，次のようになります（決定係数 R^2 ＝0.0004，カッコ内は標準誤差）．

$$\hat{Y} = 50.21 - 0.422F$$
$$(0.210) \ (0.298)$$

表4-3　生徒5人分のデータ

生徒の番号	女性ダミー	数学の点数
1	1	31.55
2	1	45.50
3	0	64.23
4	1	47.96
5	0	46.73

女性ダミーの係数は負であり，女性の点数は男性より0.422だけ低いことがわかります．この差が統計的に有意かを検証してみましょう．ここで，$\hat{\beta}=-0.422$，$s_{\hat{\beta}}=0.298$であり，$t_{\hat{\beta}}=-0.422/0.298=-1.416$となります．サンプルサイズ$n$は大きいため，$t_{\hat{\beta}}$は標準正規確率変数$Z$と考えると，$p$値$=P\{|Z|>|1.416|\}=0.157$となります[7]．$p$値は10％より大きいため，有意水準10％でも帰無仮説$H_0 : \beta=0$（男女間で差はない）は棄却できません．つまり，数学の点数で有意な男女差は確認できません．

次に，被説明変数Y_iは，（偏差値に換算した）理科の点数とします．このとき，推定結果は次のようになります（決定係数$R^2=0.004$）．

$$\hat{Y}=50.63-1.258F$$
$$(0.210)\quad(0.297)$$

女性ダミーの係数は負であり，女性の点数は男性より1.258だけ低いことがわかります．この差が統計的に有意かを検証しましょう．ここで，$\hat{\beta}=-1.258$，$s_{\hat{\beta}}=0.297$であり，$t_{\hat{\beta}}=-1.258/0.297=-4.236$となります．$p$値$=P\{|Z|>|4.236|\}=0.00002$は1％より低く，有意水準1％で帰無仮説$H_0 : \beta=0$（男女間で差はない）は棄却されます．

以上から，男女間の点数差は，数学では確認できませんでしたが，理科では男性のほうがわずかに高いことがわかりました．この結果から，女性の理系離れを説明できるでしょうか．他の国のデータと照らし合わせると，日本の女性の成績は国際的にみて高く，国内の男女差の程度も小さいといえます．こうしたことを踏まえると，女性の理系離れの原因は，学力以外の要素，たとえば，「親の意向」や「身近なロールモデルの不在（親や親戚，教師，友人先輩）」などが影響している可能性があります．

4.6　仮説検定の注意点

本節では，仮説検定における注意点——帰無仮説の採択の意味，有意性と重要性の違い，カッコ内には標準誤差を掲載する——について説明をします．

---

7)　Excelなら「＝NORM.S.DIST(-1.416, TRUE)」と入力すれば，Zが-1.416より小さくなる確率を0.0784と計算できます．標準正規分布は0を中心に左右対称なので，$P\{Z<-1.416\}=P\{Z>1.416\}$です．よって，$P\{|Z|>|1.416|\}=0.0784\times2=0.157$となります．

4.6.1 帰無仮説 H_0 の採択は何を意味するか

有意水準（第1種の過誤の確率）は低い値に設定されるため，統計量 $|t_{\hat{\beta}}|$ が十分に大きくない限り，帰無仮説 H_0 は棄却されません．しかし，第2種の過誤（対立仮説 H_1 が正しいにもかかわらず，帰無仮説 H_0 を誤って採択すること）を犯す確率は高くなっている可能性があります．このため，統計学や計量経済学では，「帰無仮説 H_0 の採択は，帰無仮説 H_0 が正しいことを必ずしも意味しない」と考えます．

たとえば，本当の係数 β は0.001としましょう（係数 β は非常に小さいですが，対立仮説 H_1 が正しい状況です）．このとき，係数 β はほぼ0であるため，OLS 推定量 $|\hat{\beta}|$ は0に近い値として推定されます．よって，統計量 $|t_{\hat{\beta}}| = |\hat{\beta}|/s_{\hat{\beta}}$ は小さな値となり，帰無仮説 H_0 を棄却できない可能性が高くなります．対立仮説 H_1 が正しいにもかかわらず，帰無仮説 H_0 を誤って採択する可能性が高くなるわけです．これでは帰無仮説 H_0 が採択されても，帰無仮説 H_0 と対立仮説 H_1 のどちらが正しいかは明らかではないでしょう．

こうした理由から，帰無仮説 H_0 の採択は「帰無仮説 H_0 は棄却されない」といういい方をします．これは帰無仮説 H_0 の採択は，帰無仮説 H_0 が正しいことを意味するのではなく，「帰無仮説 H_0 を否定する十分な材料がない」という点を明確にするためです．

4.6.2 有意性と重要性の違い

ある変数の係数 β が0という帰無仮説 H_0 が棄却されると，「その変数は有意である」とされます．このとき，説明変数の「有意性」は必ずしも「重要性」を意味しませんが，説明変数の「有意性」を「重要性」と捉える誤解が少なくありません．

係数 β が0に近い値（たとえば $\beta = 0.000001$）とします．係数 β は小さい値であるため，X が Y に与える影響は小さく，重要な説明変数とはいえません．しかし，サンプルサイズ n が大きくなると，帰無仮説 $H_0 : \beta = 0$ は必ず棄却されること（有意な結果）になります．この点を確認しましょう．仮説は以下のとおりです．

$$H_0 : \beta = 0, \qquad H_1 : \beta \neq 0$$

このとき，t 統計量は次のようになります．

$$t_{\hat{\beta}} = \frac{\hat{\beta}}{s_{\hat{\beta}}} = \underbrace{\frac{\hat{\beta}-\beta}{s_{\hat{\beta}}}}_{t(n-2)} + \underbrace{\frac{\beta}{s_{\hat{\beta}}}}_{\pm\infty}$$

対立仮説 $H_1 : \beta \neq 0$ が正しいとき，本当の β は0ではないため，t 統計量 $t_{\hat{\beta}} = \hat{\beta}/s_{\hat{\beta}}$ ではなく，右辺の第1項 $(\hat{\beta}-\beta)/s_{\hat{\beta}}$ が t 分布することになります．加えて，サンプルサイズ n が大きくなると，回帰分析における標準的仮定2によって，OLS推定量 $\hat{\beta}$ の標準誤差である次式は0に近づいていきます（3.3.3節参照）．

$$s_{\hat{\beta}} = \sqrt{\frac{s^2}{\sum_{i=1}^{n}(X_i - \overline{X})^2}}$$

このため，右辺の第2項である $\beta/s_{\hat{\beta}}$ は，$\beta > 0$ のとき ∞ に発散し，$\beta < 0$ のとき $-\infty$ に発散します．以上から，重要ではない説明変数であっても（係数 β がほぼ0であっても），サンプルサイズ n が大きくなると，統計量 $|t_{\hat{\beta}}|$ は ∞ に発散し，帰無仮説 H_0 は必ず棄却されます．この結果から，説明変数の「有意性」と「重要性」は同じ概念ではないことがわかります．

　さまざまな論文を読んでいると，説明変数の「有意性」だけを指摘し，係数 β の推定値の解釈（重要性）を疎かにしている論文がみられます．研究で重要なのは，係数 β の推定値や信頼区間について，その値が何を意味するかをきちんと説明して，説明変数の「重要性」に関する分析者の解釈を示すことです[8]．

例4-5：有意性と重要性の違い──体重の決定要因

　ここで，被説明変数 Y を体重（kg）とします．また，説明変数として，X_1 は身長（cm），X_2 は労働時間（1日当たり），X_3 は喫煙本数（1日当たり）とします．OLS推定した結果は次のようになったと仮定します（重回帰分析の推定は5章で扱います）．

$$\hat{Y} = 0.5X_1 + 0.01X_2 - 0.4X_3$$
$$\quad\ (0.1)\quad (0.005)\quad (0.24)$$

カッコ内は標準誤差となります．このとき，どの説明変数が一番重要でしょ

---

8)　説明変数の「重要性」の評価では，説明変数が被説明変数に与える影響の大きさが評価基準の1つとなります．説明変数が被説明変数に与える影響は，「係数値×説明変数の変動の大きさ」で判断できるでしょう．たとえば，係数値が小さくても，説明変数の変動が大きければ，その説明変数は被説明変数に大きな影響を与えているかもしれません．逆に，係数値が大きくても，説明変数がほとんど変動しないならば，その説明変数は小さな影響しか及ぼしていないかもしれません．説明変数の変動の大きさは，標本標準偏差で測ることができます（2.2.2節参照）．

うか.

　t 値 を 計 算 す る と, そ れ ぞ れ0.5/0.1＝5.0, 0.01/0.005＝2.0, －0.4/0.24＝－1.67です. サンプルサイズ n が十分に大きいなら, それぞれの説明変数は 1 ％, 5 ％, 10％で有意です. では, 重要性の順位は X_1, X_2, X_3 でしょうか. これは間違いです. 重要性の判断は, 分析者の観点によって異なります. たとえば, 診療医の立場では, 身長が増えて体重が増えるのは当然であり, 生活習慣を表す変数 (X_2, X_3) が重要と考えるでしょう. また, 労働時間 X_2 の係数は0.01ですから, 労働時間が10時間増えても体重は0.1kgしか増えません. これに対して, 10本喫煙する人は体重が 4 kg も少なくなります. このような見方からは, 重要性の順位は X_3, X_2, X_1 といえそうです. また, 分析者が体重の予測に関心があるならば, 体重のほとんどは身長で決まっていますから, 身長 X_1 が重要といえます. この例からも, 有意性は重要性とは異なる概念であることと, 分析者が自分で何が重要な説明変数かを判断すべきことがわかります.

コラム　4–2　米国統計協会の声明

　分析結果をまとめる表を作成する場合には, 有意水準が何パーセントで帰無仮説 $H_0 : \beta = 0$ を棄却されるかを表す「星印*」をつけることが慣例です. たとえば, 有意水準10％で棄却なら「*」, 有意水準 5 ％で棄却なら「**」, 有意水準 1 ％で棄却なら「***」といった具合です[9]. しかし, 経済分野で権威ある学術誌 *American Economic Review* (以下, *AER*) は, 投稿規定の中で,「有意水準を表すために星印* を使用しない (do not use *s to report significance levels)」よう明示しています. なぜ星印をつけることが禁止されるのでしょうか.

　p 値の問題は, 2016年の米国統計協会による声明を読むと理解できるかもしれません[10]. 声明では,「p 値は有用な統計指標ではあるが, 誤用と誤解がまかり通っている……科学的な結論や, ビジネス, 政策における決定は, p 値がある値 (有意水準) を超えたかどうかにのみ基づくべきではない……科学的な主張や結論を正当化するために, データ解析や科学的推論を機械的で明白な

---

9)　分野や統計ソフトによって, 星印* の意味は違います. たとえば, 統計ソフトRを用いると, 有意水準 1 ％は「*」, 有意水準0.1％は「**」と表示されます.

10)　米国統計協会の声明は, https://www.biometrics.gr.jp/news/all/ASA.pdf を参照してください.

ルール（p 値 ≤ 0.05 といった）に貶めるようなやり方は，誤った思いこみと貧弱な意思決定につながりかねない……p 値や統計的有意性は，『効果の大きさ』や『説明変数の重要性』を意味しない」としています．

　当然ですが，p 値が小さいからといって，必ずしも重大な効果があるわけではありませんし，p 値が大きいからといって，効果がないわけではありません．サンプルサイズが大きければ，どんなに小さな効果であっても，p 値は小さくなります．逆に，サンプルサイズが小さければ，大きな効果であっても，p 値が大きくなるかもしれません．

　現在でも，「星印*」を用いることは慣例として残っています．これは「星印*」が推定結果を見やすくする役割を果たしているためです．みなさんが論文を書くときには，「星印*」を用いても問題はありませんが，説明変数の「有意性」と「重要性」の違いを認識し，有意であるかどうかだけで，物事を判断しないようにすることが肝心です．

4.6.3　カッコ内には標準誤差を掲載しよう

　これまで，推定結果を示すときには，推定値の下のカッコ内に標準誤差を掲載してきました．論文によっては，カッコ内は標準誤差ではなく，帰無仮説 $H_0 : \beta = 0$ とした場合の t 値を掲載しています．カッコ内にはどちらを掲載すべきでしょうか．個人的には，「t 値ではなく標準誤差を掲載すべきである」と考えます．

　第1の理由は，推定値と標準誤差がわかれば，簡単に95%信頼区間を計算できるからです．これに対して，t 値の情報からパラメータの信頼区間を計算するのは少し面倒です．もちろん，$t_{\hat{\beta}} = \hat{\beta}/s_{\hat{\beta}}$ であるので，t 値を使っても標準誤差を $s_{\hat{\beta}} = \hat{\beta}/t_{\hat{\beta}}$ と計算できますが，この計算を頭の中で行って信頼区間を計算するのは煩わしいと思います．

　第2の理由は，カッコ内に t 値を掲載することによって，仮説検定の結果（有意性）を強調しすぎてしまうからです．t 値の掲載は，読者を推定値や信頼区間の考察ではなく，有意性へと焦点を誘導してしまうおそれがあります．

　コラム4-2で紹介した学術誌 *AER* でも，投稿規定において，「カッコ内に標準誤差を掲載してください」としています．みなさんもカッコ内には，t 値ではなく標準誤差を掲載することをお勧めします．

練習問題

1. 帰無仮説 H_0 の採択は何を意味しているか.

2. 第1種の過誤と第2種の過誤は，それぞれ何を意味しているか.

3. 有意水準を小さくする場合，小さくしなくてよい場合の例をあげよ.

4. 仮説 $H_0 : \beta = \beta_0$, $H_1 : \beta \neq \beta_0$ のとき，有意水準1％なら，99％信頼区間に β_0 が存在するか否かで帰無仮説 H_0 の採否の判断ができる理由を述べよ.

5. p 値 $= 0.09$ としたとき，何％の有意水準ならば，帰無仮説 H_0 は棄却されるかを述べよ. 同様に，p 値 $= 0.15$ ならどのようになるかを述べよ.

6. t 値を計算したところ，$t^* = -0.95$ であった. このとき，p 値はいくつになるか. ただし，n は大きく，t 分布は標準正規分布と同じとする.

7. カッコ内に t 値ではなく，標準誤差を掲載すべき理由を述べよ.

8. ダミー変数の標本平均は，その変数が1となる割合であることを示せ.

9. 例4－4において，男性ダミー M_i（男性なら1，女性なら0となる変数）を説明変数に用いた次式を考える.

$$Y_i = \alpha + \beta M_i + u_i$$

パラメータ (α, β) を，男性平均 μ_m と女性平均 μ_f を用いて定義せよ.

10. 被説明変数を（偏差値換算した）数学の点数とし，説明変数を男性ダミー M_i とすると，推定結果は以下となる.

$$\hat{Y} = 49.79 + 0.422M$$
$$(0.211)\ (0.298)$$

同様に，被説明変数を（偏差値換算した）理科の点数とすると，

$$\hat{Y} = 49.37 + 1.258M$$
$$(0.210)\ (0.297)$$

となる. これらの推定結果を解釈せよ.

11. ★例4－4では，モデルを $Y_i = \alpha + \beta F_i + u_i$ とした. データは $i = 1, 2, \cdots, n_1$ まで女性，$i = n_1 + 1, \cdots, n$ まで男性とする（女性は計 n_1 人，男性は計 $n_2 = n - n_1$ 人）. $\hat{\beta}$ は男女の標本平均の差，つまり，$\hat{\beta} = \bar{Y}_f - \bar{Y}_m$ となることを示せ. ただし，$\bar{Y}_f$ は女性の標本平均，$\bar{Y}_m$ は男性の標本平均である.

12. ☆例4－4と練習問題10の推定結果を再現せよ.

第 5 章

重回帰分析

本章では，説明変数が2個以上ある重回帰モデルについて説明します．単回帰分析で得られた結果は，重回帰分析でも当てはまるものばかりです．本章では，重回帰分析に特有の問題——具体的には，欠落変数バイアス，コントロール変数，自由度調整済み決定係数，多重共線性——に焦点を絞って説明していきます．なお，実際の計算では統計ソフトが活用できます．本章では，計算方法にとらわれず，前提となる考え方について学んでいきましょう．

5.1 重回帰モデル

重回帰モデルは，次の式で表されます．

$$Y = \alpha + \beta_1 X_1 + \beta_2 X_2 + \cdots + \beta_K X_K + u$$

説明変数は K 個（$X_1, X_2, \cdots, X_K$）です．ここでは $K \geq 2$ とします（$K = 1$ ならば，単回帰モデルとなります）．2.1節で学習したとおり，回帰係数 β_1 の値は「他変数（X_1 以外の説明変数）を一定とし，説明変数 X_1 が1単位増えたときに被説明変数 Y が何単位変化するか」を表します．ここでも，回帰分析における標準的仮定が成立すると仮定します（3.2節参照）．つまり，説明変数（$X_1, X_2, \cdots, X_K$）は確率変数ではなく，誤差項 u は $i.i.d. N(0, \sigma^2)$ とします（$i.i.d.$ は3.2.7節参照）．

単回帰モデルの場合と同様に，重回帰モデルにも誤差項 u が含まれることに注意してください．重回帰モデルでは，被説明変数 Y を説明する多くの要因を含めることができます．しかし，全能の神でもない限り，Y の動きを説明する全要因を明らかにすることはできないため，未知の要因をまとめた誤差項 u が必要となります．3.5節の賃料の例でいえば，専有面積，駅までの所要時間，築年数，階数などといった要因を前提とした分析をすることはできますが，現実的に考えてみれば，すべての要因が同一の物件であっても，賃料が完全に一致するわけではありません．

5.2　推定

重回帰モデルでも，OLS 推定量は残差 2 乗和，つまり，

$$\sum_{i=1}^{n} \tilde{u}_i^2 = \sum_{i=1}^{n} (Y_i - \tilde{\alpha} - \tilde{\beta}_1 X_{1i} - \cdots - \tilde{\beta}_K X_{Ki})^2$$

を最小にするように $\tilde{\alpha}, \tilde{\beta}_1, \cdots, \tilde{\beta}_K$ を選ぶことになります（具体的な計算方法は本章末の補足参照）．最小化問題の計算は面倒ですが，統計ソフトを使えば簡単です．ここでは，重回帰モデルであっても，最小 2 乗法は，「残差 2 乗和を最小にする $\tilde{\alpha}, \tilde{\beta}_1, \cdots, \tilde{\beta}_K$ を選ぶことである」と理解すれば十分です．

単回帰分析と同様に，OLS 推定量（$\hat{\alpha}, \hat{\beta}_1, \cdots, \hat{\beta}_K$）は，不偏性と一致性を満たした良い推定量となります．また，OLS 推定量に関する t 統計量は，やはり t 分布に従います．たとえば，$\hat{\beta}_1$ に関する t 統計量は，標準誤差を $s_{\hat{\beta}_1}$ とすると，次の式で表されます．

---

t 統計量

$$t_{\hat{\beta}_1} = \frac{\hat{\beta}_1 - \beta_1}{s_{\hat{\beta}_1}} \sim t(n - K - 1)$$

ここで，t 分布の自由度は $n - K - 1$ です（本章末の補足参照）．この t 統計量を用いて，区間推定と仮説検定を行うことができます．

5.3　欠落変数バイアス

重回帰モデルでは，一部の説明変数を除くと（欠落させると），説明変数と誤差項の間に相関が生じてしまい，OLS 推定量に**バイアス**（推定量の期待値と真の値との乖離）が生じます．このバイアスは，とくに**欠落変数バイアス**（omitted variable bias）と呼ばれます．重回帰分析を用いる主な理由は，この欠落変数バイアスを避けるためです．

5.3.1　欠落変数バイアスの公式

簡略化のため，説明変数は 2 つとし，それぞれ X_i と W_i とします．

$$Y_i = \alpha + \beta_1 X_i + \beta_2 W_i + u_i$$

しかし，次のような W_i を含めない単回帰モデルを考えたとします．

$$Y_i = \alpha + \beta_1 X_i + u_i^*$$

誤差項 u_i^* は，X_i 以外の要因をまとめたものであり，次の式で表せます．

$$u_i^* = \beta_2 W_i + u_i$$

誤差項 u_i^* に欠落変数 W_i が含まれるため，説明変数 X_i と欠落変数 W_i が相関していれば，説明変数 X_i と誤差項 u_i^* も相関してしまいます（説明変数と誤差項が相関することの問題は8.3節で詳しく説明します）．

このとき，単回帰モデルの OLS 推定量 $\hat{\beta}_1$ は次式で表されるため，欠落変数バイアスが生じていることがわかります（証明は本章末の補足参照）．

欠落変数バイアス

$$E[\hat{\beta}_1] = \beta_1 + \beta_2 \frac{s_{XW}}{s_X^2}$$

ここで，s_{XW} は X_i と W_i の標本共分散，s_X^2 は X_i の標本分散です．そして，欠落変数バイアスは $E[\hat{\beta}_1] - \beta_1$ であり，これは右辺第2項（$\beta_2 s_{XW}/s_X^2$）になります．

上式から，欠落変数バイアスは，以下2条件が満たされるときに発生することがわかります．

条件①：説明変数 W_i は Y_i の決定要因である（$\beta_2 \neq 0$）

条件②：説明変数 W_i は回帰式に含まれる説明変数 X_i と相関がある（$s_{XW} \neq 0$）

条件①が満たされない場合（$\beta_2 = 0$）とは，そもそも W_i は Y_i の決定要因ではないということなので，意味のない説明変数 W_i を除くのは望ましいことです．したがって，条件①は当然といえます．

条件②が満たされない場合（$s_{XW} = 0$）とは，回帰式に含まれる変数 X_i と欠落変数 W_i とが無相関ということを意味します．このとき，変数 X_i と無相関な変数 W_i を除いても，欠落変数バイアス（$\beta_2 s_{XW}/s_X^2$）は0となります．

これら2つの条件を満たし，欠落変数バイアスを生じさせる説明変数 W_i は，**交絡因子**（cofounding factor）と呼ばれます．以下では，例を用いて条件②の理解を深めましょう（ただし，これらの例で条件①は満たされているとします）．

例 5-1：条件②が満たされないケース——屋外実験

　肥料量 X_i と収穫量 Y_i の関係を調べるため，実験農場を小区画に分けて，各区画に異なる肥料量をランダムに与えたとします（1.2.1節の例 1-2 参照）．肥料量 X_i はランダムですから，その他の要因 W_i（雨量，気温，肥沃度，日照時間，水はけ，害虫など）とは無相関になります．よって，$s_{XW} = 0$ となるため，説明変数を肥料量 X_i とした単回帰モデルを推定すれば，肥料の効果 β_1 をバイアスなく推定できます．

例 5-2：条件②が満たされるケース——教育の所得への効果

　分析者は教育年数 X_i と所得 Y_i の関係に関心があるとします．また，教育年数 X_i は，生まれつきの能力 W_i と相関すると考えられます．よって，$s_{XW} \neq 0$ となるため，説明変数を教育年数 X_i とした単回帰モデルでは，教育年数の効果 β_1 がバイアスをもって推定されます．

5.3.2　バイアスの方向

　欠落変数バイアスは $\beta_2 s_{XW}/s_X^2$ であるため，バイアスの方向（符号）は，欠落変数 W_i の係数 β_2 と標本共分散 s_{XW} の符号に応じて変わります．表 5-1 では，欠落変数バイアスの方向をまとめています．欠落変数の係数 β_2 と標本共分散 s_{XW} の符号が同じならば，説明変数 X_i の係数 $\hat{\beta}_1$ に正のバイアス（$E[\hat{\beta}_1] > \beta_1$）が生じます（表の左上隅と右下隅）．これに対し，係数 β_2 と s_{XW} の符号が異なるならば，係数 $\hat{\beta}_1$ に負のバイアス（$E[\hat{\beta}_1] < \beta_1$）が生じます（表の左下隅と右上隅）．以下では，例を用いて欠落変数バイアスの理解を深めましょう．

表 5-1　欠落変数バイアスの方向

	$s_{XW} > 0$	$s_{XW} < 0$
$\beta_2 > 0$	正のバイアス（$E[\hat{\beta}_1] > \beta_1$）	負のバイアス（$E[\hat{\beta}_1] < \beta_1$）
$\beta_2 < 0$	負のバイアス（$E[\hat{\beta}_1] < \beta_1$）	正のバイアス（$E[\hat{\beta}_1] > \beta_1$）

例 5-3：単回帰分析と重回帰分析の違い——賃料の決定要因

　H 駅周辺の724物件の情報を用いて，賃料の決定要因を分析してみましょう（3.5節の例 3-2 参照）．ここで，物件 i の賃料（万円）を Y_i，駅からの所要時間（分）を X_i，専有面積（m²）を W_i とします．OLS 推定を行い，次の結果が得られました．

$$\hat{Y} = 3.148 - 0.067X + 0.170W$$
$$(0.115) \quad (0.009) \quad (0.0035)$$

駅からの所要時間 X_i の係数は -0.067，標準誤差は0.009なので，t 値は $-7.5 (= -0.067/0.009)$ と有意になります．係数 -0.067 は，駅からの所要時間が1分増えると賃料が0.067万円下落することを意味します．また，面積 W_i の係数は0.170であり，t 値は48（＝0.170/0.0035）と有意になります．係数0.170は，面積が $1\,\mathrm{m}^2$ 広くなると賃料が0.170万円上昇することを意味します．

　ここで，説明変数から面積 W を除いて，駅からの所要時間に基づく単回帰分析を行うと，次のようになりました．

$$\hat{Y} = 6.032 + 0.093X$$
$$(0.203) \quad (0.017)$$

駅までの所要時間の係数は -0.067 から0.093へと変化しています（t 値は $5.4 = 0.093/0.017$ と有意です）．単回帰分析では，所要時間の係数は0.093であり，駅からの所要時間が増えるほど賃料が上昇するというおかしな結果になってます．

　重回帰分析の結果から，面積 W_i の係数は0.170で有意となり（条件①），駅までの所要時間 X_i と面積 W_i の標本相関係数を計算すると0.37と正の値になります（条件②）．これは駅から遠い場所ほど広い面積の物件があり（$s_{XW} > 0$），また，面積が広いほど賃料は上がること（$\beta_2 > 0$）を意味しています（表5-1では，左上隅のケースに相当し，正のバイアスが発生しています）．まとめると，所要時間の係数 β_1 は，本当は負であるのに（所要時間がかかるほど賃料は下がる），単回帰分析をしてしまうことで，係数 β_1 は正の値（所要時間がかかるほど賃料が上がる）となり，欠落変数バイアスを伴う結果が推定されてしまいます．

例5-4：単回帰分析と重回帰分析の違い――親子の身長の関係

　授業の受講生，164人から聞き取りした親子の身長データを分析します．2.6節の例2-4では，親の平均身長を説明変数としましたが，ここでは，父親と母親の身長を別々の説明変数とします．母親と娘の身長は1.08倍することで，男性換算しています．子の身長を Y_i，父親の身長を X_i，母親の身長を W_i とすると，次の結果が推定されました．

$$\hat{Y} = 58.418 + 0.331X + 0.330W$$
$$(13.88)\quad(0.055)\quad(0.057)$$

父親と母親の身長の係数は約0.33であり，ほぼ同じ値です（両親の身長はどちらも有意となる）．それでは次に，母親の身長 W を除いた単回帰分析をしてみましょう．

$$\hat{Y} = 116.73 + 0.322X$$
$$(10.35)\quad(0.06)$$

父親の係数は0.322であり，重回帰分析の結果とほぼ同じです．これは欠落変数バイアスがなかったことを意味します．

　父親と母親の身長の散布図をみると，両変数には相関がないことがわかります（図5-1参照）．実際，父親と母親の身長の標本相関係数を求めてみると，−0.029と0に近く，両変数はほぼ無相関です．この結果から，欠落変数 W と説明変数 X が無相関であれば（条件②が満たされない），欠落変数バイアスは生じないことが確認できます．

図5-1　父親と母親の身長の関係

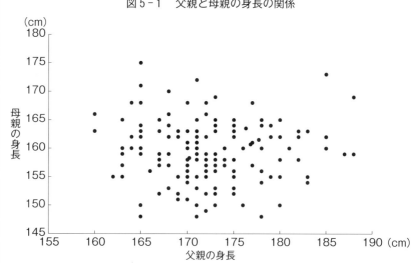

5.3.3　欠落変数バイアスと予測との関係

　予測の目的は，係数をバイアスなく推定することではなく，予測精度を上げる（予測対象 Y_0 と予測値 $\hat{Y}_0$ との差を小さくする）ことにあります．このため，予測では，相関関係があればよく，欠落変数バイアスは問題となりません．

　たとえば，私は視力が弱いのですが，外をみても雨が降っているか判断がつかないときがあります．こうしたときには，傘をさしている人がいるかで雨が降っているか否かを判断（予測）しています．もちろん傘をさしていることは天気の決定要因ではありませんが，現在の雨量と傘の有無は相関が高く，現在の雨量を判断（予測）するうえで，傘の有無は重要な説明変数となります．

5.4　コントロール

　関心のある係数をバイアスなく推定するためには，他の変数をコントロールすることが重要です．本節を通じて，コントロール変数について学習していきましょう．

5.4.1　コントロール変数

　たとえば，ある研究において，分析者の関心は，説明変数 X_{1i} の係数 β_1 にあるとします．つまり，関心の対象は係数 β_1 のみであり，他の説明変数には関心がないとします．こういうことは多々あります．このとき，被説明変数 Y_i の決定要因であり，かつ，関心のある説明変数 X_{1i} と相関がある変数がほかに存在していれば，これを説明変数に含めないと係数 β_1 の推定にバイアスが生じることになります．

　分析者の関心は β_1 だけにあるものの，説明変数 $X_{2i}, \cdots, X_{Ki}$ を，欠落変数バイアスを除くために回帰式に含めるとき，これらの説明変数 $X_{2i}, \cdots, X_{Ki}$ を**コントロール変数**（control variable）と呼びます．そして，欠落変数バイアスを除くため，他の説明変数 $X_{2i}, \cdots, X_{Ki}$ を含めることを「コントロールする」といいます．

> **例 5 - 5 ：コントロール変数の例──高齢化と GDP 成長率との関係**
>
> 　高齢化が進むと，労働人口が減少し，生産性も下がり，GDP 成長率が低下するという見方があります．そこで，169カ国のデータを用いて，高齢化と GDP 成長率の関係を調べた D. アセモグル（Daron Acemoglu）と P. レストレポ（Pascual Restrepo）の研究を紹介します[1]．被説明変数 Y_i は，1990年から2015年にかけての i 国の GDP（1人当たり）成長率，つまり，次のようになります．

$$\frac{2015\text{年の GDP}_i - 1990\text{年の GDP}_i}{1990\text{年の GDP}_i}$$

同様に，説明変数 X_1 は，1990年から2015年にかけての高齢者割合（50歳以上人口 $\div$ 20〜49歳人口）の変化とします．推定の結果，次のようになりました（$\bar{R}^2 = 0.007$）．

$$\hat{Y} = 0.420 + 0.335 X_1$$
$$(0.042)\ (0.226)$$

予想と異なり，高齢者割合 X_1 の係数は（有意ではありませんが），正の値として推定されます．これをみると，高齢化が成長率に負の影響を与えているとはいえなそうです．

　次に，欠落変数バイアスを除くため，コントロール変数を含めた推定をします．経済成長の文献では，GDP の低い国ほどその後の成長率は高く，GDP の高い国ほどその後の成長率は低くなる傾向が知られています．発展途上国は技術の模倣によって高成長を実現できますが，先進国は自ら技術開発をする必要があるので，成長率は鈍化します．初期の GDP の違いを考慮するため，1990年の1人当たり GDP をコントロール変数 X_2 とします．推定の結果，次のようになりました．

$$\hat{Y} = 1.693 + 1.036 X_1 - 0.153 X_2$$
$$(0.270)\ (0.258)\quad (0.032)$$

予想どおり，初期 GDP の係数は負であり，初期 GDP が低いほど，その後の成長率が高くなります．他方，高齢者割合 X_1 の係数は有意に正となり，高齢化が進むと成長率は上昇することが確認できます．

　コントロール変数として，新たに1990年の人口 X_3 と高齢者割合 X_4 を追加します．また，地域（東アジア，南アジア，アフリカなど）によって成長率に違いがあるため，コントロール変数として，地域別に異なるダミー変数を含めて推定します．たとえば，東アジアダミーは，その国が東アジアにあるなら1，そうでなければ0となるダミー変数です．これらのコントロール変数を含めて推定した結果は，次のようになりました．

$$\hat{Y} = 1.594 + 0.773 X_1 - 0.155 X_2 - 0.013 X_3 + 0.014 X_4 + \text{地域別効果}$$
$$(0.331)\ (0.293)\quad (0.040)\quad (0.018)\quad (0.332)$$

地域別のダミー変数は多いので，「地域別効果」として略式表記していま

---

1)　Acemoglu, D. and Restrepo, P. (2017) "Secular Stagnation? The Effect of Aging on Economic Growth in the Age of Automation," *American Economic Review: Papers & Proceedings* 107(5), 174-179.

す．ここでも高齢者割合 X_1 の係数は有意に正であり，高齢化が進むと GDP 成長率が上がることが確認できます．

　アセモグルらは，高齢化が進むと成長率が上昇する原因として，ロボットや IT 技術の活用を指摘しています．高齢化が進むと，ロボットや IT 技術が利用され，経済成長が促進されます．日本では，少子高齢化が急速に進んでいますが，いまだ IT 技術の活用は不十分です．大竹文雄氏は，日本の問題として，「企業も政府もデジタル技術を軽視し，データの活用で遅れたのが生産性の低さにつながった……日本は営業が足で稼いだ情報を基に，経営者が職人芸のように意思決定するアナログなやり方だけにこだわり，世界に取り残されてきたのではないか」，また，今後の課題として，「企業は人材教育や IT 技術に投資し，デジタル化の時代に即した経営に改革すべきだ．生産性を上げなければ賃金も伸びない」と述べています（『日本経済新聞』2022 年 1 月 3 日付）．

5.4.2　不必要なコントロール

　コントロール変数を含めない場合には，欠落変数バイアスが生じる可能性がありますが，不要な説明変数を追加した場合には何が生じるでしょうか．

　例を通じて確認していきましょう．たとえば，教育年数 X_i が所得 Y_i に与える影響に関心があり，次のような説明変数を含むモデルを考えたとします．

$$Y_i = \alpha + \beta_1 X_i + \beta_2 W_{1i} + \beta_3 W_{2i} + u_i$$

ここで，W_{1i} は能力とし，コントロール変数になります．説明変数 W_{2i} について 2 つのケース（冗長なコントロール，悪いコントロール）を考えます．

冗長なコントロール

　冗長なコントロールとは，説明変数 W_{2i} が所得 Y_i の決定要因ではないケースです（$\beta_3 = 0$）．このとき，W_{2i} は意味のない説明変数ですが，W_{2i} を含めても，係数 $\hat{\beta}_3$ は 0 と推定されるだけで問題となりません．ただし，推定するパラメータが無駄に増えてしまうため，全体の推定精度が低下してしまいます[2]．冗長なコントロールは大きな問題ではありませんが，説明変数を根拠なく追加することには慎重なほうが望ましいでしょう．

悪いコントロール

　悪いコントロールとは，説明変数 W_{2i} が所得 Y_i の決定要因であるが（$\beta_3 \neq$ 0），教育年数 X_i に依存して決まってしまうケースです．たとえば，W_{2i} として，職種を表すダミー変数（ホワイトカラーなら1，ブルーカラーなら0をとる）を考えたとすると，職種 W_{2i} を含めた推定は，本来の教育年数 X_i の効果を過小評価してしまうため，悪いコントロールとなります．

　図5-2は，変数間の関係をまとめたものです．教育年数 X_i が決定されてから，その値に影響を受けて職種 W_{2i} が決まります．職種 W_{2i} を含めた推定では，教育年数の係数 β_1 は，「職種 W_{2i} を一定としたとき，教育年数 X_i が1年増えることで所得 Y_i がいくら変化するか」を意味します（図5-2の**直接経路**）．しかし，教育年数 X_i は，職種 W_{2i} の選択を通じても，所得 Y_i に影響を与えるはずです（図5-2の**中間経路**）．ここで，教育年数 X_i の係数 β_1 は，職種 W_{2i} の影響を除いた教育年数の効果であり，「本来の教育年数の効果（直接経路と中間経路を合わせた効果）」を過小評価しています．この場合，職種 W_{2i} を説明変数に加えないことで，教育年数 X_i から所得 Y_i への「本来の教育年数の効果」を正しく推定できるのです（練習問題9参照）．

　関心ある説明変数 X_i の効果を推定するときには，分析者がコントロール変数を選択する必要があります．自分で変数間の影響関係を考え，どの説明変数をコントロールすべきかを決めなければなりません．中間経路にある説明変数 W_{2i} をコントロールすることは，悪いコントロールの問題を生じさせます．自

図5-2　教育年数が所得に与える効果

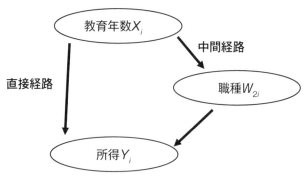

---

2) 説明変数の数 K が増えると自由度（$n-K-1$）が低下します（5.2節で学習したとおり，統計量 $t_{\hat{\beta_i}}$ の自由度は $n-K-1$ です）．K が増えると，自由度は低下し，t 分布のばらつきは大きくなります．これは信頼区間を広くし，t 検定で有意な結果が得られ難くなることを意味します．

分で変数間の相互関係をイメージし，どの変数をコントロールすべきかを考え
ることが重要です．

5.5　よくある間違い──恒等式の推定

　授業でレポートを書いてもらうと，誤って恒等式を推定してしまう学生がい
ます．**恒等式**（identical equation）とは，「変数にどの値を代入しても成立す
る等式」です．たとえば，定義から成立する式，会計の仕組みから成立する式
などがあります．

　経済学の入門書では，次のような「GDP の恒等式」を学習します．

$$\text{GDP} = 消費支出(C) + 投資支出(I) + 政府支出(G) + 純輸出(NX)$$

すなわち，GDP の構成要素は，消費支出(C)，投資支出(I)，政府支出(G)，
純輸出(NX) です（純輸出 = 輸出 − 輸入）．ここで，被説明変数を GDP と
し，説明変数を消費支出，投資支出，政府支出，純輸出とすると，説明変数の
係数はすべて 1 となり，決定係数も 1 となります．一見すると良い結果です
が，そもそも関係式がわかっているため，こうした恒等式を推定する意味はな
いのです．

コラム　5-1　実質 GDP とその構成要素

　計量経済学によるデータ分析には，経済データの性質を理解することが必要
となります．ここでは，日本の実質 GDP とその構成要素（消費支出，投資支
出，政府支出，純輸出）の動きをみていきましょう．

　図 5-3（a）では，縦軸を実質 GDP，横軸を1980年から2021年の期間として
います．図 5-3（a）をみると，実質 GDP は，バブルが崩壊した1991年まで
は急速に成長していますが，それ以降は成長率が鈍化し，現在は500兆円前後
で推移しているのがわかります．図 5-3（b）の GDP の構成要素に目を向け
ると，消費支出が GDP 全体の約 5 割，投資支出と政府支出が約 2 割ずつ，残
りが純輸出となっています．1992年までは投資支出が政府支出を上回る一方
で，それ以降は，政府支出が投資支出を上回る状況が続いています．バブル崩
壊による経済低迷をうけて，政府が政府支出を活発化させたことがうかがえま
す．2020年に新型コロナウイルス流行により，消費支出は低下していますが，

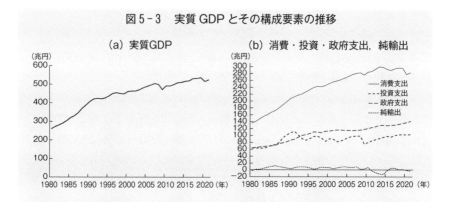

図5-3   実質 GDP とその構成要素の推移

政府が財政支出を積極的に拡大したために、政府支出が増加していることもみ
てとれます.

5.6   自由度調整済み決定係数

本節では、重回帰分析における決定係数の問題点を指摘し、新たな当てはま
りの尺度として、自由度調整済み決定係数を紹介します.

5.6.1   決定係数の問題点

決定係数 R^2 とは、回帰直線の当てはまりの尺度であり、次のように定義さ
れました（2.6節参照）.

$$R^2 = 1 - \frac{\sum_{i=1}^{n} \hat{u}_i^2}{\sum_{i=1}^{n} (Y_i - \bar{Y})^2}$$

しかし、この決定係数 R^2 には、説明変数の数 K が増えるほど1に近づくとい
う悪い性質があります. これは説明変数の数 K の増加により、モデルで説明
される部分が増え、モデルでは説明できない部分（残差2乗和：$\sum_{i=1}^{n} \hat{u}_i^2$）が減
るためです. 換言すれば、被説明変数 Y_i とあまり関係のない説明変数を加え
ても、決定係数 R^2 は上昇することになります. 決定係数 R^2 を用いてモデル選
択を行うと、「説明変数の数はできるだけ多くすべき」というおかしな結論が
導かれます.

ここでは、説明変数を $K = 1$ から2に増やすことで、残差2乗和が低下する

ことを確認してみましょう．説明変数 X_{1i} とした単回帰分析により，OLS 推定量 $\hat{\alpha}$, $\hat{\beta}_1$ が得られたとします（$K=1$）．さらに説明変数 X_{2i} を追加したときの OLS 推定量は $\hat{\alpha}^*$, $\hat{\beta}_1^*$, $\hat{\beta}_2^*$ とします（$K=2$）．重回帰分析は，残差 2 乗和を最小にするものであるため，いかなる $\tilde{\alpha}$, $\tilde{\beta}_1$, $\tilde{\beta}_2$ に対しても，次の式が成立します（左辺は，OLS 推定量 $\hat{\alpha}^*$, $\hat{\beta}_1^*$, $\hat{\beta}_2^*$ を用いた残差 2 乗和です）．

$$\sum_{i=1}^{n}(Y_i - \hat{\alpha}^* - \hat{\beta}_1^* X_{1i} - \hat{\beta}_2^* X_{2i})^2 \le \sum_{i=1}^{n}(Y_i - \tilde{\alpha} - \tilde{\beta}_1 X_{1i} - \tilde{\beta}_2 X_{2i})^2$$

そして，右辺に，単回帰分析からの OLS 推定量 $\tilde{\alpha}=\hat{\alpha}$, $\tilde{\beta}_1=\hat{\beta}_1$, $\tilde{\beta}_2=0$ を代入すれば，次の式となります．

$$\sum_{i=1}^{n}(Y_i - \hat{\alpha}^* - \hat{\beta}_1^* X_{1i} - \hat{\beta}_2^* X_{2i})^2 \le \sum_{i=1}^{n}(Y_i - \hat{\alpha} - \hat{\beta}_1 X_{1i})^2$$

上式の左辺は重回帰モデルからの残差 2 乗和，右辺は単回帰モデルからの残差 2 乗和です．単回帰モデルと比べると，重回帰モデルでは説明変数が 1 つ増えていることから，残差 2 乗和が低下していることがわかります．

5.6.2　自由度調整済み決定係数の定義

決定係数の問題点を解決するのが，**自由度調整済み決定係数**（adjusted R^2）です．自由度調整済み決定係数は，次のように定義されます．

自由度調整済み決定係数

$$\bar{R}^2 = 1 - \frac{n-1}{n-K-1} \frac{\sum_{i=1}^{n} \hat{u}_i^2}{\sum_{i=1}^{n}(Y_i - \bar{Y})^2}$$

ただし，n はサンプルサイズ，K は説明変数の数です．

この式と決定係数 R^2 との違いは，調整項 $(n-1)/(n-K-1)$ にあります．調整項は 1 より大きく，また，K が増えるとその値が大きくなる性質があります．たとえば，$n=100$ の場合，調整項は $K=1$ なら $1.01(=99/98)$，$K=10$ なら $1.11(=99/89)$，$K=20$ なら $1.25(=99/79)$ です．

自由度調整済み決定係数の特徴として，以下の 3 点があります．

第 1 の特徴は，説明変数の数 K が増えても，自由度調整済み決定係数 $\bar{R}^2$ が上昇するとは限らない点です．K が増えれば，被説明変数 Y_i の動きをモデルでうまく説明できるようになり，残差 2 乗和 $\sum_{i=1}^{n} \hat{u}_i^2$ は低下します．しかし，K が増えれば，調整項 $(n-1)/(n-K-1)$ は増加するので，必ずしも $\bar{R}^2$ は高

くなりません．K が増えたとき，$\bar{R}^2$ が上昇するのは，調整項の増加を打ち消すほど，残差2乗和が大きく低下した場合だけです．

　第2の特徴は，自由度調整済み決定係数 $\bar{R}^2$ は決定係数 R^2 より小さくなる点です（$\bar{R}^2 < R^2$）．これは調整項 $(n-1)/(n-K-1)$ が1より大きいことから明らかでしょう．

　第3の特徴は，自由度調整済み決定係数 $\bar{R}^2$ は負の値になりうる点です．決定係数 R^2 の値は0以上1以下でした（$0 \leq R^2 \leq 1$）．自由度調整済み決定係数 $\bar{R}^2$ も，その値が1以下である点は同じです．しかし，説明変数が被説明変数 Y_i の動きをうまく説明できない場合，$\bar{R}^2$ は負の値になることがあります．これは説明変数の説明力が弱いときに生じる事象であり，説明変数が被説明変数の動きをうまく説明できていないということを意味します．

　$\bar{R}^2$ は負の値になりうることを確認してみましょう．Y の全変動 $\sum_{i=1}^{n}(Y_i - \bar{Y})^2$ は，次のように分解することができました（2.6節参照）．

$$\underbrace{\sum_{i=1}^{n}(Y_i - \bar{Y})^2}_{Y の全変動} = \underbrace{\sum_{i=1}^{n}(\hat{Y}_i - \bar{Y})^2}_{モデルで説明された部分} + \underbrace{\sum_{i=1}^{n}\hat{u}_i^2}_{モデルで説明されなかった部分}$$

仮に説明変数に意味がなければ，「モデルで説明された部分（$\sum_{i=1}^{n}(\hat{Y}_i - \bar{Y})^2$）」は0に近い値になります．つまり，$\sum_{i=1}^{n}(Y_i - \bar{Y})^2 \approx \sum_{i=1}^{n}\hat{u}_i^2$ となります（$\approx$ は近似を表し，両者がほぼ等しいという意味です）．このとき，$\sum_{i=1}^{n}\hat{u}_i^2 / \sum_{i=1}^{n}(Y_i - \bar{Y})^2 \approx 1$ となり，また，調整項 $(n-1)/(n-K-1)$ は1より大きいため，自由度調整済み決定係数 $\bar{R}^2$ は負の値になります．

　OLS推定を用いた実証分析では，自由度調整済み決定係数 $\bar{R}^2$ を用いることが標準的です．単回帰分析であれば，決定係数 R^2 を用いることに支障はありませんが，単回帰モデルと重回帰モデルの結果を比較するのであれば，自由度調整済み決定係数 $\bar{R}^2$ で統一したほうがよいでしょう．

例5-6：推定結果を表にまとめる方法──賃料の決定要因

　H駅周辺の724物件の情報を用いて，賃料の決定要因を分析します（例5-3参照）．ここで，分析者は専有面積の係数を求めたいとします．表5-2は，推定結果をまとめたものです．表の星印*は，係数を0とした t 検定における有意水準を表しています．具体的には，「***」は1％水準，「**」は5％水準，「*」は10％水準で有意を示します（星印の注意点はコラム4-2参照）．星印*が付いていないケースは，有意水準10％でも係数を0

とした帰無仮説を棄却できないことを意味します.

表5-2の(1)式は，説明変数を専有面積とした単回帰モデルを推定したものであり，定数項は2.688，専有面積の係数は0.160です（表の見方は，表5-2の注を参照してください）．(2)式では，コントロール変数として，駅までの所要時間を追加しています（これは例5-3の推定結果に該当します）．(3)式では，コントロール変数をすべて含めており，専有面積の係数は0.165です．(1)式は欠落変数バイアスの可能性があり，コントロール変数を含めた(3)式のほうが信頼性は高いといえます．自由度調整済み決定係数 $\bar{R}^2$ をみると，(3)式が最も高い値になっています．

表5-2 賃料の決定要因

	(1)式	(2)式	(3)式
定数項	2.688***	3.148***	4.735***
	(0.101)	(0.115)	(0.122)
専有面積	0.160***	0.170***	0.165***
	(0.003)	(0.004)	(0.003)
駅までの所要時間		−0.067***	−0.078***
		(0.009)	(0.006)
築年数			−0.066***
			(0.003)
階数			0.216***
			(0.029)
$\bar{R}^2$	0.756	0.773	0.883
n	724	724	724

(注) ***，**，*は，有意水準1％，5％，10％で有意になることを示します．カッコ内は標準誤差，n はサンプルサイズを表します．表では，(1)式，(2)式，(3)式の推定結果が掲載されています．ここで，X_1 を専有面積，X_2 を駅までの所要時間，X_3 を築年数，X_4 を階数とすると，(1)式から(3)式の推定結果は以下のようになります．

$$(1)式：\hat{Y} = \underset{(0.101)}{2.688} + \underset{(0.003)}{0.160} X_1$$

$$(2)式：\hat{Y} = \underset{(0.115)}{3.148} + \underset{(0.004)}{0.170} X_1 - \underset{(0.009)}{0.067} X_2$$

$$(3)式：\hat{Y} = \underset{(0.122)}{4.735} + \underset{(0.003)}{0.165} X_1 - \underset{(0.006)}{0.078} X_2 - \underset{(0.003)}{0.066} X_3 + \underset{(0.029)}{0.216} X_4$$

5.7 自由度調整済み決定係数の注意点

自由度調整済み決定係数 $\bar{R}^2$ を用いて，説明変数の選択をしてもよいでしょうか．また，自由度調整済み決定係数が，どれくらいの値なら良いモデルとい

えるのでしょうか．以下では，自由度調整済み決定係数に関わる疑問について
考えていきます．

5.7.1　モデル選択

　分析者は，説明変数 X_{1i} の係数 β_1 を求めたいとします．このとき，説明変数
の選択においては，欠落変数バイアスを避けるよう，説明変数 X_{1i} と相関して
いる変数をコントロールすることが重要になります．しかし，欠落変数の有無
は，自由度調整済み決定係数の値とは無関係です．「自由度調整済み決定係数
$\bar{R}^2$ が高いから欠落変数がない」，「自由度調整済み決定係数 $\bar{R}^2$ が低いから欠落
変数がある」とはいえません．このため，計量経済学者の中には，「自由度調
整済み決定係数 $\bar{R}^2$ は不要な指標である」と主張する研究者もいます．

> **例 5-7 ：自由度調整済み決定係数の計算──男女の成績の違い**
>
> 　4.5節の例4-4では，男女間での数学の平均差を調べました．被説明変数
> Y_i は（偏差値に換算した）数学の点数であり，説明変数 F_i は女性ダミーで
> す．OLS推定により，次の結果が得られました．
>
> $$\hat{Y} = 50.21 - 0.422F$$
> $$(0.210)\quad(0.298)$$
>
> 自由度調整済み決定係数 $\bar{R}^2$ は0.0002と低く，当てはまりの悪いモデルとい
> えます．しかし，性別はランダムに決まるものであるため，女性ダミー F
> は，他の説明変数と無相関であると考えられます．このため，本推定結果に
> おいて欠落変数バイアスはなく，女性ダミー F の係数 β_1 は，正確に推定で
> きているといえます．

　欠落変数の判定において，自由度調整済み決定係数 $\bar{R}^2$ は不要な指標と述べ
ました．ただし，予測に関心がある場合には，自由度調整済み決定係数は有用
な指標です．予測における関心は，欠落変数バイアスではなく，予測精度を高
めることにあります．当てはまりの良いモデルであれば，予測精度は改善しま
す．予測に関心がある場合には，自由度調整済み決定係数 $\bar{R}^2$ を用いて，モデ
ルを選択するのは有効な方法の1つでしょう．

> **例 5-8 ：予測と因果関係の違い──水難事故とアイス消費の関係**
>
> 　図5-4は，水難事故数とアイス消費額（1世帯当たり）の散布図を描い

たものです．暑くなるとアイス消費と水難事故が増えるため，両変数の相関は強くなります．アイス消費額 X_1 は，水難事故数 Y の決定要因ではありませんが，ためしに OLS 推定をしてみましょう．

$$\hat{Y} = -20.13 + 0.048 X_1$$
$$\quad\ (2.473)\quad\ (0.003)$$

自由度調整済み決定係数 $\bar{R}^2$ は0.827と高い結果となり，当てはまりの良いモデルであり，水難事故数の予測をする場合において有効なモデルといえます．

　もっとも，当然のことながら，アイス消費額から水難事故数への因果関係は存在しないため，アイス消費額 X_{1i} の係数 β_1 は 0 のはずです．ここで $\hat{\beta}_1 =$ 0.048と有意に推定された理由は，欠落変数バイアスが影響していると考えられます（欠落変数としては気温があります）．

図 5-4　水難事故数とアイス消費額

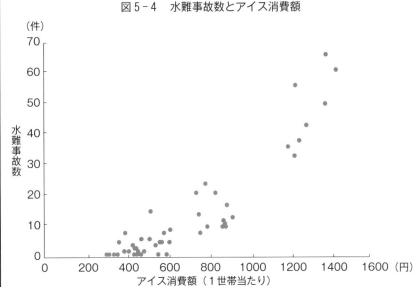

5.7.2　自由度調整済み決定係数の目安

　自由度調整済み決定係数 $\bar{R}^2$ は，扱うデータの種類により，その値の目安が異なることにも注意しましょう．たとえば時系列データであれば，説明変数も被説明変数もトレンドを持つことが多く，変数同士が似た動きを示し，自由度調整済み決定係数は 1 に近い値をとりやすくなります．もっとも，トレンドを

持った変数であっても，変化率に変換してから推定を行うと，トレンドが除去され，自由度調整済み決定係数は低下します．

　時系列データで変化率をとっている場合，あるいは横断面データを扱っている場合であれば，自由度調整済み決定係数が0.1以下であっても当てはまりが良いといえることもあります．横断面データでは，被説明変数の変動を説明するのは難しく，自由度調整済み決定係数が低くなりがちだからです．

　自由度調整済み決定係数を解釈するときは，その値だけをみるのではなく，状況によって判断することが重要です．

例5-9：見せかけの関係——世帯総数と世界気温に関係はあるか

　図5-5（a）は，1965年から2018年までの世帯総数（単位1000万）と世界気温（1951～1980年の平均からの乖離）の推移を示したものです．この図から，世帯総数 Y_t と世界気温 X_{1t} には正のトレンドがあるのがわかります（横断面データでは，下添字に i を使いますが，時系列データでは，下添字に時点を表す t を用います）．

　ためしに単回帰分析すると，次のようになりました（自由度調整済み決定係数 $\bar{R}^2 = 0.881$）．

$$\hat{Y} = 3.146 + 3.02X_1$$
$$(0.069)\ (0.152)$$

世界気温の係数は3.02であり，有意に正の値となっています．しかし，世界気温 X_1 が上がると世帯総数 Y が増えるとは考えにくいことです．この結果は，トレンドを考慮しないで変数間の関係をみたため，本来は相互に関係ないにもかかわらず，有意な「見せかけの関係」を見出したのが原因であると

図5-5　世帯総数と世界気温の推移

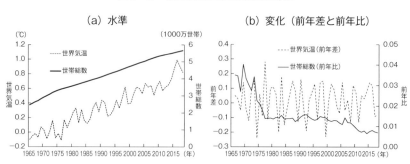

思われます.

　図 5 - 5（b）は，トレンドを除くため，両変数の変化をとったものです.
気温は前年との差（前年差），世帯総数は前年からの変化率（前年比）とし
ました. 図をみると，トレンドがなくなり，両変数間の関係が消えているよ
うに見えます. 実際，これらの変化を用いて単回帰分析すると，次のように
なります（自由度調整済み決定係数 $\bar{R}^2 = -0.019$）.

$$\hat{Y} = 0.016 + 0.001 X_1$$
$$\quad\quad (0.0011)\ (0.009)$$

ここでは，世界気温の変化 X_1 の係数は小さく，有意でもありません. この
ように，トレンドを考慮し，変数間の「見せかけの関係」を排除すること
で，変数間の関係を正しく分析できることが確認できます.

5.7.3　モデル間の相互比較

　実証分析では，さまざまなモデルを相互に比較するために，自由度調整済み
決定係数 $\bar{R}^2$ が用いられます. 被説明変数が同じであれば，相互比較しても問
題はありません. たとえば，表 5 - 2 では，被説明変数は賃料で統一されてい
るため，$\bar{R}^2$ が最も高い(3)式が良いモデルといえます.

　しかし，被説明変数を変えた場合には，自由度調整済み決定係数 $\bar{R}^2$ を用い
たモデルの比較はできません. 決定係数は，被説明変数 Y_i の全変動のうち，
モデルで説明できる割合でした（2.6節参照）. 被説明変数を変えた場合，まっ
たく別の被説明変数 Y_i の全変動を意味することになり，自由度調整済み決定
係数の値の相互比較には意味がないことになります.

　自由度調整済み決定係数は，同じ被説明変数を用いた場合に，説明変数の組
み合わせを相互比較する指標であることに注意が必要です.

コラム　5 - 2　実質 GDP の寄与度分解

　新聞や経済レポートなどを読んでいると，寄与度という言葉が目に付くかと
思います. 寄与度とは，「合計値の変動に構成要素がどれぐらい寄与したか」
を視覚化する方法の 1 つです.

　たとえば，実質 GDP の寄与度についてみてみましょう. ここで，GDP 成長
率を，次の GDP の恒等式を用いて，寄与度に分解しましょう.

$$GDP = 消費支出(C) + 投資支出(I) + 政府支出(G) + 純輸出(NX)$$

記号表記すると，t 期は $GDP_t = C_t + I_t + G_t + NX_t$，$t-1$ 期は $GDP_{t-1} = C_{t-1} + I_{t-1} + G_{t-1} + NX_{t-1}$ となります．このため，GDP 成長率は，

$$\frac{GDP_t - GDP_{t-1}}{GDP_{t-1}} = \frac{(C_t + I_t + G_t + NX_t) - (C_{t-1} + I_{t-1} + G_{t-1} + NX_{t-1})}{GDP_{t-1}}$$

$$= \frac{C_t - C_{t-1}}{GDP_{t-1}} + \frac{I_t - I_{t-1}}{GDP_{t-1}} + \frac{G_t - G_{t-1}}{GDP_{t-1}} + \frac{NX_t - NX_{t-1}}{GDP_{t-1}}$$

と分解できます．差分を $\Delta C_t = C_t - C_{t-1}$，$\Delta I_t = I_t - I_{t-1}$，$\Delta G_t = G_t - G_{t-1}$，$\Delta NX_t = NX_t - NX_{t-1}$ と表記してから書き換えると，上式の右辺は，

$$\underbrace{\frac{\Delta C_t}{C_{t-1}} \frac{C_{t-1}}{GDP_{t-1}}}_{消費の寄与度} + \underbrace{\frac{\Delta I_t}{I_{t-1}} \frac{I_{t-1}}{GDP_{t-1}}}_{投資の寄与度} + \underbrace{\frac{\Delta G_t}{G_{t-1}} \frac{G_{t-1}}{GDP_{t-1}}}_{政府支出の寄与度} + \underbrace{\frac{\Delta NX_t}{NX_{t-1}} \frac{NX_{t-1}}{GDP_{t-1}}}_{純輸出の寄与度}$$

と変形できます．第1項は，

$$消費の成長率 (\Delta C_t / C_{t-1}) \times 消費シェア (C_{t-1} / GDP_{t-1})$$

であり，消費の寄与度と定義されます．同様に，第2項は投資の寄与度，第3項は政府支出の寄与度，第4項は純輸出の寄与度となります．寄与度が高くなるのは，その成長率とシェアの両方が高い状況です．仮に成長率が高くてもシェアが低い場合には，寄与度は高くなりません．

図5-6では，1981年から2021年まで，実質 GDP 成長率を寄与度に分解した結果を掲載しました．実質 GDP 成長率は，バブルが崩壊した1991年までは4％を超えていましたが，それ以降，1％前後にまで低下しています．消費の寄与度は，1991年まで2％前後と高く，GDP 成長の原動力だったことがわかります．しかし，それ以降は低下し，足元では小さな値になっています．金融危機（2008年），コロナ禍（2020年）では，消費の寄与度は大きなマイナスになっています．投資の寄与度は変動が大きく，1991年以降では景気が良いと寄与度はプラス，景気が悪いと寄与度はマイナスとなっています．政府支出の寄与度は安定してプラスであり，政府支出が経済成長を下支えしてきたことがわかります．しかし近年では，政府債務の急増を受けて，政府支出を以前ほど増加させることはできない（寄与度は小さくなる）ことが確認できます．

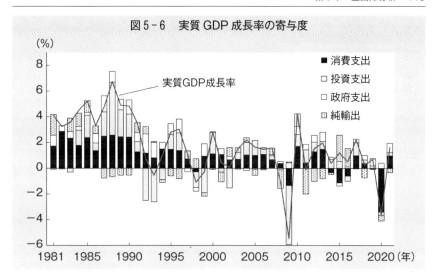

図 5-6　実質 GDP 成長率の寄与度

5.8　多重共線性

本節では，説明変数間の関係が強いときに生じる多重共線性という概念を紹介します．

5.8.1　完全な多重共線性

ここで，重回帰モデルを考えます．

$$Y_i = \alpha + \beta_1 X_{1i} + \beta_2 X_{2i} + \cdots + \beta_K X_{Ki} + u_i$$

このとき，任意の定数 c_0, c_1, $\cdots$, c_K を用いて，説明変数間に次の線形関係がある場合，**完全な多重共線性**（perfect multicollinearity）があるといいます．

完全な多重共線性

$$c_0 + c_1 X_{1i} + c_2 X_{2i} + \cdots + c_K X_{Ki} = 0$$

ただし，任意の定数のいずれかは 0 ではないとします（仮に $c_0 = c_1 = \cdots = c_K = 0$ ならば，$c_0 + c_1 X_{1i} + c_2 X_{2i} + \cdots + c_K X_{Ki} = 0$ が成立するのは自明です）．

完全な多重共線性がある場合，パラメータを推定することはできないという問題が生じます（練習問題 6，7 参照）[3]．完全な多重共線性は，不要な説明変数を含めたために生じる現象であることから，不要な説明変数を除けば問題

を解決できます．以下では，いくつかの例を通じて，完全な多重共線性の理解を深めていきましょう．

例 5-10：完全な多重共線性の例——スケールの違う同じ変数

体重（kg）を Y_i，身長（cm）を X_{1i}，身長（m）を X_{2i} とします（$K=2$ の場合）．説明変数 X_{1i} と X_{2i} の測定単位が異なるため，$X_{1i}=100X_{2i}$ と表すことができます．このとき，完全な多重共線性が生じることになります（$X_{1i}-100X_{2i}=0$ から，$c_0=0$，$c_1=1$，$c_2=-100$）．X_{1i} の係数 β_1 は，「他変数 X_2 を一定にし，X_1 を 1 単位増やすことで Y はどれぐらい変化するか」を表します．しかし，$X_{1i}=100X_{2i}$ という関係があるため，X_2 を一定にして，X_1 を 1 単位増やすことは概念上不可能です．そもそも身長を表すデータは 1 つで十分であるため，X_{1i} もしくは X_{2i} を除けばよいでしょう．

例 5-11：完全な多重共線性の例——男女の成績の違い

4.5 節では，男女の点数差を調べるため，被説明変数 Y_i を点数とし，説明変数を女性ダミー F_i としました．新たに男性ダミー M_i を定義し（男性なら 1，女性なら 0 となるダミー変数），説明変数に追加します．

$$Y_i=\alpha+\beta_1 F_i+\beta_2 M_i+u_i$$

このとき，$F_i+M_i=1$ という関係があるため，完全な多重共線性が生じています（$-1+F_i+M_i=0$ から，$c_0=-1$，$c_1=1$，$c_2=1$）．F の係数 β_1 は「他変数 M を一定にし，F を 1 単位増やすことで Y はどれぐらい変化するか」を表します．しかし，個人 i を男性に固定し（$M=1$），F を 1 単位増やす（男性から女性になる）ことは概念上不可能です．そもそも女性ダミーか，男性ダミーのどちらかだけで差の検定はできるので，片方を除けばよいでしょう．

完全な多重共線性がある場合に統計ソフトを使って推定すると，完全な多重共線性の原因となっている説明変数を自動的に削除した推定結果が出力されます．Excel では，削除された説明変数の推定値と標準誤差は 0 と表示されます．Stata でも，削除された説明変数の推定値は 0 となり，標準誤差は

---

3) 定数項がない回帰モデル（$Y_i=\beta_1 X_{1i}+\beta_2 X_{2i}+\cdots+\beta_K X_{Ki}+u_i$）では，説明変数間に次の線形関係があるとき完全な多重共線性があるといいます（ここで，c_0 がないことに注意してください）．
$$c_1 X_{1i}+c_2 X_{2i}+\cdots+c_K X_{Ki}=0$$

「omitted」と表記されます．このため，統計ソフトの推定結果をみれば，完全な多重共線性が生じているか否かは一目で確認できます．

5.8.2　弱い多重共線性

データを扱ううえで問題となりうるのは，完全な多重共線性の関係がある場合ではなく，説明変数間に次の線形関係が近似で成立する，**弱い多重共線性**（imperfect multicollinearity）がある場合です．

> **弱い多重共線性**
> $$c_0 + c_1 X_{1i} + c_2 X_{2i} + \cdots + c_K X_{Ki} \approx 0$$

ここで，≈は近似を意味します．完全な等号関係ではないので，パラメータの推定は可能ですが，推定結果は不安定（OLS推定量の標準誤差が大きくなる）になります．

弱い多重共線性がある場合，問題となる説明変数を除くべきでしょうか．経済理論などから正当化される説明変数を除くと，欠落変数バイアスが生じる可能性があり，そちらのほうがより深刻な問題といえます．そもそも弱い多重共線性があっても，それは標準誤差を大きくし，有意な結果が得られ難くなるだけです．また，サンプルサイズが大きくなれば，標準誤差は小さくなるので，弱い多重共線性の問題もなくなります．弱い多重共線性を意識しすぎずに，経済理論などから支持されるモデルを推定することが望ましいでしょう．

5.9　ダミー変数を用いた実証分析

4.5節では，ダミー変数を用いた単回帰モデルにより，男女の平均差の検定を行いました．ここでは，ダミー変数を用いた重回帰モデルを紹介します[4]．

日本の学校制度では，一学年は 4 月 2 日から翌年の 4 月 1 日生まれの児童生徒で構成されます．4 月 2 日生まれと翌年の 4 月 1 日生まれでは実質 1 歳分の違いがあり，月齢差は結果に大きな違いを生みます．実年齢の違いが成績などに影響を与えることを相対年齢効果といいます．月齢差による能力の違いは，年齢が上がるにつれ低下していくといわれます．しかし，低学年時の成績が，

---

4)　本節の分析は，川口大司氏の研究を参考に作成しています．Kawaguchi, D. (2011) "Actual Age at School Entry, Educational Outcomes, and Earnings," *Journal of the Japanese and International Economies* 25(2), 64-80.

先生からの評価や本人のやる気に影響を与えると考えれば，その違いは一時的ではなく長期的影響を与える可能性があります．ここでは，中学2年生の数学の成績を用いて，相対年齢効果を評価してみましょう．

　被説明変数 Y_i は，中学2年生の（偏差値に換算した）数学の点数とします．平均は50点，標準偏差は10点です．説明変数として，ダミー変数 Q_{1i}，Q_{2i}，Q_{3i}，Q_{4i} を定義します．Q_{1i} は4〜6月生まれなら1となるダミー変数とします．同様に，Q_{2i} は7〜9月生まれなら1，Q_{3i} は10〜12月生まれなら1，Q_{4i} は1〜3月生まれなら1となるダミー変数です．

　すべてのダミー変数を用いると，$Q_{1i} + Q_{2i} + Q_{3i} + Q_{4i} = 1$ となり，完全な多重共線性が生じます．そこで，説明変数として3つのダミー変数 Q_{2i}，Q_{3i}，Q_{4i} を用います．

$$Y_i = \alpha + \beta_1 Q_{2i} + \beta_2 Q_{3i} + \beta_3 Q_{4i} + u_i$$

4〜6月生まれなら，$Q_{2i} = Q_{3i} = Q_{4i} = 0$ となるため，定数項 α は，4〜6月生まれの平均点を表します．7〜9月生まれなら，$Q_{2i} = 1$，$Q_{3i} = Q_{4i} = 0$ となるため，パラメータ $\alpha + \beta_1$ は，7〜9月生まれの平均点となります．以上から，係数 β_1 は，7〜9月と4〜6月生まれの平均点の差（$\alpha + \beta_1 - \alpha$）と解釈できます．同様にして，係数 β_3 は，1〜3月と4〜6月生まれの平均点の差（$\alpha + \beta_3 - \alpha$）と解釈できます．

　表5-3は，重回帰分析の推定結果をまとめたものです．(1)式では，説明変数をダミー変数（Q_{2i}，Q_{3i}，Q_{4i}）としています．予想どおり，Q_{4i} の係数は有意に負であり，係数は−1.603となります．つまり，1〜3月生まれの子どもは，4〜6月生まれの子どもに比べて，点数が1.6点も低いことがわかります．これは相対年齢効果を支持する結果です．

　生まれた月がランダムであれば，(1)式の推定において，欠落変数バイアスは生じません．しかし，親が生まれ月を操作しているなら，生まれ月は（点数に影響を与える）他の要因と相関し，欠落変数バイアスが生じる可能性があります．ここでは，両親の教育年数によって，子どもの生まれ月が異なるとしましょう．

　表5-3の(2)式では，コントロール変数として，母親と父親の教育年数を追加しています．教育年数は，中卒なら9年，高卒なら12年，大卒なら16年，大学院卒なら18年としています[5]．推定結果をみると，Q_{4i} の係数はやはり有意に負であり，係数は−1.861となります．つまり，1〜3月生まれは，4〜6

表 5-3　相対年齢効果の検証

	(1)式	(2)式
定数項	50.416***	28.661***
	(0.297)	(1.426)
7 ～ 9 月生まれ（Q₂）	0.115	0.101
	(0.411)	(0.501)
10～12 月生まれ（Q₃）	− 0.322	− 0.790
	(0.421)	(0.513)
1 ～ 3 月生まれ（Q₄）	− 1.603***	− 1.861***
	(0.430)	(0.523)
母親の教育年数		0.632***
		(0.114)
父親の教育年数		1.023***
		(0.095)
$\bar{R}^2$	0.004	0.103
n	4508	2770

(注)　***，**，*は，有意水準 1 %，5 %，10％で有意になることを示します．カッコ内は標準誤差，n はサンプルサイズを表します．

月生まれに比べて，1.86点も点数が低いという結果となりました．これも相対年齢効果を支持する結果になります．最後に，父親の教育年数の係数は1.023，母親の教育年数の係数は0.632となります．親の教育年数の係数が正であるのは，親の遺伝，所得，教育熱意など，さまざまな要因が影響している可能性を示唆しています．

　もっとも，相対年齢効果を支持する結果は，早生まれの子どもが能力的に劣っていることを意味するわけではありません．重要なことは，学年という制度の枠組みの中で，子どもたちに実質的な有利不利が生じており，教育現場で月齢差への何らかの配慮が求められるべきだということです．

コラム　5-3　出生数の推移

　相対年齢効果によると，4 月生まれ（4 月 1 日を除く）のパフォーマンスが高く，3 月生まれはパフォーマンスが劣ることになります．親が子どもの誕生月を操作できるのであれば，子どもは 4 ～ 6 月生まれが多くなり，1 ～ 3 月生

5)　教育年数が不明の場合はデータから除いたため，サンプルサイズは減少しています．(1)式と(2)式ではサンプルサイズが異なり，被説明変数 Y_i の全変動も異なります．このため，自由度調整済み決定係数を比較できないことに注意してください．両式の自由度調整済み決定係数の比較をしたいならば，(2)式で用いたデータだけを用いて(1)式を推定すればよいでしょう．

まれが少なくなるはずです.

　図5-7(a)は，1947年以降の各四半期の出生割合を示したものです. もし出生時期がランダムであれば，各四半期に生まれる割合は約25%となるはずです. しかし，データをみると，1965年までは1～3月が多く，4～6月生まれが少なくなっています. 原因の1つとして，農業における農閑期（1～3月）と農繁期（4～6月）が関係した可能性が考えられます. 他方，1970年以降では，出生割合はどの四半期でも25%に近づいています（わずかに7～9月が多い）. 以上からは，最初に考えた仮説（親が誕生月を操作でき，4～6月生まれは多い）は正しくなさそうです.

　最近のデータに絞って，日次データをみてみましょう. 図5-7(b)は，3月28日から4月6日までの平均出生者数を示したものです（1996～2015年の平均）. これをみると，4月1日まで徐々に出生数が低下しますが，4月2日に出生数が増加します. これは人々が数日であれば，出生日をコントロールし，出生時期を4月2日にずらした可能性を示唆しています（出産日の選択は，自然分娩では難しい一方，帝王切開や陣痛促進剤を用いた計画分娩では可能です）[6].

図5-7　出生月と出生日

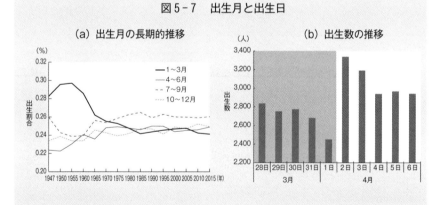

(a) 出生月の長期的推移

(b) 出生数の推移

補　足

重回帰分析における OLS 推定量と t 統計量（5.2節）

残差 2 乗和を最小にする $(\tilde{\alpha}, \tilde{\beta}_1, \cdots, \tilde{\beta}_K)$ を求めるため，残差 2 乗和をそれぞれのパラメータ $(\tilde{\alpha}, \tilde{\beta}_1, \cdots, \tilde{\beta}_K)$ で偏微分して 0 と置きます．こうして得られた $K+1$ 本の式が正規方程式です（厳密には，偏微分して 0 と置いた式を，さらに -2 で割った式になります）．

$$\sum_{i=1}^{n} \underbrace{(Y_i - \hat{\alpha} - \hat{\beta}_1 X_{1i} - \cdots - \hat{\beta}_K X_{Ki})}_{= \hat{u}_i} = 0$$

$$\sum_{i=1}^{n} \underbrace{(Y_i - \hat{\alpha} - \hat{\beta}_1 X_{1i} - \cdots - \hat{\beta}_K X_{Ki})}_{= \hat{u}_i} X_{1i} = 0$$

$$\cdots$$

$$\sum_{i=1}^{n} \underbrace{(Y_i - \hat{\alpha} - \hat{\beta}_1 X_{1i} - \cdots - \hat{\beta}_K X_{Ki})}_{= \hat{u}_i} X_{Ki} = 0$$

最初の式は，$\tilde{\alpha}$ に関して残差 2 乗和を偏微分して 0 と置くことで得られた式です．2 番目の式は，$\tilde{\beta}_1$ に関して偏微分して 0 と置くことで得られた式です．これら $K+1$ 本の連立方程式を解くことで，最小 2 乗推定量が得られます．

2.5節では，残差の性質①（残差の総和は 0 ），残差の性質②（説明変数と残差の積和は 0 ）を説明しました．単回帰分析の場合と同様に，重回帰分析でも残差には以下の性質が成立します．

性質①　$\displaystyle\sum_{i=1}^{n} \hat{u}_i = 0$

性質②　$\displaystyle\sum_{i=1}^{n} X_{1i} \hat{u}_i = 0, \quad \sum_{i=1}^{n} X_{2i} \hat{u}_i = 0, \quad \cdots, \quad \sum_{i=1}^{n} X_{Ki} \hat{u}_i = 0$

これらは，残差の定義 $\hat{u}_i = Y_i - \hat{\alpha} - \hat{\beta}_1 X_{1i} - \cdots - \hat{\beta}_K X_{Ki}$ を用いれば，正規方程式から明らかです．ただし，残差の性質②は，各説明変数と残差の積和は 0 となるので，K 本の式から構成されます．つまり，残差の性質①，残差の性質②は，$K+1$ 本の式になります．

単回帰モデルでは，残差 $\hat{u}_i$ が満たす式は計 2 本であり，自由に動ける残差の数は $n-2$ 個としました（ 3 章補足参照）．重回帰モデルでは，残差が満たす式は $K+1$ 本あり，残差の自由度は $n-(K+1)=n-K-1$ となります．残差の自由度が $n-K-1$ になるのは，$n-K-1$ 個の残差 $\hat{u}_i$ が決定されると，K

+1 本の連立方程式を解くことで，残り $K+1$ 個の残差が自動的に決定される
ためです．したがって，$\hat{u}_i/\sigma$ の 2 乗和は χ^2 分布であり，その自由度は $n-K-$
1 となります．

$$\sum_{i=1}^{n}\left(\frac{\hat{u}_i}{\sigma}\right)^2 \sim \chi^2\,(n-K-1)$$

重回帰分析では，誤差項の分散 σ^2 の推定量 s^2 は，次のように求めます．

$$s^2 = \frac{1}{n-K-1}\sum_{i=1}^{n}\hat{u}_i^2$$

ここで，推定量 s^2 の期待値は，

$$E[s^2] = \frac{1}{n-K-1}E\left[\sum_{i=1}^{n}\hat{u}_i^2\right] = \frac{\sigma^2}{n-K-1}E\left[\sum_{i=1}^{n}\left(\frac{\hat{u}_i}{\sigma}\right)^2\right] = \frac{\sigma^2}{n-K-1}\,(n-K-1) = \sigma^2$$

となるので，不偏性が満たされます（つまり，推定量 s^2 は分散 σ^2 の不偏推定
量となる）．式展開では，$\sum_{i=1}^{n}(\hat{u}_i/\sigma)^2$ は χ^2 確率変数であり，その期待値は自由
度 $n-K-1$ になることを用いました（χ^2 確率変数の期待値は巻末付録 C.2 を
参照してください）．

単回帰分析と同様，t 統計量の分母に，$\hat{\beta}_1$ の標準誤差 $s_{\hat{\beta}_1}$ を用いることで，t
統計量は t 分布に従います．

$$t_{\hat{\beta}_1} = \frac{\hat{\beta}_1 - \beta_1}{s_{\hat{\beta}_1}} \sim t(n-K-1)$$

ここで，自由度は $n-K-1$ です．3 章補足では，t 統計量の分母 $\sum_{i=1}^{n}(\hat{u}_i/\sigma)^2$
が自由度 $n-2$ の χ^2 分布となるため，t 分布の自由度が $n-2$ となっていまし
た．重回帰分析でも同様に，分母 $\sum_{i=1}^{n}(\hat{u}_i/\sigma)^2$ が自由度 $n-K-1$ の χ^2 分布にな
るため，t 分布の自由度は $n-K-1$ になります．

欠落変数バイアスの公式（5.3.1節）

単回帰モデル（$Y_i = \alpha + \beta_1 X_i + u_i^*$）において，$\hat{\beta}_1$ の確率的表現は，

$$\hat{\beta}_1 = \beta_1 + \frac{\sum_{i=1}^{n}(X_i - \bar{X})\,u_i^*}{\sum_{i=1}^{n}(X_i - \bar{X})^2}$$

となります（3.3.1節参照）．上式に $u_i^* = \beta_2 W_i + u_i$ を代入すると，

$$\hat{\beta}_1 = \beta_1 + \frac{\sum_{i=1}^{n}(X_i - \bar{X})(\beta_2 W_i + u_i)}{\sum_{i=1}^{n}(X_i - \bar{X})^2}$$

$$= \beta_1 + \beta_2 \frac{\sum_{i=1}^{n}(X_i - \bar{X})W_i}{\sum_{i=1}^{n}(X_i - \bar{X})^2} + \frac{\sum_{i=1}^{n}(X_i - \bar{X})u_i}{\sum_{i=1}^{n}(X_i - \bar{X})^2}$$

となります．右辺第 2 項の分子は，次のように書き換えられます．

$$\sum_{i=1}^{n}(X_i - \bar{X})W_i = \sum_{i=1}^{n}(X_i - \bar{X})W_i - \bar{W}\underbrace{\sum_{i=1}^{n}(X_i - \bar{X})}_{=0} = \sum_{i=1}^{n}(X_i - \bar{X})(W_i - \bar{W})$$

この関係式を使うと，次のようになります．

$$\hat{\beta}_1 = \beta_1 + \beta_2 \frac{\dfrac{1}{n-1}\sum_{i=1}^{n}(X_i - \bar{X})(W_i - \bar{W})}{\dfrac{1}{n-1}\sum_{i=1}^{n}(X_i - \bar{X})^2} + \frac{\sum_{i=1}^{n}(X_i - \bar{X})u_i}{\sum_{i=1}^{n}(X_i - \bar{X})^2}$$

$$= \beta_1 + \beta_2 \frac{s_{XW}}{s_X^2} + \frac{\sum_{i=1}^{n}(X_i - \bar{X})u_i}{\sum_{i=1}^{n}(X_i - \bar{X})^2}$$

式展開では，右辺第 2 項の分子と分母を $n-1$ で割ったこと，標本共分散 s_{XW} と標本分散 s_X^2 の定義に注意してください．

$$s_{XW} = \frac{1}{n-1}\sum_{i=1}^{n}(X_i - \bar{X})(W_i - \bar{W}), \qquad s_X^2 = \frac{1}{n-1}\sum_{i=1}^{n}(X_i - \bar{X})^2$$

　ここで，X_i と W_i は確率変数ではないため，s_{XW} と s_X^2 も確率変数ではありません．よって，期待値をとると，

$$E[\hat{\beta}_1] = \beta_1 + \beta_2 \frac{s_{XW}}{s_X^2} + \frac{\sum_{i=1}^{n}(X_i - \bar{X})E[u_i]}{\sum_{i=1}^{n}(X_i - \bar{X})^2}$$

$$= \beta_1 + \beta_2 \frac{s_{XW}}{s_X^2}$$

となり，これは β_1 とは異なります（式展開では，$E[u_i] = 0$ を用いました）．右辺第 2 項が欠落変数バイアスです．

練習問題

1. 被説明変数 Y_i は賃金，説明変数 X_i は政府の職業訓練プログラムに参加したら1となるダミー変数，W_i は生まれつきの能力とする．

$$Y_i = \alpha + \beta_1 X_i + \beta_2 W_i + u_i$$

能力が高い人ほど職業訓練プログラムに参加しない傾向があり（$s_{XW} < 0$），能力が高いと賃金も高い傾向がある（$\beta_2 > 0$）とする．このとき，X_i だけで単回帰分析すると，$\hat{\beta}_1$ にどのようなバイアスが生じるかを述べよ．

2. 米国のデータを用いて，小学校におけるクラスの人数 X_i と成績 Y_i との関係を分析したところ，$\hat{Y}_i = 70 - 0.20 X_i$ という結果が得られた．ただし，X_i は i 地区のクラスの平均人数，Y_i は平均点とする．しかし，i 地区の移民の割合 W_i を追加すると，$\hat{Y}_i = 70 - 0.10 X_i - 0.06 W_i$ となった．なぜ X_i の係数が変化したかを述べよ．Hint：移民の多くは母国語が英語でない．移民割合が高くなると税収が減少し，クラスサイズが大きくなる．

3. 1卵生の双子（両方男）は，次式によって所得が決まると仮定しよう．

$$Y_i^{兄} = \alpha + \beta_1 X_i^{兄} + \beta_2 W_i^{兄} + u_i^{兄}$$
$$Y_i^{弟} = \alpha + \beta_1 X_i^{弟} + \beta_2 W_i^{弟} + u_i^{弟}$$

$Y_i^{兄}$ は兄の所得，$X_i^{兄}$ は教育年数，$W_i^{兄}$ は生まれつきの能力とする．同様に，弟の変数も定義される．一卵生の双子であるため，生まれつきの能力は同じ（$W_i^{兄} = W_i^{弟}$）とする．双子の所得差（兄の所得－弟の所得）を被説明変数，教育年数差（兄の教育年数－弟の教育年数）を説明変数とした単回帰分析によって，教育年数が所得に与える影響を測ることができるか．また，この分析で注意すべき点があれば指摘せよ．

4. 重回帰モデルにおいて決定係数を用いることの問題を述べよ．また，自由度調整済み決定係数は，この問題を克服していることを説明せよ．

5. 都道府県の転入超過数（＝転入者数－転出者数）を被説明変数とし，説明変数を転入者数と転出者数とした．この推定の問題は何か．

6. $Y = \alpha + \beta_1 X_1 + \beta_2 X_2 + u$ とし，$X_2 = 10 X_1$ という関係があるとしよう．残差2乗和 $\sum_{i=1}^{n} \hat{u}_i^2 = \sum_{i=1}^{n} (Y_i - \tilde{\alpha} - \tilde{\beta}_1 X_{1i} - \tilde{\beta}_2 X_{2i})^2$ をパラメータで偏微分することで3本の正規方程式を求めよ．正規方程式から OLS 推定量を導出できるか．

7. $Y = \alpha + \beta_1 X_1 + \beta_2 X_2 + u$ とし，$X_1 + X_2 = 1$ という関係があるとしよう．こ

のとき，正規方程式から OLS 推定量を導出できるか.

8. ★説明変数が2個とした重回帰モデル $Y_i = \alpha + \beta_1 X_{1i} + \beta_2 X_{2i} + u_i$ を考える. X_{1i} と X_{2i} の標本共分散が0であれば，最小2乗推定量 $\hat{\beta}_1$ は，

$$\hat{\beta}_1 = \frac{\sum_{i=1}^{n}(X_{1i} - \bar{X}_1)(Y_i - \bar{Y})}{\sum_{i=1}^{n}(X_{1i} - \bar{X}_1)^2}$$

となることを示せ. また，この結果は何を意味するかを述べよ.

9. ★被説明変数を所得 Y_i とし，説明変数を教育年数 X_i と職種 W_i とした重回帰モデル $Y_i = \alpha + \beta_1 X_i + \beta_2 W_i + u_i$ を考えよう. ただし，職種と教育年数に $W_i = \theta_0 + \theta_1 X_i + e_i$ という関係がある（e_i は誤差項である）. 悪いコントロールを避けるため，被説明変数を Y_i とし，説明変数を教育年数 X_i とした単回帰分析をしたとき，欠落変数バイアスは生じるか.

10. ☆例5-5の推定結果を再現せよ. また，説明変数を，1990年から2015年にかけての平均年齢（20歳以上の人口）の変化とすることで，推定結果が変わるかを確認せよ.

11. ☆例5-6の推定結果を再現せよ.

12. ☆5.9節の推定結果を再現せよ.

13. ☆5.9節において，説明変数を Q_{2i}, Q_{3i}, Q_{4i} ではなく，誕生月を表すダミー変数を用いて推定し，相対年齢効果を検証せよ.

第 II 部
回帰分析の応用

　第 II 部では，第 I 部で学習した回帰分析の基礎をさまざまな方向に拡張することで，本格的な計量経済学について学んでいきます．

　6章では，線形回帰モデルの意味を確認し，回帰モデルの定式化を決める際に直面しがちな疑問点とその解決方法について解説します．7章では，複数のパラメータを同時に検定する方法として，F 検定を学習します．また，その応用例として，構造変化の検定を紹介します．8章では，標準的仮定の意味と妥当性について詳しく解説します．9章以降では，標準的仮定が成立しない場合の対処方法について詳しく説明していきます．

第 **6** 章　定式化

　本章では，線形回帰モデルの意味を確認した後，回帰モデルの定式化を決める際に直面しがちな疑問点――変数を対数に変換するか，説明変数は過去の値を含めるか，変数の測定単位はどうするか――を扱っていきます．本章では，指数関数や対数関数を扱うため，これらに馴染みがない読者は巻末付録 A を事前に参照してください．

6.1　線形回帰モデル

　これまで扱ってきた回帰モデルは，以下の式で表されました．

$$Y = \alpha + \beta_1 X_1 + \beta_2 X_2 + \cdots + \beta_K X_K + u$$

このような式は，**線形回帰モデル**（linear regression model）とも呼ばれ，一見すると，線形関係に限定されており，**非線形関係**を考慮できないようにも思われます．しかし，実は，変数を再定義すれば，非線形関係でも線形回帰モデルとしての表現が可能となります．

> **例 6 - 1：非線形関数を線形関数に①――電力需要と気温の関係**
> 　電力需要と気温の関係から，非線形関係でも線形回帰モデルによって表現できることを確認してみましょう．電力需要は，主に気温によって定まります．図 6 - 1 は，東京電力管内の気温（℃）と電力需要（100万 kw）を示しています．気温が高い場合または低い場合に，電力需要が増加するのがわかります．そして，このような場合には，気温と電力需要には非線形関係（U字型）が存在しているといえます．
> 　そこで，電力需要を Y_t，気温を X_{1t} とし，次の定式化（モデル化）を考えます（時系列データなので下添字は t としています）．
> $$Y_t = \alpha + \beta_1 X_{1t} + \beta_2 X_{1t}^2 + u_t$$

図6-1 気温と電力需要の関係

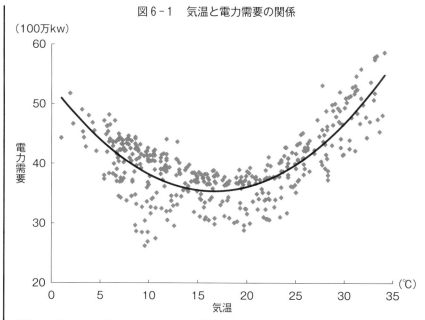

（注）2008年1月1日～2009年3月2日における日次データであり，気温は東京の気温，電力需要は12時台における1時間平均の電力需要量となっています.

　説明変数は気温 X_{1t} に加えて，気温の2乗 X_{1t}^2 も含まれます．パラメータが，$\beta_1 < 0$ および $\beta_2 > 0$ のとき，気温と電力需要にU字型の関係が存在します．気温 X_{1t} が低いと $\beta_1 X_{1t}$ の影響が大きいため，気温が上がるにつれて電力需要は低下します．しかし，気温 X_{1t} が高いと2乗の効果 $(\beta_2 X_{1t}^2)$ が大きくなるため，気温が上がるにつれて電力需要は増加していきます.

　表6-1は，5日分のデータを示したものです．表の2列目は気温 X_{1t} であり，表の3列目は気温の2乗 X_{1t}^2 です．ここで，気温の2乗を X_{2t} と表記します．元の式は非線形関数ですが，2番目の説明変数を $X_{2t} = X_{1t}^2$ と表記（再定義）すれば，以下の線形回帰モデルとして表すことができます.

$$Y_t = \alpha + \beta_1 X_{1t} + \beta_2 X_{2t} + u_t$$

　この重回帰モデルをOLS推定した結果，次のようになりました（自由度調整済み決定係数 $\bar{R}^2 = 0.589$）.

$$\hat{Y}_t = 53.04 - 2.127 X_{1t} + 0.064 X_{2t}$$
$$\quad (0.824)\ (0.103)\quad\ (0.003)$$

OLS推定量は $\hat{\beta}_1 = -2.127$, $\hat{\beta}_2 = 0.064$ となったことから，上記より，気温

表6-1　気温と電力需要

Y：電力需要（100万 kw）	X_1：気温（℃）	X_2：気温（℃）の2乗
26.90	9.9	98.01
28.50	9.9	98.01
29.65	8.6	73.96
34.07	10.3	106.09
37.03	6.7	44.89

と電力需要にはU字型関係があることが示されます（図6-1の実線は予測値です）．たとえば，気温が0℃なら電力需要は53.04（＝53.04 − 2.127×0 + 0.064×0²），気温が15℃なら電力需要は35.53（＝53.04 − 2.127×15 + 0.064×15²），気温が35℃なら電力需要は56.99（＝53.04 − 2.127×35 + 0.064×35²）と計算されます．

例6-2：非線形関数を線形関数に②——賃金と教育年数の関係

　被説明変数 Y_i を賃金，説明変数 X_{1i} を教育年数，X_{2i} を勤続年数とし，次の非線形モデルを考えます．

$$Y_i = \alpha + \beta_1 X_{1i} + \beta_2 X_{2i} + \beta_3 X_{1i} X_{2i} + u_i$$

第4項目は $X_{1i} X_{2i}$ であり，2つの説明変数を掛け合わせた**交差項**（cross term）となります．元のモデルは，

$$Y_i = \alpha + (\beta_1 + \beta_3 X_{2i}) X_{1i} + \beta_2 X_{2i} + u_i$$

と表すことができ，教育年数 X_{1i} の係数は $\beta_1 + \beta_3 X_{2i}$ となります．このため，教育年数 X_{1i} が1年増えると，賃金は $\beta_1 + \beta_3 X_{2i}$ だけ変化することがわかります．仮に $\beta_3 > 0$ ならば，教育年数 X_{1i} が賃金 Y_i に与える効果は，勤続年数 X_{2i} が長いほど大きくなります．

　このモデルは非線形モデルではありますが，交差項を新たな説明変数 $X_{3i} = X_{1i} X_{2i}$ と定義することで，次のような線形モデルとして表現できます．

$$Y_i = \alpha + \beta_1 X_{1i} + \beta_2 X_{2i} + \beta_3 X_{3i} + u_i$$

6.2 対数値を用いる利点

実証研究では，データの対数値を用いることが頻繁にあります（対数は巻末付録 A.3参照）．対数を用いる利点は2つです．第1は，非線形関係であっても，対数をとることで線形関係に変換できうる点です．第2は，分散が一定ではない場合でも，対数をとることで分散が一定となりうる点です．以下では，それぞれについて詳しくみていきましょう．

6.2.1 対数と線形性

経済学の入門書では，次のようなコブ = ダグラス型生産関数を学習します．

$$Q_i = AK_i^{\beta_1} L_i^{\beta_2}$$

産出量（Q）は，資本ストック（K），労働投入量（L），技術進歩（A）によって決定されます．この生産関数は非線形となりますが，両辺の対数をとると，次式となります．

$$\underbrace{\ln(Q_i)}_{=Y_i} = \underbrace{\ln(A)}_{=\alpha} + \beta_1 \underbrace{\ln(K_i)}_{=X_{1i}} + \beta_2 \underbrace{\ln(L_i)}_{=X_{2i}}$$

ln は自然対数を表します．上式において，$\ln(A)$ を定数項 α，$\ln(K_i)$ を X_{1i}，$\ln(L_i)$ を X_{2i} と定義すると，次の線形回帰モデルとなり，通常の OLS 推定が可能となります．

$$Y_i = \alpha + \beta_1 X_{1i} + \beta_2 X_{2i} + u_i$$

ただし，データには誤差が生じるため，誤差項 u_i を新たに追加しています．

通常，コブ = ダグラス型生産関数では，「規模に関する収穫一定」が仮定されます．このため，パラメータに次の制約を課します[1]．

$$\beta_1 + \beta_2 = 1$$

---

1) 「規模に関する収穫一定」は，すべての生産要素を z 倍すると，生産量も z 倍されることを意味します．$\beta_1 + \beta_2 = 1$ としたとき，K_i と L_i を z 倍することで収穫一定が成立することを次のように確認できます．

$$A(zK_i)^{\beta_1}(zL_i)^{\beta_2} = \underbrace{z^{\beta_1 + \beta_2}}_{=z} \underbrace{AK_i^{\beta_1} L_i^{\beta_2}}_{=Q_i} = zQ_i$$

これを書き換えると $\beta_2 = 1 - \beta_1$ となり，これを生産関数に代入すると，

$$\ln(Q_i) = \ln(A) + \beta_1 \ln(K_i) + (1 - \beta_1)\ln(L_i)$$

となります．さらに両辺から $\ln(L_i)$ を引くと，

$$\underbrace{\ln(Q_i) - \ln(L_i)}_{= Y_i} = \underbrace{\ln(A)}_{= \alpha} + \beta_1 \underbrace{(\ln(K_i) - \ln(L_i))}_{= X_{1i}}$$

となり，よって，次の単回帰モデルが導かれます．

$$Y_i = \alpha + \beta_1 X_{1i} + u_i$$

ここで，Y_i は1人当たり産出量の対数，説明変数 X_{1i} は1人当たり資本ストックの対数になります．これが，収穫一定の制約を課したコブ = ダグラス型生産関数となります．

対数をとることで，本来は非線形なモデルでも，線形モデルに変換できるようになります．ただし，対数をとれば常に線形モデルに変換できるわけではないことに注意が必要です（練習問題4参照）．

6.2.2 対数と分散一定

為替レートの実証研究では，被説明変数に「実数の差（実数差）」を用いるモデルと「対数の差（対数差）」を用いるモデルのいずれが適しているのでしょうか．まず，為替レートを S_t と表記します（時系列データなので下添字は t としています）．被説明変数としては，前期との差 $(S_t - S_{t-1})$ と対数の差 $(\ln(S_t) - \ln(S_{t-1}))$ の2つが候補となります．

$$S_t - S_{t-1} = \alpha + \beta X_t + u_{1t}$$
$$\ln(S_t) - \ln(S_{t-1}) = \alpha + \beta X_t + u_{2t}$$

説明変数 X_t は，金利など，為替レートに影響を与える変数とします．誤差項の分散は，それぞれ $E[u_{1t}^2] = \sigma_1^2$，$E[u_{2t}^2] = \sigma_2^2$ です（つまり，分散は時間を通じて一定です）．

実数の差は変化量を表すことになりますが，対数の差は変化率を表すことに注意してください．対数の差が変化率となることは，次式で確認できます．

$$\ln(S_t) - \ln(S_{t-1}) = \ln\left(\frac{S_t}{S_{t-1}}\right)$$

$$= \ln\left(1 + \frac{S_t - S_{t-1}}{S_{t-1}}\right) \approx \frac{S_t - S_{t-1}}{S_{t-1}}$$

最後の近似（≈）は，変化率 $(S_t - S_{t-1})/S_{t-1}$ は 0 に近い値をとることが多いためです（対数差が変化率になることは巻末付録 A.3.2参照）.

　経済データでは，変化率の分散は安定する一方，変化量の分散は時間を通じて不安定になる傾向があります．図 6-2（a）では，1971年 1 月から2019年12月までの為替（ドル円）レートの変化が示されています．1970年代は15円を超える変化がありましたが，最近では，大きくても 5 円程度の変化しかありません．つまり，為替の変化量の分散は一定ではなく，徐々に低下しているといえます．これに対し，図 6-2（b）では，為替の変化率が示されています．為替の変化率は 5 ％程度であり，時間を通じて分散はほぼ一定です.

　なぜ変化量の分散は不安定でも，変化率の分散は安定するのでしょうか．1970年代は，1 ドルが200円から300円の間で推移し，為替レートが15円変化することもありました．しかし，これは変化率で考えると 5 ％程度の変化にすぎません．2019年12月時点では，1 ドルは約100円であり，為替レートは 5 円程度しか変化しませんが，変化率でみるとやはり 5 ％程度の変化です．このことから，変化量の分散が不安定でも，変化率の分散は安定していたことがわかります.

　こうしたことから，為替レートや株価などの資産価格に関する実証研究では，被説明変数を対数差としたモデルが広く用いられています．ただし，資産価格以外では，被説明変数を変化量としたほうが適切な場合もあります．デー

図 6-2　ドル円レートの推移

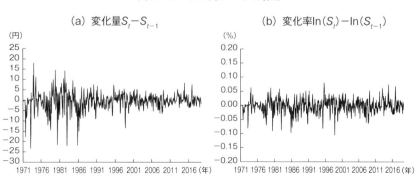

(a) 変化量 $S_t - S_{t-1}$　　　　(b) 変化率 $\ln(S_t) - \ln(S_{t-1})$

タや先行研究を確認し，適切な被説明変数として何を用いるべきかを自分で考えるようにしてください．

6.3 対数を用いたモデル

対数を用いたモデルには，対数対数モデル，対数線形モデル，線形対数モデルがあります．ここでは，対数対数モデルと対数線形モデルを学習していきましょう（本章末の補足では，線形対数モデルを説明しています）．

6.3.1 対数対数モデル

対数対数モデル（log-log model）は，被説明変数と説明変数の両方を対数とするモデルです．

$$\ln(Y) = \alpha + \beta \ln(X) + u$$

たとえば，コブ＝ダグラス型生産関数は，対数対数モデルです（6.2.1節参照）．以下では，単純化のため，誤差項 u は0とします．

ここで，係数 β の意味を考えます．X が X' に変化したとき，Y は Y' に変化するとします．このとき，モデルから次式が成立します．

$$\ln(Y') - \ln(Y) = (\alpha + \beta \ln(X')) - (\alpha + \beta \ln(X))$$
$$= \beta(\ln(X') - \ln(X))$$

この関係式を β について解くと，次の式となります．

$$\beta = \frac{\ln(Y') - \ln(Y)}{\ln(X') - \ln(X)} = \frac{\ln\left(1 + \dfrac{Y' - Y}{Y}\right)}{\ln\left(1 + \dfrac{X' - X}{X}\right)} \approx \frac{\dfrac{Y' - Y}{Y}}{\dfrac{X' - X}{X}}$$

最後の近似（≈）は，変化率は0に近い値をとることが多いためです．これは，「X が1％変化すると，Y は β ％変化する」ことを意味します．係数 β は，**X に対する Y の弾力性**（elasticity）と呼ばれます[2]．たとえば，係数 $\beta = 0.5$ ならば，弾力性は0.5であり，X が1％増えると Y は0.5％増えることを意味します．

---

[2] 「X に対する Y の弾力性」とは，Y の変化率÷X の変化率と定義されます．たとえば，価格に対する需要の弾力性は，需要の変化率÷価格の変化率であり，価格が1％変化したとき需要が何％変化するかを表します．

コラム 6-1 所得の世代間弾力性

社会流動性とは，さまざまな社会階層間の変化を指し，人々は流動性の高い社会のほうが望ましいと考える傾向があります．社会流動性の1つとして，所得階層間の移動があります．たとえば，豊かな家庭で生まれ育った子どもは豊かに，貧しい家庭で生まれ育った子どもは貧しいままならば，社会流動性は低いとみなされます．

社会流動性の高さを測るため，被説明変数 Y_i を子どもの生涯所得，説明変数 X_{1i} を親の生涯所得とします．

$$\ln(Y_i) = \alpha + \beta \ln(X_{1i}) + u_i$$

ここで，係数 β は，所得の世代間弾力性（親の所得が1%増加したら，子どもの所得が何%変化するか）を表しており，この値が0に近いと流動性は高い，また1に近いと流動性は低い，と解釈されます．先行研究によると，米国では0.4程度と高い値として推定され，北欧諸国などは0.25程度と低い値として推定されています．日本は0.35程度と推定されます．つまり，日本は米国より流動性は高いですが，北欧諸国に比べると流動性は低くなっています．

係数 β は，生まれ（遺伝要因）と育ち（教育要因）の効果を両方含んでいます．スウェーデンの研究では，生まれと育ちの効果を区別したうえで，社会流動性の高さを測定しています[3]．この研究では，養子縁組した子どものデータを用いており，説明変数 X_{1i} を実父の所得，X_{2i} を養父の所得としています．

$$\ln(Y_i) = \alpha + \beta_1 \ln(X_{1i}) + \beta_2 \ln(X_{2i}) + u_i$$

係数 β_1 は生まれ（遺伝）の効果であり，係数 β_2 は育ち（教育など）の効果を表します．データ分析の結果，係数 β_1 は約0.06であり，係数 β_2 は約0.17と推定されています．この結果から，生まれも育ちも両方とも重要ですが，育ちのほうがより大きな効果を持っていることがわかります．

対数対数モデルが正しいとき，X と Y の値には次の関係があります（e はネイピア数なので，両辺の対数をとると対数対数モデルとなります）．

---

3) Björklund, A., Lindahl, M., and Plug, E. (2006) "The Origins of Intergenerational Associations: Lessons from Swedish Adoption Data," *Quarterly Journal of Economics* 121(3), 999-1028.

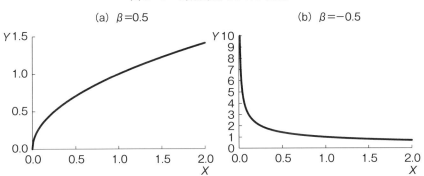

図6-3　対数対数モデルに対応

$$Y = e^{a + \beta \ln(X)}$$

対数の性質から，X が0に近くなると，$\ln(X)$ は $-\infty$ に発散します．このため，$\beta > 0$ の場合，X が0に近くなると，Y は0に収束します（$e^{-\infty} = 0$ に注意）．これに対して，$\beta < 0$ の場合，X が0に近くなると，Y は ∞ に発散します．

図6-3は，$a = 0$ として，X と Y との関係を示したものです．図6-3(a)では，$\beta = 0.5$ と設定しており，X が0に近くなると，Y が0に近くなることが確認できます．図6-3(b)では，$\beta = -0.5$ と設定しており，X が0に近くなると，Y は ∞ に発散していることがわかります．

例6-3：対数対数モデル──国際貿易における重力モデル

国際貿易論では，重力モデルを学習します．重力モデルは，データとの当てはまりが良いことから，経済学における代表的モデルの1つとなっています（コラム6-2参照）．**重力モデル**（gravity model）は，次式で表されます．

$$Trade_{ij} = A \frac{GDP_i^{\beta_1}\ GDP_j^{\beta_2}}{Distance_{ij}^{\beta_3}}$$

上式は，i 国から j 国への輸出額（$Trade_{ij}$）は，両国の名目GDP（それぞれ GDP_i，GDP_j），両国間の距離（$Distance_{ij}$）に依存して決まることを示しています．ここで，A は定数であり，β_1，β_2，β_3 は正のパラメータとなります．つまり，両国の経済規模が大きくなると輸出額が増え，両国間の距離が遠くなると輸出額が減少するという関係を示しています．

重力モデルの対数をとると，次の式となります．

$$\ln(Trade_{ij}) = \ln(A) + \beta_1 \ln(GDP_i) + \beta_2 \ln(GDP_j) - \beta_3 \ln(Distance_{ij}) + u_{ij}$$

このとき，$\ln(A)$ を定数項 α とみなすと，通常の対数対数モデルとなります．実証分析では，パラメータ β_1, β_2, β_3 は 1 に近い値として推定されることが知られています．

　　重力モデルの距離は，貿易コストを表すと解釈されます．つまり，距離が遠くなると，貿易コストが高くなり，輸出額が減少することを表しています．貿易コストには，距離だけでなく，それ以外の要因が影響しています．たとえば，言語，文化，宗教，政治体制，貿易協定などの違いは貿易コストに影響を与えるでしょう．仮に，貿易協定が輸出額に与える影響を知りたい場合には，貿易協定ダミー（i 国と j 国が貿易協定を結んだら 1，そうでないと 0 となる）を説明変数に追加することで，貿易協定が輸出額に与える効果を推定できるようになります．

コラム **6-2　重力モデルの語源**

　　1969年にノーベル経済学賞を受賞した J. ティンバーゲン（Jan Tinbergen）は，1962年の論文の中で，重力モデルを初めて発表しています．もとは物理学を専攻していたティンバーゲンは，その経験から，「2 国間の貿易額」と「万有引力の法則」との類似性に気づいたといわれています．ニュートンの「万有引力の法則」では，「2 つの物体間に働く力」は，それぞれの質量と相互の距離に依存します．同様に，重力モデルでは，「2 国間の貿易額」は，各国の経済規模（名目 GDP）と両国間の距離に依存します．つまり，経済規模が大きいほど，また，両国間の距離が短いほど，両国間の貿易額は大きくなります．

　　重力モデルは，データとの当てはまりが良いことから，実証分析での有益性は長く知られていました．しかし，経済理論の裏付けが弱かったため，その意義はあまり認められていませんでした．たとえば，国際経済学の教科書で，重力モデルが初めて扱われたのは，2004年になってからといわれています[4]．最近の研究によって，経済理論の裏付けが確立されたことから，現在では，重力モデルは国際経済学の発展に欠かせないモデルと考えられています．

---

4)　Feenstra, R. C. (2004) *Advanced International Trade: Theory and Evidence*, Princeton University Press.

6.3.2　対数線形モデル

対数線形モデル（log-linear model）は，被説明変数 Y だけが対数のモデルです．

$$\ln(Y) = \alpha + \beta X + u$$

以下では，単純化のため，誤差項 u は 0 とします．

係数 β の意味を考えてみましょう．X が X' に変化したとき，Y は Y' に変化するとします．このとき，上記のモデルから，次の式が成立します．

$$\ln(Y') - \ln(Y) = (\alpha + \beta X') - (\alpha + \beta X) = \beta(X' - X)$$

この関係式を β について解くと，次の式となります．

$$\beta = \frac{\ln(Y') - \ln(Y)}{X' - X} = \frac{\ln\left(1 + \dfrac{Y' - Y}{Y}\right)}{X' - X} \approx \frac{\dfrac{Y' - Y}{Y}}{X' - X}$$

最後の近似（$\approx$）は，変化率は 0 に近い値をとることが多いためです．この式から，X が 1 単位変化すると（$X' - X = 1$），Y の変化率は次のように β になることがわかります（単純化のため，近似は等号で置き換えました）．

$$\beta = \frac{Y' - Y}{Y}$$

パーセント表示で考えると，これは「X が 1 単位変化すると，Y は$100 \times \beta$%変化する」ことを意味します．たとえば，$\beta = 0.01$であれば，X の 1 単位の増加は Y を 1 ％増加させます．

対数線形モデルが正しいとき，X と Y の水準は，次の式で表されます（両辺の対数をとると対数線形モデルになる）．

$$Y = e^{\alpha + \beta X}$$

上式は，X が 0 のとき，Y は e^{α} になることを意味します．図 6-4 (a) では β = 0.1，図 6-4 (b) では $\beta = -0.1$として，X と Y との関係をみています（α = 0 と設定したため，$e^{\alpha} = 1$です）．どちらの図でも，X が 0 のとき，Y は 1 になります．図 6-4 (a) では，$\beta = 0.1$としているため，X が増えると，Y は急速に増加します．図 6-4 (b) では，$\beta = -0.1$としており，X が増えると，Y は急速に減少します．

図 6 - 4 対数線形モデルに対応

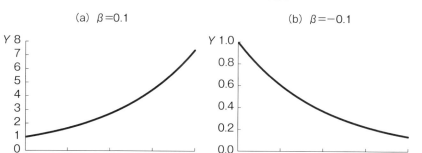

(a) $\beta = 0.1$ (b) $\beta = -0.1$

例 6 - 4 ：対数対数モデルと対数線形モデル──貨幣需要関数の推定

　米国の貨幣需要関数を推定した渡辺努氏と筆者の共同研究を紹介します[5]．経済理論では，貨幣需要関数は，前提条件を変えることで，対数対数モデルと対数線形モデルのいずれでも導出することができます[6]．しかし，どちらのモデルが適切であるかは，実際のデータをみないとわかりません．そこで，対数対数モデルと対数線形モデルのどちらが貨幣需要関数として適切であるかを検証しましょう．

$$\text{対数対数モデル：} \quad \ln\left(\frac{M_t}{GDP_t}\right) = \alpha + \beta \ln(r_t) + u_t$$

$$\text{対数線形モデル：} \quad \ln\left(\frac{M_t}{GDP_t}\right) = \alpha + \beta r_t + u_t$$

　ここで，M_t は貨幣需要量，GDP_t は GDP，r_t は短期金利を表します．被説明変数は，貨幣需要（対 GDP 比）の対数です[7]．係数 β は金利感応度と呼ばれ，一般的に負となります．つまり，金利 r_t が上がると預金が増えます．これに伴い，現金が減るため，貨幣需要が減少することとなります．

　対数対数モデルでは，金利 r_t が 0 ％に近づくと，貨幣需要（対 GDP 比）は∞に発散します（図 6 - 3 (b) 参照）．これに対して，対数線形モデルで

5)　Watanabe, T. and Yabu, T. (2018) "The Demand for Money at the Zero Interest Rate Bound," CARF Working Paper Series, CARF-F-444 (*Journal of Applied Econometrics* に掲載予定).

6)　導出は宮尾龍蔵 (2006)『マクロ金融政策の時系列分析』日本経済新聞出版社，を参照してください．

7)　先行研究によると，GDP に対する貨幣需要の弾力性は 1 と知られています．これは，対数対数モデルであれば，$\ln(M_t) = \alpha + \beta \ln(r_t) + \ln(GDP_t) + u_t$ を意味します．$\ln(GDP_t)$ を左辺に移項させると，$\ln(M_t) - \ln(GDP_t) = \alpha + \beta \ln(r_t) + u_t$ となり，被説明変数は $\ln(M_t) - \ln(GDP_t) = \ln(M_t/GDP_t)$ です．

は，金利 r_t が0％に近づくと，貨幣需要（対GDP比）は e^a に収束します（図6-4（b）参照）．

　それでは，1980年から2013年までの米国の四半期データを分析してみましょう．図6-5は，経済学の教科書に合わせて，縦軸を短期金利とし，横軸を貨幣需要（対GDP比）とした散布図です．図では，実線が対数対数モデルからの予測値，点線が対数線形モデルからの予測値を表しています．この図をみると，短期金利が0％に近くなると貨幣需要は発散しており，対数対数モデルの当てはまりが良いことを確認できます．

　これらのモデルを推定します．対数対数モデルでは，

$$\ln\left(\widehat{\frac{M_t}{GDP_t}}\right) = \underset{(0.009)}{-2.089} - \underset{(0.002)}{0.055}\ln(r_t)$$

となり，決定係数は $R^2=0.816$ です．カッコ内は標準誤差を表します．これに対し，対数線形モデルでは，

$$\ln\left(\widehat{\frac{M_t}{GDP_t}}\right) = \underset{(0.008)}{-1.778} - \underset{(0.138)}{2.276}r_t$$

となり，決定係数は $R^2=0.671$ と低くなります．決定係数 R^2 からみても，

図6-5　短期金利と貨幣需要（対GDP比）との関係

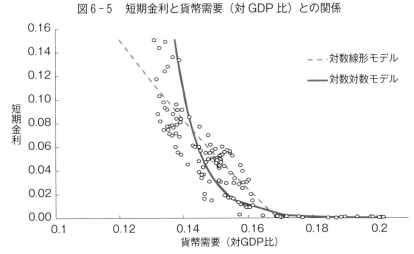

（出所）Watanabe, T. and Yabu, T.（2018）"The Demand for Money at the Zero Interest Rate Bound," CARF Working Paper Series, CARF-F-444の Figure 2をもとに作図しました．

対数対数モデルが支持されます．以上から，対数対数モデルが，適切なモデルといえそうです[8]．

モデルを決めるのは簡単な作業ではありません．経済理論を前提とし，データを丹念に調べ，モデルを決める作業が重要となります．自分の関心分野で先行研究が存在するのであれば，それらを前提にするのは1つの方法でしょう．先行研究では，さまざまな考察をしたうえでモデルが選択されているため，そのモデルを用いることは，モデル選択として有効な方法となります．もちろん，先行研究で選択されたモデルが，必ずしも正しいわけではありません．深く考えずに先行研究のモデルを用いるのではなく，自分でモデルの妥当性を判断するプロセスが重要となります．

6.4　ラグ付き説明変数

被説明変数は，説明変数の現在の値だけでなく，過去の値からも影響を受ける可能性があります．本節では，説明変数の過去の値からの影響を考慮した分布ラグモデルを学習します．

6.4.1　分布ラグモデル

被説明変数は，説明変数の現在値だけでなく，「**ラグ（遅れ）**」を伴って影響を受ける可能性があります．そこで，次のようなモデルを考えてみましょう．

$$Y_t = \alpha + \beta_0 X_t + \beta_1 X_{t-1} + \cdots + \beta_{p-1} X_{t-p+1} + \beta_p X_{t-p} + u_t$$

ここで，説明変数は現在の値だけでなく，過去の値からも，被説明変数 Y_t に影響を与えています．過去の変数 X_{t-j} を**ラグ付き説明変数**，また，p を**ラグの長さ**といいます．上記モデルは，ラグ付き説明変数が散らばって（分布して）被説明変数に影響を与えているため，**分布ラグモデル**（distributed lag model）と呼ばれます．

分布ラグモデルでは，時間を通じた影響関係をとらえるため，動学乗数と累積動学乗数という指標が用いられます．

---

8)　渡辺努氏と筆者による別の共同研究では，日本においても同様の結果が得られることを確認しています．Watanabe, T. and Yabu, T. (2019) "How Large is the Demand for Money at the ZLB? Evidence from Japan," CARF Working Paper Series, CARF-F-465.

動学乗数（dynamic multiplier）とは，「X_t が h 期先の Y_{t+h} に与える効果」を指し，係数 β_h で表されます．たとえば，X_t が1単位変化すると，Y_t は β_0 だけ変化します（$h=0$ のケース）．また，$t+1$ 期に $Y_{t+1}=\alpha+\beta_0 X_{t+1}+\beta_1 X_t+\cdots+\beta_{p-1}X_{t-p+2}+\beta_p X_{t-p+1}+u_{t+1}$ という関係が成立することから，X_t が1単位変化すると，Y_{t+1} は β_1 だけ変化します（$h=1$ のケース）．

累積動学乗数（cumulative dynamic multiplier）とは，動学乗数の累積値を指します．X_t が1単位変化したとき，累積動学乗数は，t 期に β_0，$t+1$ 期に $\beta_0+\beta_1$，$t+2$ 期に $\beta_0+\beta_1+\beta_2$，$\cdots$，$t+p$ 期に $\beta_0+\beta_1+\cdots+\beta_{p-1}+\beta_p$ となります．

以下では，ガソリン価格の例を用いて，動学乗数と累積動学乗数の理解を深めていきましょう．

例6-5：動学乗数と累積動学乗数——原油価格とガソリン価格の関係

原油価格を Oil_t，日本のガソリン価格を $Price_t$ と表記します．原油価格が上がると，原油を精製したガソリンの価格も上がると考えられるため，被説明変数 Y_t はガソリン価格の変化率（％），説明変数 X_t は原油価格の変化率（％）とします．つまり，被説明変数と説明変数はそれぞれ次式で表されます（100を掛けて％表示としています）．

$$Y_t=100\times\{\ln(Price_t)-\ln(Price_{t-1})\}, \qquad X_t=100\times\{\ln(Oil_t)-\ln(Oil_{t-1})\}$$

2000年1月から2017年12月までの月次データを用いて，分析を行います．原油価格の変化がガソリン価格に転嫁されるまでには時間がかかるため，2期前（つまり，2カ月前）までの原油価格（X_t，X_{t-1}，X_{t-2}）を説明変数にします（ラグの長さは $p=2$ です）．表6-2は，データの一部を掲載したものです．これをみると，2001年3月の X_{t-1} は，2001年2月の原油価格変化率である6.7％です．また，2001年3月の X_{t-2} は，2001年1月の原油価格変化率である3.74％です．

推定結果は，次のとおりです（自由度調整済み決定係数 $\bar{R}^2=0.797$）[9]．

$$\hat{Y}_t=0.060+0.132X_t+0.191X_{t-1}+0.049X_{t-2}$$
$$(0.113)\ (0.012)\quad(0.012)\qquad(0.012)$$

---

9)　2008年4月にガソリン暫定税率が廃止され，2008年5月に再可決された影響によって，2008年4月と5月にガソリンが大きく上下しました．この影響を除くために2008年4月に1となるダミー変数 D_1，2008年5月に1となるダミー変数 D_2 を説明変数に追加していますが，これらの係数は省略します．これらダミー変数は**一時的ダミー**と呼ばれ，**外れ値**の影響を除くために用いられます．詳しくは，藪友良（2012）『入門　実践する統計学』東洋経済新報社，の12.4節を参照してください．

表6-2　分析用データの一部抜粋

	ガソリン価格 変化率（Y_t）	原油価格 変化率（X_t）	1期ラグ （X_{t-1}）	2期ラグ （X_{t-2}）
2001年1月	-2.08	3.74	-20.89	5.53
2001年2月	0.00	6.70	3.74	-20.89
2001年3月	1.64	-7.11	6.70	3.74
2001年4月	0.00	6.47	-7.11	6.70
2001年5月	0.88	8.20	6.47	-7.11

カッコ内は標準誤差を表します．説明変数はすべて有意に正であり，原油価格の上昇は，2カ月先までガソリン価格に影響があることがわかります．

　まず，動学乗数を考えてみましょう．動学乗数は，説明変数（X_t, X_{t-1}, X_{t-2}）の係数になります．説明変数X_tの係数は0.132であり，これは「t期に原油価格が1単位変化すなわち1％変化すると，t期のガソリン価格は0.132％変化すること」を意味します．また，説明変数X_{t-1}の係数は0.191であり，これは「t期に原油価格が1％変化すると，$t+1$期のガソリン価格は0.191％変化すること」を意味します．

　次に，累積動学乗数を求めてみましょう．原油価格が1％変化すると，$t-1$期からt期にかけてガソリン価格は0.132％変化します．そして，$t-1$期から$t+1$期にかけてガソリン価格の変化は，

$$\ln(Price_{t+1}) - \ln(Price_{t-1}) = \underbrace{(\ln(Price_{t+1}) - \ln(Price_t))}_{Y_{t+1}} + \underbrace{(\ln(Price_t) - \ln(Price_{t-1}))}_{Y_t}$$

という関係式から，係数の和（$\hat{\beta}_0 + \hat{\beta}_1$）である0.323（＝0.132＋0.191）となります[10,11]．$t-1$期から$t+2$期にかけてのガソリン価格の変化，つまり，$\ln(Price_{t+2}) - \ln(Price_{t-1})$は，

$$\underbrace{(\ln(Price_{t+2}) - \ln(Price_{t+1}))}_{Y_{t+2}} + \underbrace{(\ln(Price_{t+1}) - \ln(Price_t))}_{Y_{t+1}} + \underbrace{(\ln(Price_t) - \ln(Price_{t-1}))}_{Y_t}$$

という関係から，係数の和（$\hat{\beta}_0 + \hat{\beta}_1 + \hat{\beta}_2$）である0.372（＝0.132＋0.191＋0.049）となります．

　図6-6は，累積動学乗数を図示したものです．点線は95％信頼区間を表しています（信頼区間の求め方は練習問題10参照）．たとえば，原油価格の

---

10)　X_tが1％変化すると，Y_tは$\hat{\beta}_0$変化し，Y_{t+1}は$\hat{\beta}_1$変化します．したがって，$t-1$期から$t+1$期にかけてガソリン価格の変化（$Y_{t+1} + Y_t$）は$\hat{\beta}_0 + \hat{\beta}_1$です．

11)　ガソリン価格の変化（％）は，100を掛けて$100 \times \{\ln(Price_{t+1}) - \ln(Price_{t-1})\}$とするべきですが，表記を簡略化するため，100を省略して記載しています．

図6-6　原油価格からガソリン価格への累積動学乗数

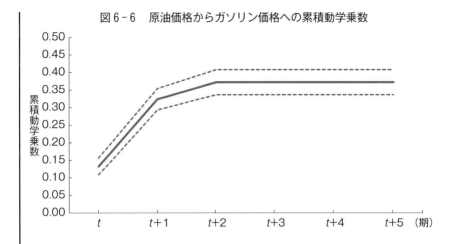

1％の上昇は，すぐにガソリン価格に0.132％（$\hat{\beta}_0$）だけ転嫁され，1カ月後までに0.323％（$\hat{\beta}_0+\hat{\beta}_1$），2カ月後までに0.372％（$\hat{\beta}_0+\hat{\beta}_1+\hat{\beta}_2$）まで転嫁がなされます（3カ月以降は一定で変わりません）．

6.4.2　一般からの特定法

例6-5では，ラグの長さ（p）を2と設定しました（つまり，説明変数は2期前までを含める）．この値は，一般からの特定法によって，推定した値$\hat{p}$になります．

一般からの特定法（general-to-specific approach）は，次の手順で行われます．まず，ラグの長さの最大値p_{max}（たとえば，$p_{max}=12$）を設定します．

次に，すべてのラグを入れて推定し，X_{t-12}の係数が0であるかを，t検定により判断します[12]．もし0とした帰無仮説H_0が棄却されれば，X_{t-12}の係数は0ではないため，X_{t-12}まで含んだモデルを選択します．

もし帰無仮説H_0が採択されれば，X_{t-12}の係数は0であるので，X_{t-11}まで含んだ推定をします．そして，X_{t-11}の係数が0であるかを，t検定により判断します．もし0とした帰無仮説H_0が棄却されたら，X_{t-11}の係数は0ではないため，X_{t-11}まで含んだモデルを選択します．

もし帰無仮説H_0が採択されれば，X_{t-11}の係数は0なので，X_{t-10}まで含んだモデルを推定します．こうした手順を，最後の係数が0としたH_0を棄却す

12）　有意水準は事前に決めます．例6-5では，有意水準を5％としました．

るまで続けます.

6.4.3 情報量規準

　ラグの長さ（p）を大きくすると，説明変数が増えるため，データとの当てはまりは改善し，残差2乗和（SSR）は減少します（5.6節参照）．しかし，説明変数が増えると，推定すべきパラメータ数が増えるため，推定精度が悪くなります．**情報量規準**（information criteria）は，こうしたトレードオフ（何かを得ると，何かを失う）関係をバランスさせる選択規準の1つになります.

　情報量規準としては，赤池弘次氏が提案した**赤池情報量規準**（Akaike information criterion, AIC）と G. シュワルツ（Gideon Schwarz）が提案した**ベイズ情報量規準**（Bayesian information criterion, BIC）が有名です．AIC と BIC は，それぞれ，次のように定義されます.

情報量規準

$$\text{AIC} = \ln\left(\frac{SSR}{T}\right) + (K+1)\frac{2}{T}$$
$$\text{BIC} = \ln\left(\frac{SSR}{T}\right) + (K+1)\frac{\ln(T)}{T}$$

ただし，T はサンプルサイズ，SSR は残差2乗和，K は説明変数の数を表します．分布ラグモデルでは，説明変数の数は $K=p+1$ 個になります.

　情報量規準は，その値が小さいほど良いモデルである，と判断されます．たとえば，モデル候補として，モデル1とモデル2があるとします．そして，モデル1の AIC の値が，モデル2の AIC の値よりも小さければ，モデル1はモデル2よりも優れているとみなされます.

コラム 6-3　赤池弘次氏が語る「創造性を生み出す研究姿勢」

　赤池弘次氏は，日本が誇る統計学者の1人です．Google Scholar によると，赤池情報量規準（AIC）のアイデアを発表した論文（"A New Look at the Statistical Model Identification"）は計6万回以上（2023年時点）も引用されています．経済学では，1000回も引用されていればかなりの有名論文といえ，1万回も引用されればノーベル経済学賞候補になりえます．赤池氏の6万回という引用回数がいかにすごいかがわかります．統計学には，ノーベル賞はありませんが，赤池氏の研究は間違いなくノーベル賞級の発見でした.

彼は2006年に京都賞[13]を受賞したとき，そのインタビューの中で，創造性について，「当面の問題に集中するということですね．そして適当な常識的な解で満足してしまわない……要するに，自分が当面している問題を徹底して理解して……納得するまでやるという……構えがあれば，どんな問題でも創造性は出てきます．要するに簡単な問題なんてないんです．実際は，一見簡単で，みんなが普通に……同じようにすればうまくいくと思ってしまうところで創造性がなくなるわけです……問題とのやり取り，一種の戦い……これを累積させない限り，創造性は出て来ないと思います」と語っています．この言葉を聞くと，赤池氏の研究に対する真摯で粘り強い姿勢が，革新的な研究成果を生んだことがよく理解できます．

　AIC と BIC の第1項は，その中に残差2乗和（SSR）を含んでおり，モデルの当てはまりの良さを測っています．これに対して，第2項は，その中に説明変数の数 K を含んでおり，説明変数の増加に対するコストを表しています．説明変数を増やすと，SSR は減少しますが，推定すべきパラメータ数は増加します．説明変数を増やしたとき，どちらの効果が大きいかは，追加した説明変数の説明力の高さに依存します．もし追加した説明変数の説明力が高く，SSR が大きく減少するならば，たとえ説明変数が増えても，全体としてAIC と BIC は減少します．これに対して，追加した説明変数の説明力が低いならば，SSR はほとんど減少せず，全体として AIC と BIC は増加することになります．

　図6-7は，情報量規準と説明変数の数 K との関係を示したものです．情報量規準と説明変数の数 K とは，図のような U 字型の関係になります．説明変数の数 K を増加させると，はじめは（追加した説明変数は当てはまりを大きく改善させ）残差2乗和SSR は減少しますが，少しずつ SSR の減少幅は小さくなります．図をみると，K が K^* のとき，説明変数 K を増加させることによるコストの増加は，SSR の減少分を上回り，情報量規準は減少から増加へと転じはじめます．選択される K は，情報量規準を最小化させる値 K^* になります．

　次に，AIC と BIC の違いを説明します．両者の違いは，第2項（コスト）です．AIC の第2項にある2を，$\ln(T)$ に置き換えると BIC です．通常，サ

13）京都賞は，稲盛和夫氏が創設した国際賞であり，科学，技術，思想・芸術の分野に大きく貢献した人々に賞金1億円が贈られます．

図6-7　情報量規準と説明変数の数 K との関係

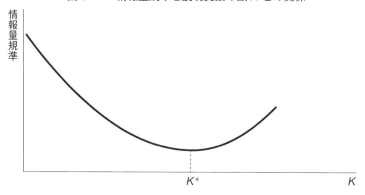

ンプルサイズは8以上あるため（$T \geq 8$），$\ln(T) > 2$ という関係が成立します（$\ln(7) = 1.946$，$\ln(8) = 2.079$に注意）．このため，説明変数を増やすことに対するコストは，AICよりもBICのほうが大きく，BICはAICより説明変数の少ない（K が小さい）モデルを選択する傾向があります．

　どちらが正しい規準ということはありません．AICとBICで異なる K を選択したならば，異なる K を用いることで，推定結果がどのように変わるかを確認したほうがよいでしょう．結果があまり変わらなければ，片方の結果だけを掲載すれば十分ですが，結果が大きく異なるならば，両方の結果を掲載してもよいでしょう．

例6-6：情報量規準によるラグ選択——原油価格とガソリン価格の関係

　例6-5では，被説明変数 Y_t をガソリン価格の変化率（％），説明変数 X_t を原油価格の変化率（％）としました．また，6.4.2節で説明したとおり，一般からの特定法により X_t のラグは2期前までとしました．ここでは，AICとBICを用いて，ラグを何期前まで含めるかを決めてみましょう．

　表6-3は，1列目にラグの長さ p（$K = p + 1$），2列目と3列目に，それぞれAICとBICの値を掲載したものです．表をみると，BICはAICよりも値が大きいこと，また，両指標は $p = 2$ まで値は減少しますが，$p = 2$ から増加に転じていることがわかります．これにより，いずれの指標においても，$p = 2$ が選択される結果が導かれました．

表6-3 情報量規準

	情報量規準	
	AIC	BIC
$p=0$	1022.5	1036.0
$p=1$	849.2	866.0
$p=2$	**834.8**	**855.1**
$p=3$	835.4	859.1
$p=4$	837.1	864.1
$p=5$	838.1	868.5
$p=6$	840.1	873.8
$p=7$	842.0	879.2
$p=8$	843.7	884.2
$p=9$	845.3	889.2
$p=10$	846.8	894.1
$p=11$	847.4	898.0
$p=12$	846.6	900.6

(注) 教科書や論文によって，AIC と BIC の定義は異なります．ただし，どの定義を用いても，同じ K が選択されるため，心配は不要です．表では，Stata で計算した AIC と BIC を掲載しました．

6.5 トレンド変数

　時系列データには**トレンド**が存在することがあります．たとえば，GDP，消費，気温などは右上がり，出生数，固定電話保有数などは右下がりのトレンドを持ったデータです．

　こうしたトレンドを考慮するため，1，2，3，4，…というように，値が1ずつ増加していく，**トレンド変数**（以下，t と表記）を考えます．

　たとえば，GDP の動きを説明するモデルとして，

$$Y_t = \alpha + \beta t + u_t$$

を考えます．ここで，Y_t は GDP の対数とします．説明変数は，トレンドを考慮するため，トレンド変数 t としています．このとき，トレンド変数の係数 β は，GDP の期待成長率と解釈できます．この点を確認しましょう．$t-1$ 時点では $Y_{t-1} = \alpha + \beta(t-1) + u_{t-1}$ となることから，

$$Y_t - Y_{t-1} = (\alpha + \beta t + u_t) - (\alpha + \beta(t-1) + u_{t-1})$$
$$= \beta + (u_t - u_{t-1})$$

となります．よって，期待値をとると，

$$E[Y_t - Y_{t-1}] = \beta$$

となります（式展開では，$E[u_t] = E[u_{t-1}] = 0$ を用いました）．被説明変数 Y_t は GDP の対数であり，対数の差は変化率に等しいため，係数 β は GDP の期待成長率と解釈できます．

6.6 測定単位

データを分析していると，測定単位をどう設定したらよいかと悩むことも多くあります．たとえば，GDP が10億円単位で記載されている場合，単位を1億円や1兆円に変更したら，どうなるのでしょうか．結論からいうと，線形モデルでは，測定単位を変えても本質的には同じ結果になります（非線形モデルは練習問題12参照）．分析者は，推定結果がわかりやすくなるように，測定単位を決定するのが望ましいでしょう．

測定単位を変えると，モデルがどのように変わるかを確認してみましょう．被説明変数 Y を c_Y 倍し，説明変数 X を c_X 倍する状況を考えます．つまり，被説明変数は $Y_i^* = c_Y Y_i$，説明変数は $X_i^* = c_X X_i$ とした状況です．

元のモデルは単回帰モデルであり，次の式で表すことができます．

$$Y_i = \alpha + \beta X_i + u_i$$

上式の両辺に c_Y を掛けると次式となります．

$$c_Y Y_i = c_Y \alpha + \left(\frac{c_Y}{c_X} \beta\right) c_X X_i + c_Y u_i$$

ここで，新たに $\alpha^* = c_Y \alpha$，$\beta^* = \dfrac{c_Y}{c_X} \beta$，$u_i^* = c_Y u_i$ と定義すると，

$$Y_i^* = \alpha^* + \beta^* X_i^* + u_i^*$$

となります（$Y_i^* = c_Y Y_i$，$X_i^* = c_X X_i$ に注意してください）．これが測定単位を変えた Y_i^* と X_i^* との関係式になります．

例 6-7：測定単位の変更——賃料と専有面積の関係

　H 駅周辺の724物件のデータを用いて，賃料と専有面積の関係を分析します．ここで賃料（万円）を Y とし，面積（m^2）を X とします．OLS 推定の結果は，次のとおりでした（$R^2 = 0.757$）．

$$\hat{Y} = 2.6878 + 0.1603X$$
$$(0.1006)\,(0.00338)$$

次に，賃料を 1 円単位に変換すると（$c_Y = 10000$，$c_X = 1$），推定結果は，次のように変わります（$R^2 = 0.757$）．

$$\hat{Y}^* = 26878 + 1603X$$
$$(1006)\quad(33.8)$$

　最初の推定値を10000倍すると，新しい推定値になります．1 つ目の推定は，面積が 1 m^2 増えると家賃は0.1603万円増えるという結果であり，2 つ目の推定は，家賃は1603円増えるという結果です．測定単位は違いますが，どちらも同じ結果なのがわかります．また，決定係数 R^2 と t 値はどちらも同じ値です（練習問題11参照）．1 番目の推定では，係数の t 値は47.4（$= 0.1603/0.00338$）であり，2 番目の推定でも，係数の t 値は47.4（$= 1603/33.8$）です．

　測定単位を変えても，本質的には同じ結果が得られるのは当然です．もっとも，この例のように，賃料の測定単位を 1 円にすると，推定値が大きくなって値がみにくいため，測定単位を万円としたほうがわかりやすい結果となります（たとえば，定数項は26878よりも2.6878のほうがわかりやすいでしょう）．

　学生にレポートを書いてもらうと，定数項や係数の推定値が小さすぎたり，大きすぎたりすることがあります．測定単位を変えるだけで，わかりやすい表記となります．求めた値がわかりやすい表記となっているかについても，今一度見直してみましょう．

補　足

線形対数モデル

　線形対数モデル（linear-log model）は，説明変数だけを対数としたモデルです．

$$Y = \alpha + \beta \ln(X) + u$$

以下では，単純化のため，誤差項 u は 0 とします．

　ここで，係数 β の意味を考えます．X が X' に変化したとき，Y は Y' に変化するとします．このとき，モデルから，次の式が成立します．

$$Y' - Y = (\alpha + \beta \ln(X')) - (\alpha + \beta \ln(X))$$
$$= \beta(\ln(X') - \ln(X))$$

この関係式を，β について解くと，次の式となります．

$$\beta = \frac{Y' - Y}{\ln(X') - \ln(X)} = \frac{Y' - Y}{\ln\left(1 + \dfrac{X' - X}{X}\right)} \approx \frac{Y' - Y}{\dfrac{X' - X}{X}}$$

上式は次のように変形できます（近似は等号で置き換えました）．

$$Y' - Y = \beta \frac{X' - X}{X}$$

　この式から，X の変化率は 1 ％であれば（$(X' - X)/X = 0.01$），Y の変化量は次のようになります．

$$Y' - Y = \beta \frac{X' - X}{X} = \beta \times 0.01$$

これは「X が 1 ％変化すると，Y は $\beta \times 0.01$ 単位だけ変化する」ことを意味します．たとえば，$\beta = 3$ ならば，X が 1 ％変化すると Y は $3 \times 0.01 = 0.03$ 単位だけ変化します．

逆双曲線正弦関数

　対数の定義によって，変数に 0 以下の値があれば対数をとることはできません（巻末付録 A.3参照）．ここでは，変数は非負ですが，0 の値をとることがあるとします．

　実証分析では，変数に 0 の値があるとき，小さな値（たとえば，0.01や0.1

など）を足してから，対数をとることがあります．しかし，このアプローチは恣意的なものであり，どのような値を足すかで結果が異なる可能性があります．

こうした問題を回避するため，**逆双曲線正弦関数**（inverse hyperbolic sine function）を用いることがあります．これは，次のように定義されます．

$$X^* = \ln(X + \sqrt{X^2 + 1})$$

この関数は，自然対数に似た形状を持っており，変数 X が 0 のときでも定義できる利点があります（$X = 0$ の場合，$X^* = \ln(0 + \sqrt{0 + 1}) = \ln(1) = 0$）．

図 $6-8$ は，X^* と $\ln(X) + \ln(2)$ を示したものです．この図から，X が大きいと，X^* と $\ln(X) + \ln(2)$ はほぼ同じとわかります．これは X が大きくなると，$\sqrt{X^2 + 1} \approx \sqrt{X^2} = X$ となり，$\ln(X + \sqrt{X^2 + 1}) \approx \ln(2X) = \ln(X) + \ln(2)$ と確認できます．また，X が大きいと，X^* と $\ln(X) + \ln(2)$ が同じ値となるため，X が X' に変化したとき，X^* の変化は，

$$\{\ln(X') + \ln(2)\} - \{\ln(X) + \ln(2)\} = \ln(X') - \ln(X) \approx \frac{X' - X}{X}$$

となり，対数を用いたときと同じ解釈が可能となります[14]．

図 $6-8$　逆双曲線正弦関数

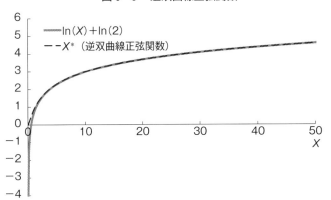

---

14)　係数の解釈は，Bellemare, M. F. and Wichman, C. J. (2020) "Elasticities and the Inverse Hyperbolic Sine Transformation," *Oxford Bulletin of Economics and Statistics* 82(1), 50-61を参照してください.

練習問題

1．Y_i は年収（万円），X_{1i} は女性ダミー（女性なら1，男性なら0），X_{2i} は大卒ダミー（大卒なら1，高卒なら0）とした結果，次の推定式が得られたと仮定しよう（パラメータはすべて有意である）．

$$\hat{Y}_i = 20 - 5X_{1i} + 10X_{2i} + 5X_{1i}X_{2i}$$

ただし，データには高卒と大卒のみ含まれるとする．

(a) 高卒男女の所得差（高卒男性の所得－高卒女性の所得）はどれほどか．

(b) 大卒男女の所得差（大卒男性の所得－大卒女性の所得）はどれほどか．

2．対数線形モデルと線形対数モデル，つまり，

$$\ln(Y_i) = \alpha + \beta X_i + u_i$$
$$Y_i = \alpha + \beta \ln(X_i) + u_i$$

のどちらが正しいかを知りたい．決定係数による比較は妥当か．

3．例6-1において，電力需要が最も低くなる気温を求めよ．Hint：$X_{2t} = X_{1t}^2$ となるため，推定結果は，$\hat{Y}_t = 53.04 - 2.127X_{1t} + 0.064X_{1t}^2$ となる．この式を気温 X_{1t} で微分して，傾きが0となる点を求める．

4．以下の非線形モデルは線形回帰モデルに変換できるか．

(a) $Y_i = \alpha + X_i^\beta + u_i$

(b) $Y_i = \alpha + \beta_1 X_i + \beta_2 X_i^2 + \beta_3 X_i^3 + u_i$

(c) $Q_i = A K_i^{\beta_1} L_i^{\beta_2} + u_i$

5．次のモデルを考える．

$$Y_i = \alpha + \beta_1 X_{1i} + \beta_2 X_{2i} + u_i$$

(a) 制約 $\beta_1 = 2\beta_2$ を課して推定する方法を述べよ．Hint：制約 $\beta_1 = 2\beta_2$ を書き換えた $\beta_2 = \beta_1/2$ を上式に代入せよ．

(b) 制約 $\alpha + \beta_1 + \beta_2 = 1$ を課して推定する方法を述べよ．Hint：制約 $\alpha + \beta_1 + \beta_2 = 1$ を書き換えた $\beta_2 = 1 - \alpha - \beta_1$ を上式に代入せよ．

6．各モデルにおける係数 β の解釈を述べよ．

(a) $Y = \alpha + \beta \ln(X) + u$

(b) $\ln(Y) = \alpha + \beta \ln(X) + u$

(c) $\ln(Y) = \alpha + \beta X + u$

7. 分布ラグモデルを推定した結果，AICの値は $p=1$ なら1300，$p=2$ なら1200，$p=3$ なら1100，$p=4$ なら1400となる．$\hat{p}$ はいくつか．

8. モデルは $Y=\alpha+\beta\ln(X)+u$ としよう．X が50％変化した場合，Y は何単位変化するか．Hint：X の変化率は大きく，$\ln(1+(X'-X)/X)\approx(X'-X)/X$ は成立しない．なお，$\ln(1+0.5)=0.4054$ となる．

9. モデルは $\ln(Y)=\alpha+\beta X+u$ としよう．X が変化したとき，Y の変化率が大きいとする．X が1単位変化した効果はどのように評価すべきか．Hint：Y の変化率は大きく，$\ln(1+(Y'-Y)/Y)\approx(Y'-Y)/Y$ は成立しない．

10. 分布ラグモデル $Y_t=\alpha+\beta_0 X_t+\beta_1 X_{t-1}+\cdots+\beta_p X_{t-p}+u_t$ は

$$Y_t=\alpha+\theta_0\Delta X_t+\theta_1\Delta X_{t-1}+\cdots+\theta_{p-1}\Delta X_{t-p+1}+\theta_p X_{t-p}+u_t$$

と変形できる．ただし，$\Delta X_t=X_t-X_{t-1}$，θ_h は累積動学乗数となる（$\theta_0=\beta_0$，$\theta_1=\beta_0+\beta_1$，…，$\theta_p=\beta_0+\beta_1+\cdots+\beta_p$）．この変形が正しいことを，$p=3$ とした場合について証明せよ．

11. ★ $Y_i=\alpha+\beta X_i+u_i$ という関係があるとき，任意の定数 (c_Y, c_X) を用いて，測定単位を変更し（$Y_i^*=c_Y Y_i$, $X_i^*=c_X X_i$），新モデル $Y_i^*=\alpha^*+\beta^* X_i^*+u_i^*$ を推定する．係数 β^* に関する t 統計量は，変更前の推定結果と同じであることを示せ．

12. ★元モデルの測定単位を変更すると（$Y_i^*=c_Y Y_i$, $X_i^*=c_X X_i$），新モデルのパラメータ (α^*, β^*) はどのように変化するか．

(a) $\ln(Y_i)=\alpha+\beta\ln(X_i)+u_i \rightarrow \ln(Y_i^*)=\alpha^*+\beta^*\ln(X_i^*)+u_i^*$

(b) $Y_i=\alpha+\beta\ln(X_i)+u_i \rightarrow Y_i^*=\alpha^*+\beta^*\ln(X_i^*)+u_i^*$

(c) $\ln(Y_i)=\alpha+\beta X_i+u_i \rightarrow \ln(Y_i^*)=\alpha^*+\beta^* X_i^*+u_i^*$

13. ☆例6-4の推定結果を再現せよ．

14. ☆例6-5の推定結果を再現せよ．ただし，暫定税率の影響を除くため，2008年4月に1となるダミー変数 D_1，2008年5月に1となるダミー変数 D_2 を説明変数に加えること．

第7章 同時検定

　本章では，複数のパラメータを同時に検定する同時検定の方法として，F 検定を学習します．また，F 検定の応用例として，構造変化の検定——パラメータに関して構造変化があったかどうかの検定——について説明します．構造変化の検定では，構造変化点が既知の場合だけでなく，構造変化点が未知の場合についても説明します．また，構造変化点が 1 つではなく，複数ある場合としてバイ＝ペロン検定を学習します．

7.1　同時検定

　本節では，同時検定とは何かを説明します．同時検定を用いることで，パラメータに関する複数の仮説を同時に検定ができます．

7.1.1　同時検定と結合仮説
　同時検定（joint hypothesis test）とは，パラメータに関する複数の仮説を，1 つの検定統計量を用いて同時に検定することをいいます．複数の仮説をまとめたものを**結合仮説**（joint hypothesis）と呼びます．簡略化のため，回帰モデルを次の式としましょう．

$$Y = \alpha + \beta_1 X_1 + \beta_2 X_2 + u$$

そして，仮説を次のとおりに設定します．

$$H_0 : \beta_1 = 0, \quad \beta_2 = 0$$
$$H_1 : 帰無仮説 H_0 は誤りである$$

　帰無仮説 H_0 は，係数 β_1 と β_2 のいずれも 0，すなわち，「説明変数 (X_1, X_2) は被説明変数 Y に対して，何の説明力を持っていないこと」を意味します．これに対して，対立仮説 H_1 は，係数 β_1 と β_2 の少なくともどちらかは 0 でない，すなわち，「説明変数 (X_1, X_2) のうち少なくとも 1 つは被説明

変数 Y に影響を与えること」を意味します（厳密には，$H_1：\beta_1 \neq 0$ または $\beta_2 \neq 0$ と書く）．

7.1.2　同時検定の意義

　なぜ同時検定が必要なのでしょうか．これは，仮説 $H_0：\beta_1 = 0$，$\beta_2 = 0$ を個別に t 検定するのでは，有意水準を設定できないという問題があるためです．実際に，この点を確認してみましょう．

　帰無仮説 $H_0'：\beta_1 = 0$ とした t 統計量を t_1，帰無仮説 $H_0'：\beta_2 = 0$ とした t 統計量を t_2 と表記します．また，有意水準 5 ％に対応する臨界値は $t_{0.05}$ と表記します（臨界値は4.2節参照）．このとき，少なくとも片方の t 統計量の絶対値が臨界値 $t_{0.05}$ を超えれば，帰無仮説 $H_0：\beta_1 = 0$，$\beta_2 = 0$ は棄却されます．また，事象 A を $|t_1| > t_{0.05}$ となる場合，事象 B を $|t_2| > t_{0.05}$ となる場合と定義すると，「$A \cup B$（A もしくは B）の場合には，帰無仮説 $H_0：\beta_1 = 0$，$\beta_2 = 0$ は棄却される」と言い換えることができます．

　こうした個別検定では，有意水準を設定できません．有意水準は，「帰無仮説 H_0 が正しいとき，帰無仮説 H_0 を誤って棄却する確率」，すなわち，$A \cup B$ が生じる確率であり，次のように分解できます[1]．

$$P\{A \cup B\} = P\{A\} + P\{B\} - P\{A \cap B\}$$

ここで $P\{A \cap B\}$ は，事象 A と B が同時に生じる確率（同時確率）です．個別 t 検定の有意水準は 5 ％であるため，$P\{A\} = P\{B\} = 0.05$です．したがって，同時確率 $P\{A \cap B\}$ がわかれば，有意水準 $P\{A \cup B\}$ を計算できます．

　しかし，同時確率 $P\{A \cap B\}$ は，統計量 t_1 と t_2 の相互関係により変わります．たとえば，統計量 t_1 と t_2 が相互に独立ならば，事象 A と B も独立となり，$P\{A \cap B\} = P\{A\} P\{B\} = 0.05 \times 0.05 = 0.0025$ となります[2]．この場合，有意水準は，

$$P\{A \cup B\} = 0.05 + 0.05 - 0.05 \times 0.05 = 0.0975$$

となり，約10％の確率で帰無仮説 H_0 を棄却します．これに対し，統計量 t_1 と t_2 が同じ値をとるならば，事象 A と B は同時に生じるため，同時確率 $P\{A \cap B\}$ は 5 ％となります．この場合，有意水準は，

---

1)　この分解は「確率の加法定理」と呼ばれます（詳しくは練習問題 9 参照）．
2)　相互に独立の場合，同時確率は各確率の積として求めることができます．詳細は，藪友良（2012）『入門 実践する統計学』東洋経済新報社，の4.4.3節を参照してください．

$$P\{A \cup B\} = 0.05 + 0.05 - 0.05 = 0.05$$

となり，5％の確率で帰無仮説 H_0 を棄却します．

しかし，実際には，統計量 t_1 と t_2 の相互関係はわからないのが一般的です．このため，個別に t 検定を行い，有意水準を調整することは難しいといえます．したがって，有意水準の調整の必要のない検定方法である同時検定が必要となるのです．

7.2 同時検定の一般的なケース

一般的な重回帰モデルをもとに，同時検定を説明します．まず，説明変数が K 個あるとします．

$$Y = \alpha + \underbrace{\beta_1 X_1 + \beta_2 X_2 + \cdots + \beta_{K-q} X_{K-q}}_{\text{最初の } K-q \text{ 個の説明変数}} + \underbrace{\beta_{K-q+1} X_{K-q+1} + \beta_{K-q+2} X_{K-q+2} + \cdots + \beta_K X_K}_{\text{最後の } q \text{ 個の説明変数}} + u$$

ここでは説明変数を2つのグループに分けました．第1のグループは最初の $K-q$ 個の説明変数 $(X_1, X_2, \cdots, X_{K-q})$，第2のグループは最後の q 個の説明変数 $(X_{K-q+1}, X_{K-q+2}, \cdots, X_K)$ です．

分析者は，最後の q 個の説明変数の係数がすべて0であるか否かに関心があるとします[3]．このため，仮説は次のように設定されます．

$$H_0 : \beta_{K-q+1} = 0, \ \beta_{K-q+2} = 0, \ \cdots, \ \beta_K = 0$$
$$H_1 : \text{帰無仮説 } H_0 \text{ は誤りである}$$

帰無仮説 H_0 が正しいとき，「最後の q 個の説明変数は被説明変数 Y に対して，何の説明力も持っていないこと」を意味します．これに対して，対立仮説 H_1 は，帰無仮説 H_0 が誤りである，つまり，「q 個の説明変数のうち少なくとも1つは被説明変数 Y に影響を与えるということ」を意味します．

帰無仮説 H_0 が正しいとき，最後の q 個の説明変数の係数はすべて0となるので，式から q 個の説明変数を除外することができます．このため，これら q 個の式（$\beta_{K-q+1} = 0, \ \beta_{K-q+2} = 0, \ \cdots, \ \beta_K = 0$）は，とくに **除外制約**（exclusion restrictions）と呼ばれます．また，q は **除外制約の数** といわれます．

---

3) 簡略化のため，関心ある q 個の説明変数を最後に配置しました．当然ですが，説明変数の並べ方は推定結果に影響を与えません．

7.3 F検定

本節では，複数の仮説を同時検定する方法である，F検定を学んでいきましょう．**F検定**（F-test）は，帰無仮説と対立仮説のもとで，それぞれモデルを推定し，各モデルから得られた残差2乗和を用いて検定を行います．

7.3.1 F検定の考え方

まず，2つのモデルを考えます．第1のモデルは，対立仮説 H_1 が正しいとした「**制約なし（最後の q 個の説明変数を含む）**」モデルです．

$$Y = \alpha + \beta_1 X_1 + \beta_2 X_2 + \cdots + \beta_{K-q} X_{K-q} + \beta_{K-q+1} X_{K-q+1} + \beta_{K-q+2} X_{K-q+2} + \cdots + \beta_K X_K + u \quad (1)$$

このモデルを推定し，残差2乗和（SSR）を求めます．残差2乗和は，$SSR_1 = \sum_{i=1}^{n} \hat{u}_{1i}^2$ と表記します．

第2のモデルは，帰無仮説 H_0 が正しいとした「**制約あり（最後の q 個の説明変数を除外した）**」モデルです．

$$Y = \alpha + \beta_1 X_1 + \beta_2 X_2 + \cdots + \beta_{K-q} X_{K-q} + u \quad (2)$$

このモデルを推定し，残差2乗和 $SSR_0 = \sum_{i=1}^{n} \hat{u}_{0i}^2$ を求めます．

(1)式はより多くの説明変数を含んでいるため，(2)式よりも(1)式のほうが被説明変数 Y の動きをよく説明でき，残差2乗和も小さくなります（5.6.1節参照）．これを数式で表すと，以下が成立します．

$$SSR_1 \leq SSR_0$$

これを書き換えると，$0 \leq SSR_0 - SSR_1$ となります．

対立仮説 H_1 が正しければ，最後の q 個の説明変数が，Y の動きを説明するうえで有用であるため，帰無仮説 H_0 が正しいとした(2)式の当てはまりは悪く，$SSR_0 - SSR_1$ はかなり大きな値になります．また，反対に，帰無仮説 H_0 が正しければ，最後の q 個の説明変数は，Y の動きを説明するうえで意味がないため，帰無仮説 H_0 が正しいとした(2)式も当てはまりは良く，$SSR_0 - SSR_1$ は0に近い値をとります．以上をまとめると，F検定では，$SSR_0 - SSR_1$ が0に近い値ならば，帰無仮説 H_0 は採択され，$SSR_0 - SSR_1$ が十分に大きい値ならば，帰無仮説 H_0 が棄却されることになります．

7.3.2 F統計量とF分布

問題は，$SSR_0 - SSR_1$ がどの程度大きければ，帰無仮説 H_0 を棄却できるかです．その答えは，次の式によって定義される **F統計量**（*F*-statistic）にあります．

> **F統計量**
> $$F = \frac{(SSR_0 - SSR_1)/q}{SSR_1/(n-K-1)} \tag{3}$$

ただし，q は除外制約の数，n はサンプルサイズ，K は「制約なし」モデルにおける説明変数の数です．ここで，分子の $SSR_0 - SSR_1$ は，残差2乗和の差であり，分母の SSR_1 は，(1)式の推定から得られる残差2乗和です．帰無仮説 H_0 が正しいという状況のもとで，F統計量は **F分布**（自由度 q, $n-K-1$）に従うことが知られています（巻末付録C.4と本章末の補足参照）．

図7-1では，帰無仮説 H_0 が正しいもとで，F統計量の分布である F分布を示したものです．ここで，F統計量の分子（$SSR_0 - SSR_1$）は0以上であるため，F統計量も0以上となります．ただし，帰無仮説 H_0 が正しいもとでは，$SSR_0 - SSR_1$ は0に近い値をとり，F統計量も0に近い値をとりやすくなります．しかし，偶然（低い確率ではありますが），$SSR_0 - SSR_1$ は大きな値をとり，F統計量も大きな値をとることがあります．

F検定では，有意水準を δ とし，F統計量の分子（$SSR_0 - SSR_1$）が十分大きく，F統計量が臨界値 $F_{q, n-K-1, \delta}$ を上回れば，これは偶然ではなく有意な結果とみなして，帰無仮説 H_0 が棄却され，対立仮説 H_1 が採択されます（図7-1参照）．

図7-1 帰無仮説 H_0 が正しい状況でのF統計量の分布

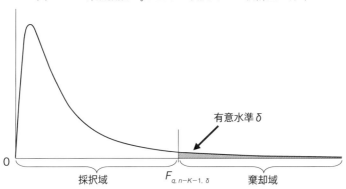

> **F 検定の判断**
>
> $F<F_{q,\,n-K-1,\,\delta}$ ならば，帰無仮説 H_0 を採択する
>
> $F\geq F_{q,\,n-K-1,\,\delta}$ ならば，帰無仮説 H_0 を棄却する

　ここで，臨界値 $F_{q,\,n-K-1,\,\delta}$ は，帰無仮説 H_0 が正しいもとで，F 統計量が $F_{q,\,n-K-1,\,\delta}$ を上回る確率が δ となるような値（$P\{F_{q,\,n-K-1,\,\delta}<F\}=\delta$）と定義されます（$F_{q,\,n-K-1,\,\delta}$ の下添字は，F 統計量の自由度 q，$n-K-1$ と確率 δ を表します）[4]．

　データから計算された F 統計量の値は，**F 値**（F-value）と呼ばれます．統計ソフトを使えば，簡単に F 値を計算し，対応する p 値を求めることができます．

7.3.3 統計ソフトで自動的に計算される F 値

　統計ソフトで回帰分析をすると，推定結果の1つとして，自動的に F 値が表示されます．この F 値は，次のような仮説を設定し，F 統計量を計算したものです（つまり，$q=K$ に該当します）．

$$H_0 : \beta_1=0, \cdots, \beta_{K-1}=0, \beta_K=0$$
$$H_1 : 帰無仮説 H_0 は誤りである$$

　ここで，帰無仮説 H_0 は，「すべての説明変数は被説明変数 Y に対して，何の説明力も持っていないこと」を意味しています．これに対して，対立仮説 H_1 は，帰無仮説 H_0 が誤りである，つまり，「説明変数のうち少なくとも1つは被説明変数 Y に影響を与えるということ」を意味します．帰無仮説 H_0 が採択されるならば，説明変数はいずれも Y に影響を与えない，帰無仮説 H_0 が棄却されるならば，いずれかの説明変数は Y に影響を与えることを意味します．

　実証分析では，帰無仮説 H_0 が棄却されたとき，「推定式の有用性が確認された」と解釈します．つまり，どの説明変数かは明らかではないもののいずれかの係数は0ではないことから，「モデルは Y の動きを説明するうえで一定の意味がある」と解釈されます．

　しかし，たとえ帰無仮説 H_0 が棄却されたとしても，どの説明変数が有意なのかはわからないうえ，その結果をもって良い定式化であるとも主張できない

---

4) 統計ソフトを用いれば，臨界値 $F_{q,\,n-K-1,\,\delta}$ を容易に求めることができます．Excel の場合，有意水準5％，F 分布（自由度2，20）ならば，「＝FINV(0.05,2,20)」と入力すれば $F_{2,\,20,\,0.05}=3.4928$ とわかります．

ため，その解釈には注意が必要です．私の知る限り，この帰無仮説に対するF値が論文に掲載されることはほぼありません．

　この帰無仮説に対するF検定は，普段はあまり意味を持ちませんが，一定の場合には意味を持つことがあります．以下では，そうした例として，効率的市場仮説の検証を紹介しましょう．

例7-1：統計ソフトで計算されるF検定——効率的市場仮説の検証

　効率的市場仮説とは，「株式市場が効率的ならば，現時点で利用可能なすべての情報は株価に直ちに織り込まれ，株価の将来予測はできない」という考え方です．効率的市場仮説を検証するためには，被説明変数を株価変化率とし，説明変数を現在までに利用可能な情報とします．現在までの情報が将来の株価変化を予測できなければ，効率的市場仮説が成立する，と判断されます．

　ここで，t日の日経平均終値（対数）をs_tと表記します（時系列データなので，下添字はtとしました）．被説明変数は，$ds_t = 100 \times (s_t - s_{t-1})$であり，これは株価変化率（％）になります（対数の差は6.2.2節参照）．説明変数は，$t-1$日以前の株価情報を用います．簡略化のため，説明変数は，$t-1$日以前の株価変化率ds_{t-1}，ds_{t-2}，ds_{t-3}に加えて，移動平均乖離率$s_{t-1}^{MA} = 100 \times (s_{t-1} - s_{t-1}^{moving})$のみとします．ここで，移動平均$s_t^{moving}$は，過去1ヵ月の平均株価とし，次のように計算します．

$$s_t^{moving} = \frac{1}{31} \sum_{i=0}^{30} s_{t-i}$$

移動平均乖離率は，株価が移動平均からどれくらい乖離しているかを示しており，トレーダーが予測に用いる重要な指標の1つとなります．

　以上から，重回帰モデルは，

$$ds_t = \alpha + \beta_1 ds_{t-1} + \beta_2 ds_{t-2} + \beta_3 ds_{t-3} + \beta_4 s_{t-1}^{MA} + u_t$$

となり，仮説は次のようになります．

$$H_0 : \beta_1 = 0, \ \beta_2 = 0, \ \beta_3 = 0, \ \beta_4 = 0$$
$$H_1 : 帰無仮説 H_0 は誤りである$$

ここで，帰無仮説H_0は，効率的市場仮説の成立を意味し，対立仮説H_1は，効率的市場仮説の反証を意味します．

　1991年1月4日から2018年2月28日までの（土日や祝日を除く）日次データを用いて推定すると，次のようになりました（カッコ内は標準誤差です）．

$$\widehat{ds}_t = -0.0014 - 0.035ds_{t-1} - 0.023ds_{t-2} - 0.0036ds_{t-3} - 0.0024s_{t-1}^{MA}$$
$$\quad (0.018) \quad (0.013) \qquad (0.013) \qquad (0.013) \qquad (0.005)$$

ここで，前日の株価変化率 ds_{t-1} の係数は -0.035，標準誤差は 0.013 であるため，有意に負となります（t 値は $-2.6 = -0.035/0.013$）．同様の t 検定を行うと，ds_{t-2} も有意に負と確認できます．この結果は，過去に株価が下落すると，その反動で将来の株価が上昇することを示しています．もっとも，これらの係数は小さく，反動自体は大きなものではありません．

　個別 t 検定から，仮説 $\beta_1 = 0$ と $\beta_2 = 0$ は棄却されており，効率的市場仮説（$H_0 : \beta_1 = 0,\ \beta_2 = 0,\ \beta_3 = 0,\ \beta_4 = 0$）は支持されません．しかし，7.1.2節で学習したとおり，個別 t 検定を用いて，結合仮説（$H_0 : \beta_1 = 0,\ \beta_2 = 0,\ \beta_3 = 0,\ \beta_4 = 0$）を検定すると，有意水準を正しく設定できないという問題があります．そこで，同時検定として，F 検定を行ってみます．F 値を計算すると，3.33となり，臨界値2.37を上回るため，やはり帰無仮説 H_0 は棄却されます[5]．以上から，F 検定を用いることによって，効率的市場仮説は成立しないことが確認できます．

7.4　構造変化の検定

　時系列データでは，パラメータ（説明変数の係数など）に**構造変化**（structural break）——パラメータ値の変化——が生じる可能性があります．たとえば，オイルショックやバブル崩壊は，変数間の相互関係を変えるため，パラメータ値の変化を引き起こしうるでしょう．仮に構造変化があったならば，こうしたパラメータ値の変化を考慮したうえでモデルを推定しないと，誤ったモデルを推定していることになり，推定結果に歪みが生じます（練習問題3参照）．

　本節では，パラメータに構造変化があったかを検証するための検定方法を紹介します．以下では，時系列データを扱うため，各変数の下添字は t とし，サンプルサイズは T を用います．

---

5)　サンプルサイズは6678と大きく，$n - K - 1$ を ∞ とします．制約数 q は4であり，F 分布（自由度4，∞）となります．このとき，有意水準5％の臨界値は2.37です．

7.4.1　構造変化点 T_B が既知の場合

　分析者は，**構造変化点**（structural break point）である T_B 期において，パラメータに構造変化が生じたか否かに関心があるとします．標本期間は1期から T 期までであり，これを構造変化点である T_B 期の前後で2分割します．前半期間が1期から T_B 期まで，後半期間が T_B+1 期から T 期までとします．

　時点 t が，前半期間（1, 2, $\cdots$, T_B）にあれば，次式になるとします．

$$Y_t = \alpha + \beta_1 X_{1t} + \cdots + \beta_K X_{Kt} + u_t \tag{4}$$

また，時点 t が，後半期間（T_B+1, T_B+2, $\cdots$, T）にあれば，次式になるとします．

$$Y_t = \alpha' + \beta_1' X_{1t} + \cdots + \beta_K' X_{Kt} + u_t \tag{5}$$

ここで，前半期間のパラメータは α, β_1, $\cdots$, β_K となり，後半期間のパラメータは α', β_1', $\cdots$, β_K' となります．後半期間では，パラメータの上添字「′」は，構造変化によりパラメータ値が異なる可能性を示すことになります．

　ここで，仮説は次のように設定します．

$$H_0 : \alpha = \alpha', \ \beta_1 = \beta_1', \ \cdots, \ \beta_K = \beta_K'$$
$$H_1 : 帰無仮説 H_0 は誤りである$$

帰無仮説 H_0 は，「パラメータには構造変化なし」であり，対立仮説 H_1 は，帰無仮説 H_0 は誤りである，つまり，「少なくとも1つのパラメータに構造変化がある」とします．

　F 検定を行うため，ダミー変数を定義します[6]．ここで，ダミー変数 D_t は，時点 t が前半期間（1, 2, $\cdots$, T_B）ならば0をとり，後半期間（T_B+1, T_B+2, $\cdots$, T）ならば1をとるとします．ダミー変数 D_t を用いることで，上記の(4)式と(5)式の2本の式を，次の式にまとめることができます．

$$Y_t = \alpha + \beta_1 X_{1t} + \cdots + \beta_K X_{Kt} + \theta_0 D_t + \theta_1 D_t X_{1t} + \cdots + \theta_K D_t X_{Kt} + u_t \tag{6}$$

ただし，新たなパラメータである θ_0, θ_1, $\cdots$, θ_K は，前半と後半期間のパラメータの差，つまり，

---

6)　この F 検定は，開発者 G. チョウ（Gregory Chow）の名前をとって，**チョウ検定**とも呼ばれます．

$$\theta_0 = \alpha' - \alpha, \quad \theta_1 = \beta'_1 - \beta_1, \quad \cdots, \quad \theta_K = \beta'_K - \beta_K$$

と定義します．ここで，$D_t X_{1t}$ はダミー変数 D_t と説明変数 X_{1t} との交差項であり，同様に，$D_t X_{Kt}$ はダミー変数 D_t と説明変数 X_{Kt} との交差項です．

　(6)式が，(4)式と(5)式をまとめた式であることを確認します．まず，前半期間では，ダミー変数は $D_t = 0$ であり，ダミー変数と説明変数との交差項もすべて 0 となります（$D_t X_{1t} = \cdots = D_t X_{Kt} = 0$）．このとき，(6)式は，前半期間のモデルである(4)式と一致します．次に，後半期間では，ダミー変数は $D_t = 1$ であり，ダミー変数と説明変数との交差項は，$D_t X_{1t} = X_{1t}, \cdots, D_t X_{Kt} = X_{Kt}$ となります．このとき，(6)式は後半期間のモデルである(5)式と一致します[7]．

　当然ですが，この新たなパラメータ（$\theta_0, \theta_1, \cdots, \theta_K$）を用いると，上記の仮説は次のようになります．

$$H_0 : \theta_0 = 0, \ \theta_1 = 0, \ \cdots, \ \theta_K = 0$$
$$H_1 : \text{帰無仮説 } H_0 \text{ は誤りである}$$

帰無仮説 H_0 は，「パラメータに構造変化なし」であり，対立仮説 H_1 は，「パラメータに構造変化あり」です．

　(6)式は，対立仮説 H_1（構造変化あり）が正しいとした「制約なし」モデルです．この式を推定することで，対立仮説 H_1 が正しいもとで，残差2乗和 $SSR_1 = \sum_{t=1}^{T} \hat{u}_{1t}^2$ を計算できます．帰無仮説 H_0（構造変化なし）が正しいとした「制約あり」モデルは，次式となります．

$$Y_t = \alpha + \beta_1 X_{1t} + \cdots + \beta_K X_{Kt} + u_t \tag{7}$$

この式を推定することで，帰無仮説 H_0 が正しいもとで，残差2乗和 $SSR_0 = \sum_{t=1}^{T} \hat{u}_{0t}^2$ を計算できます．

　これらの情報を用いて，F 統計量は，次のようになります．

$$F = \frac{(SSR_0 - SSR_1)/(K+1)}{SSR_1/(T - 2(K+1))}$$

除外制約（$\theta_0 = 0, \ \theta_1 = 0, \ \theta_2 = 0, \ \cdots, \ \theta_K = 0$）は，計 $K+1$ 個となります（$q =$

---

7)　(6)式に $D_t = 1, \ D_t X_{1t} = X_{1t}, \ \cdots, \ D_t X_{Kt} = X_{Kt}$ を代入すると，次のようになります．

$$Y_t = \alpha + \beta_1 X_{1t} + \cdots + \beta_K X_{Kt} + \theta_0 + \theta_1 X_{1t} + \cdots + \theta_K X_{Kt} + u_t$$
$$= (\alpha + \theta_0) + (\beta_1 + \theta_1) X_{1t} + \cdots + (\beta_K + \theta_K) X_{Kt} + u_t$$

さらに，上式に $\theta_0 = \alpha' - \alpha, \ \theta_1 = \beta'_1 - \beta_1, \ \cdots, \ \theta_K = \beta'_K - \beta_K$ を代入すると，(5)式となります．

$K+1$)[8]. 以上から，F 統計量は F 分布（自由度 $K+1$, $T-2(K+1)$）に従います. 有意水準を δ とすると，F 統計量が $F_{K+1,\ T-2(K+1),\ \delta}$ より大きな値であれば，帰無仮説 H_0（構造変化なし）は棄却されます.

例 7-2：構造変化点が既知のケース——実質 GDP 成長率の推定

　図 7-2 は，1981年第 1 四半期から2007年第 4 四半期までの日本の実質 GDP 成長率を示したものです[9]. バブルが崩壊する1991年第 1 四半期までの成長率の平均は4.6%でしたが，それ以降は1.2%まで低下しました. ここでは GDP 成長率のモデルに構造変化が生じたか否かを調べます.

　被説明変数 Y_t は，t 期の GDP 成長率とします. ここで，D_t は，1991年第 1 四半期までは 0 とし，それ以降に 1 となるダミー変数とします. このとき，モデルを次のように定義します.

$$Y_t = \alpha + \beta_1 Y_{t-1} + \theta_0 D_t + \theta_1 D_t Y_{t-1} + u_t$$

　説明変数は，1 期前の GDP 成長率 Y_{t-1} としていますが，これは過去に成長率が高いと，次期の成長率が高くなる傾向を捉えるためです. ここで，$\theta_0 = \alpha' - \alpha$，$\theta_1 = \beta_1' - \beta_1$ とし，帰無仮説を $H_0 : \theta_0 = 0$, $\theta_1 = 0$（構造変化なし）と

図 7-2　日本の実質 GDP 成長率の推移

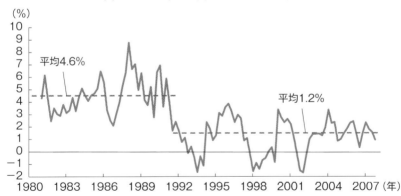

---

8)　(3)式の分母は，$SSR_1/(n-K-1)$ であり，n はサンプルサイズ，K は「制約なし」モデルにおける説明変数の数でした. (6)式では，サンプルサイズは T，説明変数は計 $2K+1$ であるため，$T-$ 説明変数の数 $-1 = T-(2K+1)-1 = T-2(K+1)$ です.

9)　GDP 成長率は，GDP の前年同期比として計算しました. たとえば，1981年第 1 四半期の成長率であれば，(1981年第 1 四半期の GDP $-$ 1980年第 1 四半期の GDP)／1980年第 1 四半期の GDP と計算します. つまり，前年同期の GDP と比較することで季節性の影響を除去しています（季節性はコラム 1-1 参照）. 別の求め方として，GDP を X-12-ARIMA で季節調整してから前期比を求める方法があります.

します.

　まず, 帰無仮説 (構造変化なし) が正しいという前提で, 全期間のデータ を用いて推定すると, 次の結果になります.

$$\hat{Y}_t = 0.40 + 0.83 Y_{t-1}$$
$$(0.18) \quad (0.05)$$

残差2乗和は $SSR_0 = 158.72$ です. 次に, 対立仮説 (構造変化あり) が正し い前提で, モデルを推定すると, 次の結果になります.

$$\hat{Y} = 2.30 + 0.50 Y_{t-1} - 1.95 D_t + 0.17 D_t Y_{t-1}$$
$$(0.58) \quad (0.12) \quad (0.61) \quad (0.15)$$

残差2乗和は $SSR_1 = 134.54$ です. 以上から, F 統計量は,

$$F = \frac{(158.72 - 134.54)/(1+1)}{134.54/(107 - 2(1+1))} = 9.25$$

と計算できます ($T = 107$, $K = 1$ を用いました).

　F 統計量は, 帰無仮説 H_0 が正しいとき, F 分布 (自由度2, 103) に従い ます. F 値は9.25であり, 5％有意水準の臨界値は3.08であるため, 有意水 準5％で帰無仮説 (構造変化なし) が棄却されます.

　仮に構造変化を無視すると結果はどうなるでしょうか. 構造変化を考慮す ると, 1期前のGDP成長率 Y_{t-1} の係数は, 1991年第1四半期以前では 0.50, それ以降では0.67 ($= 0.50 + 0.17$) となりました. これに対して, 構造 変化を無視すると, Y_{t-1} の係数は0.83と大きくなります. 構造変化を適切に 考慮しないと, 推定結果にバイアスが生じることがわかります.

コラム　7-1　ペロン先生との思い出

　ピエール・ペロン (Pierre Perron) は, 私がボストン大学 (Boston University) に留学した時の指導教官です. 彼は著名な計量経済学者であり, 時系列分析の分野で多大な業績をあげてきました. たとえば, 構造変化を考慮 しないことが推定結果にバイアスを生じさせること, また構造変化を考慮する ことで, 先行研究で常識と考えられてきた現象が成立しなくなることなどを明 らかにしています.

　私がペロン先生に「学会の中で構造変化の重要性が認知されてきた」と伝え ると, 彼は「そんなことはない. 学会の主流派は構造変化の存在を嫌がってお り, いまだに自分は主流派と戦っている」と言っていたことを覚えています.

　ペロン先生のいう主流派の人たちが，構造変化を嫌がっているのはなぜで
しょうか．彼らは「真理を捉えるモデルであれば，その構造は変わることはな
く，それが変わるということは，モデルが悪いかデータが悪いかのどちらか」
と考えているからかもしれません．たとえば，「万有引力の法則」は真理であ
り，その構造は安定して成立します．もし構造が変わるのであれば，これは法
則がおかしいと判断される，ということになりかねません．

　いずれの立場も理解できますが，現在の経済学では，普遍的モデルを見つけ
ることは未だできていないと思われます．そうした中では，データを分析する
うえで，構造変化の可能性を考慮する必要があるといえるでしょう．

7.4.2　構造変化点 T_B が未知の場合

　F 検定では，構造変化点 T_B がわかっていることが前提とされていました．
しかし，実際には，構造変化点が未知の場合がほとんどです．また，悪意ある
分析者であれば，さまざまな構造変化点 T_B で F 検定を試し，自分に都合の良
い結果を導く可能性すらあります．たとえば，構造変化があるといいたい場合
には，帰無仮説（構造変化なし）を棄却できる構造変化点を恣意的に選ぶこと
が可能です．そこで，本節では，構造変化点が未知の場合には，どのように分
析を進めればよいかを学んでいきましょう．

　構造変化は，どの時点で生じても不思議ではありません．すべての時点を候
補としたいところですが，構造変化点の前後で十分なサンプルサイズを確保す
る必要があるため，標本期間の最初と最後の15％のデータは，構造変化点の候
補から除くことにします[10]．**構造変化点の候補**の始期（T_{min}）と終期（T_{max}）
を次のように定義します（小数点以下があれば，最も近い整数を用います）．

$$T_{min} = 0.15 \times T$$
$$T_{max} = (1 - 0.15) \times T$$

　このとき，構造変化点の候補 T_B は，次のようになります（図7-3参照）．

$$T_{min}, \quad T_{min}+1, \quad \cdots, \quad T_{max}-1, \quad T_{max}$$

たとえば，$T = 100$ ならば，$T_{min} = 0.15 \times 100 = 15$，$T_{max} = (1 - 0.15) \times 100 = 85$
であり，構造変化点の候補は，15，16，…，84，85です．

---

10)　サンプルサイズが大きいなら，15％ではなく，5％や10％を用いることも可能です．その場合，後述する表
　　7-1の臨界値も変わることに注意してください．

図7-3　構造変化点の候補

次に，構造変化点を T_B とした F 検定によって，F 値を計算します．これを $F(T_B)$ と表記します．F 検定をすべての構造変化点の候補で行うことで，次の F 値が得られます．

$$F(T_{min}), \; F(T_{min}+1), \; \cdots, \; F(T_{max}-1), \; F(T_{max})$$

構造変化点がわからないとき，検定統計量として，これら F 値の最大値を用います．このような，検定統計量は次の式で表されます[11]．

---

sup F 統計量

$$\text{sup} \, F = \max \{F(T_{min}), \; F(T_{min}+1), \; \cdots, \; F(T_{max}-1), \; F(T_{max})\}$$

$\max\{\ \}$ は，$\{\ \}$ 内の最大値を表す演算子です．sup は supremum の略で，上限を表します（sup は「スープ」と読む）．また，構造変化点の推定値は，F 値を最も大きくする時点とし，とくに「＾」を付けて，$\hat{T}_B$ と表します．

sup F 統計量は，すべての構造変化点の候補で F 値を求めて，その最大値を統計量としているため，通常の F 統計量より大きな値をとります．表7-1 は，sup F 統計量の臨界値をまとめたものです．この臨界値を用いて仮説検定の判断をします．

ここで，q（除外制約の数）は，構造変化の可能性があるパラメータ数になります．定数項を含めたすべてのパラメータが変化する可能性があるなら，$q=K+1$ となります．たとえば，説明変数が2個ある場合，定数項を含めると3つのパラメータが変化すると考えるため，$q=3$ となります．このとき，表7-1 に従うと，統計量 sup F が4.09以上なら10％有意，4.71以上なら5％有意，6.02以上なら1％有意と判断することになります．

構造変化点の推定値は，F 値を最も大きくする時点 $\hat{T}_B$ としました．F 値を最も大きくする時点 $\hat{T}_B$ の意味を考えてみると，実は，(6)式の残差2乗和を最小にする時点 $\hat{T}_B$ にほかなりません（証明は練習問題10参照）．つまり，(6)

---

11)　sup F 検定は，開発者 R. クウォント（Richard Quandt）と D. アンドリュース（Donald W. K. Andrews）の名前をとり，**クウォント＝アンドリュース検定**とも呼ばれます．

表7-1　sup F の臨界値

制約数 q	有意水準 δ		
	0.10	0.05	0.01
1	7.12	8.68	12.16
2	5.00	5.86	7.78
3	4.09	4.71	6.02
4	3.59	4.09	5.12
5	3.26	3.66	4.53
6	3.02	3.37	4.12
7	2.84	3.15	3.82
8	2.69	2.98	3.57
9	2.58	2.84	3.38
10	2.48	2.71	2.23
11	2.40	2.62	3.09
12	2.33	2.54	2.97

(注)　δは有意水準，qは構造変化の可能性があるパラメータ数です．最初と最後の15％のデータを構造変化点の候補から除いています．臨界値は，Andrews, D. W. K. (2003) "Tests for Parameter Instability and Structural Change with Unknown Change Point: A Corrigendum," *Econometrica* 71(1), 395-397から抜粋しました．

式の当てはまりを最も良くする時点 T_B が，構造変化点の推定値として選ばれているということになります．以下では，2つの例を通じて，構造変化の検定の理解を深めていきましょう．

例7-3：構造変化点が未知のケース──実質GDP成長率の推定

　例7-2では，バブルが崩壊した1991年第1四半期を構造変化点に設定しました．ここでは，構造変化点の候補は，1985年第1四半期から2003年第2四半期までとします[12]．図7-4では，横軸を構造変化点の候補とし，縦軸を対応する F 値としています．F 値は，1991年第1四半期に最大となり，その値は9.25となります（つまり，sup F＝9.25）．表7-1に従うと，q＝2のとき，有意水準1％の臨界値は7.78であるため，有意水準1％で帰無仮説（構造変化なし）は棄却されることになります．よって，構造変化点は F 値を最大にする1991年第1四半期となります．これは先の分析で用いた構造変化点と同じ時点です．

12)　T＝107であり，$0.15 \times 107 = 16.05$，$0.85 \times 107 = 90.95$となります．よって，16番目（1985年第1四半期）から91番目（2003年第2四半期）までのデータを構造変化点の候補としました．

図7-4 GDPとsup F検定

ちなみに，例7-2では，データ（図7-2）を基に構造変化が生じている
と思われる1991年第1四半期を構造変化点に選びました．全時点でF検定
を行って構造変化点を選んだわけではありません．データの扱いに慣れてい
くと，データ（図7-2）をみることからも，F値が大きくなる時点がわか
ることがあります．ただし，こうした視覚的アプローチは，F統計量を最大
にする構造変化点を選んでいることと変わらないので，やはり最初からsup
F検定を行い，適切な臨界値を用いることが望ましいといえます．

例7-4：構造変化点が未知のケース――為替介入の効果

為替介入とは，通貨当局（財務省と日本銀行）が，外国為替市場におい
て，為替レートに影響を与えることを目的として外国為替の売買を行うこと
です．図7-5では，1991年4月1日から2002年12月31日までの期間につい
て，ドル円レートと介入額（兆円）を示しています．介入額は，円買いドル
売り介入ならプラスとなり，円売りドル買い介入ならマイナスです．円高の
ときには円売りドル買い介入，円安のときには円買いドル売り介入が行われ
ます．

以下では，通貨当局による為替介入を分析した伊藤隆敏氏と筆者の共同研
究を紹介します[13]．為替介入の効果を分析するため，次のモデルを考えます．

$$Y_t = \alpha + \beta X_t + u_t$$

ここで，ドル円レートの変化率（％）を Y_t とし，介入額（兆円）を X_t とし

13) Ito, T. and Yabu, T. (2007) "What Prompts Japan to Intervene in the Forex Market: A New Approach to a Reaction Function," *Journal of International Money and Finance* 26(2), 193-212.

図7-5　介入額とドル円レートの推移（1991年から2002年まで）

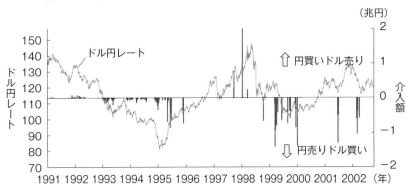

図7-6　為替介入と sup F 検定

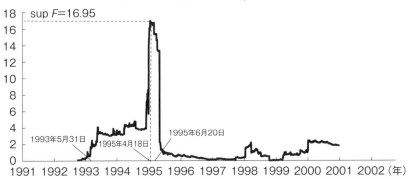

ます．介入に意図した効果があるならば，係数 β は負になります．$\beta<0$ とは，円買いドル売り介入をしたとき（$X_t>0$），為替レートが円高になる状況です（$Y_t<0$）．

図7-6は，さまざまな構造変化点に対して，対応する F 値を示したものです．たとえば，構造変化点を1993年5月31日とすると F 値は1.64，構造変化点を1995年6月20日とすると F 値は15.34です．構造変化点を1995年4月18日としたとき，F 値は16.95と最大値をとります（つまり，sup $F=$16.95）．表7-1に従うと，$q=2$ のとき，有意水準1％の臨界値は7.78であるため，帰無仮説（構造変化なし）が棄却されます．よって，構造変化点は F 値を最大にする1995年4月18日となります．

以上の分析から，構造変化点は1995年4月18日とわかりました．以下では，標本期間を2つに分けて推定を行います．

$$\hat{Y}_t = -0.030 + 3.732X_t \qquad \text{前半期間（1995年4月18日まで）}$$
$$(0.020) \quad (0.816)$$

$$\hat{Y}_t = 0.0095 - 1.133X_t \qquad \text{後半期間（1995年4月19日以降）}$$
$$(0.017) \quad (0.156)$$

　前半期間では，係数βは有意に正であり，介入は意図したものとは逆の効果を持っていました．これに対して，後半期間では，係数βは有意に負です．すなわち，係数が-1.133とは，1兆円の円買いドル売り介入を行うと，ドル円レートは1.133%だけ円高方向に動くことを意味し，介入は意図した効果を持っていることになります．

コラム　7-2　ミスター円

　1995年に何があったのでしょうか．ミスター円と呼ばれた榊原英資氏は，1995年6月21日に財務省の国際金融局局長に就任し，為替介入の事実上の指揮をとりました．榊原氏は，前任者の介入について，次のように語っています．

　「介入があまりにも頻繁すぎたということもあって，市場は介入慣れし，市場は介入を1つの与件としながら動いていた．しかも，ほとんどの介入は協調介入を含めて予測可能で，協調介入でさえ，若干の効果が短期的にはみられたものの，その効果は長続きせず，市場の円高センチメントを変えるのは容易でなかった」．そこで，「為替介入の哲学と手法の変更．これは，私が決定し，財務官と大臣を説得すればよかった．1つは，介入の頻度を極端に少なくし，1回ごとの介入は大量の資金でいわゆる押上げ介入することだった」（榊原英資（2000）『日本と世界が震えた日―サイバー資本主義の成立』中央公論新社より抜粋）．

　つまり，榊原氏は，市場参加者の期待形成を効果的に変えるため，意図的に大規模な介入を少ない頻度で行うことで，介入効果を高めたのです．

　本章では，データから構造変化の可能性を検証しましたが，上記の榊原氏の発言からも，構造変化の確認ができたといえるでしょう．構造変化を示すためには，データの検証に加えて，歴史や制度に関する深い理解が不可欠です．データから構造変化が確認できたとしても，歴史や制度の裏付けがないと，その主張の説得力が不十分になります．データ分析と歴史や制度の裏付けは，実証分析における「車の両輪」といえるでしょう．

7.4.3　構造変化が複数回ある場合

　これまでの例は，構造変化が1回だけの場合でした．しかし，長期間のデータでは，構造変化は1回でなく，複数回存在する可能性もあります．ここでは，先に紹介した sup F 検定を拡張して構造変化の回数を推定する方法である，**バイ＝ペロン検定**（Bai-Perron test）を説明します[14]．バイ＝ペロン検定では，以下の手順を踏むことで構造変化の回数を推定します．

　まず，通常の sup F 検定をします．仮説は次のとおりです．

$$H_0：構造変化なし$$
$$H_1：構造変化が1回あり$$

　帰無仮説 H_0 が採択されたら，構造変化なしと判断します．そして，帰無仮説 H_0 が棄却されたら，次の仮説を新たに設定し，sup F 検定をします．

$$H_0：構造変化が1回あり$$
$$H_1：構造変化が2回あり$$

　そして，帰無仮説 H_0 が採択されたら，構造変化は1回と判断します．しかし，帰無仮説 H_0 が棄却されたら，次の仮説を新たに設定し，sup F 検定をします．

$$H_0：構造変化が2回あり$$
$$H_1：構造変化が3回あり$$

　こうした手順を帰無仮説 H_0 が採択されるまで続けます[15]．これによって，構造変化の回数を推定できます．構造変化の回数が推定できたら，残差2乗和を最小にする構造変化点の組み合わせを選び，すべての構造変化点を推定できます．

14）　Bai, J. and Perron, P. (1998) "Estimating and Testing Linear Models with Multiple Structural Changes," *Econometrica* 66(1), 47-78.

15）　事前に設定された回数の最大値に達したら，そこで終わりになります．通常，最大値は5回に設定されます．

補　足

F 統計量の確率分布

SSR_1 は(1)式の残差 2 乗和 $\sum_{i=1}^{n}\hat{u}_{1i}^2$, SSR_0 は(2)式の残差 2 乗和 $\sum_{i=1}^{n}\hat{u}_{0i}^2$ ですから, (3)式の F 統計量は次のように表現できます.

$$F = \frac{\left(\sum_{i=1}^{n}\hat{u}_{0i}^2 - \sum_{i=1}^{n}\hat{u}_{1i}^2\right)/q}{\sum_{i=1}^{n}\hat{u}_{1i}^2/(n-K-1)}$$

さらに分母と分子を σ^2 で割ると,

$$F = \frac{\left(\sum_{i=1}^{n}(\hat{u}_{0i}/\sigma)^2 - \sum_{i=1}^{n}(\hat{u}_{1i}/\sigma)^2\right)/q}{\sum_{i=1}^{n}(\hat{u}_{1i}/\sigma)^2/(n-K-1)}$$

となります. ここで, 分子 $\sum_{i=1}^{n}(\hat{u}_{0i}/\sigma)^2 - \sum_{i=1}^{n}(\hat{u}_{1i}/\sigma)^2$ は自由度 q の χ^2 分布, 分母 $\sum_{i=1}^{n}(\hat{u}_{1i}/\sigma)^2$ は自由度 $n-K-1$ の χ^2 分布に従うなら, F 統計量は F 分布（自由度 q, $n-K-1$）に従うことになります（巻末付録 C.4参照）.

　まず, 分母を確認します.（1)式は, 説明変数が K 個ある重回帰モデルですから, $\sum_{i=1}^{n}(\hat{u}_{1i}/\sigma)^2$ は自由度 $n-K-1$ の χ^2 分布に従います（5 章補足参照）.

　次に, 分子を確認します.（2)式は, 説明変数が $K-q$ 個ある重回帰モデルですから, $\sum_{i=1}^{n}(\hat{u}_{0i}/\sigma)^2$ の自由度は $n-(K-q)-1 = n-K+q-1$ です（5 章補足参照）. 既に確認したとおり, $\sum_{i=1}^{n}(\hat{u}_{1i}/\sigma)^2$ も自由度 $n-K-1$ の χ^2 分布に従います. ここで, 分子 $\sum_{i=1}^{n}(\hat{u}_{0i}/\sigma)^2 - \sum_{i=1}^{n}(\hat{u}_{1i}/\sigma)^2$ は χ^2 分布となり, その自由度は両者の自由度の差である $(n-K+q-1) - (n-K-1) = q$ になります（証明の詳細は, 大学院レベルの書籍を読んでください）.

F 検定の一般化

　これまで仮説として, 除外制約（一部の係数が 0 である）だけを考えてきました. しかし, 仮説は除外制約だけでなく, ほかにもさまざまな仮説が考えられます. ここでは, 除外制約以外の仮説について簡単に説明します. F 検定の理解を深めたい読者はぜひ読んでください.

　重回帰モデルは,

$$Y = \alpha + \beta_1 X_1 + \beta_2 X_2 + \cdots + \beta_{K-q} X_{K-q} + \beta_{K-q+1} X_{K-q+1} + \cdots + \beta_K X_K + u$$

とし, 仮説を次のとおり設定します.

$$H_0 : \beta_{K-q+1} = b_{K-q+1}, \quad \cdots, \quad \beta_K = b_K$$
$$H_1 : 帰無仮説 H_0 は誤りである$$

　帰無仮説 H_0 では，最後の q 個の説明変数の係数は特定の値（b_{K-q+1}, $\cdots$, b_K）をとるとしています．分析者が，関心に応じてこれらの値を決めます．対立仮説 H_1 は，帰無仮説 H_0 は誤りである，つまり，どれかの等号は成立しない，となります．ここでは，説明変数の係数に関する仮説を考えていますが，定数項が特定の値をとるという仮説を含めることも可能です．

例 7 - 5：どの代理変数が適当か——1991年以前の介入額を推定する

　財務省は，1991年4月1日以降の為替介入額を公表していますが，それ以前の介入額は公表していません．このため，先行研究では，1991年以前に関しては，介入額の代理変数を用いた分析がなされています．代理変数としては，1）外貨準備の変化，2）対民収支，があります[16]．そこで，どちらが優れた代理変数であるかを，（実際の介入額が利用可能な）1991年4月以降の月次データを用いて明らかにした，伊藤隆敏氏と筆者の共同研究を紹介します[17]．

　実際の介入額（兆円）を Y_t，代理変数（兆円）を X_t とした推定式を考えます．

$$Y_t = \alpha + \beta X_t + u_t$$

仮説は，次のとおり設定します．

$$H_0 : \alpha = 0, \ \beta = 1$$
$$H_1 : 帰無仮説 H_0 は誤りである$$

つまり，帰無仮説 H_0 が正しいとき，代理変数は介入額の不偏推定量になります（このとき，$Y_t = X_t + u_t$ であるため，$E[Y_t] = X_t$ と確認できます）．介入額の不偏推定量の中で，決定係数が1に近い代理変数が，優れた代理変数といえます．

16）　対民収支は「財政資金対民間収支」の「外国為替資金」から「為券公募発行市中償還調整」を引いた金額．
17）　伊藤隆敏・藪友良（2017）「為替介入と外貨準備—運用損益の長期推計」『日本経済研究』74号，98-127．また，追加分析した論文として以下があります．Ito, T. and Yabu, T. (2020) "Japanese Foreign Exchange Interventions, 1971-2018: Estimating a Reaction Function Using the Best Proxy," *Journal of the Japanese and International Economies* 58, Article 101106．

表7-2　代理変数の推定精度

	(1) 外貨準備	(2) 対民収支
α	−0.018	0.00004
	(0.013)	(0.009)
β	1.026	0.995
	(0.029)	(0.018)
T	96	96
F 値	1.11	0.03
R^2	0.928	0.969

(注)　T はサンプルサイズ，カッコ内は標準誤差．(1)式は代理変数を外貨準備とした推定，(2)式は代理変数を対民収支とした推定です．

図7-7　介入額とドル円レートの推移（1971年から1991年まで）

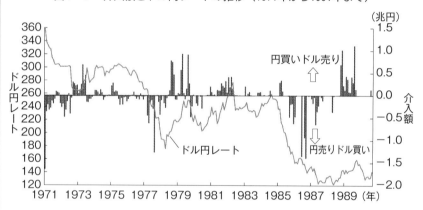

表7-2では，推定結果をまとめています．代理変数として，1列目では外貨準備，2列目では対民収支を用いました．ここで，帰無仮説（$H_0 : \alpha = 0, \beta = 1$）が正しければ，$F$ 値は小さくなり，対立仮説が正しければ，F 値は大きくなります．どちらの推定でも，F 値は非常に小さく，帰無仮説 H_0 を棄却できません（どちらの代理変数も介入額の不偏推定量です）．ここで，対民収支を用いた推定のほうが決定係数は高く，対民収支のほうが代理変数として優れていることがわかります．

　なお，図7-7は，介入額が未公表の1991年3月以前について，対民収支から推定した介入額（兆円）を示したものです．この図から，通貨当局は，円高になると円売りドル買い介入をし，円安になると円買いドル売り介入をすることで，為替レートの動きを安定化させてきたことがわかります．

練習問題

1．個別の t 検定によって，結合仮説を検定することの是非を述べよ．

2．次のモデルを推定した結果，残差2乗和は100となった（ただし，$n=50$）．

$$Y = \alpha + \beta_1 X_1 + \beta_2 X_2 + \beta_3 X_3 + u$$

(a) 説明変数 X_2, X_3 に説明力がないことを確認するため，帰無仮説 H_0 と対立仮説 H_1 を設定せよ．

(b) (a) で設定した仮説 H_0 が正しいとしたモデルは何か．

(c) 仮説 H_0 が正しいとしたモデルを推定したところ，残差2乗和は150となった．有意水準5％で，(a) で設定した仮説を F 検定せよ．

3．前半期間では $Y_t = \alpha + \beta X_t + u_t$，後半期間では $Y_t = \alpha' + \beta' X_t + u_t$ となる（ただし，$\beta < 0$，$\beta' < 0$ である）．このとき，構造変化を考慮しないで推定したところ，X の係数は有意に正となった．どのような原因が考えられるか．

4．男女のモデルとして，次の関係を考える．

$$男性：Y_i = \alpha + \beta X_i + u_i$$
$$女性：Y_i = \alpha' + \beta' X_i + u_i$$

男女でパラメータに違いがあるかを検定する方法を述べよ．Hint：女性ダミー F_i，交差項 $F_i X_i$ を用いる．

5．F 統計量は，決定係数を用いて，次のようにも表現できることを示せ．

$$F = \frac{(R_1^2 - R_0^2)/q}{(1 - R_1^2)/(n - K - 1)}$$

ただし，R_0^2 は H_0 が正しいとしたモデルからの決定係数，R_1^2 は H_1 が正しいとしたモデルからの決定係数である．

6．7.3.3節の仮説で F 統計量は，次のように表現できることを示せ．

$$F = \frac{R_1^2/K}{(1 - R_1^2)/(n - K - 1)}$$

Hint：H_0 が正しいとき，モデルは $Y_i = \alpha + u_i$ となる．$\hat{\alpha}$ は $\bar{Y}$ であり，$\hat{u}_{0i} = Y_i - \hat{\alpha} = Y_i - \bar{Y}$ となる（2章の練習問題7参照）．

7．$T = 200$，$T = 1000$ の場合に，構造変化点の候補をそれぞれあげよ．

8．説明変数は2つある．H_0（全パラメータに構造変化なし）とし，構造変化の検定をした結果，$\sup F$ は4.50となった．このとき，H_0 を棄却できるか．

9．★確率の加法定理から，事象 A または B が生じる確率は，

$$P\{A \cup B\} = P\{A\} + P\{B\} - P\{A \cap B\}$$

と表現できる．この関係式が正しいことを，ベン図により証明せよ．

10．★ F 値を最大にする $\hat{T}_B$ は，(6)式の残差2乗和を最小にすることを示せ．

11．☆例7-1の推定結果を再現せよ．

12．☆例7-2，例7-3の推定結果を再現せよ．

13．☆例7-4の推定結果を再現せよ．さらに説明変数として，1期前の為替変化率を追加することで，推定結果がどのように変わるかを確認せよ．

14．☆例7-5の推定結果を再現せよ．

標準的仮定の妥当性

3章では，OLS 推定量は，不偏性と一致性を満たした良い推定量であること，すなわち，推定結果が平均的に正しく，サンプルサイズが大きくなると真の値に収束するものであることを確認しました．本章では，ガウス＝マルコフの定理により，OLS 推定量が最良線形不偏推定量であることを確認します．しかし，一般には，ガウス＝マルコフの定理は成り立たないと考えられます．それでもなお，OLS 推定量は一致性を満たした良い推定量であり，実証分析で頻繁に用いられる推定量の1つとなります．

8.1 ガウス＝マルコフの定理

はじめに，単回帰分析を用いて，線形不偏推定量とは何であるかを定義し，OLS 推定量は線形不偏推定量であることを確認します．ガウス＝マルコフの定理によって，OLS 推定量は，線形不偏推定量の中でも，分散が最小となる最良線形不偏推定量であることを示します．

8.1.1 線形不偏推定量

本章において，モデルは次のとおりとします．

$$Y_i = \alpha + \beta X_i + u_i$$

回帰係数 β の**線形推定量**（linear estimator）とは，推定量 β^* が，被説明変数（$Y_1,\ Y_2,\ \cdots,\ Y_n$）の線形関数，つまり，次式で表されるものをいいます．

$$\beta^* = \sum_{i=1}^{n} d_i Y_i$$

ここで，（$d_1,\ d_2,\ \cdots,\ d_n$）は加重（ウェイト）です[1]．この加重は，説明変数（$X_1,\ X_2,\ \cdots,\ X_n$）に依存しうる一方，被説明変数（$Y_1,\ Y_2,\ \cdots,\ Y_n$）には依存しないとします．

線形不偏推定量（linear unbiased estimator）とは，線形推定量 β^* の中でも

不偏性を満たした推定量をいいます．つまり，線形推定量 β^* が，$E[\beta^*] = \beta$ を満たすならば，線形不偏推定量になります．

8.1.2　線形不偏推定量の例

次のような推定量を考えてみましょう（ただし，$X_2 \neq X_1$）．

$$\beta^* = \frac{Y_2 - Y_1}{X_2 - X_1}$$

図8-1は，2点の観測値を示しています．この図から，推定量 $\beta^* = (Y_2 - Y_1)/(X_2 - X_1)$ は，2点を結ぶ直線の傾きであるとわかります．

図8-1　線形推定量

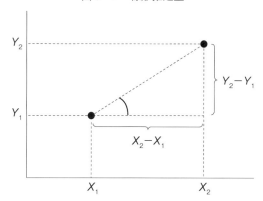

推定量 β^* が線形推定量であることは，次の式から明らかです．

$$\beta^* = \underbrace{\frac{-1}{X_2 - X_1}}_{=d_1} Y_1 + \underbrace{\frac{1}{X_2 - X_1}}_{=d_2} Y_2$$

また，$E[\beta^*] = \beta$ となるため，β^* は線形不偏推定量になります（$E[\beta^*] = \beta$ の証明は練習問題7参照）[2]．

8.1.3　線形不偏推定量としてのOLS推定量

OLS推定量は，線形不偏推定量です．その意味を確認してみましょう．

---

1)　$\beta^* = d_1 Y_1 + d_2 Y_2 + \cdots + d_n Y_n$ は，Y_i に d_i を乗じてから足し合わせたものです．たとえば，$d_i = 0$ ならば，Y_i は計算で考慮されません．d_i は「Y_i の重要性」を表しているので加重と呼ばれます．

2)　ただし，この推定量は2点の観測値しか用いていないため，推定量の分散は大きく（推定精度は悪く），問題のある推定量となります．

OLS 推定量 $\hat{\beta}$ は，次式で表すことができます．

$$\hat{\beta} = \frac{\sum_{i=1}^{n}(X_i - \bar{X})(Y_i - \bar{Y})}{\sum_{i=1}^{n}(X_i - \bar{X})^2} = \frac{\sum_{i=1}^{n}(X_i - \bar{X})Y_i}{\sum_{i=1}^{n}(X_i - \bar{X})^2}$$

分子の式展開では，次の関係を用いました[3]．

$$\sum_{i=1}^{n}(X_i - \bar{X})(Y_i - \bar{Y}) = \sum_{i=1}^{n}(X_i - \bar{X})Y_i - \bar{Y}\underbrace{\sum_{i=1}^{n}(X_i - \bar{X})}_{\text{偏差の和は }0} = \sum_{i=1}^{n}(X_i - \bar{X})Y_i$$

OLS 推定量が線形推定量であることは，次の式展開から明らかです．

$$\hat{\beta} = \frac{\sum_{i=1}^{n}(X_i - \bar{X})Y_i}{\sum_{i=1}^{n}(X_i - \bar{X})^2} = \frac{(X_1 - \bar{X})Y_1 + (X_2 - \bar{X})Y_2 + \cdots + (X_n - \bar{X})Y_n}{\sum_{i=1}^{n}(X_i - \bar{X})^2}$$

$$= \underbrace{\frac{(X_1 - \bar{X})}{\sum_{i=1}^{n}(X_i - \bar{X})^2}}_{= c_1} Y_1 + \underbrace{\frac{(X_2 - \bar{X})}{\sum_{i=1}^{n}(X_i - \bar{X})^2}}_{= c_2} Y_2 + \cdots + \underbrace{\frac{(X_n - \bar{X})}{\sum_{i=1}^{n}(X_i - \bar{X})^2}}_{= c_n} Y_n$$

ここで，加重は次のとおりです．

$$c_i = \frac{(X_i - \bar{X})}{\sum_{i=1}^{n}(X_i - \bar{X})^2}$$

OLS 推定量は，他の線形推定量と区別するため，加重を c_i と表記しました．

3.3節では，OLS 推定量の良さを測る指標として，不偏性と一致性を示しましたが，その他の指標として，有効性（効率性ともいう）があります．**有効性**（efficiency）とは，不偏推定量であれば，「推定量の中で最小分散であること」を意味します（練習問題8参照）．

図8-2は，2つの不偏推定量（β_A^*, β_B^*）を示したものですが，この図から，推定量 β_A^* は推定量 β_B^* よりも分散が小さいことがわかります．これは，推定量 β_A^* がパラメータ β をより正確に推定できることを意味しており，分散の小さい推定量 β_A^* が，推定量 β_B^* より良い推定量ということになります．

それでは，次に，OLS 推定量は有効性を満たした良い推定量であることを確認していきましょう．

---

3) 偏差の和が0となることは，$\sum_{i=1}^{n}(X_i - \bar{X}) = \sum_{i=1}^{n}X_i - n\bar{X} = \sum_{i=1}^{n}X_i - n\frac{1}{n}\sum_{i=1}^{n}X_i = 0$ と確認できます．

図8-2 推定量の分布と有効性

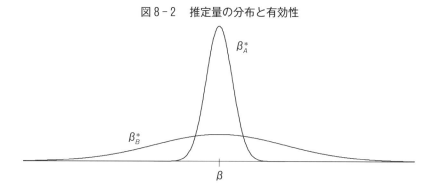

8.1.4 最良線形不偏推定量

　図8-3は推定量の集合を図にまとめたものです．長方形□が推定量全体の集合を表し，その一部である楕円○が線形推定量の集合を表しています．つまり，推定量全体の部分集合が線形推定量です．推定量には，線形推定量だけでなく，被説明変数（Y_1, Y_2, …, Y_n）の非線形推定量なども存在しています（楕円○の外が非線形推定量の集合を表します）．また，破線の円○は，不偏推定量の集合を表します．

　図8-3では，楕円○と破線の円○が重なる部分（網掛け領域）が，線形不偏推定量の集合を表しています．線形不偏推定量の中で，分散が最小となる（有効な）推定量は，**最良線形不偏推定量**（best linear unbiased estimator, BLUE）といいます．BLUE は文字どおり，「ブルー」と読みます．図の●に該当する部分が，最良線形不偏推定量です．BLUE は，「パラメータをバイア

図8-3 推定量全体と最良線形不偏推定量

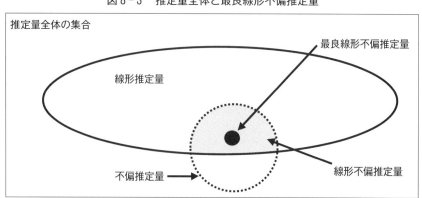

スなく推定でき（不偏性），推定量の分散も小さい（有効性）」という優れた性質を持っています.

ガウス = マルコフの定理（Gauss-Markov theorem）は，「OLS 推定量は BLUE であること」を示した定理です（証明は本章末の補足参照）[4].

ガウス = マルコフの定理

　回帰分析における標準的仮定のうち，

仮定 1：説明変数 X_i は確率変数ではない

仮定 3：$E[u_i] = 0$

仮定 4：$V(u_i) = E[u_i^2] = \sigma^2$

仮定 5：$Cov(u_i, u_j) = E[u_i u_j] = 0$　（ただし $i \neq j$）

が満たされるとき，OLS 推定量は最良線形不偏推定量（BLUE）となる.

　ガウス = マルコフの定理は，3.2 節で確認した回帰分析における標準的仮定のうち，仮定 1，3，4，5 が満たされていれば，「OLS 推定量は BLUE になる」とするものです. この定理は，実証分析において，OLS 推定量が用いられることを支持する理論的根拠の 1 つと位置付けられています.

　ところが，現実には，定理の前提条件が常に満たされるわけではありません. 3.2 節で議論したとおり，標準的仮定のうち，仮定 3 は成立すると考えて問題ありませんが，多くの場合，仮定 1，4，5 は成立しません. 次節以降では，仮定 1，4，5 の妥当性について詳しくみていきましょう.

　なお，回帰分析における標準的仮定は，上記以外に下記の 2 つがありました.

仮定 2：n が大きくなると，$\sum_{i=1}^{n} (X_i - \bar{X})^2$ は ∞ に近づく

仮定 6：誤差項 u_i は正規分布に従う

　これらは，ガウス = マルコフの定理の証明には不要な仮定であるため，除外されています. そもそも標準的仮定のうち，仮定 2 は，説明変数にある程度の変動があれば成立するものです. また，仮定 6 は，定理の証明に不要なだけでなく，サンプルサイズが大きければ，これまでの主要な結果を導くうえでも不要な仮定となります. この点は，8.4 節を参照してください.

---

4)　OLS 推定量よりも効率的な非線形推定量とは何でしょうか. たとえば，誤差項の分布の裾野が厚い（極端に大きな値，小さな値が生じる確率が高い）場合であれば，最小 2 乗法ではなく，残差の絶対値の和 $\sum_{i=1}^{n} |\hat{u}_i| = \sum_{i=1}^{n} |Y_i - (\hat{\alpha} + \hat{\beta} X_i)|$ を最小にする推定量のほうが効率的となります.

コラム　8-1　データからウソを暴く

　D. アリエリー（Dan Ariely）は著名な行動経済学者であり，ベストセラーとなった『予想どおりに不合理』（早川書房，2008年，熊谷淳子訳）の著者としても有名です．

　アリエリーらの有名な研究によると，「書類の最後ではなく，最初に（真正な申告であることを示す）署名をしてもらうことで，人々が不正を働く可能性は低下する」としています[5]．これは安価で効果的な不正対策として，政府や保険会社でも採用されてきましたが，実は，この論文は2021年9月に撤回されたうえ，その結果には再現性がないことが確認されました．

　論文撤回の原因となったブログ（DATA COLADA）の告発記事によると，アリエリーらの研究では，自動車保険会社が収集した顧客の走行距離データが用いられました．通常，走行距離は正規分布のような分布をとるはずですが，アリエリーのデータは全く異なる分布をしていました．図8-4をみると，収集された走行距離のデータは0から50000マイルまでほぼ同じ頻度で生じており，また，走行距離が50000マイルを超えた車は一台もありません．これはおかしな現象であり，データが捏造された可能性を示唆しています．

　データの捏造を示唆する証拠はほかにもありました．人々は大きな数字を報告するとき，数値を十，百，千などの単位で丸める傾向があります．たとえば，数値が13923ならば，13920，13900，14000などと数字を丸めて報告します．つまり，報告された走行距離の数値の一桁目の分布は，図8-5（a）のように0の出現頻度が多くなるはずです．しかし，論文で用いられたデータの分布をみると，図8-5（b）のように一様な分布となっていました．これもおかしな現象であり，データが捏造された可能性を示唆しています．

　こうした告発を受け，アリエリーと共著者らは，データが捏造されたものであることを認めましたが，「自分たちは騙されたのだ」と反論しています．共著者らは，「アリエリーがデータを収集し，自分たちはデータ収集に関わっていない」と言い，アリエリーは「保険会社がデータを作成したので自分は無実である」と言っています．ただし，「保険会社の名前は守秘義務で明かせない……保険会社からのメールは残っていない」としています．データを捏造した

5）　Shu, L. L., Mazar, N., Gino, F., Ariely, D., and Bazerman, M. H. (2012) "Signing at the Beginning Makes Ethics Salient and Decreases Dishonest Self-Reports in Comparison to Signing at the End," *Proceedings of the National Academy of Sciences* 109(38), 15197–15200.

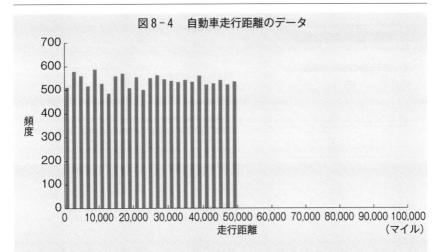

図 8 - 4　自動車走行距離のデータ

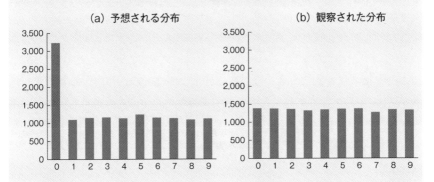

図 8 - 5　走行距離の一桁目の数字

（a）予想される分布　　　　　　　（b）観察された分布

のが誰であるのかは定かではありませんが，この騒動はアリエリーの研究全体
の質に対して疑義を投げかけるものといえます．

　ここまで悪質なケースは稀ですが，結果の再現性がない研究は多々ありま
す．論文は注意深く執筆されるものですが，人間である以上誤りは避けられま
せん．再現性を高めるためには，データの公開が不可欠です．データの公開が
義務付けられれば，研究者は慎重になり，誤りも減少し，さらに他の研究者が
誤りを発見する可能性が高まります．近年，国際学術誌ではデータ公開の義務
を課すものが増えており，こうした動きは研究結果の再現性を高めるのに有用
といえるでしょう．

8.2　誤差項に関する仮定について

　本節では，標準的仮定のうち，仮定4と仮定5の妥当性について詳しく議論していきます.

8.2.1　標準的仮定4の妥当性

　回帰分析における標準的仮定のうち，仮定4では，次のように誤差項 u_i の分散がすべての i について σ^2 で一定としています.

$$V(u_i) = E[u_i^2] = \sigma^2$$

　こうした**均一分散**の仮定は，数式の展開を容易にしますが，現実には成立しない仮定です. 誤差項の分散は均一ではなく，次のような**不均一分散**であると考えるのが現実的です.

$$V(u_i) = E[u_i^2] = \sigma_i^2$$

　たとえば，横断面データでは，均一分散は成立しない傾向があります. 図8-6は，横軸を教育年数（9年は中学校卒業，12年は高校卒業，16年は大学

図8-6　教育年数と所得との関係

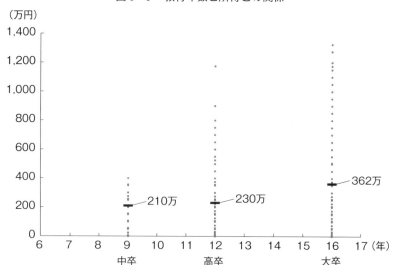

（注）　田中隆一（2015）『計量経済学の第一歩』有斐閣，の疑似ミクロデータを用いました.

卒業）とし，縦軸を所得（万円）としたものです．各教育年数の標本平均は「−」で表記しており，それぞれ210万円，230万円，362万円です．図8-6からは，教育年数が上がると，平均所得も上がり，それと同時に，所得の分散も大きくなることがわかります．これは，誤差項が均一分散ではなく，不均一分散であることを示しています．

　時系列データでも，不均一分散が生じる可能性があります．誤差項の分散は，常に一定ではなく，分散が高い時期，低い時期があるかもしれません．たとえば，通貨危機や金融危機といった経済危機の後は，大きな変動が起こりやすくなります．逆に，平穏期ならば大きな変動は起こりにくいでしょう．このように考えると，分散が一定という仮定は現実的ではないことがわかります．

8.2.2　標準的仮定5の妥当性

　標準的仮定のうち，仮定5では，誤差項同士の共分散が0，すなわち，誤差項は相互に無相関としていました．

$$Cov(u_i, u_j) = E[u_i u_j] = 0$$

　この仮定の妥当性は，データの種類によって異なります．たとえば，無作為抽出によって収集された横断面データであれば，誤差項は相互に独立となることから，仮定5は妥当といえます．これに対し，時系列データにおいては，誤差項同士は互いに相関する可能性が高くなります．なぜなら，ショックが与える影響は，一時点だけでなく，将来にわたって影響が及ぶことが一般的であるからです．たとえば，2007年の金融危機（負の経済ショック）は，その年のGDPに負の影響を与えただけでなく，それ以降も数年間にわたって影響を与えました．

8.2.3　標準的仮定4と5が満たされないケース

　ガウス＝マルコフの定理では，回帰分析における標準的仮定のうち，仮定4と仮定5が前提条件とされていました．本節を通して説明してきたとおり，現実には，これらの仮定は満たされないことが多く，OLS推定量はBLUEではないことになります．

　もっとも，OLS推定量はBLUEでこそありませんが，良い推定量であることに変わりはありません．標準的仮定のうち，仮定4と仮定5が満たされない場合でも，OLS推定量は不偏性と一致性を満たした良い推定量であること

は，9章，10章で学習します．ただし，仮定4や仮定5が満たされない場合，OLS 推定量の標準誤差は，これまで用いてきた標準誤差ではなく，新たな標準誤差を用いる必要があります（詳しくは9章と10章を参照）．

8.3　標準的仮定1が成立しないケース

　標準的仮定のうち，仮定1は，説明変数は確率変数ではないというものでした．実は，この仮定も現実的ではありません．たとえば，消費関数（消費の決定式）を推定する場合，被説明変数は消費額であり，説明変数は所得額です．景気が良ければ所得は増え，景気が悪ければ所得は減ります．景気変動は不確実な要素が多く，所得額も確率変数と考えるのが自然です．

　しかしながら，説明変数が確率変数であっても，説明変数と誤差項に相関がなければ問題はありません．計量経済学では，説明変数 X_i と誤差項 u_i に相関がないとき，つまり，

$$Cov(X_i, u_i) = 0$$

であれば，説明変数には**外生性**（exogeneity）があるといいます．このとき，OLS 推定量は一致性を満たした良い推定量となります．

　これに対して，説明変数 X_i と誤差項 u_i に相関があるとき，つまり，

$$Cov(X_i, u_i) \neq 0$$

であれば，説明変数には**内生性**（endogeneity）がある，といいます．内生性があると，OLS 推定量はバイアスを持ち，一致性を満たさなくなります．これは，欠落変数バイアスが生じるのと同じ理由です（5.3節参照）．

　図8-7を用いて，内生性の問題について考察してみましょう．実線が真の X と Y の関係（$\alpha + \beta X$）を表し，点線が推定された回帰直線（$\hat{\alpha} + \hat{\beta}X$）を表しています．ただし，係数 β は正としているため，実線（$\alpha + \beta X$）は右上がりの関係です．また，説明変数 X_i と誤差項 u_i に正の相関があるとします（$Cov(X_i, u_i) > 0$）．

　説明変数 X_i と誤差項 u_i に正の相関があるため，説明変数 X_i の値が大きいと，誤差項 u_i は大きな値（つまり，正の値）をとりやすくなります．これは，説明変数 X_i が大きな値だと，$Y_i = \alpha + \beta X_i + u_i$ という関係から，実線（$\alpha + \beta X$）より上側でデータが観察されやすくなることを意味します．逆に，説明

図 8-7　内生性とバイアスの関係

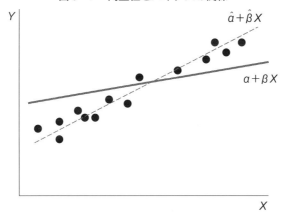

　変数 X_i が小さな値だと，誤差項 u_i は小さな値（つまり，負の値）となり，実線（$\alpha+\beta X$）の下側でデータが観察されやすくなります．したがって，回帰直線は点線のようになり，OLS 推定量 $\hat{\beta}$ は正のバイアスを持ちます（$E[\hat{\beta}]>\beta$）．

　説明変数と誤差項に相関がある限り，サンプルサイズが大きくなっても，問題は変わりません．図 8-7 の点線付近に同じような点が増えても，バイアスは消えないことは明らかでしょう．したがって，内生性がある場合には，一致性は満たされないことになります．

　内生性は深刻な問題ですが，計量経済学の手法によって解決することができます．13章では，その手法として，操作変数を用いた 2 段階最小 2 乗法を紹介します．

8.4　標準的仮定 6 について

　ガウス = マルコフの定理は，回帰分析における標準的仮定のうち，仮定 6（誤差項 u_i は正規分布に従う）を前提条件としていませんでした．実は，仮定 6（以下，**誤差項の正規性**という）は，ガウス = マルコフの定理だけでなく，これまでの主要な結果を導くうえでも不要な仮定です．

　3.6.1節では，誤差項の正規性を仮定することで，OLS 推定量が正規分布に従うことを導きました．誤差項の正規性は，誤差項がさまざまな要因に依存していると考えると，それほど不自然な仮定ではありません．しかし，現実には，誤差項の正規性が成立しない場合もあります．そうした場合であっても，

サンプルサイズが十分に大きければ，OLS 推定量は正規分布に従うことになります．すなわち，サンプルサイズが十分に大きければ，（誤差項が正規分布に従っていないとしても）中心極限定理により，OLS 推定量は正規分布に従います．つまり，誤差項の正規性は，理論的展開を容易にしてくれますが，これまでの主要な結果を導くうえで不要な仮定であることがわかります．

この点は，OLS 推定量 $\hat{\beta}$ の確率的表現からも理解できます（確率的表現は 3.3.1 節参照）．

$$\hat{\beta} = \beta + \frac{\sum_{i=1}^{n}(X_i - \bar{X})u_i}{\sum_{i=1}^{n}(X_i - \bar{X})^2}$$

ここで，新たな確率変数を $v_i = (X_i - \bar{X})u_i$ と定義します．

$$\hat{\beta} = \beta + \frac{\sum_{i=1}^{n}v_i}{\sum_{i=1}^{n}(X_i - \bar{X})^2}$$

サンプルサイズが大きくなると，確率変数 v_i の和である $\sum_{i=1}^{n}v_i$ は，中心極限定理によって正規分布に従います．中心極限定理では，確率変数の和や平均が正規分布に従うことに注意してください（巻末付録 C.1.4 参照）．以上から，誤差項の正規性が満たされない場合でも，OLS 推定量 $\hat{\beta}$ は正規分布に従うことがわかります[6]．

---

6)　厳密には，$\hat{\beta}$ が正規分布に従うとした結果が成立するには，追加条件が必要となります．ここでは，追加条件を示しませんが，これらは現実的な仮定となります．

補　足

線形不偏推定量の確率的表現

ガウス＝マルコフの定理を証明するための前提知識として，線形不偏推定量の確率的表現を導出してみましょう．

まず，線形推定量 β^* は，その定義より，次式で表すことができます（定義は8.1.1節参照）．

$$\beta^* = \sum_{i=1}^{n} d_i Y_i \tag{1}$$

ここで，d_i は加重になります．(1)式に，$Y_i = \alpha + \beta X_i + u_i$ を代入すると，線形推定量の確率的表現が得られます．

$$\begin{aligned}\beta^* &= \sum_{i=1}^{n} d_i(\alpha + \beta X_i + u_i) \\ &= \alpha\sum_{i=1}^{n} d_i + \beta\sum_{i=1}^{n} d_i X_i + \sum_{i=1}^{n} d_i u_i\end{aligned} \tag{2}$$

次に，線形推定量 β^* の期待値をとると，次のようになります．

$$E[\beta^*] = \alpha\sum_{i=1}^{n} d_i + \beta\sum_{i=1}^{n} d_i X_i + \underbrace{E\left[\sum_{i=1}^{n} d_i u_i\right]}_{=0} = \alpha\sum_{i=1}^{n} d_i + \beta\sum_{i=1}^{n} d_i X_i$$

式展開では，標準的仮定 1（X_i は確率変数ではない）と標準的仮定 3（$E[u_i]$ $=0$）を用いました[7]．この結果から，線形推定量が不偏性（$E[\beta^*]=\beta$）を満たすためには，以下の制約式を満たす必要があるとわかります．

$$① \quad \sum_{i=1}^{n} d_i = 0 \qquad ② \quad \sum_{i=1}^{n} d_i X_i = 1$$

つまり，線形不偏推定量の確率的表現は，(2)式に制約①と②を課した次式となります．

$$\beta^* = \alpha\underbrace{\sum_{i=1}^{n} d_i}_{=0} + \beta\underbrace{\sum_{i=1}^{n} d_i X_i}_{=1} + \sum_{i=1}^{n} d_i u_i = \beta + \sum_{i=1}^{n} d_i u_i \tag{3}$$

ガウス＝マルコフの定理の証明

(3)式の線形不偏推定量の分散を最小にする加重 d_i は，OLS 推定量の加重 c_i であることを示します．これを示せば，OLS 推定量は，最良線形（最小分散）不偏推定量となることがわかります．

---

[7]　これらの仮定のもとで，$E\left[\sum_{i=1}^{n} d_i u_i\right] = d_1 E[u_1] + d_2 E[u_2] + \cdots + d_n E[u_n] = 0$ が成立します．

線形不偏推定量の分散 $V(\beta^*)$ は，(3)式から，

$$V(\beta^*) = E[(\beta^* - \beta)^2] = E\left[\left(\sum_{i=1}^{n} d_i u_i\right)^2\right]$$

となります．ここで，標準的仮定4（$V(u_i) = E[u_i^2] = \sigma^2$）と標準的仮定5（$Cov(u_i, u_j) = E[u_i u_j] = 0$）を用いると，線形不偏推定量の分散 $V(\beta^*)$ は，次のようになります[8]．

$$E\left[\left(\sum_{i=1}^{n} d_i u_i\right)^2\right] = \sigma^2 \sum_{i=1}^{n} d_i^2$$

ここで，$d_i = c_i + (d_i - c_i)$ と表記すると，分散 $V(\beta^*)$ は，

$$\sigma^2 \sum_{i=1}^{n} d_i^2 = \sigma^2 \sum_{i=1}^{n} \{c_i + (d_i - c_i)\}^2$$

$$= \sigma^2 \sum_{i=1}^{n} \{c_i^2 + (d_i - c_i)^2 + 2(d_i - c_i)c_i\}$$

$$= \sigma^2 \left\{\sum_{i=1}^{n} c_i^2 + \sum_{i=1}^{n} (d_i - c_i)^2 + 2\underbrace{\sum_{i=1}^{n} (d_i - c_i)c_i}_{=0}\right\}$$

と展開できます．ここで，右辺第3項は以下の理由で0となります．

$$\sum_{i=1}^{n} (d_i - c_i)c_i = \sum_{i=1}^{n} c_i d_i - \sum_{i=1}^{n} c_i^2 = 0$$

上式の展開では，$\sum_{i=1}^{n} c_i d_i = \sum_{i=1}^{n} c_i^2$ となることを用いています．

$\sum_{i=1}^{n} c_i d_i = \sum_{i=1}^{n} c_i^2$ が正しいことは，OLS推定量の加重が，

$$c_i = \frac{(X_i - \bar{X})}{\sum_{i=1}^{n} (X_i - \bar{X})^2}$$

となること（8.1.3節参照），加えて，加重 d_i に関する制約が①$\sum_{i=1}^{n} d_i = 0$，②$\sum_{i=1}^{n} d_i X_i = 1$ であることを用いると，

$$\sum_{i=1}^{n} c_i d_i = \frac{\sum_{i=1}^{n} (X_i - \bar{X})d_i}{\sum_{i=1}^{n} (X_i - \bar{X})^2} = \frac{\sum_{i=1}^{n} d_i X_i - \bar{X} \sum_{i=1}^{n} d_i}{\sum_{i=1}^{n} (X_i - \bar{X})^2} = \frac{1}{\sum_{i=1}^{n} (X_i - \bar{X})^2}$$

---

[8] 式展開が難しいので，$n = 2$ の場合をみてみましょう．これは次のように展開できます．

$$E\left[\left(\sum_{i=1}^{2} d_i u_i\right)^2\right] = E[(d_1 u_1 + d_2 u_2)^2]$$

$$= d_1^2 E[u_1^2] + d_2^2 E[u_2^2] + 2d_1 d_2 E[u_1 u_2]$$

$$= \sigma^2 (d_1^2 + d_2^2)$$

式展開では，仮定4から $E[u_1^2] = E[u_2^2] = \sigma^2$，仮定5から $E[u_1 u_2] = 0$ となることを用いました．

また，

$$\sum_{i=1}^{n} c_i^2 = \frac{\sum_{i=1}^{n}(X_i - \bar{X})^2}{\left(\sum_{i=1}^{n}(X_i - \bar{X})^2\right)^2} = \frac{1}{\sum_{i=1}^{n}(X_i - \bar{X})^2}$$

となることから確認できます．

　以上から，線形不偏推定量の分散 $V(\beta^*)$ は，次のように表すことができます．

$$\sigma^2 \sum_{i=1}^{n} d_i^2 = \sigma^2 \left\{ \sum_{i=1}^{n} c_i^2 + \sum_{i=1}^{n}(d_i - c_i)^2 \right\}$$

右辺第1項 $\sum_{i=1}^{n} c_i^2$，第2項 $\sum_{i=1}^{n}(d_i - c_i)^2$ ともに2乗和であるため，0以上となります．ここで，第2項だけが，加重 d_i に依存しています．つまり，最良線形不偏推定量の加重 d_i とは，第2項 $\sum_{i=1}^{n}(d_i - c_i)^2$ を最小化する d_i であるとわかります．第2項は，$d_i = c_i$ ならば0で最小となるため，OLS推定量の加重 c_i は，線形不偏推定量の中で，最小分散となる最良線形不偏推定量の加重と一致します．

練習問題

1. 均一分散と不均一分散はどちらが妥当な仮定か.

2. 無作為抽出した横断面データでは, 誤差項同士は無相関と仮定できるか.

3. 時系列データでは, 誤差項同士は無相関と仮定できるか.

4. 内生性と外生性とは何か.

5. 内生性の何が問題か.

6. X_i と u_i に負の相関があるとき, $\hat{\beta}$ にどのようなバイアスが生じるか.

7. 8.1.2節で紹介した推定量 $\beta^* = (Y_2 - Y_1)/(X_2 - X_1)$ の期待値と分散を求めよ. ただし, 誤差項は標準的仮定を満たすとする. Hint：β^* の確率的表現は, $\beta^* = \beta + (u_2 - u_1)/(X_2 - X_1)$ となる.

8. ★ パラメータ θ の推定量 $\hat{\theta}$ を考える. 平均2乗誤差 (mean squared error, MSE) は, 推定量 $\hat{\theta}$ と真の値 θ との乖離の2乗の期待値, つまり,

$$MSE = E[(\hat{\theta} - \theta)^2]$$

また, 有効性は, 「推定量の中で MSE が最小であること」と定義される.

(a) MSE は, 次のように分解できることを示せ.

$$MSE = E[(\hat{\theta} - \theta)^2]$$
$$= V(\hat{\theta}) + Bias(\hat{\theta})^2$$

ただし, $V(\hat{\theta})$ は $\hat{\theta}$ の分散とし, $Bias(\hat{\theta}) = E[\hat{\theta}] - \theta$ として定義される.

Hint：$E[(\hat{\theta} - \theta)^2] = E[((\hat{\theta} - E[\hat{\theta}]) + (E[\hat{\theta}] - \theta))^2]$

(b) $\hat{\theta}$ が不偏推定量 $(E[\hat{\theta}] = \theta)$ であれば, 有効性の条件は何か.

第 9 章　不均一分散

　本章では，回帰分析における標準的仮定のうち，仮定4（誤差項の均一分散）が満たされない状況においては，どのような推定方法を用いるのが適切であるかについて学んでいきます．誤差項の均一分散が満たされないときには，OLS推定量は最良線形不偏推定量（BLUE）ではありません．しかし，OLS推定量は，依然として，不偏性と一致性を満たした良い推定量である，といえます．ただし，OLS推定量の標準誤差は，不均一分散を考慮したロバスト標準誤差により算出します．最後に，不均一分散のもとでBLUEとなる加重最小2乗推定量を紹介します．

9.1　不均一分散

　均一分散（$V(u_i) = E[u_i^2] = \sigma^2$）は，ガウス＝マルコフの定理の前提条件であり，数式展開も簡単にしてくれます．しかし，均一分散は，現実には成立しない仮定です．**不均一分散**は，分散が一定ではない，つまり次式で表されます．

$$V(u_i) = E[u_i^2] = \sigma_i^2$$

ここで，誤差項の分散は，σ^2 ではなく，σ_i^2 としています（8.2.1節参照）．

9.1.1　誤差項が不均一分散になる例
　前章までは，「誤差項は均一分散である」としてきました．しかし，均一分散は特殊ケースであり，不均一分散が現実的ケースです．本節では，具体例を通じて，不均一分散の理解を深めていきましょう．

例 9-1：グループ平均から生じる不均一分散
　政府統計では，グループ平均として集計されたデータが公表されています．たとえば，都道府県別の平均所得や平均消費などです．しかし，平均化されたデータを分析すると，誤差項は不均一分散になります．これは，グ

ループ内の人数が多いと，情報精度が高くなり，誤差項の分散が小さくなるためです．反対に，グループ内の人数が少ないと，情報精度が低くなり，誤差項の分散が大きくなります．

　そこで，都道府県別の平均データを用いて，誤差項が不均一分散になることを確認してみましょう．i 県の j 世帯の消費額を Y_{ij}，所得額を X_{ij} とし，両変数には，次の線形関係があるとします．

$$Y_{ij} = \alpha + \beta X_{ij} + u_{ij}$$

ただし，誤差項 u_{ij} は，標準的仮定を満たすとします（つまり，均一分散 $E[u_{ij}^2] = \sigma^2$ が成立する）．

　公表されているデータは，個票データではなく，都道府県別の平均です．個票データに線形関係があれば，集計データにも線形関係が成立します．これを確認するため，上式について，i 県の平均を考えます．i 県の消費額の総和は次式となります．

$$\sum_{j=1}^{N_i} Y_{ij} = \sum_{j=1}^{N_i} (\alpha + \beta X_{ij} + u_{ij}) = N_i \alpha + \beta \sum_{j=1}^{N_i} X_{ij} + \sum_{j=1}^{N_i} u_{ij}$$

これを集計世帯数 N_i で割ると，平均同士の線形関係が得られます．

$$\underbrace{\frac{\sum_{j=1}^{N_i} Y_{ij}}{N_i}}_{= Y_i} = \alpha + \beta \underbrace{\frac{\sum_{j=1}^{N_i} X_{ij}}{N_i}}_{= X_i} + \underbrace{\frac{\sum_{j=1}^{N_i} u_{ij}}{N_i}}_{= u_i}$$

　ここで，被説明変数 Y_i は i 県の平均消費額（$\sum_{j=1}^{N_i} Y_{ij}/N_i$），説明変数 X_i は平均所得額（$\sum_{j=1}^{N_i} X_{ij}/N_i$）です．また，誤差項 u_i は，元の誤差項 u_{ij} の平均であり（$\sum_{j=1}^{N_i} u_{ij}/N_i$），その分散は次式となります（証明は本章末の補足参照）．

$$V(u_i) = \frac{\sigma^2}{N_i}$$

　この式から，世帯数の多い県では誤差項 u_i の分散は小さく，世帯数の少ない県では誤差項の分散は大きくなることが確認できました．

例9−2：線形確率モデルから生じる不均一分散

　求人広告に履歴書を送ったとき，企業から返事が来るかどうかに関心があるとします．被説明変数 Y_i は，個人 i に対して企業から返事があれば 1，

返事がなければ0となるダミー変数とします．そして，説明変数 X_i は，個人 i の属性（性別，年齢，資格など）です．このとき，Y_i と X_i には次の線形関係があるとします．

$$Y_i = \alpha + \beta X_i + u_i$$

このように，被説明変数がダミー変数であるモデルは，確率と結びついていることから，**線形確率モデル**（linear probability model）と呼ばれます（線形確率モデルは12章で詳しく学習します）．

　まず，上記モデルが確率と関係していることを確認します．ここで，被説明変数 Y_i の期待値をとると，次式となります．

$$E[Y_i] = \alpha + \beta X_i$$

また，Y_i は1か0の値をとり，$Y_i = 1$ の確率を P_i と定義します（確率の和は1なので，$Y_i = 0$ となる確率は $1 - P_i$ です）．このとき，Y_i の期待値は，とりうる値をその確率で加重平均した次式となります（加重平均は巻末付録A.1.2参照）．

$$E[Y_i] = 1 \times P_i + 0 \times (1 - P_i) = P_i$$

両式とも同じ期待値 $E[Y_i]$ となるため，次式が成立します．

$$P_i = \alpha + \beta X_i$$

つまり，企業から返事がある確率 P_i は，説明変数 X_i の線形関数です．したがって，係数 β は「X が1単位増えたとき，$Y = 1$ の確率はどれぐらい変化するか」を表します．

　次に，誤差項の分散 $V(u_i) = E[u_i^2]$ は一定とならないこと（不均一分散）を確認しましょう．誤差項は，関係式 $Y_i = \alpha + \beta X_i + u_i$，$P_i = \alpha + \beta X_i$ から，次の式で表されます．

$$u_i = Y_i - (\alpha + \beta X_i) = Y_i - P_i$$

つまり，$Y_i = 1$ ならば，誤差項は $u_i = 1 - P_i$ となり，$Y_i = 0$ ならば，誤差項は $u_i = -P_i$ となります．ここで，分散 $V(u_i) = E[u_i^2]$ は，u_i^2 のとりうる値をその確率で加重平均した次式となります．

$$E[u_i^2] = (1-P_i)^2 P_i + (-P_i)^2(1-P_i)$$
$$= (1-P_i)\left[(1-P_i)P_i + P_i^2\right]$$
$$= (1-P_i)P_i$$

X_i の値に応じて，$P_i = \alpha + \beta X_i$ は変化するため，分散が一定ではないことが明らかになりました．

　以下では，誤差項 u_i が不均一分散であることを前提に説明をします．ただし，標準的仮定のうち，仮定4（誤差項の均一分散以外はすべて成立しているとします．

9.2　不偏性と一致性

　誤差項の均一分散が満たされないとき，OLS推定量は最良線形不偏推定量（BLUE）ではありません．しかし，OLS推定量は，依然として，不偏性と一致性を満たした良い推定量である，といえます．

　OLS推定量は不偏性を満たすことを確認しましょう．ここで，$Y_i = \alpha + \beta X_i + u_i$ とすると，$\hat{\beta}$ の確率的表現は，次式となります（3.3.1節参照）．

$$\hat{\beta} = \beta + \frac{\sum_{i=1}^{n}(X_i - \bar{X})u_i}{\sum_{i=1}^{n}(X_i - \bar{X})^2}$$

このとき，期待値は，標準的仮定3（$E[u_i] = 0$）から，

$$E[\hat{\beta}] = \beta + \frac{\sum_{i=1}^{n}(X_i - \bar{X})E[u_i]}{\sum_{i=1}^{n}(X_i - \bar{X})^2} = \beta$$

となり，OLS推定量は不偏性を満たしています．つまり，不均一分散であっても，誤差項の期待値が0であることに変わりはないため，OLS推定量の不偏性は満たされます．

　なお，本章末の補足で証明しますが，OLS推定量の分散は，サンプルサイズが大きくなると0に近づいていくため，OLS推定量は一致性も満たした良い推定量となります．

9.3 ロバスト標準誤差

OLS推定量は良い推定量ですが，$\hat{\beta}$の分散は，均一分散のもとで導出された $\sigma^2/\sum_{i=1}^{n}(X_i-\bar{X})^2$ ではなく，不均一分散を考慮することで，次の式となります（証明は本章末の補足参照）．

> **不均一分散に対して頑健な OLS 推定量の分散**
>
> $$\sigma_{\hat{\beta}}^2 = \frac{\sum_{i=1}^{n}(X_i-\bar{X})^2\,\sigma_i^2}{\left(\sum_{i=1}^{n}(X_i-\bar{X})^2\right)^2}$$

ここで，誤差項の分散 σ_i^2 を，何らかの方法で推定する必要があります．誤差項の分散は $\sigma_i^2 = E[u_i^2]$ であるため，分散 σ_i^2 の推定量としては，誤差項の2乗である u_i^2 を用いることが考えられます．しかし，誤差項 u_i は観察できないため，その2乗である u_i^2 を用いることはできません．

3.3.4節で学習したとおり，誤差項 u_i の推定量が残差 $\hat{u}_i$ でした．このため，不均一分散のもとでは，$\hat{\beta}$ の分散は，誤差項の分散 σ_i^2 を残差2乗 $\hat{u}_i^2$ で置き換えた次式によって推定することができます．

> **不均一分散に対して頑健な OLS 推定量の分散の推定量**
>
> $$s_{\hat{\beta}}^2 = \frac{\sum_{i=1}^{n}(X_i-\bar{X})^2\hat{u}_i^2}{\left(\sum_{i=1}^{n}(X_i-\bar{X})^2\right)^2}$$

分散の推定量 $s_{\hat{\beta}}^2$ の平方根である標準誤差 $s_{\hat{\beta}}=\sqrt{s_{\hat{\beta}}^2}$ は，**不均一分散に対して頑健な**（heteroskedasticity consistent）ものとなり，英語の頭文字をとって，**HC標準誤差**と呼ばれます．HC標準誤差は**ロバスト標準誤差**（robust standard error），または開発者 H. ホワイト（Halbert White）にちなんで**ホワイト標準誤差**（White standard error）とも呼ばれます．ロバスト標準誤差は，通常の標準誤差より大きくなることも，小さくなることもあります．

統計ソフトでは，OLS推定すると通常の標準誤差が算出されます．ただし，不均一分散が自然な前提であるため，統計ソフトのオプションを変更するなどし，ロバスト標準誤差を算出するようにしてください．たとえば，Stataでは，コマンドの最後に「r」と記載すればロバスト標準誤差になります．

以下では，具体例を通じて，通常の標準誤差とロバスト標準誤差の違いに関する理解を深めていきましょう．

例9-3：ロバスト標準誤差——賃料と専有面積の関係

3.5節の例3-2で紹介した724件の物件データを分析します．ここで，賃料を Y，面積を X とすると，次のように推定されます．

$$\hat{Y} = 2.69 + 0.160X$$

通常の標準誤差　　(0.101)(0.0034)
ロバスト標準誤差　(0.117)(0.0049)

カッコ内は，1行目が通常の標準誤差，2行目がロバスト標準誤差です．これをみると，ロバスト標準誤差のほうが20〜40％ほど大きくなっています．ロバスト標準誤差を用いても，係数の t 値は33（＝0.160/0.0049）と大きく，有意な結果であることに変わりはありません．

例9-4：ロバスト標準誤差——差別は存在するのか

米国の労働市場において，アフリカ系アメリカ人（以後，黒人）への差別は存在するでしょうか．黒人の給与は低く，失業率も高い傾向があると一般的に考えられていますが，人種の影響を厳密に調べるには，個人の属性（年齢，性別，教育年数，生まれつきの能力など）をコントロールする必要があります．しかし，観察できない説明変数（能力など）が存在するため，欠落変数バイアスを避けることができません．ここでは，ランダム化比較実験を用いて，黒人差別の存在を検証したM.バートランド（Marianne Bertrand）とS.ムッライナタン（Sendhil Mullainathan）の研究を紹介します（ランダム化比較実験は14章で詳しく説明します）[1]．

この研究では，求人広告に対して架空の履歴書4870人分を送り，企業から返事があるか否かを調べました．履歴書には，ランダムに黒人風の名前（ラキーシャ，ジャマールなど），もしくは白人風の名前（エミリー，グレッグなど）を割り振り，採用担当者が名前から人種を推測できるようにしました．ここで，被説明変数 Y_i は，企業から連絡があれば1，連絡がなければ0となるダミー変数となり，説明変数 X_i は，黒人風の名前なら1，白人風の名前なら0となるダミー変数となっています．推定の結果は，次のとおり

---

1) Bertrand, M. and Mullainathan, S. (2004) "Are Emily and Greg More Employable Than Lakisha and Jamal? A Field Experiment on Labor Market Discrimination," *American Economic Review* 9(4), 991-1013.

となりました（自由度調整済み決定係数 $\bar{R}^2 = 0.0033$）.

$$\hat{Y} = 0.0965 - 0.032X$$

通常の標準誤差　　　(0.0055)(0.0078)
ロバスト標準誤差　　(0.0060)(0.0078)

カッコ内は，1行目が通常の標準誤差，2行目がロバスト標準誤差となりますが，値はほぼ変わりません．定数項は0.0965であり，白人であれば，連絡がある確率は9.65％とわかります．これに対して，黒人ダミーの係数は-0.032であり，黒人だと3.2％ポイントも確率は低くなります.

　この効果の大きさを調べるため，説明変数として新たに勤続年数 W_i を入れて推定した結果は，次のとおりとなりました（自由度調整済み決定係数 $\bar{R}^2 = 0.0068$）.

$$\hat{Y} = 0.071 - 0.032X + 0.0033W$$

通常の標準誤差　　　(0.0082)(0.0078)(0.00077)
ロバスト標準誤差　　(0.0085)(0.0078)(0.00085)

勤続年数 W の係数は0.0033であるため，黒人であることの負の影響を打ち消すには，勤務経験が約10年長い必要があることがわかります（$0.032 \approx 10 \times 0.0033$に注意してください）．この結果は，労働市場で黒人が不当な扱いを受けている可能性を示唆しています.

　このように，ロバスト標準誤差は，通常の標準誤差と大きくは異ならないことがわかりました．これらの例では，ロバスト標準誤差のほうが，値は大きくなっていますが，小さくなることもあることに注意しましょう.

コラム　9-1　p 値が低いと安心？

　経済学者の同僚が，「p 値が低いと安心しますね．1％有意だと安心です」と言ったことがありました．p 値は説明変数の重要性とは異なる概念なのに（4.6.2節参照），どういう意味だろうと思って尋ねたところ，「標準誤差の計算方法を変えたり，説明変数を追加したりしたら，t 値の値は変わりますよね．10％有意だけだと有意性が消えるかもしれません．でも，1％有意だと，係数値や標準誤差の値が少し変わっても有意な結果は変わらないでしょうから」とのことでした.

　私の同僚が指摘しているのは，確かにそのとおりだと思います．どの標準誤

差を用いるかで値が異なり，標準誤差の選択によっては，有意な結果になるか否かが変わる可能性はあります．一方で，p 値が低ければ，標準誤差の計算方法を変えても，有意な結果である事実までは変わらないことがほとんどです．

　ただし，コントロール変数を追加したり，パラメータに構造変化を考慮したりすると，結果ががらりと変わることもあるので，p 値が低くても，有意な結果が有意でなくなる可能性があることも覚えておきましょう．

9.4　加重最小 2 乗法

　不均一分散があるとき，OLS 推定量は BLUE とはなりません．本節では，不均一分散があるときでも BLUE となる加重最小 2 乗推定量を紹介します．

9.4.1　加重最小 2 乗法の手順

　ここでモデルは，

$$Y_i = \alpha + \beta X_i + u_i$$

であり，不均一分散が存在するとします．

$$V(u_i) = E[u_i^2] = \sigma_i^2 = \sigma^2 h_i$$

　上式から，h_i が大きいと，誤差項の分散は大きくなることがわかります．このとき，分析者は，h_i の値がわかっていると仮定し，モデルの両辺に $1/\sqrt{h_i}$ を掛けると，次式となります．

$$\underbrace{\frac{Y_i}{\sqrt{h_i}}}_{=Y_i^*} = \alpha \underbrace{\frac{1}{\sqrt{h_i}}}_{=X_{1i}^*} + \beta \underbrace{\frac{X_i}{\sqrt{h_i}}}_{=X_{2i}^*} + \underbrace{\frac{u_i}{\sqrt{h_i}}}_{=u_i^*}$$

　ここで，被説明変数を Y_i^*，説明変数を X_{1i}^*，X_{2i}^* としたとき，新しい誤差項 u_i^* の分散は，

$$E\left[u_i^{*2}\right] = E\left[\left(\frac{u_i}{\sqrt{h_i}}\right)^2\right] = \frac{E[u_i^2]}{h_i} = \frac{\sigma^2 h_i}{h_i} = \sigma^2$$

となり，均一分散が満たされます．このため，被説明変数を Y_i^*，説明変数を

X_{1i}^{*}, X_{2i}^{*} とした OLS 推定量は BLUE となります. この推定では, 均一分散が満たされているため, 通常の標準誤差を用いることができます.

この推定では, 次の残差 2 乗和を最小化するように, パラメータ $\tilde{\alpha}$ と $\tilde{\beta}$ を選択しています.

$$\sum_{i=1}^{n} \left(\frac{Y_i}{\sqrt{h_i}} - \tilde{\alpha} \frac{1}{\sqrt{h_i}} - \tilde{\beta} \frac{X_i}{\sqrt{h_i}} \right)^2 = \sum_{i=1}^{n} \frac{1}{h_i} (Y_i - \tilde{\alpha} - \tilde{\beta} X_i)^2$$

誤差項 u_i の分散である $\sigma_i^2 = \sigma^2 h_i$ が大きい観測値は, 推定のための情報量が少ないと考えられ, 低い加重 $1/\sqrt{h_i}$ をつけます. 逆に, 誤差項 u_i の分散である $\sigma_i^2 = \sigma^2 h_i$ が小さい観測値は, 情報量が大きいと考えられ, 高い加重 $1/\sqrt{h_i}$ をつけます. このように, 加重をつけてからパラメータ (α, β) を推定することで, 通常の OLS よりも効率的な推定を可能にしています.

この推定は, 元のモデルに加重をつけてから OLS 推定しているため, **加重最小 2 乗法**（weighted least squares, WLS）といい, 得られた推定量を**加重最小 2 乗推定量**（**WLS 推定量**）といいます. 以下では, 例を通じて WLS 推定量の理解を深めていきましょう.

例 9−5 ： グループ平均における WLS 推定

例 9−1 では, 平均化されたデータを分析すると, 誤差項は不均一分散になることを説明しました. ここで, モデルは次式とします.

$$Y_i = \alpha + \beta X_i + u_i$$

被説明変数 Y_i は i 県の平均消費額, 説明変数 X_i は平均所得額です. このとき, 誤差項は $u_i = \sum_{j=1}^{N_i} u_{ij}/N_i$ であり, 分散は σ^2/N_i でした（つまり, $V(u_i) = \sigma^2 h_i$, $h_i = 1/N_i$ となる）. ただし, N_i は i 県の集計世帯数です.

この場合, 上式の両辺に $1/\sqrt{h_i} = \sqrt{N_i}$ を掛けることで,

$$\underbrace{\sqrt{N_i} Y_i}_{= Y_i^{*}} = \alpha \underbrace{\sqrt{N_i}}_{= X_{1i}^{*}} + \beta \underbrace{\sqrt{N_i} X_i}_{= X_{2i}^{*}} + \underbrace{\sqrt{N_i} u_i}_{= u_i^{*}}$$

となり, 新しい誤差項 u_i^{*} は均一分散となります（練習問題 4 参照）. したがって, 被説明変数を Y_i^{*} とし, 説明変数を X_{1i}^{*}, X_{2i}^{*} とした OLS 推定量は, WLS 推定量になります.

実際に, 2014年の都道府県別の平均データを用いて, モデルを推定しま

す．被説明変数 Y_i は平均消費額（万円），説明変数 X_i は平均所得額（万円）とします[2]．

　まず，通常の OLS 推定をすると，

$$\hat{Y} = 6.490 + 0.610X$$
$$(2.218)\ (0.057)$$

となります．カッコ内はロバスト標準誤差です．所得が 1 万円増えると，0.61万円だけ消費が増えています．

　次に，加重として集計世帯数を用いた WLS 推定をすると，

$$\hat{Y} = 5.457 + 0.642X$$

通常の標準誤差　　$(2.109)\ (0.0529)$
ロバスト標準誤差　$(2.225)\ (0.0570)$

となります．カッコ内は，1 行目が通常の標準誤差です．OLS 推定と WLS 推定では，係数の推定値にあまり違いはありません．標準誤差をみると，WLS 推定のほうがわずかに小さく，有意な結果が出やすくなっています．

　カッコ内の 2 行目では，ロバスト標準誤差も掲載しています．これは，被説明変数と説明変数を変換した後でも，不均一分散が残っている可能性を考慮したためです[3]．ロバスト標準誤差は，通常の標準誤差よりわずかに大きくなっています．

　都道府県別の平均データでは，誤差項の分散が集計世帯数に依存していることは明らかであり（$V(u_i) = \sigma^2 h_i$，$h_i = 1/N_i$ となる），WLS 推定を行うことができます．しかし，このように h_i がわかっているケースは稀です．このため，通常は，OLS 推定したうえで，ロバスト標準誤差を用いることが一般的です．

9.4.2　実行可能な加重最小 2 乗法

　WLS 推定では，不均一分散があるとき，被説明変数と説明変数に加重をつけてから OLS 推定しました．たとえば，例 9-5 では，集計世帯数 N_i を用いて，加重を $h_i = 1/N_i$ としました．しかし実際には，加重 h_i はわからないことが多いため，データから推定した $\hat{h}_i$ を用いて，WLS 推定を行います．これは，**実行可能な加重最小最小 2 乗法**（feasible WLS，FWLS）と呼ばれます．

---

2)　データは，『全国家計構造調査（旧全国消費実態調査）』の「2 人以上の世帯のうち勤労者世帯」から，1 世帯当たり 1 カ月間の可処分所得と消費支出を用いています．

3)　世帯 j の誤差項 u_{ij} は，均一分散（$E[u_{ij}^2] = \sigma^2$）を仮定しましたが，この仮定が誤っていれば，被説明変数と説明変数を変換しても均一分散になりません．

また，得られた推定量は **FWLS 推定量**と呼ばれます．

例9-6：線形確率モデルにおける FWLS 推定──差別は存在するのか

例9-2では，線形確率モデルを学習しました．モデルは次式で表され，被説明変数がダミー変数です．

$$Y_i = \alpha + \beta X_i + u_i$$

このとき，$Y_i = 1$ の確率は $P_i = \alpha + \beta X_i$ となり，誤差項の分散は $V(u_i) = (1 - P_i)P_i$ となりました．この場合，確率 P_i がわからないため，確率を推定する必要があります．

まず，元の式を OLS 推定し，$\hat{\alpha}$ と $\hat{\beta}$ を求めます．次に，確率を $\hat{P}_i = \hat{\alpha} + \hat{\beta} X_i$ とし，$\hat{h}_i = (1 - \hat{P}_i)\hat{P}_i$ を求めます．最後に，元の式を，次式に変換します．

$$\underbrace{\frac{Y_i}{\sqrt{\hat{h}_i}}}_{=Y_i^*} = \alpha \underbrace{\frac{1}{\sqrt{\hat{h}_i}}}_{=X_{1i}^*} + \beta \underbrace{\frac{X_i}{\sqrt{\hat{h}_i}}}_{=X_{2i}^*} + \underbrace{\frac{u_i}{\sqrt{\hat{h}_i}}}_{=u_i^*}$$

ここで，被説明変数を Y_i^*，説明変数を $X_{1i}^*,\ X_{2i}^*$ として OLS 推定すれば，FWLS 推定量が得られます．

例9-4のデータを用いて，OLS 推定と FWLS 推定をします．被説明変数 Y_i は，企業から連絡があれば1となるダミー変数，説明変数は，黒人風の名前なら1となるダミー変数 X_i，また，勤続年数 W_i としました．OLS 推定すると，次の結果になりました（カッコ内はロバスト標準誤差）．

$$\hat{Y} = 0.071 - 0.032X + 0.0033W$$
$$\quad\ (0.0085)(0.0078)\ (0.00085)$$

これに対し，FWLS 推定すると，次の結果になりました（カッコ内は通常の標準誤差）．

$$\hat{Y} = 0.070 - 0.031X + 0.0033W$$
$$\quad\ (0.0085)\ (0.0077)\ (0.00085)$$

これをみると，推定値と標準誤差はともにほぼ同じ結果になっています．

線形確率モデルの推定では，確率 P_i の推定が難しいという問題に注意してください．線形確率モデルでは，確率を $\hat{P}_i = \hat{\alpha} + \hat{\beta} X_i$ と計算しますが，これで

は確率 $\hat{P}_i$ が 0 を下回ったり，1 を上回ったりして，$(1-\hat{P}_i)\hat{P}_i$ が負になる可能性があります（なお，例 9-6 では，$0<\hat{P}_i<1$ であり，そうした問題は生じていません）．この場合，$\hat{a}+\hat{\beta}X_i$ が0.01を下回ったならば，$\hat{P}_i=0.01$と設定し，$\hat{a}+\hat{\beta}X_i$ が0.99を上回ったならば，$\hat{P}_i=0.99$と設定します．しかし，この方法では，そもそも0.01や0.99という値の選択が恣意的という問題があります．こうした恣意性を避けるために，確率が $0<\hat{P}_i<1$ を満たさないなら，線形確率モデルであっても，OLS推定し，ロバスト標準誤差を併記する方法が良いでしょう．

9.5　どの推定法を用いるべきか

　以上をまとめると，実証分析では，パラメータをOLS推定し，ロバスト標準誤差を用いるのが一般的です．ただし，h_i の値が既知である，もしくは h_i を推定するための十分な情報があるケースでは，加重最小2乗法や実行可能な加重最小2乗法が適用されることがあります．そうしたケースとして，グループ平均や線形確率モデルがあげられます．ただし，線形確率モデルでは，確率 P_i の推定で恣意性が生じる可能性があることに注意が必要です．

補　足

誤差項の平均の分散について

都道府県別の平均データにおける誤差項 $u_i = \sum_{j=1}^{N_i} u_{ij}/N_i$ の分散を導出します．誤差項 u_i の分散は $V(u_i) = E[u_i^2]$ であり，これは次のように求められます．

$$E[u_i^2] = E\left[\left(\frac{\sum_{j=1}^{N_i} u_{ij}}{N_i}\right)^2\right] = \frac{1}{N_i^2} E\left[\left(\sum_{j=1}^{N_i} u_{ij}\right)^2\right] = \frac{1}{N_i^2} (N_i \sigma^2) = \frac{\sigma^2}{N_i}$$

式展開では，次の関係式を用いました（誤差項 u_{ij} は標準的仮定を満たすことに注意してください）[4]．

$$E\left[\left(\sum_{j=1}^{N_i} u_{ij}\right)^2\right] = E\left[(u_{i1} + u_{i2} + \cdots + u_{iN_i})(u_{i1} + u_{i2} + \cdots + u_{iN_i})\right]$$
$$= E[u_{i1}^2] + E[u_{i2}^2] + \cdots + E[u_{iN_i}^2] = N_i \sigma^2$$

不均一分散がある場合についての OLS 推定量の分散

OLS 推定量である $\hat{\beta}$ の確率的表現は，

$$\hat{\beta} = \beta + \frac{\sum_{i=1}^{n}(X_i - \bar{X})u_i}{\sum_{i=1}^{n}(X_i - \bar{X})^2}$$

であり，不偏性を満たしています（$E[\hat{\beta}] = \beta$）．よって，推定量 $\hat{\beta}$ の分散は，次のようになります．

$$E[(\hat{\beta} - E[\hat{\beta}])^2] = E\left[\left(\frac{\sum_{i=1}^{n}(X_i - \bar{X})u_i}{\sum_{i=1}^{n}(X_i - \bar{X})^2}\right)^2\right] = \frac{E\left[\left(\sum_{i=1}^{n}(X_i - \bar{X})u_i\right)^2\right]}{\left(\sum_{i=1}^{n}(X_i - \bar{X})^2\right)^2}$$

式展開では，標準的仮定 1（X_i は確率変数ではない）を用いました．

ここで，上式の分子は，次のようになります．

$$E\left[\left(\sum_{i=1}^{n}(X_i - \bar{X})u_i\right)^2\right] = \sum_{i=1}^{n}\sum_{j=1}^{n}(X_i - \bar{X})(X_j - \bar{X})E[u_i u_j] = \sum_{i=1}^{n}(X_i - \bar{X})^2 \sigma_i^2$$

---

[4]　式展開が難しいので，$N_i = 2$ の場合をみてみましょう．これは次のように展開できます．

$$E[(u_{i1} + u_{i2})(u_{i1} + u_{i2})] = \underbrace{E[u_{i1}^2]}_{=\sigma^2} + \underbrace{E[u_{i2}^2]}_{=\sigma^2} + \underbrace{2E[u_{i1}u_{i2}]}_{=0} = 2\sigma^2$$

式展開では，標準的仮定 4 から $E[u_{i1}^2] = E[u_{i2}^2] = \sigma^2$ となり，標準的仮定 5 から $E[u_{i1}u_{i2}] = 0$ となることを用いました．

式展開では，不均一分散（$E[u_i^2] = \sigma_i^2$）と標準的仮定5（$i \neq j$なら$E[u_i u_j] = 0$）を用いました[5]．

OLS 推定量の一致性

OLS 推定量$\hat{\beta}$の期待値はβで，その分散は次のようになります．

$$\sigma_{\hat{\beta}}^2 = \frac{\sum_{i=1}^n (X_i - \bar{X})^2 \sigma_i^2}{\left(\sum_{i=1}^n (X_i - \bar{X})^2\right)^2}$$

ここで，$\hat{\beta}$は不偏推定量であるため（$E[\hat{\beta}] = \beta$），サンプルサイズnが大きいとき，$\hat{\beta}$の分散$\sigma_{\hat{\beta}}^2$が0となるならば，一致性も満たされることになります（3.3.3節と同じ議論）．

　サンプルサイズnが大きいと，$\hat{\beta}$の分散が0になることを確認します．ここで，定数Mは，どのσ_i^2よりも大きな値に設定します（つまり，どのiに対しても$\sigma_i^2 \leq M$となります）．このとき，すべてのσ_i^2を定数Mで置き換えると，分散$\sigma_{\hat{\beta}}^2$に次の不等式が成立します．

$$\sigma_{\hat{\beta}}^2 = \frac{\sum_{i=1}^n (X_i - \bar{X})^2 \sigma_i^2}{\left(\sum_{i=1}^n (X_i - \bar{X})^2\right)^2} \leq \frac{M \sum_{i=1}^n (X_i - \bar{X})^2}{\left(\sum_{i=1}^n (X_i - \bar{X})^2\right)^2} = \frac{M}{\sum_{i=1}^n (X_i - \bar{X})^2}$$

　回帰分析における標準的仮定2から，nが大きくなると，$\sum_{i=1}^n (X_i - \bar{X})^2$は大きくなるため，右辺は0に収束します．これは$n$が大きくなると，$\hat{\beta}$の分散$\sigma_{\hat{\beta}}^2$が0になることを意味します．

---

[5]　式展開が難しいので，$n=2$の場合をみてみましょう．これは次のように展開できます．

$$E\left[\left(\sum_{i=1}^2 (X_i - \bar{X}) u_i\right)^2\right] = E[((X_1 - \bar{X}) u_1 + (X_2 - \bar{X}) u_2)^2]$$
$$= (X_1 - \bar{X})^2 E[u_1^2] + (X_2 - \bar{X})^2 E[u_2^2] + 2(X_1 - \bar{X})(X_2 - \bar{X}) E[u_1 u_2]$$
$$= (X_1 - \bar{X})^2 \sigma_1^2 + (X_2 - \bar{X})^2 \sigma_2^2 + 2(X_1 - \bar{X})(X_2 - \bar{X}) \times 0$$
$$= \sum_{i=1}^2 (X_i - \bar{X})^2 \sigma_i^2$$

式展開では，不均一分散（$E[u_1^2] = \sigma_1^2$，$E[u_2^2] = \sigma_2^2$）と標準的仮定5（$E[u_1 u_2] = 0$）を用いました．

練習問題

1．被説明変数がダミー変数なら，なぜ線形確率モデルと呼ばれるか．

2．不均一分散があるとき，OLS 推定量は不偏性と一致性を満たすか．

3．例 9-4 において，黒人の名前をランダムに割り当てたことで，単回帰分析であっても欠落変数バイアスが生じない理由を述べよ．

4．例 9-5 において $u_i^* = \sqrt{N_i} u_i$ とした．u_i^* は均一分散を満たすことを示せ．

5．モデルは $Y_i = \alpha + \beta X_i + u_i$ とし，誤差項の分散は $\sigma_i^2 = E[u_i^2] = cZ_i$ とする．ここで，c は任意の定数，Z_i は正の値をとる観察可能な変数とする．このとき，WLS 推定の手順を述べよ．

6．モデルは練習問題5と同じとする．ただし，誤差項の分散は $\sigma_i^2 = E[u_i^2] = cX_i^2$ とする．ここで，$X_i^2 > 0$ とする．このとき，WLS 推定の手順を述べよ．

7．モデルは練習問題5と同じとする．ただし，誤差項の分散は $\sigma_i^2 = E[u_i^2] = c_0 + c_1 Z_i$ とする．このとき，FWLS 推定の手順を述べよ．Hint：OLS 推定から得られた残差の2乗を σ_i^2 の代理変数とみなし，パラメータ $(c_0,\ c_1)$ を推定することで，σ_i^2 の予測値を求める．

8．☆例 9-4，例 9-6 の推定結果を再現せよ．

9．☆例 9-5 の推定結果を再現せよ．

第 10 章

系列相関

時系列データの中には，回帰分析における標準的仮定5（誤差項は相互に無相関）が成立しない場合が多々あります．このような場合には，ガウス＝マルコフの定理の前提条件が満たされず，OLS推定量は最良線形不偏推定量（BLUE）ではなくなります．前章でも述べたとおり，OLS推定量は，不偏性と一致性を満たした良い推定量です．ただし，標準誤差は，不均一分散と系列相関を考慮したHAC標準誤差を用います．最後に，系列相関のもとでBLUEとなるコクラン＝オーカット推定量を紹介します．

10.1 基本概念

本節では，時系列データの理解に不可欠な基本概念として，系列相関，自己共分散，定常性について紹介します．本章で扱うデータは時系列データであるため，各変数の下添字は時点 t とし，サンプルサイズは T と表記します．

10.1.1 系列相関と自己共分散

回帰分析における標準的仮定5（誤差項は相互に無相関）は，ガウス＝マルコフの定理の前提条件です．しかし，この仮定は，時系列データでは成立しない可能性が高いものです（8.2.2節参照）．

時系列データにおいて，誤差項が互いに相関していることを「**系列相関がある**」，または「**自己相関がある**」といいます．これは，2時点（時点 t と $t-s$）の誤差項の共分散が0ではない，つまり，次式で表されます（ただし，$s \neq 0$ とする）．

$$Cov(u_t, u_{t-s}) = E[u_t u_{t-s}] \neq 0$$

ここで，$Cov(u_t, u_{t-s})$ は，誤差項の異時点間の共分散であり，**自己共分散**（autocovariance）とも呼ばれます．

図10-1は，200期分の誤差項の仮想データを掲載したものです．図10-1

図10 - 1 誤差項の動き

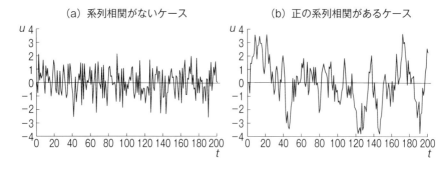

（a）は，誤差項に系列相関がないケース，図10 - 1（b）は，誤差項に正の系列相関があるケースです（負の系列相関があるケースは一般的ではないため，ここでは図示していません）．どちらの図でも，誤差項は 0 の周辺に分布しており，その期待値は 0 となります．

図10 - 1（a）では，誤差項がプラスになったとき，次期の誤差項がプラスになる傾向も，マイナスになる傾向もみられません．これが系列相関のない状態です．これに対して，図10 - 1（b）では，誤差項がいったんプラスになると，しばらくプラスの状態が続き，逆に，誤差項がいったんマイナスになると，しばらくマイナスの状態が続きます．これが正の系列相関がある状態です．

時系列データを扱うと，誤差項に，図10 - 1（b）のような正の系列相関があることが多くみられます．系列相関が生じる理由は，あるショックが，その時点だけでなく，将来にわたり影響を与えるためです．たとえば，2020年の東京オリンピック（実開催は2021年）は，その誘致が決まった2013年 9 月から継続的に経済を活性化させました．

10.1.2　定常性とは

時系列データを理解するうえでは，定常性という概念が重要です．**定常性**（stationarity）とは，「変数の期待値や分散などが時間を通じて一定である」という性質です．厳密には，ある確率変数 v_t が**定常**（stationary）ならば，任意の時点 t に対し，次の式が成立することをいいます．

定常性の条件

$$E[v_t] = \mu \tag{1}$$

$$E[(v_t - \mu)(v_{t-s} - \mu)] = E[(v_{t-j} - \mu)(v_{t-j-s} - \mu)] = \gamma_s \tag{2}$$

ここで，μ と γ_s はパラメータとし，s は時差としています．時差とは時間差であり，2時点の差です（時点 t と時点 $t-s$ の差は，時差 s となる）．

　(1)式は，確率変数 v_t の期待値 μ が時間を通じて一定であることを意味します．たとえば，図10-1では，誤差項の期待値は0で一定になっており，(1)式が成立していることは明らかです（この場合，$\mu = 0$ です）．

　(2)式は，確率変数 v_t の自己共分散 γ_s は，時差 s が同じならば，時間を通じて一定であることを意味します．たとえば，v_t と v_{t-s} の時差は s であり，また，v_{t-j} と v_{t-j-s} の時差も s であるため，自己共分散は γ_s で同じです．通常，異時点間の関係は，時差 s が大きくなると弱くなります（現在と近い将来との関係は強いが，現在と遠い将来との関係は弱くなります）．これは，時差 s が大きくなると自己共分散 γ_s は徐々に小さくなることを意味します．なお，時差が $s = 0$ のときには，(2)式は次のようになります．

$$E[v_t^2] = E[v_{t-j}^2] = \gamma_0$$

つまり，分散が時間を通じて一定となることを意味します．

　以上をまとめると，確率変数 v_t が定常であるときには，期待値と分散は時間を通じて一定であり，自己共分散は時差だけに依存することになります．

　本章では，誤差項 u_t は定常な確率変数であり，系列相関があることを前提に説明をします．ただし，標準的仮定のうち，仮定5（誤差項は相互に無相関）以外はすべて成立しているとします．

コラム 10-1　景気ウォッチャー調査

　2019年2月，作家であり，かつ，政府高官も歴任した堺屋太一氏が亡くなりました．堺屋氏は，小渕恵三内閣の経済企画庁長官であった当時，「景気動向をもっと早期に把握できないか」との問題意識から，「景気動向に関する情報を早く手に入れる仕組みづくりを検討せよ」と指示しました[1]．景気ウォッ

1)　内閣府のウェブサイトでは，景気ウォッチャー調査の誕生秘話が書かれています．
　https://www5.cao.go.jp/keizai3/watcher/watcher_sakaiya.html

チャー調査は，小売店やタクシー運転手などの景気に敏感な職種の約2000人に対して，オンラインシステムにより調査をするものです．調査期間は毎月25日から月末で，翌月初旬には公開されるタイムリーな調査です．景気ウォッチャー調査では，「現状判断 DI（diffusion index）」と「（2〜3カ月先の）先行き判断 DI」が公表され，それらの数値は，平常が50であり，これを上回ると景気が良いと感じる人が多くなり，下回ると景気が悪いと感じる人が多くなります．

　政府統計では，経済活動の時点から公表までに数カ月の遅れ（公表ラグ）が生じます．これは景気の変化が緩やかな場合には問題となりませんが，景気が急激に変化するときは大きな問題です．そのような場合に活躍するのが，この景気ウォッチャー調査です．たとえば，2020年1月，国内で初めて新型コロナ感染者が確認され，コロナ感染が広がるなか，景気は急激に悪化していきました．政府は，景気動向をリアルタイムで把握する必要がありましたが，通常の政府統計はあまり役に立たず，速報性の高い「景気ウォッチャー調査」が判断材料の1つとして用いられました．

　図10-2は，「現状判断 DI」の動きを示したものです．「現状判断 DI」は，2020年1月は42でしたが，2月には28，3月に15，4月には9と景気が急速に悪化していったことがわかります．景気の急速な悪化を受けて，政府は4月に緊急事態宣言を発出，108兆円規模の緊急経済対策を打ち出しました．

図10-2　現状判断 DI

10.2　不偏性と一致性

　系列相関があるときには，OLS 推定量は最良線形不偏推定量（BLUE）ではありませんが，依然として，不偏性と一致性を満たした良い推定量になります．

　9.2 節と同様に，OLS 推定量が不偏性を満たすことを確認します．ここで $Y_t = \alpha + \beta X_t + u_t$ とすると，OLS 推定量 $\hat{\beta}$ の確率的表現は，次式で表されます（3.3.1 節参照）．

$$\hat{\beta} = \beta + \frac{\sum_{t=1}^{T}(X_t - \bar{X})u_t}{\sum_{t=1}^{T}(X_t - \bar{X})^2}$$

このとき，期待値は，標準的仮定 3（$E[u_t] = 0$）から，

$$E[\hat{\beta}] = \beta + \frac{\sum_{t=1}^{T}(X_t - \bar{X})E[u_t]}{\sum_{t=1}^{T}(X_t - \bar{X})^2} = \beta$$

となり，OLS 推定量は不偏性を満たします．つまり，系列相関があっても，誤差項の期待値が 0 であることに変わりはないため，OLS 推定量の不偏性は満たされます．また，練習問題 8 で証明しますが，OLS 推定量の分散は，サンプルサイズが大きくなると 0 に近づくため，OLS 推定量は一致性も満たした良い推定量になります．

10.3　頑健な分散の推定

　本節では，誤差項に系列相関があるとき，OLS 推定量の分散がどのようになるか，また，分散をどのように推定したらよいかを学習します．

10.3.1　OLS 推定量の分散

　OLS 推定量 $\hat{\beta}$ の分散を導出する準備として，確率変数 v_t を定義します．

$$v_t = (X_t - \bar{X})u_t$$

確率変数 v_t の期待値は，次式となります．

$$E[v_t] = (X_t - \bar{X})E[u_t] = 0$$

また，自己共分散 $Cov(v_t, v_{t-s})$ は，次式を仮定します[2]．

$$E[v_t v_{t-s}] = E[v_{t-j} v_{t-j-s}] = \gamma_s$$

以上から，確率変数 v_t は定常性を満たします．

OLS 推定量 $\hat{\beta}$ の確率的表現は，確率変数 $v_t = (X_t - \bar{X})u_t$ を用いて，次のように表現することができます．

$$\hat{\beta} = \beta + \frac{\sum_{t=1}^{T}(X_t - \bar{X})u_t}{\sum_{t=1}^{T}(X_t - \bar{X})^2} = \beta + \frac{\sum_{t=1}^{T}v_t}{\sum_{t=1}^{T}(X_t - \bar{X})^2}$$

このとき，OLS 推定量 $\hat{\beta}$ の分散 $\sigma_{\hat{\beta}}^2$ は，次式となります（式展開では，X_t は確率変数ではないことを用いました）．

$$E[(\hat{\beta}-\beta)^2] = E\left[\left(\frac{\sum_{t=1}^{T}v_t}{\sum_{t=1}^{T}(X_t - \bar{X})^2}\right)^2\right] = \frac{E\left[\left(\sum_{t=1}^{T}v_t\right)^2\right]}{\left(\sum_{t=1}^{T}(X_t - \bar{X})^2\right)^2}$$

右辺の分子 $E[(\sum_{t=1}^{T}v_t)^2]$ は，自己共分散 γ_s を用いて，次のように表すことができます（証明は本章末の補足参照）．

$$E\left[\left(\sum_{t=1}^{T}v_t\right)^2\right] = T\left\{\gamma_0 + 2\sum_{s=1}^{T-1}\left(1-\frac{s}{T}\right)\gamma_s\right\}$$

以上から，OLS 推定量 $\hat{\beta}$ の分散 $\sigma_{\hat{\beta}}^2$ は，次のようになります．

不均一分散と系列相関に対して頑健な OLS 推定量の分散

$$\sigma_{\hat{\beta}}^2 = T\frac{\gamma_0 + 2\sum_{s=1}^{T-1}\left(1-\frac{s}{T}\right)\gamma_s}{\left(\sum_{t=1}^{T}(X_t - \bar{X})^2\right)^2} \tag{3}$$

ここで，パラメータ γ_s は自己共分散であり，データにある系列相関の程度を表しています．OLS 推定量の分散が，通常の標準誤差 $\sigma^2 / \sum_{t=1}^{T}(X_t - \bar{X})^2$ と異なるのは明らかでしょう．

10.3.2　自己共分散の推定

OLS 推定量 $\hat{\beta}$ の分散 $\sigma_{\hat{\beta}}^2$ は，自己共分散 γ_s の値に依存しています．しかし，

---

2)　これは $E[v_t] = 0$ から，$Cov(v_t, v_{t-s}) = E[(v_t - 0)(v_{t-s} - 0)] = E[v_t v_{t-s}]$ です．なお，説明変数 X_t が確率変数ではないため，v_t が定常とした仮定に違和感を持たれた方もいるかと思います．しかし，定常性の仮定は，説明変数 X_t が確率変数であれば現実的仮定です．

自己共分散 γ_s の値がわからないため，データから自己共分散 γ_s を推定し，それらを用いて，OLS推定量の分散 σ_β^2 を推定する必要があります．

自己共分散 $\gamma_s = E[v_t v_{t-s}]$ は，次のように推定します．まず，以下のモデルをOLS推定し，残差 $\hat{u}_t$ を求めます．

$$Y_t = \alpha + \beta X_t + u_t$$

次に，残差 $\hat{u}_t$ を用いて，$\hat{v}_t = (X_t - \bar{X})\hat{u}_t$ を計算します．最後に，時差 s とした自己共分散 $\gamma_s = E[v_t v_{t-s}]$ を，次のように推定します．

自己共分散の推定量

$$\hat{\gamma}_s = \frac{1}{T}\sum_{t=s+1}^{T} \hat{v}_t \hat{v}_{t-s}$$

自己共分散 γ_s の推定では，時差 s が小さいときは情報量が多く，正確な推定ができますが，時差 s が大きいときは情報量が少なく，不正確な推定となります．たとえば，$T = 100$ としましょう．時差 $s = 1$ ならば，全情報 $(\hat{v}_1, \hat{v}_2, \cdots, \hat{v}_{99}, \hat{v}_{100})$ を用いて，自己共分散を $\hat{\gamma}_1 = \frac{1}{100}\sum_{t=2}^{100} \hat{v}_t \hat{v}_{t-1}$ と正確に推定できます．時差 $s = 99$ ならば，時点 $t = 1$ および $t = 100$ の情報 $(\hat{v}_1, \hat{v}_{100})$ だけを用いて，自己共分散を $\hat{\gamma}_{99} = \frac{1}{100}\hat{v}_{100}\hat{v}_1$ と推定します．後者では，2時点の情報しか用いていないため，自己共分散の推定精度が低くなります．

10.3.3 HAC 標準誤差

OLS推定量 $\hat{\beta}$ の分散 σ_β^2 は，(3)式に，自己共分散の推定量 $\hat{\gamma}_s$ を代入することで，次のように推定するのが自然でしょう．

$$s_\beta^2 = T \frac{\hat{\gamma}_0 + 2\sum_{s=1}^{T-1}\left(1 - \frac{s}{T}\right)\hat{\gamma}_s}{\left(\sum_{t=1}^{T}(X_t - \bar{X})^2\right)^2} \tag{4}$$

しかし，この方法ではうまくいかないことが知られています．これは(4)式では，時差 s が大きい自己共分散（たとえば $\hat{\gamma}_{T-1}$）を含めてしまっており，それが分散の推定量 s_β^2 の推定精度を下げてしまうためです．

そこで，推定精度の高い自己共分散 $\hat{\gamma}_s$ のみを用いて，分散の推定量 s_β^2 を計算しましょう．具体的には，時差 s の小さい自己共分散 $(\hat{\gamma}_1, \cdots, \hat{\gamma}_{m-1})$ のみを含めて，時差 s の大きい自己共分散 $(\hat{\gamma}_m, \cdots, \hat{\gamma}_{T-1})$ を削除します．ここで，m は**バンド幅**（bandwidth）と呼ばれます．このとき，OLS推定量 $\hat{\beta}$ の分散の

推定量は，次式で表されます．

不均一分散と系列相関に対して頑健な OLS 推定量の分散の推定量

$$s_{\hat{\beta}}^2 = T \frac{\hat{\gamma}_0 + 2 \sum_{s=1}^{m-1} \left(1 - \dfrac{s}{m}\right) \hat{\gamma}_s}{\left(\sum_{t=1}^{T} (X_t - \bar{X})^2\right)^2} \tag{5}$$

Σ 記号は，$s=1$ から $m-1$ であるため，自己共分散は $\hat{\gamma}_1, \cdots, \hat{\gamma}_{m-1}$ だけが含まれていることになります．

　分散の推定量 $s_{\hat{\beta}}^2$ の平方根である標準誤差 $s_{\hat{\beta}}$ は，**不均一分散と系列相関に対して頑健な**（heteroskedasticity and autocorrelation consistent）ものとなり，英語の頭文字をとって，**HAC 標準誤差**と呼ばれます（HAC は「ハック」と読む）．また，(5)式は，開発者 W. ニューウィー（Whitney Newey）と K. ウェスト（Kenneth West）にちなんで**ニューウィー＝ウェスト標準誤差**とも呼ばれます．

　HAC 標準誤差は，系列相関に対して頑健なことは明らかですが，なぜ不均一分散までが考慮されているのでしょうか．ここで，系列相関がない状況を考えます（すべての自己共分散を 0 としたケース）．このとき，OLS 推定量 $\hat{\beta}$ の分散の推定量は，(5)式において，$\hat{\gamma}_1 = \hat{\gamma}_2 = \cdots = \hat{\gamma}_{m-1} = 0$ と置くことで，次式となります．

$$s_{\hat{\beta}}^2 = T \frac{\hat{\gamma}_0}{\left(\sum_{t=1}^{T} (X_t - \bar{X})^2\right)^2} = \frac{\sum_{t=1}^{T} (X_t - \bar{X})^2 \hat{u}_t^2}{\left(\sum_{t=1}^{T} (X_t - \bar{X})^2\right)^2} \tag{6}$$

最後の等式は，次式を代入しました．

$$\hat{\gamma}_0 = \frac{1}{T} \sum_{t=1}^{T} \hat{v}_t^2 = \frac{1}{T} \sum_{t=1}^{T} (X_t - \bar{X})^2 \hat{u}_t^2$$

このとき，(6)式の分散 $s_{\hat{\beta}}^2$ の平方根は，まさに**ロバスト標準誤差**です．ロバスト標準誤差は，不均一分散に対して頑健な標準誤差であったことを思い出してください（9.3節参照）．

　ロバスト標準誤差と HAC 標準誤差を比較すると，どちらがより大きな値となるのでしょうか．通常，時系列データには正の相関があり，自己共分散 $\hat{\gamma}_s$ は正の値として推定されることが多くなります．このため，(5)式の HAC 標準誤差は，(6)式のロバスト標準誤差よりも大きな値をとる傾向があります．

　統計ソフトでは，OLS 推定すると通常の標準誤差が算出されます．しか

し，時系列データには系列相関があることが多いため，統計ソフトのオプションを変更するなどして，HAC 標準誤差を算出するようにしてください．

10.3.4　バンド幅の決め方

バンド幅 m はどのように決めたら良いでしょうか．バンド幅を決めるにあたっては，以下の 2 条件を満たす必要があります．

> **バンド幅の条件**
> 条件①：サンプルサイズ T が大きくなると，バンド幅 m も大きくなる
> 条件②：バンド幅 m はサンプルサイズ T に比べてきわめて小さい

条件①の意味を考えます．OLS 推定量 $\hat{\beta}$ の分散は，本来(3)式で表されます．この式から，サンプルサイズ T が大きくなったとき，できるだけ多くの自己共分散 $\hat{\gamma}_s$ を考慮して推定すべきことがわかります．こうしたことから，条件①は，サンプルサイズ T が大きくなるとバンド幅 m が大きくなる，つまり，より多くの自己共分散 $\hat{\gamma}_s$ が考慮されることを意味します．たとえば，$m=5$ ならば，$\hat{\gamma}_1, \hat{\gamma}_2, \hat{\gamma}_3, \hat{\gamma}_4$ だけしか考慮しませんが，$m=10$ ならば，$\hat{\gamma}_1, \hat{\gamma}_2, \hat{\gamma}_3, \hat{\gamma}_4,$ …，$\hat{\gamma}_9$ まで考慮されます．

条件②の意味を考えます．サンプルサイズ T が大きくなると，時差を s とした自己共分散 $\hat{\gamma}_s$ の推定精度は改善します．たとえば，$T=100$ ならば，$\hat{\gamma}_{99}$ の推定精度は低い一方，$T=10000$ ならば，$\hat{\gamma}_{99}$ の推定精度は高くなります．これは，バンド幅 m がサンプルサイズ T に比べてきわめて小さいなら，自己共分散 $\hat{\gamma}_1, \hat{\gamma}_2, \cdots, \hat{\gamma}_{m-1}$ を高い精度で推定できることを意味します．

条件①，②を満たしたバンド幅として，バンド幅 m を，

$$0.75T^{1/3}$$

に最も近い整数とする方法があります[3]．図10-3 は，横軸をサンプルサイズ T とし，縦軸を $0.75T^{1/3}$ としたものです．この図から，T が大きくなると，$0.75T^{1/3}$ は大きくなる一方（条件①），$0.75T^{1/3}$ は T に比べてきわめて小さい

---

3)　バンド幅 m を $0.75T^{1/3}$ に近い整数とする方法は，系列相関の強さを無視しているため，問題のある方法でもあります．本来，系列相関が強いならば，バンド幅を大きく設定すべきですし，系列相関が弱いならば，バンド幅を小さく設定すべきです．バンド幅 m の決め方として，**アンドリュースの自動選択ルール**があります．この方法では，データから系列相関の強さを測り，系列相関が強いなら m を大きく設定します．詳しくは，以下の論文を参照してください．Andrews, D. W. K. (1991) "Heteroskedasticity and Autocorrelation Consistent Covariance Matrix Estimation," *Econometrica* 59(3), 817-858.

図10 - 3　Tと$0.75T^{1/3}$との関係

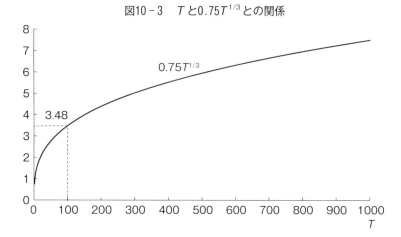

（条件②）ことが理解できます.

　たとえば，$T=100$ならば，$0.75 \times 100^{1/3} = 3.48$となるため，最も近い整数は$m=3$です．HAC標準誤差は，(5)式から次式となります.

$$s_{\hat{\beta}} = \sqrt{T \frac{\hat{\gamma}_0 + 2\sum_{s=1}^{m-1}\left(1 - \frac{s}{m}\right)\hat{\gamma}_s}{\left(\sum_{t=1}^{T}(X_t - \bar{X})^2\right)^2}}$$

この式に，$T=100$，$m=3$を代入すると，次のようになります.

$$s_{\hat{\beta}} = \sqrt{100 \frac{\hat{\gamma}_0 + 2\left(\left(1 - \frac{1}{3}\right)\hat{\gamma}_1 + \left(1 - \frac{2}{3}\right)\hat{\gamma}_2\right)}{\left(\sum_{t=1}^{100}(X_t - \bar{X})^2\right)^2}} = \sqrt{100 \frac{\hat{\gamma}_0 + \frac{4}{3}\hat{\gamma}_1 + \frac{2}{3}\hat{\gamma}_2}{\left(\sum_{t=1}^{100}(X_t - \bar{X})^2\right)^2}}$$

例10 - 1：HAC標準誤差——原油価格とガソリン価格の関係

　6.4節の例6 - 5で用いた時系列データを使って，ロバスト標準誤差とHAC標準誤差の違いを確認します．ここで，X_tは原油価格の変化率（％），Y_tはガソリン価格の変化率（％）とします．データは，2000年1月から2017年12月までの月次データです．OLS推定すると，次の結果となりました[4].

---

4)　ガソリン暫定税率の影響を除くため，2008年4月に1となるダミー変数D_{1t}，2008年5月に1となるダミー変数D_{2t}を説明変数に追加しています.

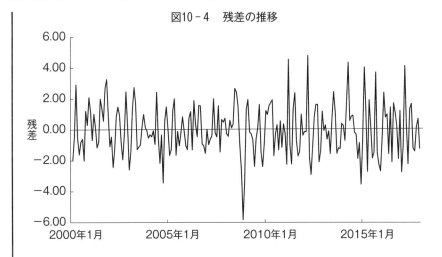

図10-4　残差の推移

$$\hat{Y}_t = 0.060 + 0.132X_t + 0.191X_{t-1} + 0.049X_{t-2}$$

ロバスト標準誤差　　（0.117）（0.016）　（0.016）　　（0.013）

HAC標準誤差　　　　（0.098）（0.024）　（0.018）　　（0.014）

カッコ内の1行目はロバスト標準誤差, 2行目がHAC標準誤差です. サンプルサイズは $T = 216$ です. ここで $0.75 \times 216^{1/3} = 4.5$ となるため, バンド幅は $m = 5$ と設定しました.

図10-4は, 残差 $\hat{u}_t$ の推移を示したものです. これをみると, 残差 $\hat{u}_t$ には弱いながらも正の自己相関があることから, HAC標準誤差を用いるべきこと, また, ロバスト標準誤差よりHAC標準誤差のほうが大きくなることが予想されます.

カッコ内をみると, （定数項を除くと）HAC標準誤差はロバスト標準誤差より大きくなっています. 原油価格の変化率 X_t の係数をみると, ロバスト標準誤差を用いた場合, t 値は8.1（$= 0.132/0.016$）ですが, HAC標準誤差を用いると, t 値は5.4（$= 0.132/0.024$）に低下します. 系列相関があることを考えると, HAC標準誤差を用いた結果のほうが, 信頼性は高いといえるでしょう.

コラム　10-2　学卒時期の景気動向が生涯所得に与える影響

日本の雇用環境は新卒採用が中心であり, 転職市場も欧米先進諸国に比べて規模がかなり小さいため, 最初の就職先が生涯所得に大きな影響を与える傾向

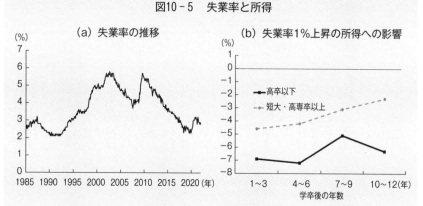

図10-5　失業率と所得

（出所）　(a)は筆者作成．(b)は，太田聰一・玄田有史・近藤絢子（2007）「溶けない氷河―世代効果の展望」『日本労働研究雑誌』569号，4-16の図1をもとに作図しました．

があります．これは就職時期の景気が悪いと，就職先も限定されるので生涯所得が低下する可能性があることを意味します．図10-5(a)は，日本における失業率（15〜64歳）の推移を示したものです．当然ですが，景気が良いときは失業率が低く，景気が悪いときは失業率が高くなります．たとえば，バブル崩壊以降の雇用環境が厳しい時期，いわゆる就職氷河期（1993〜2004年）には失業率が上昇しており，この時期に学校卒業時を迎えた世代は生涯所得が低下した可能性があります．

　学卒時の失業率とその後の所得との関係を調べた玄田有史氏，近藤絢子氏，太田聰一氏らによる研究を紹介します[5]．図10-5(b)は，卒業時の失業率1％の上昇が，卒業後の実質所得を何％減少させたかを示しています．短大・高専卒以上（高学歴層）の所得は，当初4％ほど減少しますが，その影響は徐々に低下してほぼゼロになります（卒業10年後の推定値は−2％程度ですが，これは有意に0とは異なりません）．これに対して，高卒以下（低学歴層）では，所得は当初7％程度減少し，その影響は卒業後10年が経過しても持続しています．高学歴層であれば，卒業時に景気が悪くても，中小企業などに間口を広げることで，正規雇用として働くことができ，不景気の影響は限定的であったと考えられます．これに対して，低学歴層では，学卒時の景気が悪いと，その後も無業や非正規雇用にとどまる確率が高くなり，若年時に仕事を通じたスキル獲得の機会が得られないので，低所得の状態が続くと考えられます．

5)　Genda, Y., Kondo, A., and Ohta, S. (2010) "Long-Term Effects of a Recession at Labor Market Entry in Japan and the United States," *Journal of Human Resources* 45(1), 157-196.

　学卒時の景気によって，生涯所得が影響を受けるのは不幸なことですが，個人の立場では何ができるでしょうか．第1は，進学によって就職のタイミングを変える方法です．高卒であれば大学へ，大卒であれば大学院へ進学して就職のタイミングをずらします．米国では，不況期には大学院進学者数が増加し，逆に，好況期には進学者数が減少するというデータがあります．進学には就職のタイミングをずらすだけでなく，自分の能力を向上できる利点もあります．第2は，在学中には自己研鑽に励む方法です．私が学部1年生だった1993年当時，入門ゼミのクラス担当教員から，「日本経済はこれから大不況になるので，大学で一生懸命に勉強しないと大変なことになりますよ」と言われたことを思い出します．

10.4　コクラン゠オーカット法

　OLS推定量は，系列相関のもとでも，不偏性と一致性を満たした良い推定量です．しかし，ガウス゠マルコフの定理の前提条件が成立しないため，OLS推定量はもはやBLUEではありません．本節では，系列相関のもとでもBLUEとなるコクラン゠オーカット推定量を紹介します．

10.4.1　コクラン゠オーカット法の手順
　ここで，被説明変数と誤差項のモデルは次式とします．

$$Y_t = \alpha + \beta X_t + u_t \tag{7}$$

$$u_t = \rho u_{t-1} + \varepsilon_t \tag{8}$$

ただし，$-1 < \rho < 1$，また，ε_t は期待値 0 ($E[\varepsilon_t] = 0$)，分散一定 ($E[\varepsilon_t^2] = \sigma^2$) であり，系列相関はない ($t \neq s$ のとき $E[\varepsilon_t \varepsilon_s] = 0$) と仮定します．このとき，係数 ρ が正ならば，誤差項 u_t に正の系列相関があり（つまり，u_{t-1} が正ならば u_t も正となりやすい），逆に，係数 ρ が負ならば，誤差項 u_t に負の系列相関があります．

　モデルは $Y_t = \alpha + \beta X_t + u_t$ であるため，$t-1$ 期には，次式となります．

$$Y_{t-1} = \alpha + \beta X_{t-1} + u_{t-1} \tag{9}$$

(7)式と(9)式を用いると，Y_t から ρY_{t-1} を引いたものは，次のとおり展開できます．

$$
\underbrace{Y_t - \rho Y_{t-1}}_{=Y_t^*} = (\alpha + \beta X_t + u_t) - \rho(\alpha + \beta X_{t-1} + u_{t-1})
$$

$$
= \alpha \underbrace{(1-\rho)}_{=X_{1t}^*} + \beta \underbrace{(X_t - \rho X_{t-1})}_{=X_{2t}^*} + \underbrace{(u_t - \rho u_{t-1})}_{=\varepsilon_t} \tag{10}
$$

ここで，被説明変数を Y_t^*，説明変数を X_{1t}, X_{2t}^* としたとき，新しい誤差項は，$u_t - \rho u_{t-1}$ です．これは(8)式から，$\varepsilon_t = u_t - \rho u_{t-1}$ にほかなりません．ここで，ε_t は，分散一定で系列相関はないと仮定したことを思い出してください．したがって，被説明変数を Y_t^*，説明変数を X_{1t}^*, X_{2t}^* とした OLS 推定量は BLUE になります．

しかし，実際には，係数 ρ の値はわからないため，推定量 $\hat{\rho}$ で置き換えた推定を行います．その手順は次のとおりです．まず，モデル $Y_t = \alpha + \beta X_t + u_t$ を OLS 推定します．次に，被説明変数を残差 $\hat{u}_t$ とし，説明変数を1期前の残差 $\hat{u}_{t-1}$ とした OLS 推定により，係数 $\hat{\rho}$ を推定します．最後に，係数 $\hat{\rho}$ を用いて，元の式を次のように変形します．

$$
\underbrace{Y_t - \hat{\rho} Y_{t-1}}_{=Y_t^*} = \alpha \underbrace{(1-\hat{\rho})}_{=X_{1t}^*} + \beta \underbrace{(X_t - \hat{\rho} X_{t-1})}_{=X_{2t}^*} + \underbrace{(u_t - \hat{\rho} u_{t-1})}_{=\varepsilon_t}
$$

ここで，被説明変数を Y_t^* とし，説明変数を X_{1t}^*, X_{2t}^* とした OLS 推定量は BLUE となります．また，標準誤差は通常の標準誤差を用います．

この推定は，開発者である D. コクラン（Donald Cochrane）と G. オーカット（Guy Orcutt）の名前をとって，**コクラン＝オーカット法**（Cochrane-Orcutt procedure）といい，得られた推定量を**コクラン＝オーカット推定量**と呼びます．以下では，例を通じて，コクラン＝オーカット推定量の理解を深めていきましょう．

例10－2：コクラン＝オーカット法——原油価格とガソリン価格の関係

例10－1で用いた時系列データを使って，OLS 推定量とコクラン＝オーカット推定量の違いを確認します．ここで，X_t は原油価格の変化率（％），Y_t はガソリン価格の変化率（％）です．OLS 推定すると，次の結果となりました（カッコ内は HAC 標準誤差です）．

$$\hat{Y}_t = 0.060 + 0.132X_t + 0.191X_{t-1} + 0.049X_{t-2}$$
$$(0.098)\ (0.024)\quad (0.018)\qquad (0.014)$$

　OLS 推定で得られた残差を $\hat{u}_t$ とします．そして，被説明変数を残差 $\hat{u}_t$ とし，説明変数を 1 期前の残差 $\hat{u}_{t-1}$ として OLS 推定すると，$\hat{\rho}=0.124$ となります．これを用いてコクラン＝オーカット推定を行うと，次の結果となりました（カッコ内は通常の標準誤差です）[6]．

$$\hat{Y}_t = 0.063 + 0.128X_t + 0.192X_{t-1} + 0.047X_{t-2}$$
$$(0.128)\ (0.012)\quad (0.012)\qquad (0.012)$$

推定結果は，OLS 推定の結果とほぼ同じ値ですが，コクラン＝オーカット推定量の標準誤差は，HAC 標準誤差より小さくなっています（定数項の標準誤差は除く）．

　原油価格の変化率 X_t をみると，OLS 推定で HAC 標準誤差を用いた場合には，t 値は5.4（＝0.132/0.024）ですが，コクラン＝オーカット推定量で通常の標準誤差を用いると，t 値は10.7（＝0.128/0.012）と高くなります．

10.4.2　コクラン＝オーカット法の限界

　これまで誤差項は $u_t = \rho u_{t-1} + \varepsilon_t$ と仮定していましたが，本当の誤差項の構造はより複雑かもしれません．たとえば，誤差項 u_t は，1 期前と 2 期前の値に依存した次のような式で表されるかもしれません．

$$u_t = \rho_1 u_{t-1} + \rho_2 u_{t-2} + \varepsilon_t$$

　誤差項の構造には，さまざまな可能性があり，構造が異なれば対応するコクラン＝オーカットの推定方法も異なります（練習問題 5 参照）．想定する誤差項の構造が誤っていれば，コクラン＝オーカット推定量は BLUE ではなく，得られた標準誤差も誤ったものになります．重要なことは，コクラン＝オーカット推定量は BLUE ではあるものの，誤差項の構造を知る必要があり，その利用は必ずしも容易ではないことです．

10.4.3　一般化最小 2 乗法

　一般化最小 2 乗法（generalized least squares, GLS）とは，「誤差項に関する標準的仮定 4，5 が満たされるように，被説明変数と説明変数を変換し，そ

---

6)　コクラン＝オーカット推定では，$\hat{\rho}=0.124$ を用いて，被説明変数と説明変数を Y_t^* や X_t^* に変形してから，OLS 推定を行います．

の上で，OLS推定を適用する方法」です．誤差項は標準的仮定4，5を満た
しているため，**一般化最小2乗推定量（GLS推定量）**は最良線形不偏推定量
（BLUE）になります．

コクラン＝オーカット推定では，系列相関があるとき，系列相関を除くよう
に被説明変数と説明変数を変換してから，OLS推定をしました．9.4節で学習
したWLS推定では，不均一分散があるとき，不均一分散を除くように被説明
変数と説明変数に加重をつけてから，OLS推定をしました．コクラン＝オー
カット推定とWLS推定は，ともに一般化最小2乗法であるといえます．

10.5　ラグ付き内生変数と説明変数

実証分析では，系列相関を考慮するために，被説明変数や説明変数のラグを
説明変数として追加する方法があります（ラグは6.4節参照）．

10.4.1節と同様に，被説明変数 Y_t と誤差項 u_t のモデルは次式とします．

$$Y_t = \alpha + \beta X_t + u_t$$
$$u_t = \rho u_{t-1} + \varepsilon_t$$

既に確認したとおり，これは次のように表すことができます（(10)式参照）．

$$Y_t - \rho Y_{t-1} = \alpha(1-\rho) + \beta(X_t - \rho X_{t-1}) + (u_t - \rho u_{t-1})$$

上式左辺の ρY_{t-1} を，右辺に移項すると，次のようになります．

$$Y_t = \underbrace{\alpha(1-\rho)}_{=\alpha^*} + \underbrace{\rho}_{=\beta_1} Y_{t-1} + \underbrace{\beta}_{=\beta_2} X_t \underbrace{-\beta\rho}_{=\beta_3} X_{t-1} + \underbrace{(u_t - \rho u_{t-1})}_{=\varepsilon_t}$$

パラメータを再定義すると，モデルは次のとおりとなります．

$$Y_t = \alpha^* + \beta_1 Y_{t-1} + \beta_2 X_t + \beta_3 X_{t-1} + \varepsilon_t$$

ここで，誤差項 ε_t は標準的仮定を満たしているので，上式をOLS推定し，通
常の標準誤差を用いることができます．

この式では，推定するパラメータ数が増えている（説明変数の数 K が，1
個から3個に増加している）ため，パラメータの推定精度は低下します．ま
た，コクラン＝オーカット推定と同様に，元の誤差項の構造が $u_t = \rho u_{t-1} + \varepsilon_t$ と
異なるならば，1期前の被説明変数と説明変数を含めたとしても新しい誤差項
には系列相関が残ります（10.4.2節参照）．このため，上式をOLS推定した場

合でも，HAC 標準誤差を用いることが望ましいといえます．

10.6 どの推定法を用いるべきか

　以上をまとめると，時系列データの実証分析では，パラメータを OLS 推定し，HAC 標準誤差を用いるのが標準になっています．ただし，誤差項の構造が既知のケースでは，コクラン = オーカット法やラグ付き変数を用いることもあります．しかし，誤差項の構造が既知となる状況は特殊ケースであり，コクラン = オーカット法やラグ付き変数の適用は限られています．

補　足

10.3.1節の証明

　ここでは，次の式が正しいことを証明します.

$$E\left[\left(\sum_{t=1}^{T} v_t\right)^2\right] = T\left\{\gamma_0 + 2\sum_{s=1}^{T-1}\left(1-\frac{s}{T}\right)\gamma_s\right\}$$

上式の左辺を展開すると，次のようになります.

$$E\left[\left(\sum_{t=1}^{T} v_t\right)^2\right] = E\left[(v_1+v_2+v_3+\cdots+v_T)(v_1+v_2+v_3+\cdots+v_T)\right]$$

$$= E\begin{bmatrix} v_1^2 & +v_1v_2 & +v_1v_3 & +v_1v_4 & +\cdots+v_1v_T+ \\ v_2v_1 & +v_2^2 & +v_2v_3 & +v_2v_4 & +\cdots+v_2v_T+ \\ v_3v_1 & +v_3v_2 & +v_3^2 & +v_3v_4 & +\cdots+v_3v_T+ \\ & & \cdots & & \\ v_Tv_1 & +v_Tv_2 & +v_Tv_3 & +v_Tv_4 & +\cdots+v_T^2 \end{bmatrix}$$

右辺は，T 行 T 列で配置しています. さらに各項の期待値をとると，

$$\begin{bmatrix} E[v_1^2] & +E[v_1v_2] & +E[v_1v_3] & +E[v_1v_4] & +\cdots+E[v_1v_T]+ \\ E[v_1v_2] & +E[v_2^2] & +E[v_2v_3] & +E[v_2v_4] & +\cdots+E[v_2v_T]+ \\ E[v_1v_3] & +E[v_2v_3] & +E[v_3^2] & +E[v_3v_4] & +\cdots+E[v_3v_T]+ \\ & & \cdots & & \\ E[v_1v_T] & +E[v_2v_T] & +E[v_3v_T] & +E[v_4v_T] & +\cdots+E[v_T^2] \end{bmatrix}$$

$$= \begin{bmatrix} \gamma_0 & +\gamma_1 & +\gamma_2 & +\gamma_3 & +\cdots+\gamma_{T-1}+ \\ \gamma_1 & +\gamma_0 & +\gamma_1 & +\gamma_2 & +\cdots+\gamma_{T-2}+ \\ \gamma_2 & +\gamma_1 & +\gamma_0 & +\gamma_1 & +\cdots+\gamma_{T-3}+ \\ & & \cdots & & \\ \gamma_{T-1} & +\gamma_{T-2} & +\gamma_{T-3} & \gamma_{T-4} & +\cdots+\gamma_0 \end{bmatrix}$$

となります（式展開では，$E[v_t v_{t-s}] = E[v_{t-j} v_{t-j-s}] = \gamma_s$ を用いました）. 右辺をみると，γ_0 は対角線上に T 個並んでいるため，γ_0 は計 T 個となります. また，γ_1 は対角線から1つ外れたところに2列並んでいるため，計 $2(T-1)$ 個です. 最後に，γ_{T-1} は，左下隅と右上隅に1個ずつなので計2個です（2個は，$2(T-(T-1))$ 個とも表記できます）. 以上から，上式右辺は，簡潔に，次のように表現できます.

$$T\gamma_0 + 2(T-1)\gamma_1 + 2(T-2)\gamma_2 + 2(T-3)\gamma_3 + \cdots + 2(T-(T-1))\gamma_{T-1}$$

$$= T\left(\gamma_0 + 2\left(1-\frac{1}{T}\right)\gamma_1 + 2\left(1-\frac{2}{T}\right)\gamma_2 + 2\left(1-\frac{3}{T}\right)\gamma_3 + \cdots + 2\left(1-\frac{T-1}{T}\right)\gamma_{T-1}\right)$$

$$= T\left(\gamma_0 + 2\sum_{s=1}^{T-1}\left(1-\frac{s}{T}\right)\gamma_s\right)$$

最初の等号では，任意の s に対して，次の関係式が成立することを用いました．

$$2(T-s) = 2T\left(1-\frac{s}{T}\right)$$

練習問題

1．系列相関とは何か，説明せよ．

2．系列相関があるとき，OLS 推定量は不偏性と一致性を満たすか．

3．$T=100$ としたとき，HAC 標準誤差はどのように求めればよいか．計算式を示せ（$\hat{\gamma}_0, \hat{\gamma}_1, \hat{\gamma}_2, \cdots$ などを用いること）．

4．練習問題 3 と同様，$T=500$ としたときの HAC 標準誤差の式を示せ．

5．モデルは $Y_t = \alpha + \beta X_t + u_t$ であり，誤差項は $u_t = \rho_1 u_{t-1} + \rho_2 u_{t-2} + \varepsilon_t$ とする．ε_t は期待値 0，分散一定，自己共分散は 0 とする．コクラン＝オーカット推定の手順を説明せよ．

6．練習問題 5 のモデルは，次のように表せることを示せ．

$$Y_t = \alpha^* + \beta_1 Y_{t-1} + \beta_2 Y_{t-2} + \beta_3 X_t + \beta_4 X_{t-1} + \beta_5 X_{t-2} + \varepsilon_t$$

ただし，$\alpha^* = (1 - \rho_1 - \rho_2)\alpha$ となる．

7．★標準的な仮定を満たした単回帰モデルを考える．

$$Y_t = \alpha + \beta X_t + u_t$$

誤差項 u_t の期待値は 0，分散は σ^2，自己共分散は 0 である．季節調整のため，次のような移動平均をとった系列（Y_t', X_t'）を考える．

$$Y_t' = \frac{1}{4}(Y_t + Y_{t-1} + Y_{t-2} + Y_{t-3}), \qquad X_t' = \frac{1}{4}(X_t + X_{t-1} + X_{t-2} + X_{t-3})$$

（a）Y_t' と X_t' には次の関係が成立することを確認せよ．

$$Y_t' = \alpha + \beta X_t' + u_t'$$

ただし，$u_t' = \frac{1}{4}(u_t + u_{t-1} + u_{t-2} + u_{t-3})$ となる．

（b）新しい誤差項 u_t' の期待値と分散を求めよ．

（c）新しい誤差項 u_t' の自己共分散を求めよ．

（d）季節調整と系列相関の関係を述べよ．

8．★系列相関があるとき，OLS 推定量が一致性を満たすことを証明せよ．ただし，T が大きくなっても，$\gamma_0 + 2\sum_{s=1}^{T-1}\left(1 - \frac{s}{T}\right)\gamma_s$ は有限と仮定する．

9．☆例 10-1，例 10-2 の推定結果を再現せよ．暫定税率を捉えるダミー変数を含めないと，推定結果はどのように変わるかも述べよ．

第11章

パネル分析

　本章では，同一対象を調査した横断面データを複数時点にわたり記録したパネルデータを取り上げます．はじめにその長所を説明し，パネル分析の代表的モデルである固定効果モデルと変量効果モデルを紹介します．パネル分析は現在，実証分析の主流となっており，学部生の卒業論文をはじめ，頻繁に用いられる手法になっています．

11.1　パネルデータ

　本節では，パネルデータとは何か，パネルデータを用いる利点とは何か，について学習します．

11.1.1　パネルデータとは何か
　パネルデータは，同一対象を調査した横断面データを複数時点にわたり記録したものです（1.3.1節参照）．
　パネルデータとして，以下の変数を考えましょう．

$$X_{i,t} \qquad Y_{i,t}$$

ここで，i は観測番号（$i = 1, 2, \cdots, N$），t は時点（$t = 1, 2, \cdots, T$）を表します．このとき，サンプルサイズは $N \times T$ となります．たとえば，1000企業の財務データが10年間にわたって利用可能であれば，$N = 1000$，$T = 10$ であり，サンプルサイズは $1000 \times 10 = 10000$ です．なお，パネルデータは，T の値に比べて，N の値が大きくなる傾向があります．これはパネルデータの整備が進んだのが最近であること，また，同一対象の追跡調査が困難であることが理由として考えられます（コラム11-1参照）．
　すべての個体 i の観測値が T 年分揃っている状態は**バランス化パネル**（balanced panel），ある個体 i の観測値が T 年分揃っていない状態は**非バランス化パネル**（unbalanced panel）と呼ばれます．県別や国別のパネルデータで

は，すべてのデータを揃えやすく，バランス化パネルとなる傾向があります．
これに対して，個人や家計のデータであれば，長期にわたって追跡するのが困
難であるため，ある個体 i が途中でサンプルから脱落してしまい，非バランス
化パネルとなりがちです．企業データでも倒産する場合があるので，長期デー
タを整備するのは必ずしも容易ではありません．本章では，バランス化パネル
を前提とした説明をしていきます[1]．

コラム　11-1　UP シリーズ

　1964年に英国で放送された「Seven Up!」は，英国に住む7歳の子どもたち
をインタビューした番組でした．番組では，幼少期の階級格差が子どもの将来
に大きな影響を与えることを確認するため，労働階級，中産階級，上流階級か
ら選ばれた10人の少年と4人の少女に密着しています．その後，7年おきに追
跡調査の番組が放送され，2019年には，63歳の彼らをインタビューした「63
Up」が放送されました．この「Up シリーズ」は，14人の子どもたちを定期的
に記録した番組であり，貴重なパネルデータといってもよいでしょう．

　チャールズ（上流階級）は，テレビ・プロデューサーとなりますが，21歳で
「21 Up」に出演して以降は，「Up シリーズ」への出演を拒否してしまいまし
た．リン（労働階級）は19歳で結婚し，図書館員として働きましたが，2013年
に57歳で亡くなりました．ピーター（中産階級）は，教師を経て法律家になり
ましたが，途中何度か番組出演を拒否していました．

　この番組は，当初は，社会階層の固定化に対する関心からスタートしたもの
でしたが，英国社会の変容や人生の多様さを共有できる貴重な資料となってい
ます．それと同時に，個人データを長期にわたって追跡調査することの困難さ
も理解できることでしょう．

11.1.2　パネルデータの長所

　パネルデータには2点の長所があります．第1は，精度の高い推定が可能と
なる点です．同一対象を調査した横断面データが複数時点にわたって存在する
と，サンプルサイズが大きくなります．このため，推定量の標準誤差が小さ
く，有意な結果が得られやすくなります．

---

[1]　非バランス化パネルであっても，ランダムにデータが欠損していれば問題になりません．

　第2は，個人や企業の個別要因を考慮できる点です．個別要因は，時間を通じて一定なものであれば，分析者が観察できない変数であってもかまいません．たとえば，生まれつきの能力，企業の社風，文化などは時間を通じて一定ですが，数量化が難しく，分析者が観察できない変数であるともいえます．パネル分析では，こうした変数は時間を通じて一定であるとして推定を行うことができるので，欠落変数バイアスの問題を回避できる可能性があります．この点について，次節以降で詳しくみていきましょう．

11.2　個別効果

　本節では，個人や企業などの個別要因とは何か，また，個別要因を無視してOLS推定を行うと，どのような問題が生じるかを学習します．

11.2.1　固定効果と変量効果

　被説明変数 $Y_{i,t}$ と説明変数 $X_{i,t}$ の間に，次の関係があるとします．

$$Y_{i,t} = \alpha + \beta X_{i,t} + \underbrace{\gamma_1 Z_{1i} + \gamma_2 Z_{2i} + \cdots + \gamma_L Z_{Li}}_{\text{個別要因}} + u_{i,t} \tag{1}$$

ここで，$Z_{1i},\ \cdots,\ Z_{Li}$ は，個体 i の個別要因であり，時間を通じて一定の変数とします．これら L 個の変数 $(Z_{1i},\ \cdots,\ Z_{Li})$ は時間を通じて一定であるため，下添字の t を除いています．また，これらは分析者が観察できない変数（たとえば，Z_{1i} として生まれつきの能力など）であってもかまいません．

　時間を通じて一定となる L 個の変数をまとめて，次のように表します．

$$Z_i = \gamma_1 Z_{1i} + \gamma_2 Z_{2i} + \cdots + \gamma_L Z_{Li} \tag{2}$$

(2)式を用いると，(1)式は，次のように表すことができます．

$$Y_{i,t} = \alpha + \beta X_{i,t} + Z_i + u_{i,t} \tag{3}$$

定数項 α と個別要因 Z_i の和を，**個別効果** α_i と定義します．

$$\alpha_i = \alpha + Z_i \tag{4}$$

　(4)式を用いると，(3)式は，次のように表すことができます．

$$Y_{i,t} = \alpha_i + \beta X_{i,t} + u_{i,t} \tag{5}$$

もし個別効果 α_i が，説明変数 $X_{i,t}$ と相関しているものであれば**固定効果**（fixed effects），説明変数 $X_{i,t}$ と無相関のものであれば**変量効果**（random effects）と呼ばれます．固定効果と変量効果の違いは，個別効果 α_i と説明変数 $X_{i,t}$ との相関があるか否かの違いです．なお，個別効果が固定効果であるとき，(5)式は**固定効果モデル**，個別効果が変量効果であるとき，(5)式は**変量効果モデル**と呼ばれます．

実証分析では，個別効果が説明変数と無相関であるとわかっている場合は少なく，ほとんどの場合，固定効果が正しい前提と考えられます．たとえば，被説明変数 $Y_{i,t}$ が賃金，説明変数 $X_{i,t}$ は教育年数，Z_i は生まれつきの能力としたとき，教育年数 $X_{i,t}$ と生まれつきの能力 Z_i は相関するため，個別効果は説明変数と相関する，すなわち，固定効果であることになります．

11.2.2 プールドOLS推定

個別効果を無視して，被説明変数を $Y_{i,t}$，説明変数を $X_{i,t}$ としたOLS推定を行うことを，**プールドOLS**（pooled OLS）推定といいます．

プールドOLS推定では，個別要因 Z_i は誤差項 $e_{i,t}=Z_i+u_{i,t}$ に含まれ，推定式は次式となります[2]．

$$Y_{i,t} = \alpha + \beta X_{i,t} + e_{i,t} \tag{6}$$

OLS推定を行う場合，説明変数 $X_{i,t}$ と個別要因 Z_i に相関があると（固定効果），説明変数 $X_{i,t}$ と誤差項 $e_{i,t}$ にも相関が生じ，欠落変数バイアスが起こります（5.3節参照）．つまり，個別効果が固定効果ならば，プールドOLS推定はバイアスを持つことになります．一方で，個別効果が変量効果ならば，説明変数 $X_{i,t}$ と個別要因 Z_i に相関はなく，説明変数 $X_{i,t}$ と誤差項 $e_{i,t}$ も無相関なので，プールドOLS推定はバイアスを持ちません．しかし，実証分析では，固定効果を前提とすることが正しい場合が多く，プールドOLS推定は問題のある方法といえます．

プールドOLS推定における標準誤差を考えてみましょう．パネルデータでは，個体 i に着目すれば，誤差項 $e_{i,t}$ は計 T 個の時系列データ（$e_{i,1}$, $e_{i,2}$, $\cdots$, $e_{i,T}$）となります．この T 個の時系列データは，1つのクラスター（集団）を形成し，その中で系列相関を発生させます（系列相関は10.1.1節参

2) 一般には，Z_i の平均 μ_Z は0ではなく，新しい誤差項の期待値が0となるように，定数項を調整する必要があります（3.2.3節参照）．

照). プールドOLS推定量の標準誤差においては, こうしたクラスター構造に対して頑健な標準誤差を用いる必要があります. この標準誤差は, **クラスターロバスト標準誤差** (cluster robust standard error) と呼ばれます (詳細は巻末付録Dの [9] を参照).

11.3　固定効果モデル

　以下では, 個人や企業などの個別要因を考慮した固定効果推定量について学習していきましょう.

11.3.1　固定効果モデルの推定

　モデルは(5)式, つまり, 次式とします.

$$Y_{i,t} = \alpha_i + \beta X_{i,t} + u_{i,t}$$

ここで, 個別効果 α_i は固定効果であるとします (つまり, 個別効果 α_i と説明変数 $X_{i,t}$ との間に相関がある). このとき, 上式は, **固定効果モデル** (fixed effects model) となります.

　固定効果モデルは, N 個のダミー変数 ($D1_i$, $D2_i$, $\cdots$, DN_i) を含めることで, 次の式としても表現できます[3].

$$Y_{i,t} = \beta X_{i,t} + \alpha_1 D1_i + \alpha_2 D2_i + \cdots + \alpha_N DN_i + u_{i,t} \tag{7}$$

ただし, $D1_i$ は, 個体が $i=1$ の場合に, 1となるダミー変数です. 同様に, $D2_i$ は, 個体が $i=2$ の場合に, 1となるダミー変数であり, DN_i は, 個体が $i=N$ の場合に, 1となるダミー変数です.

　(7)式が, 固定効果モデルであることを確認します. 仮に個体が $i=1$ ならば, $D1_i=1$ ですが, 他のダミー変数はすべて0となり ($D2_i=D3_i=\cdots=DN_i=0$), モデルは $Y_{1,t}=\alpha_1+\beta X_{1,t}+u_{1,t}$ です. 同様に, 個体が $i=2$ ならば, $D2_i=1$ ですが, 他のダミー変数はすべて0となり ($D1_i=D3_i=\cdots=DN_i=0$), モデルは $Y_{2,t}=\alpha_2+\beta X_{2,t}+u_{2,t}$ です.

　関心のある説明変数 $X_{i,t}$ に加えて, N 個のダミー変数 ($D1_i$, $D2_i$, $\cdots$, DN_i) を含めたOLS推定を行うことで, 固定効果 α_i を考慮したうえで回帰係

---

3)　説明変数として N 個のダミー変数が含まれますが, 定数項のないモデルですので多重共線性は生じていません (定数項がない場合に関する多重共線性の定義は5.8.1節の脚注3を参照).

数 β の推定が可能となります．以後，(7)式に基づいた OLS 推定量を，**固定効果推定量**（fixed effects estimator）と呼びます．

例11 - 1：固定効果モデル——世界における自殺率と失業率の関係

　失業率が高くなると生活苦に陥る人が増え，自殺者数も増えることが予想されます．64 カ国の 20 年間（2000〜2019 年）にわたるパネルデータを用いて，自殺者数と失業率の関係を調べてみましょう（$N=64$，$T=20$，$N \times T = 1280$）．被説明変数 $Y_{i,t}$ は，t 年における i 国の自殺者数（10 万人当たり），説明変数 $X_{i,t}$ は，t 年における i 国の失業率（%）とします．

　すべてのデータを用いて，プールド OLS 推定すると，次の結果となりました．

$$\hat{Y}_{i,t} = 11.990 + 0.142 X_{i,t}$$
$$\quad\quad (1.548) \quad (0.150)$$

自由度調整済み決定係数は $\bar{R}^2 = 0.007$ であり，カッコ内はクラスターロバスト標準誤差です．失業率 X の係数は正ですが，その t 値は 0.95（= 0.142/0.150）と低く，有意水準 10% であっても係数を 0 とした帰無仮説を棄却できません．これによると，失業率は自殺者数に影響を与えるとはいえず，直観に反する結果となりました．

　そもそも，プールド OLS 推定では，それぞれの国の個別要因（文化，宗教，政治システムの違いなど）が考慮されておらず，欠落変数バイアスが生じている可能性があります．たとえば，キリスト教は自殺を禁じているので，キリスト教徒が多い国では，失業率が高くても自殺者数は少ないかもしれません．

　そこで，こうした個別要因を考慮するため，固定効果モデルで推定すると，次の結果となりました．

$$\hat{Y}_{i,t} = 0.255 X_{i,t} + 国効果$$
$$(0.069)$$

自由度調整済み決定係数は $\bar{R}^2 = 0.911$ であり，カッコ内はクラスターロバスト標準誤差です[4]．ダミー変数は各国の個別要因を捉えているため，「国効果」と省略表示しています．予想どおり，失業率 X の係数は正で，t 値は

---

4)　この決定係数は，(7)式を推定したときの自由度調整済み決定係数です．これ以外に，実証分析では**個体内変動に基づく決定係数**（within R^2）が用いられます．これは個体間の違いを消去したうえで，個体内で被説明変数 Y の違いを説明変数 X がどの程度説明できているかを測る指標です．

3.67（＝0.255/0.069）と高く，有意水準 1 ％で，係数を 0 とした帰無仮説を棄却できました．失業率の係数である0.255は，失業率が 1 ％ポイント上がると自殺者数（10万人当たり）は0.255人増えることを意味します．以上から，失業率の増加は自殺者数の増加をもたらすという関係を明らかにすることができました．

11.3.2　固定効果モデルの注意点

　固定効果モデルには，時間を通じて一定の変数は，説明変数として含めることができないという注意点があります．これは時間を通じて一定の変数を説明変数に含めてしまうと，ダミー変数との多重共線性が発生するためです（練習問題 5 参照）．そもそも，時間を通じて一定となる変数をまとめて，$Z_i = \gamma_1 Z_{1i} + \gamma_2 Z_{2i} + \cdots + \gamma_L Z_{Li}$ と定義しているため，時間を通じて一定の変数を，新たに説明変数として含めることができないともいえます．

　たとえば，住宅価格の決定要因を調べたいとします．ある地点 i の住宅価格を被説明変数とし，説明変数の候補として，地震リスク，最寄り駅までの距離，床面積，階数を考えます．地震リスクは常に一定ではなく，時間を通じて変化するため，説明変数として含めることができます．これに対して，最寄り駅までの距離，床面積，階数は時間を通じて一定なものであるため，説明変数に含めることができません．

11.4　時間効果

　時間効果（time effects）とは，時間を通じてすべての個体 i に同じ影響を与える効果です．本節では，時間効果を考慮した時間固定効果モデルを紹介します．ただし，時間固定効果モデルでは，個別効果はないと仮定します．

11.4.1　時間固定効果モデル

　被説明変数 $Y_{i,t}$ と説明変数 $X_{i,t}$ の間に，次のような関係があるとします．

$$Y_{i,t} = \alpha + \beta X_{i,t} + \underbrace{\theta_1 S_{1t} + \theta_2 S_{2t} + \cdots + \theta_M S_{Mt}}_{\text{時間を通じて変化する共通要因}} + u_{i,t} \tag{8}$$

仮定により，個別効果はないため，定数項は α_i ではなく，α になっています．$S_{1t}, \cdots, S_{Mt}$ は時間を通じて変化しますが，すべての個体 i に同じ影響を与える共通要因です．そうした共通要因として，たとえば，景気変動を捉えるマク

ロ変数や社会風潮などが考えられます．これらM個の変数（S_{1t}, $\cdots$, S_{Mt}）は，すべての個体iに対して同じ影響を与える共通要因であるため，下添字のiを除いています．

すべての個体iに対して同じ影響を与える共通要因であるM個の変数をまとめて，次のように定義します．

$$S_t = \theta_1 S_{1t} + \theta_2 S_{2t} + \cdots + \theta_M S_{Mt}$$

(8)式は，$\lambda_t = \alpha + S_t$と定義すると，次のように表すことができます．

$$Y_{i,t} = \lambda_t + \beta X_{i,t} + u_{i,t}$$

ここで，λ_tは**時間効果**，上式は**時間固定効果モデル**（time fixed effects model）と呼ばれます．

時間固定効果モデルは，T個のダミー変数（$d1_t$, $d2_t$, $\cdots$, dT_t）を含めることで，次の式としても表現できます[5]．

$$Y_{i,t} = \beta X_{i,t} + \lambda_1 d1_t + \lambda_2 d2_t + \cdots + \lambda_T dT_t + u_{i,t} \tag{9}$$

ただし，$d1_t$は，時点が$t=1$の場合に，1となるダミー変数です．同様に，$d2_t$は，時点が$t=2$の場合に，1となるダミー変数であり，dT_tは，時点が$t=T$の場合に，1となるダミー変数です．

(9)式が，時間固定効果モデルであることを確認します．仮に時点が$t=1$ならば，$d1_t=1$ですが，他のダミー変数はすべて0となり（$d2_t=d3_t=\cdots=dT_t=0$），モデルは$Y_{i,1}=\lambda_1+\beta X_{i,1}+u_{i,1}$です．同様に，時点が$t=2$ならば，$d2_t=1$ですが，他のダミー変数はすべて0となり（$d1_t=d3_t=\cdots=dT_t=0$），モデルは$Y_{i,2}=\lambda_2+\beta X_{i,2}+u_{i,2}$です．

説明変数として，関心のある説明変数$X_{i,t}$に加えて，T個のダミー変数（$d1_t$, $d2_t$, $\cdots$, dT_t）を含めることで，時間効果λ_tを考慮しながら回帰係数βを推定することが可能となります．以下では，(9)式に基づいたOLS推定量を**時間効果推定量**（time fixed effects estimator）と呼びます．

時間効果モデルには，すべての個体iに対して同じ影響を与える変数は，説明変数として含めることができないという注意点があります．これはすべての個体iに対して同じ影響を与える変数を説明変数に含めてしまうと，ダミー変

---

5) 説明変数としてT個のダミー変数が含まれますが，定数項のないモデルですので多重共線性は生じていません（定数項がない場合に関する多重共線性の定義は5.8.1節の脚注3を参照）．

数との多重共線性が発生するためです（練習問題 6 参照）．そもそも，すべての個体 i に対して同じ影響を与える変数をまとめて，$S_t = \theta_1 S_{1t} + \theta_2 S_{2t} + \cdots + \theta_M S_{Mt}$ と定義しているため，すべての個体 i に対して同じ影響を与える変数を，新たに説明変数として含めることができないともいえます．

11.4.2　固定効果と時間効果を考慮したモデル

時間固定効果モデルでは，固定効果が含まれていませんでした．これに対し，**固定効果と時間効果を考慮したモデル**（two-way fixed effects model）は，両方の効果を含んだ次のモデルになります．

$$Y_{i,t} = \alpha_i + \lambda_t + \beta X_{i,t} + u_{i,t} \tag{10}$$

ここで，α_i は固定効果，λ_t は時間効果になります．

(10)式はダミー変数を含めることで，次のように表現できます．

$$\begin{aligned} Y_{i,t} = \beta X_{i,t} &+ \alpha_1 D1_i + \alpha_2 D2_i + \cdots + \alpha_N DN_i \\ &+ \lambda_1 d1_t + \lambda_2 d2_t + \cdots + \lambda_T dT_t + u_{i,t} \end{aligned} \tag{11}$$

ただし，すべてのダミー変数を含めてしまうと，完全な多重共線性が生じるため，これらダミー変数のうち，どれか 1 つのダミー変数を除いた式を OLS 推定します[6]．なお，統計ソフトを用いる場合には，自動的にどれか 1 つのダミー変数を削除して推定してくれるので，分析者が削除する変数を指定する必要はありません．

固定効果と時間効果を考慮したモデルの注意点として，時間を通じて一定の変数，すべての個体 i に対して同じ影響を与える変数は，説明変数として含めることができない点があります（練習問題 7 参照）．これは固定効果と時間効果を考慮したモデルでは，固定効果を考慮するためのダミー変数（$D1_i$, $D2_i$, $\cdots$, DN_N）と時間効果を考慮するためのダミー変数（$d1_t$, $d2_t$, $\cdots$, dT_t）がともに含まれるためです．

例11-2：固定効果と時間効果——世界における自殺率と失業率の関係

例11-1 と同じデータを用いて，自殺者数 $Y_{i,t}$ と失業率 $X_{i,t}$ の関係を調べ

---

6)　完全な多重共線性が生じることは，$D1_i + D2_i + \cdots + DN_i = 1$, $d1_t + d2_t + \cdots + dT_t = 1$ を用いると，次式が成立することから明らかでしょう．
$$(D1_i + D2_i + \cdots + DN_i) - (d1_t + d2_t + \cdots + dT_t) = 0$$

ます．既に述べたとおり，固定効果モデルを推定すると，次の結果となります（自由度調整済み決定係数は $\bar{R}^2 = 0.911$）．

$$\hat{Y}_{i,t} = 0.255 X_{i,t} + 国効果$$
$$(0.069)$$

カッコ内はクラスターロバスト標準誤差です．固定効果は「国効果」と省略表示しています．

　これに対し，固定効果と時間効果を考慮したモデルを推定すると，次の結果となります（自由度調整済み決定係数は $\bar{R}^2 = 0.922$）．

$$\hat{Y}_{i,t} = 0.177 X_{i,t} + 国効果 + 年効果$$
$$(0.061)$$

時間効果は，世界全体の景気変動や社会風潮などであり，ここでは「年効果」と省略表示しています．失業率 X の係数は有意に正ですが，係数は 0.255から0.177に低下しています．固定効果と時間効果の両方を含んだ推定は信頼性がより高くなります．

例11−3：固定効果と時間効果——日本における自殺率と失業率の関係

　日本の47都道府県データを用いて同じ分析をしてみましょう．分析期間は 2009年 から2019年 です（$N=47$，$T=11$，$N \times T = 517$）．被説明変数 $Y_{i,t}$ は，t 年における i 県の自殺者数（10万人当たり），説明変数 $X_{i,t}$ は，t 年における i 県の失業率（%）です．固定効果モデルを推定すると，次のようになります（自由度調整済み決定係数 $\bar{R}^2 = 0.848$）．

$$\hat{Y}_{i,t} = 3.066 X_{i,t} + 県効果$$
$$(0.129)$$

カッコ内はクラスターロバスト標準誤差です．固定効果は「県効果」と省略表示しています．

　これに対し，固定効果と時間効果を考慮したモデルを推定すると，次のようになります（自由度調整済み決定係数 $\bar{R}^2 = 0.876$）．

$$\hat{Y}_{i,t} = 0.871 X_{i,t} + 県効果 + 年効果$$
$$(0.310)$$

時間効果は日本全体の景気変動や社会風潮などであり，ここでは「年効果」と省略表示しています．ここで，失業率 X の係数は3.066から0.871に低下しています．係数が0.871とは，県の失業率が 1 %ポイント上がると，その県の自殺者数（10万人当たり）は0.871人増えることを意味します．国際比

較をした例11‐2の場合には，失業率の係数は0.177であったことを考えると，日本では，失業率が自殺者数に与える効果が大きいことがわかります．

コラム　11‐2　ステイホーム指標とコロナ新規感染者数

　2020年，新型コロナウイルスが猛威をふるうなか，政府が人々の移動量（人流）をリアルタイムで把握し，政府が移動量に制限をかける必要が生じました．水野貴之氏らは，約7800万台のドコモ携帯電話（15～79歳所有）の位置情報を用いて，自治体別のステイホーム指標を作成しています[7]．ステイホーム指標とは，コロナ前の平常時（2020年1月6日～1月31日）に比べて，住宅地からの外出が何%減少しているかを表したものです（‐1を掛けているため，指標がプラスなら平常時より外出が減少していることを意味します）．

　図11‐1は，2020年1月6日から同年6月28日までの東京都のステイホーム指標と新規感染者数の推移を描いたものです．2月3日にコロナ感染者の出たクルーズ船が横浜港に寄港し，メディアから注目を集めたこともあり，ステイホーム指標は約10%まで上がりました．その後，2月27日の臨時休業（学校閉鎖）要請（実際の要請通知は翌2月28日），4月7日の緊急事態宣言の発出により，ステイホーム指標は約60%にまで上昇しました．人々が外出を控えたことで新規感染者数が減少し，緊急事態宣言が5月25日に解除されたことに伴い，ステイホーム指標は20%程度まで低下しました．

図11‐1　東京都のステイホーム指標と新規感染者数の推移

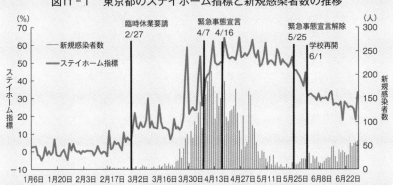

（出所）　渡辺努・藪友良（2020）「日本の自発的ロックダウンに関する考察」CARF Working Paper Series, CARF-J-113.

---

7)　水野貴之・大西立顕・渡辺努（2020）「流動人口ビッグデータによる外出の自粛率の見える化」『人工知能』35巻5号，667-672.

例11-4：固定効果と時間効果——緊急事態宣言とステイホーム指標

　ステイホーム指標を分析した渡辺努氏と筆者による実証研究を紹介します[8]．この研究は，2020年1月6日から同年6月28日までの県別データを用いて，ステイホーム指標を分析しています（$N=47$，$T=175$，$N \times T =$ 8225）．被説明変数 $Y_{i,t}$ は，t 日における i 県のステイホーム指標（％表示）です（コラム11-2参照）．説明変数 $X_{i,t}$ は複数あり，学校閉鎖ダミー（学校閉鎖期間なら1となる），緊急事態ダミー（緊急事態宣言中は1となる），新規感染者数の対数，雨ダミー（県庁所在地に雨が降ったら1となる）としています[9]．

　学校閉鎖と緊急事態宣言の期間は，県によって異なるため，固定効果モデルでの推定が可能です．たとえば，学校閉鎖は，2020年3月2日から全国的に始まりましたが，学校再開の時期は県によって異なりました．緊急事態宣言は，4月7日に7都道府県（埼玉，千葉，東京，神奈川，大阪，兵庫，福岡）に発出され，4月16日に全国に対象を拡大しました．そして，5月14日に39県で解除，5月21日に3県で解除，5月25日には全県で解除されました．

　固定効果と時間効果を考慮したモデルを推定すると，次の結果となりました[10]．

$$\hat{Y}_{i,t} = 8.398\text{学校閉鎖} + 8.155\text{緊急事態} + 3.255\text{感染者数} + 2.307\text{雨} + \text{県効果} + \text{日効果}$$
$$\quad\;\; (1.172) \qquad\qquad (0.745) \qquad\qquad (0.560) \qquad\qquad (0.376)$$

自由度調整済み決定係数は $\bar{R}^2 = 0.944$，カッコ内はクラスターロバスト標準誤差です．ここで，固定効果は「県効果」，時間効果は「日効果」と省略表示しています（時間効果には，土日祝日などの影響が含まれます）．

　学校閉鎖ダミーの係数は8.398であり，学校閉鎖はステイホーム指標を約8.4％ポイント増加させます．これは外出が平常時に比べて約8.4％も減少したことを意味します．緊急事態ダミーの係数は8.155であり，緊急事態宣言は外出を約8.2％減少させています．新規感染者数の係数は3.255であり，感染者数が10％増えると外出は約0.33％減少したことを意味します[11]．

　学校閉鎖と緊急事態宣言は，政府の要請による人々の行動変容を捉えていますが，これらの係数を足し合わせても，ステイホーム指標の増加のうち

---

8)　Watanabe, T. and Yabu, T. (2021) "Japan's Voluntary Lockdown," *PLoS ONE* 16(6): e0252468.
9)　新規感染者数は0を含むため，正確には新規感染者数を逆双曲線正弦関数で変換しました（6章補足参照）．
10)　各県の携帯電話保有台数を加重としたWLS推定を行いました．
11)　線形対数モデルなので，感染者数が10％変化するとステイホーム指標は $\beta \times 0.1$ 単位変化します（6章補足参照）．よって，ステイホーム指標は0.3255（＝3.255×0.1）％ポイント変化します．

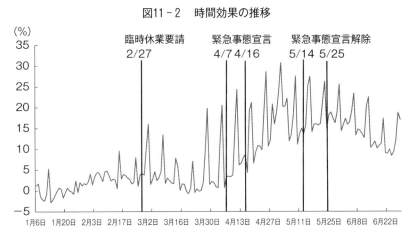

図11-2　時間効果の推移

(出所)　渡辺努・藪友良（2020）「日本の自発的ロックダウンに関する考察」CARF Working Paper Series, CARF-J-113.

16.6％ポイントしか説明できていません．図11-1をみると，東京ではステイホーム指標が約60％まで上がったことを考えると，政府命令の効果は小さかったといえます．

　図11-2は，推定された時間効果 $\hat{\lambda}_t$ の推移を示したものです．当初，時間効果は0周辺を推移していましたが，4月以降は約30％にまで上昇しています．つまり，4月以降は，時間効果が，人々の外出を約30％も減少させたことを意味します．

　時間効果は，全都道府県に共通の要因であり，政府の各種アナウンスメントや国内新規感染者数などが影響しています．たとえば，2020年2月27日の臨時休業（学校閉鎖）要請は，日本国民に「学校閉鎖が必要なほど状況は深刻である」と伝えることで，国民全体の自粛行動を促したと考えられます．また，4月7日の緊急事態宣言の対象は，7都道府県ではありましたが，対象外の他県民にも状況の深刻さを伝え，自粛行動を促したと考えられます．以上の結果から，人々の行動を変容させた重要な要因は，政府による要請ではなく，日本国民が政府アナウンスメントや感染者情報などから状況の深刻さを理解し，自らの意思で自粛行動を選択したことだったといえます．

11.5　変量効果モデルとハウスマン検定

　本節では，変量効果モデルを紹介し，モデル選択に用いられるハウスマン検

定について簡単に説明します.

11.5.1 変量効果モデル

個別効果 $\alpha_i = \alpha + Z_i$ が変量効果（個別効果 α_i と説明変数 $X_{i,t}$ が無相関である）としたとき，(5)式は**変量効果モデル**（random effects model）となります（11.2.1節参照）．プールドOLSと同様，変量効果モデルは，個別要因 Z_i を誤差項の一部とすることで，次の式で表すことができます（11.2.2節参照）．

$$Y_{i,t} = \alpha + \beta X_{i,t} + e_{i,t}$$
$$e_{i,t} = Z_i + u_{i,t}$$

変量効果を考えるため，説明変数 $X_{i,t}$ は個別要因 Z_i と無相関であり，説明変数 $X_{i,t}$ と誤差項 $e_{i,t}$ も無相関になります.

変量効果の前提が正しければ，説明変数 $X_{i,t}$ と誤差項 $e_{i,t}$ は無相関となることから，プールドOLS推定であっても欠落変数バイアスは生じません．しかしながら，異なる時点の誤差項（$e_{i,t}$, $e_{i,s}$）には同じ個別要因 Z_i が含まれるため，誤差項には系列相関が生じます．そこで，変量効果モデルの推定では，誤差項の系列相関を考慮した一般化最小2乗法が行われます（一般化最小2乗法は10.4.3節参照）．具体的には，誤差項の系列相関を除くように被説明変数と説明変数に複雑な変換を行ってからOLS推定を行うことになります．この推定は，**変量効果推定量**（random effects estimator）と呼ばれます．

変量効果モデルの長所は，時間を通じて一定の要因でも説明変数に含めることができる点にあります．変量効果モデルは，ダミー変数を用いていないことから，時間を通じて一定の変数を加えたとしても，多重共線性は発生しません．住宅価格の例でいえば，住宅価格を被説明変数とし，説明変数を地震リスク，駅までの距離，床面積，階数とした推定が可能になります.

一方で，変量効果モデルの短所は，説明変数と個別効果は無相関であるとした前提にあります．しかし現実には，説明変数と個別効果は相関していることが多く，変量効果モデルの推定はその前提に問題があるといえます.

11.5.2 ハウスマン検定

変量効果の前提が正しい場合には，変量効果推定量は有効な推定方法となります．固定効果推定量であっても係数 β を推定することは可能です．ただし，すべての個別効果をダミー変数で推定する必要があり，（推定するパラメータ

数が増えるため）パラメータの推定精度は低下し，有意な結果が得られにくくなってしまいます．

　固定効果の前提が正しい場合には，固定効果推定量では，説明変数と個別効果との相関が許容されており，パラメータをバイアスなく推定できます．これに対して，変量効果推定量では，説明変数と個別効果との相関が許容されていないため，パラメータの推定にバイアスが生じます．

　実証分析を行う際には，固定効果モデルと変量効果モデルのどちらのモデルを使うかを選択しなければなりません．こうしたモデル選択の判断基準として一般的な方法が，**ハウスマン検定**（Hausman test）です．ハウスマン検定では，仮説を以下のよう設定します．

　　　帰無仮説 H_0：変量効果（説明変数と個別効果が無相関）が正しい

　　　対立仮説 H_1：固定効果（説明変数と個別効果が相関）が正しい

　変量効果の前提が正しければ，変量効果推定量と固定効果推定量の差（推定されたパラメータ値の差）は小さいはずです．反対に，固定効果の前提が正しければ，変量効果推定量ではバイアスが生じてしまい，固定効果推定量と違いが生じるでしょう．ハウスマン検定では，両方の推定量を用いてパラメータを推定し，推定結果の違いを調べます．もし推定結果の違いが小さければ，帰無仮説を採択します（変量効果モデルを支持する）．これに対して，推定結果の違いが大きければ，帰無仮説を棄却します（固定効果モデルを支持する）．

　ハウスマン検定によるモデル選択には問題もあります．4.6.1節で学習したとおり，帰無仮説（変量効果）が採択されたとしても，帰無仮説（変量効果）が正しいとは限りません．対立仮説（固定効果）が正しいにもかかわらず，帰無仮説（変量効果）が誤って採択された可能性があります．さらにいえば，実証分析において，説明変数と個別効果が無相関となる状況は，そもそも考えにくい前提です．

　変量効果モデルは，問題ある前提（説明変数と個別効果は無相関である）に基づいており，注意を要するモデルになります．これに対して，固定効果モデルは，現実的な前提（説明変数と個別効果は相関する）に基づいており，信頼できる推定結果を与えてくれます．実際に実証分析を行う際には，ハウスマン検定によって変量効果が支持されたとしても，変量効果推定量だけでなく，固定効果推定量も併せて掲載することで，**推定結果の頑健性**（推定方法を変えても，主要な結果が大きくは異ならないこと）を示すことができるでしょう．

練習問題

1．パネルデータにおいて，T が N より大きい場合の例を挙げよ．

2．固定効果と変量効果の違いを述べよ．

3．固定効果モデルは，ダミー変数（$D1_i$, $D2_i$, $\cdots$, DN_i）を用いて，

$$Y_{i,t} = \beta X_{i,t} + \alpha_1 D1_i + \alpha_2 D2_i + \cdots + \alpha_N DN_i + u_{i,t}$$

と表現できる．帰無仮説を個別効果なし，対立仮説を個別効果ありとした F 検定はどのようにすればよいか説明せよ．

4．モデルは $Y_{i,t} = \alpha + \beta X_{i,t} + \gamma Z_i + u_{i,t}$ としよう．ここで，$Y_{i,t}$ は年収，$X_{i,t}$ は職業訓練に参加したら1となるダミー変数とする．また，Z_i は生まれつきの能力を表す変数（観察できないが時間を通じて一定）とする．2時点のデータ（$t=1$, $t=2$）が利用可能であるとき，被説明変数を $Y_{i,2} - Y_{i,1}$，説明変数を $X_{i,2} - X_{i,1}$ とした OLS 推定によって，係数 β を推定することの是非を述べよ．

5．固定効果モデルでは，時間を通じて一定の変数 W_i を説明変数に含めると多重共線性が発生することを説明せよ．

6．時間固定効果モデルでは，すべての個体 i に対して同じ影響を与える変数 W_t を説明変数に含めると多重共線性が発生することを説明せよ．

7．固定効果と時間効果を考慮したモデルでは，時間を通じて一定の変数，すべての個体 i に同じ影響を与える変数を含めると多重共線性が発生することを述べよ．

8．プールド OLS と変量効果モデルによる推定の違いを述べよ．

9．☆例11-1，例11-2の推定結果を再現せよ．

10．☆例11-3の推定結果を再現せよ．

11．☆例11-4の推定結果を再現せよ．

本章では，被説明変数をダミー変数としたモデルである，線形確率モデル，プロビットモデル，ロジットモデルについて学習します．これらのモデルは，実証分析で頻繁に用いられており，学部生の卒業論文でも人気のあるモデルの1つです．

12.1 質的モデルとは何か

質的データとは，質的情報を数値に変換したものです（1.3.5節参照）．たとえば，ダミー変数も質的データの1つです．そして，質的データを被説明変数とするモデルは，**質的選択モデル**（qualitative choice model）と呼ばれます．本節では，質的選択モデルの中でも，被説明変数をダミー変数としたモデルである線形確率モデル，プロビットモデル，ロジットモデルについて説明します．

12.1.1 線形確率モデル

被説明変数 Y_i はダミー変数（0もしくは1の値のみをとる変数）とし，X_i と Y_i に次の線形関係があるとします．

$$Y_i = \alpha + \beta X_i + u_i$$

9.1.1節の例9-2で学習したとおり，被説明変数がダミー変数であるとき，$Y_i = 1$ となる確率 $P\{Y_i = 1\}$ は，次の線形関数になります．

$$P\{Y_i = 1\} = \alpha + \beta X_i$$

このモデルは，確率と密接に結びついているため，**線形確率モデル**と呼ばれます．

線形確率モデルの長所は，係数の解釈がしやすいところにあります．係数 β は，確率への**限界効果**（marginal effect），すなわち，「X が1単位増えたとき，$Y = 1$ の確率はどれぐらい変化するか」を表します．

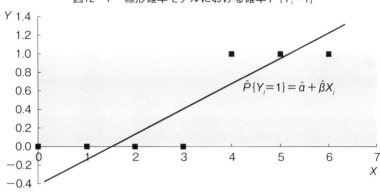

図12-1　線形確率モデルにおける確率 $\hat{P}\{Y_i=1\}$

　図12-1は，X と Y の散布図を示したものです（縦軸が0以上1以下の範囲を網掛け領域としています）．実現値（実際の観測値）は■で示しています．ここで，被説明変数を Y とし説明変数を X とした OLS 推定をすると，OLS 推定量（$\hat{a},\ \hat{\beta}$）が求められます．これらを用いると，確率の予測値 $\hat{P}\{Y_i=1\}$ は，次の線形関数として求めることができます．

$$\hat{P}\{Y_i=1\} = \hat{a} + \hat{\beta}X_i$$

　図12-1の実線は，予測値 $\hat{P}\{Y_i=1\}$ です．説明変数 X が大きいと確率 $\hat{P}\{Y_i=1\}$ は1を超え，説明変数 X が小さいと確率 $\hat{P}\{Y_i=1\}$ は0を下回ります．本来，確率は0以上1以下となるべきですが，この確率は線形関数で表されたものであるため，予測値を確率として解釈できないという問題があります．

例12-1：線形確率モデルによる分析——結婚の決定要因

　国際成人力調査（PIAAC）は，16～65歳の個人を対象に，個人の能力や背景（年齢，性別，学歴など）を調査したものです．ここでは，2011年8月から2012年2月にかけて実施された調査結果を用いて，男性（50歳以下）の結婚の決定要因を分析してみましょう．

　被説明変数 Y_i は，結婚していたら1，そうでなければ0となるダミー変数とします．結婚の決定要因はいろいろあるかもしれませんが，とりあえず，説明変数 X_i は年齢としましょう．線形確率モデルで推定すると，次のようになります．

$$\hat{P}\{Y_i=1\} = -0.531 + 0.0318X_i$$

年齢の係数は0.0318であり，年齢が1歳上昇すると結婚確率は3.18%ポイント上昇する結果となりました．ここで，25歳の結婚確率は0.264（$=-0.531$ $+0.0318\times25$）となりました．しかし，16歳の確率は-0.022（$=-0.531+$ 0.0318×16）と0を下回り，50歳の確率は1.059（$=-0.531+0.0318\times50$）と1を超えてしまいました．このように，線形確率モデルによる分析では，その確率が0以上1以下に収まらないという事象が生じてしまいます．

12.1.2　プロビットモデル

線形確率モデルの上記の問題は，図12-1でも明らかなとおり，予測値 $\hat{P}\{Y_i=1\}$ が線形関数になっていることにあります．この問題を回避するため，$Y_i=1$ となる確率として，次の非線形関数を考えます．

$$P\{Y_i=1\} = F(\alpha+\beta X_i) \tag{1}$$

ただし，$F(\cdot)$ は，0以上1以下となる関数とします[1]．図12-2では，$F(\cdot)$ を0以上1以下となる関数としたときの確率 $\hat{P}\{Y_i=1\} = F(\hat{\alpha}+\hat{\beta}X_i)$ が，X_i の関数として示されており，確率は0以上1以下になることがわかります．

プロビットモデル（probit model）とは，関数 $F(\cdot)$ として，標準正規分布

図12-2　関数 $F(\cdot)$ を用いたときの確率 $\hat{P}\{Y_i=1\}$

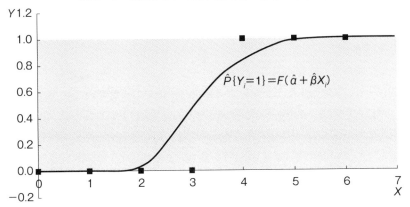

---

1)　$F(\alpha+\beta X_i)$ は，$F(\cdot)$ と $\alpha+\beta X_i$ の合成関数となります（合成関数は巻末付録B.4参照）．

図12 - 3　標準正規分布

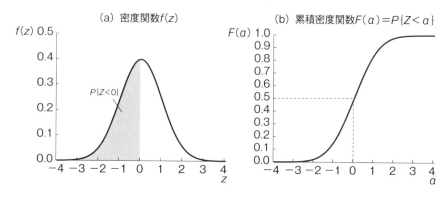

(a) 密度関数$f(z)$　　　　　(b) 累積密度関数$F(a)＝P\{Z＜a\}$

の累積密度関数を用いたモデルです．**累積密度関数**（cumulative density function）とは，確率変数が任意の値よりも小さくなる確率と定義されます．

図12 - 3 (a) では，標準正規確率変数Zの密度関数$f(z)$ が，図12 - 3 (b)では，横軸を定数aとした標準正規確率変数Zの累積密度関数$F(a)$ が示されています（累積密度関数は$F(a)＝P\{Z＜a\}$ と定義されます）[2]．図12 - 3 (a) をみると，標準正規分布の密度関数$f(z)$ は 0 を中心とした左右対称な釣鐘状の分布であることがわかります．このため，確率変数Zが 0 以下の値をとる確率は0.5になります（確率は図12 - 3 (a) の網掛け領域の面積です）．これは，図12 - 3 (b) の累積密度関数からも確認できます．累積密度関数は，確率変数Zがaより小さな値をとる確率であり，$a＝0$のときにちょうど0.5になります．また，累積密度関数は，aが小さくなると 0 に，aが大きくなると 1に近づきます．累積密度関数は，図12 - 2 の関数$F(\cdot)$ と同じような関数形になっています．

例12 - 2 ：プロビットモデルによる分析――結婚の決定要因

例12 - 1 では，線形確率モデルを用いて，50歳以下の男性の結婚の決定要因を分析しました．その結果，結婚確率は，16歳で 0 を下回り，50歳で 1 を超えてしまいました．そこで，同じデータをプロビットモデルで推定してみましょう．結果は，次のようになりました．

---

2)　累積密度関数は，密度関数$f(z)$ を用いて$F(a)＝P\{Z＜a\}＝\int_{-\infty}^{a}f(z)dz$と定義されます．

$$\hat{P}\{Y_i = 1\} = F(-3.492 + 0.1066X_i)$$

ただし，関数 $F(\cdot)$ は，標準正規分布の累積密度関数です．線形確率モデルの場合と同様に，年齢 X_i の係数は正であり，年齢が上昇すると結婚確率が上がります．ところが，このモデルでは，16歳の結婚確率であっても，$0.037(=F(-3.492+0.1066\times16))$ と 0 を上回り，50歳の結婚確率であっても，$0.967(=F(-3.492+0.1066\times50))$ と 1 を下回ります[3]．プロビットモデルでは，関数 $F(\cdot)$ として標準正規分布の累積密度関数を用いており，確率はかならず 0 以上 1 以下になります．

次に，(1)式を用いて，$Y_i = 0$ となる確率を求めます．被説明変数 Y_i は 0 もしくは 1 の値をとり，また，確率の和が 1 であることから，次式が成立します．

$$P\{Y_i = 0\} + P\{Y_i = 1\} = 1$$

このため，$Y_i = 0$ となる確率は，上式を書き換えることで次のようになります（式展開では，(1)式を用いました）．

$$\begin{aligned}
P\{Y_i = 0\} &= 1 - P\{Y_i = 1\} \\
&= 1 - F(\alpha + \beta X_i)
\end{aligned} \tag{2}$$

(1)式と(2)式をまとめましょう．被説明変数 Y_i の実現値（実際の観測値）を y_i と表記します（実現値 y_i は 0 もしくは 1 の値をとります）．このとき，被説明変数が $Y_i = y_i$ となる確率は次のようになります．

$$P\{Y_i = y_i\} = \begin{cases} F(\alpha + \beta X_i) & if \quad y_i = 1 \\ 1 - F(\alpha + \beta X_i) & if \quad y_i = 0 \end{cases} \tag{3}$$

上の式は，$y_i = 1$ なら(1)式であり，$y_i = 0$ なら(2)式を意味します．

12.1.3 限界効果

線形確率モデルでは，パラメータ β は限界効果を意味していましたが，プロビットモデルでは，パラメータ β は限界効果を意味していません．また，プロビットモデルの限界効果は，説明変数の値に応じて変わるという特徴があり

---

3) Excel では NORM.S.DIST 関数を用いて確率を求めます．$-3.492+0.1066\times16=-1.786$であり，$F(-1.786)$ は「NORM.S.DIST(-1.786,TRUE)」と入力すれば0.037となります．同様に，$-3.492+0.1066\times50=1.838$であり，$F(1.838)$は「NORM.S.DIST(1.838,TRUE)」と入力すれば0.967です．

ます．以下では，例12-2のプロビットモデルによる推定結果を用いて，限界効果が説明変数の値に応じて変わることを確認してみましょう．

例12-3：限界効果——結婚の決定要因

図12-4は，X_i の関数として，男性の結婚確率 $\hat{P}\{Y_i=1\}=F(-3.492+0.1066X_i)$ を示したものです．25歳なら結婚確率は0.204$(=F(-3.492+0.1066\times25))$，26歳なら確率は0.236$(=F(-3.492+0.1066\times26))$ となるため，25歳における限界効果は0.032$(=0.236-0.204)$ です．これは，図12-4における25歳時の関数 $F(-3.492+0.1066X_i)$ の傾きに相当するものです[4]．すなわち，25歳から26歳にかけて，年齢が1歳上がると結婚する確率も3.2％ポイント上がると解釈されます．これに対して，45歳なら確率は0.904$(=F(-3.492+0.1066\times45))$，46歳なら確率は0.921$(=F(-3.492+0.1066\times46))$ となるため，45歳における限界効果は0.017$(=0.921-0.904)$ とかなり小さくなります．これは，図における45歳時の関数の傾きに相当するものであり，45歳から46歳にかけて，1歳年齢が上がっても結婚する確率は1.7％ポイントしか上がらないと解釈されます．このように，プロビットモデルでは，説明変数である年齢に応じて限界効果が変わることが確認できました．

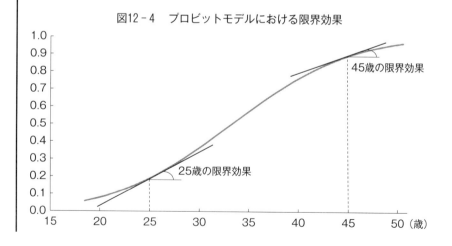

図12-4 プロビットモデルにおける限界効果

---

4) 後述しますが，厳密には，関数の傾きは偏微分によって表されます．

限界効果は，関数 $F(\cdot)$ の傾きになります．関数 $F(\cdot)$ の傾きは説明変数の値に応じて変わるため，限界効果も説明変数の値に応じて変わります．厳密には，限界効果は，偏微分を使って，次のように表されます（偏微分は巻末付録B参照）．

$$\frac{\partial F(\hat{a}+\hat{\beta}X_i)}{\partial X_i}$$

ここで，$\partial F(\hat{a}+\hat{\beta}X_i)/\partial X_i$ とは，X_i における関数 $F(\hat{a}+\hat{\beta}X_i)$ の傾きとなります．

平均限界効果（average marginal effect）は，説明変数 X の各値 X_i における限界効果を計算し，これらの標本平均として，次のように定義されます．

$$\frac{1}{n}\sum_{i=1}^{n}\frac{\partial F(\hat{a}+\hat{\beta}X_i)}{\partial X_i}$$

その名のとおり，平均限界効果は限界効果の標本平均になります．

分析結果をまとめる表を作成する場合には，パラメータの推定値 $(\hat{a},\ \hat{\beta})$ に加えて，平均限界効果を掲載するようにしましょう．

例12-4：プロビットモデルによる分析——男女の結婚の決定要因

国際成人力調査のデータを用いて，50歳以下の男女の結婚の決定要因を分析してみましょう．被説明変数 Y_i は結婚したら1となるダミー変数とします．説明変数 X_i は年齢に加え，教育水準を表す変数として大卒ダミー（最終学歴が大卒なら1となるダミー変数）と院卒ダミー（最終学歴が大学院卒なら1となるダミー変数）を追加します．

表12-1(a) は，男性のデータを用いた推定結果を掲載したものです．線形確率モデルの推定結果(1)をみると，説明変数はすべて正で有意になります．年齢の係数は0.031であり，年齢が1歳上昇すると結婚確率は3.1%ポイント上昇します．大卒ダミーの係数は0.063であり，大卒だと結婚確率は6.3%ポイント増加します．院卒ダミーの係数は0.161であり，大学院卒だと確率は16.1%ポイントも増加します．次に，プロビットモデルの係数の推定値(2)をみると，係数値はすべて正で有意になっています．また，平均限界効果(3)をみると，これは線形確率モデルの係数とほぼ同じ値になります．

表12-1(b) は，女性のデータを用いた推定結果をまとめたものです．男

表12-1 男女別での結婚の決定要因

	(a) 男性のデータ			(b) 女性のデータ		
	線形確率	プロビット		線形確率	プロビット	
	(1)係数	(2)係数	(3)限界効果	(4)係数	(5)係数	(6)限界効果
年齢	0.031 ***	0.105 ***	0.026 ***	0.028 ***	0.088 ***	0.025 ***
	(0.001)	(0.005)	(0.0005)	(0.001)	(0.004)	(0.001)
大卒	0.063 ***	0.256 ***	0.063 ***	0.012	0.080	0.023
	(0.024)	(0.088)	(0.022)	(0.025)	(0.084)	(0.024)
院卒	0.161 ***	0.663 ***	0.163 ***	0.129	0.416	0.117
	(0.039)	(0.167)	(0.041)	(0.087)	(0.306)	(0.086)
定数項	−0.526 ***	−3.527 ***		−0.385 ***	−2.793 ***	
	(0.025)	(0.159)		(0.027)	(0.127)	
$\bar{R}^2 / Psuedo\ R^2$	0.426	0.365		0.317	0.260	
n	1491	1491		1765	1765	

(注) ***, **, *は, 有意水準1%, 5%, 10%で有意になることを示します. カッコ内はロバスト標準誤差. n はサンプルサイズ. プロビットの限界効果は平均限界効果を掲載しています.

性のデータと異なり,（定数項を除くと）年齢だけが有意に正となります. 大卒や院卒の係数は正ではありますが, 有意にはなっていません. これは男性の推定結果と大きく異なっています. 線形確率モデルの推定結果(4)とプロビットモデルの平均限界効果(6)を比較すると, やはりほぼ同じ結果になっています.

これらの推定結果は, 結婚を決定するにあたって, 女性は男性の社会的ステータス（教育水準）を重視しますが, 男性は女性の社会的ステータスをそれほどは重視していないことを意味しているのかもしれません.

12.2 潜在変数を用いた質的選択モデル

プロビットモデルでは, 関数 $F(\cdot)$ は標準正規分布の累積密度関数であると仮定しました. 本節では, この仮定は分析者が観察できない潜在変数を用いたモデルによって導出できることを示します.

12.2.1 潜在変数を用いたプロビットモデル

プロビットモデルは, 次のモデルから導出できます. 被説明変数 Y_i は, 次のように決定されるとします.

$$Y_i = \begin{cases} 1 & if \quad Y_i^* > c \\ 0 & if \quad Y_i^* \leq c \end{cases} \tag{4}$$

ここで，Y_i^*は分析者が観察できない**潜在変数**（latent variable）であり，cは**閾値**（threshold）となります．また，潜在変数Y_i^*は次のように決定されます．

$$Y_i^* = \alpha^* + \beta^* X_i + u_i^* \tag{5}$$

ただし，α^*とβ^*はパラメータであり，誤差項は$u_i^* \sim i.i.d. N(0, \sigma^2)$とします（$i.i.d. N$は3.2.7節参照）．

　このモデルでは，被説明変数Y_iは，潜在変数Y_i^*が閾値cより大きいと1になり，閾値c以下では0になります．潜在変数Y_i^*や閾値cは分析対象によって，その意味が異なります．以下では例を通じて，モデルの理解を深めていきましょう（なお，本章末の補足では，例12-2で扱った結婚の意思決定をモデル化し，(4)式と(5)式を導出しています）．

例12-5：潜在変数を用いたモデル──殺虫剤の効果を測る

　分析者は，殺虫剤の効果に関心があるとしましょう（コラム12-1参照）．説明変数X_iはi番目の虫に散布した毒物量（殺虫剤の量），被説明変数Y_iはi番目の虫が死んだら1となるダミー変数とします．虫が実際に吸収した毒物量の測定は困難なため，吸収した毒物量は潜在変数Y_i^*となります．散布した毒物量X_iが増えると，虫が吸収する毒物量は増えるでしょう．これを捉えているのが，$\alpha^* + \beta^* X_i$の部分です．また，同じ毒物量でも，個体によって毒物の吸収量は異なるので，そうした違いを誤差項u_i^*が表します．そして，吸収した毒物量である$Y_i^* = \alpha^* + \beta^* X_i + u_i^*$が，致死量$c$を超えたとき虫は死に至ります（つまり，$Y_i = 1$となる）．これに対して，吸収した毒物量$Y_i^*$が，致死量$c$を下回るとき虫は生き残ります（つまり，$Y_i = 0$となる）．

12.2.2　潜在変数と確率$P\{Y_i = 1\}$との関係

　(4)式，(5)式より，被説明変数Y_iは，潜在変数$Y_i^* = \alpha^* + \beta^* X_i + u_i^*$が閾値$c$より大きいと1となり，閾値$c$以下では0となります．図12-5では，被説明変数$Y_i$と潜在変数$Y_i^*$との関係を表しています．図の横軸は潜在変数$Y_i^*$であり，縦軸は潜在変数$Y_i^*$の密度関数$f(Y_i^*)$を示します．誤差項$u_i^*$は正規分

図12-5　被説明変数 Y_i と潜在変数 Y_i^* との関係

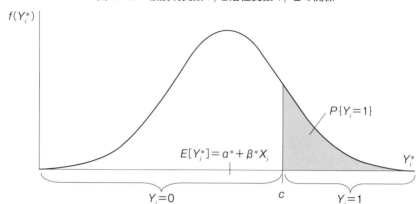

布 $N(0, \sigma^2)$ に従うため，潜在変数 $Y_i^* = \alpha^* + \beta^* X_i + u_i^*$ の確率分布も $E[Y_i^*]$ $= \alpha^* + \beta^* X_i$ を中心とした正規分布になります．潜在変数 Y_i^* が閾値 c より大きいならば（$Y_i^* > c$），被説明変数は $Y_i = 1$ として観察されます．このとき，確率 $P\{Y_i = 1\}$ は，図の網掛け領域の面積になります．

　仮に $\beta^* > 0$ であるならば，説明変数 X_i が増加すると $\alpha^* + \beta^* X_i$ も増加するので（分布が右にシフトする），潜在変数 Y_i^* が閾値 c を超える（$Y_i = 1$ となる）確率が高くなります．そして，説明変数 X_i が十分に大きくなると，Y_i^* が閾値 c を超える確率は 1 に近い値となります．当然ですが，標準正規分布の密度関数の総面積は 1 であるため，確率が 1 を超えることはありません．

　これまで図を用いて，$Y_i = 1$ となる確率が何かを議論してきました．厳密には，(4)式と(5)式のもとで $Y_i = 1$ となる確率は，次のように表すことができます．

$$P\{Y_i = 1\} = F(\alpha + \beta X_i)$$

ただし，関数 $F(\cdot)$ は標準正規確率変数の累積密度関数であり，パラメータは $\alpha = (\alpha^* - c)/\sigma$，$\beta = \beta^*/\sigma$ と定義されます．これは12.1.2節で学習したプロビットモデルにほかなりません．詳しい証明に関心がある読者は，本章末の補足を参照してください．

コラム 12-1　プロビットモデルを作り出した毒物学

デイヴィッド・サルツブルグ（2006）『統計学を拓いた異才たち』日本経済新聞社，竹内惠行・熊谷悦生訳，では，プロビットモデルが開発された経緯が紹介されています．

　プロビットモデルを考案したC.ブリス（Chester Bliss）は，コロンビア大学で昆虫学を学び，卒業後は米国農務省の研究員として殺虫剤の開発に携わりました．しかし，当時，野外実験は制御不能な要因が多く，殺虫剤の効果を測ることは難しいと考えられていました．彼は大学で統計学を専攻していませんでしたが，統計学者R.フィッシャー（Ronald Fisher）の著書『研究者のための統計的方法』で独学し，殺虫剤を用いた室内実験を準備しました．いくつかのガラス瓶の中に，昆虫と，分量の異なる殺虫剤を入れ，その効果を測ったのです．興味深いことに，殺虫剤の量が多くても数匹の虫は生き残りましたが，殺虫剤の量が少なくても数匹の虫は死ぬことがわかりました．ブリスは，こうした死亡確率の変動を捉えるため，プロビットモデルを考案しました．このモデルは，毒物分量の「単位（unit）」と「確率（probability）」を結び付けるものであり，「確率単位（probability unit）」ということで「プロビット（probit）」と名付けられました．

　彼の研究は，毒物学の理論的基礎を作るものとなりました．現在では，プロビットモデルは毒物学の分野で用いられるにとどまらず，被説明変数がダミー変数であるときの標準的な推定方法となっており，さまざまな分野に多大な影響を与えています．

12.3　最尤法

　プロビットモデルは非線形モデルであるため，通常の最小2乗法を用いることができません．このため，推定では最尤法が用いられます．**最尤法**（maximum likelihood method，ML法）は，**尤度**（likelihood）と呼ばれる指標を最大にするようにパラメータを選択するものをいいます．このように選ばれた推定量は**最尤推定量**（**ML推定量**）と呼ばれます．最尤推定量は，一致性だけでなく，すべての推定量の中で有効な推定量です[5]．以後，最尤推定量は，下添字にMLを付けて，$\hat{\alpha}_{ML}$ と $\hat{\beta}_{ML}$ と表記します．

　ここで，被説明変数 $(Y_1, Y_2, \cdots, Y_n)$ の実現値（実際の観測値）を $(y_1, y_2, \cdots, y_n)$ と表記します（実現値 y_i は 0 もしくは 1 の値をとる）．このとき，尤度は L と表記され，実現値 $(y_1, y_2, \cdots, y_n)$ が得られる同時確率として，次のように定義されます[6]．

$$
\begin{aligned}
L &= P\{Y_1 = y_1, Y_2 = y_2, \cdots, Y_n = y_n\} \\
  &= P\{Y_1 = y_1\} \times P\{Y_2 = y_2\} \times \cdots \times P\{Y_n = y_n\}
\end{aligned} \tag{6}
$$

ただし，確率 $P\{Y_i = y_i\}$ は，次のようになります（12.1.2節の(3)式を参照）．

$$
P\{Y_i = y_i\} = \begin{cases} F(\tilde{\alpha} + \tilde{\beta} X_i) & if \quad y_i = 1 \\ 1 - F(\tilde{\alpha} + \tilde{\beta} X_i) & if \quad y_i = 0 \end{cases} \tag{7}
$$

　ここで，尤度 L はパラメータ $(\tilde{\alpha}, \tilde{\beta})$ の値に応じて変わるため，**尤度関数**（likelihood function）とも呼ばれます．最尤法では，尤度関数を最大にするパラメータの組み合わせ $(\tilde{\alpha}, \tilde{\beta})$ が選択されます．

12.3.1　最尤法の考え方

　簡単な例を用いて，最尤法の考え方を学習していきましょう．ここで，確率変数 Y_i は正規分布 $N(\alpha, 1)$ に従うとし，未知のパラメータ α は，α_A もしくは α_B のどちらかとします（ただし，$\alpha_A < \alpha_B$ とする）．このとき，データは5つの観測値からなるものとします（$Y_1 = y_1$, $Y_2 = y_2$, $Y_3 = y_3$, $Y_4 = y_4$, $Y_5 = y_5$）．図12-6は，2つの正規分布と観測値■を示したものです．横軸は確率変数 Y であり，縦軸は密度関数です．ここで，$\alpha_A < \alpha_B$ から，正規分布 $N(\alpha_A, 1)$ は正

図12-6　2つの正規分布

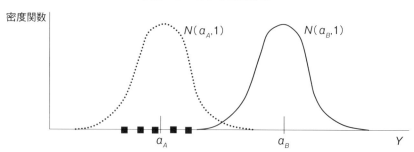

規分布 $N(\alpha_B, 1)$ の左側に位置しています.

　データはどちらの分布から発生したと考えるのが自然でしょうか. 図をみると, データは α_A の周りに散らばっていることがわかります. よって, データは $N(\alpha_A, 1)$ から発生したと考えるのが尤もらしいといえます（なお, データは $N(\alpha_B, 1)$ から生じた可能性も否定できませんが, その確率は非常に低いといえます）.

　以上をより厳密に説明します. パラメータが $\alpha=\alpha_A$ のときデータを得る確率（尤度）を $f(Y_1=y_1, \cdots, Y_5=y_5|\alpha=\alpha_A)$ と表記し, パラメータが $\alpha=\alpha_B$ のときデータを得る確率（尤度）を $f(Y_1=y_1, \cdots, Y_5=y_5|\alpha=\alpha_B)$ と表記すると,

$$f(Y_1=y_1, \cdots, Y_5=y_5|\alpha=\alpha_A) > f(Y_1=y_1, \cdots, Y_5=y_5|\alpha=\alpha_B)$$

が成立します. このため, 尤度が高い α_A が推定値として選ばれます. これが最尤法の考え方になります.

12.3.2　最尤法によるプロビットモデルの推定

　尤度関数の最大化では, (6)式を構成する確率 $P\{Y_i=y_i\}$ を大きくすることが必要になります. ここで, 確率 $P\{Y_i=y_i\}$ は, プロビットモデルから予測される確率になります. つまり, すべての被説明変数の観測値 $(y_1, y_2, \cdots, y_n)$ をモデルが確率1（100％）で予測できる場合, 尤度は,

$$P\{Y_1=y_1\} \times P\{Y_2=y_2\} \times \cdots \times P\{Y_n=y_n\} = 1 \times 1 \times \cdots \times 1 = 1$$

で最大となり, 逆に, モデルが全く予測できない場合, 尤度は,

$$P\{Y_1=y_1\} \times P\{Y_2=y_2\} \times \cdots \times P\{Y_n=y_n\} = 0 \times 0 \times \cdots \times 0 = 0$$

で最小となります.

　図12-7では, 実現値■と確率 $P\{Y_i=1\} = F(\tilde{\alpha}+\tilde{\beta}X_i)$ を表す線が示されています. ここで, 確率 $P\{Y_i=y_i\}$ を大きくするには, 実現値■と当てはまりの良い線になるように, パラメータ $(\tilde{\alpha}, \tilde{\beta})$ を選択する必要があります. たとえば, 実現値が1の場合 $(y_i=1)$, 当てはまりの良い線 $P\{Y_i=1\} = F(\tilde{\alpha}+\tilde{\beta}X_i)$ を引けば, $Y_i=1$ の確率である $P\{Y_i=1\}$ は1に近づきます. また, 実現値が0の場合 $(y_i=0)$, 当てはまりの良い線を引けば, $Y_i=1$ の確率である $P\{Y_i=1\} = F(\tilde{\alpha}+\tilde{\beta}X_i)$ は0に近づきます（つまり, $Y_i=0$ の確率である $P\{Y_i=0\} = 1 - P\{Y_i=1\}$ は1に近づくわけです）. まとめると, 当てはまりの良い線を引くと

図12-7　実現値と確率 $P\{Y_i=1\}$

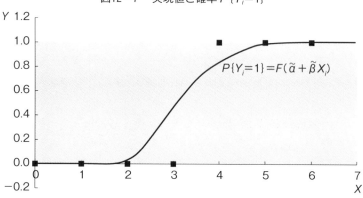

尤度は大きくなり，当てはまりの悪い線を引くと尤度は小さくなります（具体的な推定方法は本章末の補足参照）．

12.4　当てはまりの良さ

　プロビットモデルやロジットモデルでは，当てはまりの良さを3つの指標——正しく予測した割合，対数最大尤度，疑似決定係数——によって評価します．本節では，各指標の定義を説明します．

12.4.1　正しく予測した割合による評価

　当てはまりの良さを評価する1つ目の指標は，実現値 $(y_1, y_2, \cdots, y_n)$ を**正しく予測した割合**（fraction correctly predicted）です．これは割合であるため，0以上1以下の値をとります．

　計算手順をみてみましょう．まず，最尤法によってパラメータを推定し，予測値 $\hat{P}\{Y_i=1\}=\hat{a}_{ML}+\hat{\beta}_{ML}X_i$ を計算します．次に，$Y_i=1$ の場合，確率 $\hat{P}\{Y_i=1\}$ が0.5を上回ったら（モデルは $Y_i=1$ が生じやすいとみなしており），正しく予測されたとします．同様に，$Y_i=0$ の場合，$\hat{P}\{Y_i=0\}$ が0.5を上回ったら，正しく予測されたとします．こうした計算をすべての i について行うことで，全体の何割が正しく予測されたかを求めます．当然ですが，正しく予測した割合が高いほど，良いモデルといえます．

　この指標の利点はわかりやすい点にありますが，欠点もあります．

　第1の欠点は，予測精度の違いを反映できない点です．たとえば，$\hat{P}\{Y_i=$

1} が0.501でも0.999でも，$Y_i = 1$ が予測されたとみなしており，予測精度の違いは反映されません．

　第2の欠点は，実現値が1もしくは0ばかりとっている場合には，正しく予測した割合が高くなったとしても，モデルの良し悪しの判断ができなくなるという点です．たとえば，実現値 $(y_1, y_2, \cdots, y_n)$ のうち99%が値0であるとします（残り1%の実現値は値1となる）．このとき，常に $Y_i = 0$ を予測する悪いモデルであっても（$Y_i = 1$ は全く予測できない），正しく予測した割合は99%と非常に高くなり，悪いモデルについて当てはまりが良いという誤った判断となっています．

12.4.2　対数最大尤度による評価

　最尤法では，尤度を最大にするパラメータを最尤推定量としました．こうして達成された尤度の最大値は**最大尤度**，最大尤度の対数は**対数最大尤度**と呼ばれます（対数については巻末付録A.3参照）．これが，当てはまりの良さを測定する2つ目の指標であり，対数最大尤度（もしくは最大尤度）が高いほど，優れたモデルと判断されます．

　図12-8は，最大尤度と対数最大尤度との関係を示したものです．最大尤度は P^{max} と表記します（最大値のため上添字を max としました）．対数最大尤度は，最大尤度の対数値であり，$\ln(P^{max})$ になります．最大尤度 P^{max} は確率であるため，0から1の間の値をとります．最大尤度が1なら対数最大尤度は0となり，最大尤度が1より小さいなら対数最大尤度は負になります．

図12-8　最大尤度と対数最大尤度との関係

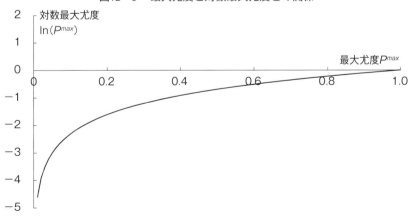

　実証分析では，対数最大尤度が掲載されます．対数最大尤度は負の値をとり，0に近いほど良いモデルを意味することになります．対数最大尤度は，後述される疑似決定係数の計算式に用いる指標でもあります[7]．

12.4.3　疑似決定係数による評価

　当てはまりの良さを測定する3つ目の指標が**疑似決定係数**（*Pseudo* R^2）です．説明変数を含めたモデルからの最大尤度を P^{max} としました．ここで，$\beta=0$ とした（説明変数を何も含めない）モデルからの最大尤度を P_0^{max} と表記します．このとき，疑似決定係数は，次のように定義されます．

> **疑似決定係数**
>
> $$Pseudo\ R^2 = 1 - \frac{\ln(P^{max})}{\ln(P_0^{max})}$$

　決定係数と同様，疑似決定係数は0以上1以下の値をとり，1に近いほど良いモデル，0に近いほど悪いモデルと解釈されます．

　疑似決定係数の意味を考えてみましょう．もし説明変数 X が何ら説明力を持っていないならば，説明変数 X を含めても含めなくても最大尤度はほぼ同じ値になります．このとき，$P_0^{max} \approx P^{max}$ から $\ln(P^{max})/\ln(P_0^{max})$ はほぼ1となり，疑似決定係数は0（$=1-1$）となります．これに対して，説明変数 X が高い説明力を持っていれば，説明変数を含めた最大尤度 P^{max} は，説明変数なしの最大尤度 P_0^{max} よりも大きな値をとり，$\ln(P^{max})/\ln(P_0^{max})$ は0に近い値をとります（最大尤度 P^{max} が1に近いと対数最大尤度 $\ln(P^{max})$ は0に近くなることに注意してください）．このため，疑似決定係数は1（$=1-0$）に近い値をとることになります（練習問題5参照）．

　疑似決定係数は0以上1以下として定義されますが，通常の決定係数とは異なり，Y_i の全変動のうちモデルが説明している割合とは解釈できません．

12.4.4　どの指標で評価するのが良いか

　当てはまりの良さを評価するための指標として，正しく予測した割合，対数最大尤度，疑似決定係数をみてきました．このうち，正しく予測した割合は，指標がわかりやすい反面，予測精度の違いを考慮できないという問題がありま

---

[7]　本書では，紙幅の関係で扱いませんが，代表的な検定統計量としては尤度比検定があります．尤度比検定では，対数最大尤度が用いられます．

した．こうしたことから，実証分析では，対数最大尤度もしくは疑似決定係数が掲載されるのが一般的となっています．

12.5　ロジットモデル

プロビットモデルとは，関数 $F(\cdot)$ として，標準正規分布の累積密度関数を用いたモデルでした（12.1.2節参照）．これに対して，**ロジットモデル**（logit model）とは，関数 $F(\cdot)$ として，**ロジスティック分布**（logistic distribution）の累積密度関数を用いたモデルになります．

図12-9は，標準正規分布とロジスティック分布を示したものです．ロジスティック分布は標準正規分布とかなり似た形状をしています．このため，プロビットモデルとロジットモデルのいずれを用いても推定結果に大きな違いはありません．

プロビットモデルとロジットモデルの相違点としては，ロジットモデルはオッズ比と深いつながりを持っている点を挙げられます．

オッズ比（odds ratio）とは，ある事象が生じる確率 $P\{Y_i=1\}$ と生じない確率 $P\{Y_i=0\}$ との比のことをいい，次のように定義されます．

オッズ比

$$\frac{P\{Y_i=1\}}{P\{Y_i=0\}} = \frac{P\{Y_i=1\}}{1-P\{Y_i=1\}}$$

図12-9　標準正規分布とロジスティック分布

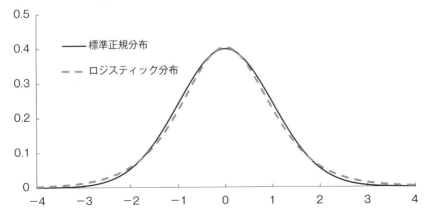

式展開では，(2)式の $P\{Y_i=0\}=1-P\{Y_i=1\}$ を用いました.

　オッズ比は，ギャンブル，確率論，医療統計などで用いられる指標です（コラム12-2参照）. オッズ比の意味を考えてみましょう. 関心のある事象が生じる確率 $P\{Y_i=1\}$ が0になると，オッズ比も0になります. これに対して，関心のある事象が生じる確率 $P\{Y_i=1\}$ が1に近づくと，オッズ比は $+\infty$ に発散します.

　ロジスティック分布の累積密度関数を用いると，確率 $P\{Y_i=1\}$ は，

$$P\{Y_i=1\}=\frac{e^{\alpha+\beta X_i}}{1+e^{\alpha+\beta X_i}}$$

となります. ただし，e はネイピア数になります（ネイピア数は巻末付録A.2.2参照）. ロジスティック分布の累積密度関数も，標準正規分布の累積密度関数と似た形状をしています. また，確率 $P\{Y_i=0\}$ は，確率の和は1であることから，次のようになります.

$$P\{Y_i=0\}=1-P\{Y_i=1\}$$
$$=1-\frac{e^{\alpha+\beta X_i}}{1+e^{\alpha+\beta X_i}}=\frac{1}{1+e^{\alpha+\beta X_i}}$$

　オッズ比は，これらを代入することで，次のように表すことができます.

$$\text{オッズ比}=\frac{P\{Y_i=1\}}{P\{Y_i=0\}}=\frac{\dfrac{e^{\alpha+\beta X_i}}{1+e^{\alpha+\beta X_i}}}{\dfrac{1}{1+e^{\alpha+\beta X_i}}}=e^{\alpha+\beta X_i}$$

　両辺の対数をとると，次のようになります.

$$\ln\left(\frac{P\{Y_i=1\}}{P\{Y_i=0\}}\right)=\alpha+\beta X_i$$

したがって，係数 β は，「説明変数 X が1単位変化したときオッズ比が何％変化するか」を表します.

　オッズ比は $P\{Y=1\}/P\{Y=0\}=e^{\alpha+\beta X}$ であるため，説明変数が X から $X+1$ へと1単位増加するとオッズ比は $e^{\alpha+\beta X}$ から $e^{\alpha+\beta(X+1)}$ に変化します. このとき，オッズ比は $e^{\beta}(=e^{\alpha+\beta(X+1)}/e^{\alpha+\beta X})$ 倍だけ変化しています. つまり，e^{β} は，「説明変数 X が1単位増加したときオッズ比が何倍変化するか」を表します.

コラム　12-2　ギャンブルとオッズ比の関係

　オッズ比は，競馬などの世界で使われています．欧米のブックメーカー（賭けの主催会社の総称）は，あらかじめ約束した倍率で支払いを行うブックメーカー方式を採用しています．この方式では，賭けの販売時点で倍率が決められ，その倍率で支払いがなされます．ブックメーカーが利益をあげられるか否かは，その倍率を上手く設定できるかにかかっています．倍率は，オッズ比に1を足した値，つまり，次のように設定されます．

$$\frac{賭博対象の負ける確率}{賭博対象の勝つ確率}+1$$

　たとえば，競走馬が2頭（A，B）いるとします．ブックメーカーは，Aの勝つ確率を0.2（負ける確率0.8），Bの勝つ確率を0.8（負ける確率0.2）と考えているとしましょう．このとき，Aのオッズ比は0.8/0.2＝4，Bのオッズ比は0.2/0.8＝0.25です．倍率は，オッズ比に1を足した値ですから，Aに100円賭けてAが勝ったら，倍率は5倍であり，500円が支払われます．Bに100円賭けてBが勝ったら，倍率は1.25倍であり，125円が支払われます．こうすると，100円の賭け金を払ってAに賭けることの期待利益は0円（＝500×0.2－100）となります．Bの期待利益も0円（＝125×0.8－100）です．したがって，勝率の設定が正しければブックメーカーは長期的には損をしません．

　現実には，ブックメーカーはマージン（手数料など）を含めてオッズ比を決定しているので，少なくともマージンの分だけは儲けることができるようになっています．

12.6　どのモデルを推定に用いるべきか

　線形確率モデルは，係数の解釈が容易であるものの，確率 $P\{Y_i=1\}$ が0以上1以下とならない可能性があり，確率の推定に問題がありました．しかし，線形確率モデルの限界効果は，プロビットモデルやロジットモデルの平均限界効果とほぼ同じような値になることが知られています（これは経験則なので例外もあることに注意してください）．このため，線形確率モデルは，限界効果に関心がある場合には，依然として有用なモデルといえるでしょう．その際には，9.1節の例9-2で学習したとおり，線形確率モデルには不均一分散が生じ

るため，OLS 推定するならば，ロバスト標準誤差を用いる必要があることも忘れないでください．

　プロビットモデルとロジットモデルのどちらを用いることが望ましいでしょうか．結論を言うと，どちらのモデルで推定しても，限界効果の違いは小さく，モデル選択は推定結果にあまり影響しません．これは正規分布とロジスティック分布の形状が似ているためです．

　最後に，プロビットモデルとロジットモデルを用いるときの注意です．両モデルは，選択肢（0 もしくは 1 ）の決定プロセスをモデル化することで，その導出が可能となります（12.2節参照）．このため，潜在変数や閾値が何を意味しているかを明記することで，プロビットモデルやロジットモデルの使用は説得力を増すことになります．

例12-6 ： 3 つのモデルによる推定結果の比較──労働参加の決定要因

　男女の労働参加の決定要因を調べます．データは国際成人力調査です（50 歳以下のデータだけを用います）．被説明変数は働いていたら 1 となるダミー変数，説明変数は過去の勤続年数，大卒ダミー，大学院卒ダミー，既婚ダミー，未就学児ダミー（6 歳未満の子どもがいたら 1 となる），子供の数とします．

　表12-2 は，男性のデータについての推定結果を掲載したものです．すべてのモデルで，勤続年数は正で有意となりました．線形確率モデルとプロビットモデルで，大卒ダミーは正に有意となりました．また，プロビットモデルとロジットモデルでは，既婚ダミーの係数が正で有意になりました．すべての説明変数の限界効果をみると，どのモデルでもほぼ同じ値になりました．たとえば，既婚ダミーの限界効果は，プロビットモデルでは0.026，ロジットモデルでは0.024となりました．

　表12-3 は，女性のデータについての推定結果をまとめたものです．男性のデータの推定結果と異なり，すべてのモデルにおいて，勤続年数と子どもの数は正で有意ですが，既婚ダミーと未就学児ダミーは負に有意になりました．また，すべての説明変数の限界効果は，どのモデルであってもほぼ同じになりました．

　男女のデータの比較から，家事や育児といった家庭内での負担が，男性に比して女性のほうが大きなものとなっていることがうかがえます．たとえば，既婚ダミーをみると，男性は結婚したら働く確率が上がりますが，女性

表12-2　男性の労働参加の決定要因

	線形確率	プロビット		ロジット	
	(1)係数	(2)係数	(3)限界効果	(4)係数	(5)限界効果
勤続年数	0.002 *	0.050 **	0.002 *	0.127 *	0.002 *
	(0.001)	(0.025)	(0.001)	(0.067)	(0.001)
大卒	0.021 **	0.674 *	0.024 *	1.703	0.026
	(0.009)	(0.372)	(0.014)	(1.062)	(0.017)
院卒	0.007	0.050	0.002	0.185	0.003
	(0.025)	(0.470)	(0.017)	(1.144)	(0.017)
既婚	0.084	0.734 **	0.026 **	1.606 **	0.024 **
	(0.056)	(0.345)	(0.013)	(0.723)	(0.012)
未就学児	0.020	0.507	0.018	1.207	0.018
	(0.014)	(0.349)	(0.013)	(0.855)	(0.014)
子どもの数	0.002	0.117	0.004	0.134	0.002
	(0.006)	(0.186)	(0.007)	(0.460)	(0.007)
定数項	0.835 ***	−0.008		−0.702	
	(0.073)	(0.532)		(1.118)	
$\bar{R}^2$/$Psuedo\ R^2$	0.028	0.143		0.147	
n	682	682		682	

(注)　***，**，*は，有意水準1％，5％，10％で有意になることを示します．カッコ内はロバスト標準誤差．nはサンプルサイズ，プロビットとロジットの限界効果は平均限界効果を掲載しています．

表12-3　女性の労働参加の決定要因

	線形確率	プロビット		ロジット	
	(1)係数	(2)係数	(3)限界効果	(4)係数	(5)限界効果
勤続年数	0.021 ***	0.073 ***	0.022 ***	0.126 ***	0.023 ***
	(0.002)	(0.002)	(0.002)	(0.014)	(0.002)
大卒	0.026	0.086	0.026	0.152	0.028
	(0.037)	(0.037)	(0.036)	(0.194)	(0.035)
院卒	−0.027	−0.077	−0.024	−0.123	−0.022
	(0.153)	(0.153)	(0.131)	(0.707)	(0.128)
既婚	−0.133 ***	−0.452 ***	−0.138 ***	−0.822 ***	−0.149 ***
	(0.040)	(0.040)	(0.049)	(0.294)	(0.052)
未就学児	−0.199 ***	−0.569 ***	−0.174 ***	−0.930 ***	−0.169 ***
	(0.034)	(0.034)	(0.027)	(0.155)	(0.027)
子どもの数	0.034 *	0.109 *	0.033 *	0.178 *	0.032 *
	(0.018)	(0.018)	(0.018)	(0.096)	(0.017)
定数項	0.489 ***	−0.106		−0.161	
	(0.062)	(0.062)		(0.373)	
$\bar{R}^2$/$Psuedo\ R^2$	0.196	0.174		0.174	
n	976	976		976	

(注)　***，**，*は，有意水準1％，5％，10％で有意になることを示します．カッコ内はロバスト標準誤差．nはサンプルサイズ，プロビットとロジットの限界効果は平均限界効果を掲載しています．

は結婚したら働く確率が下がります．また，未就学児ダミーをみると，男性は未就学児がいても労働参加には影響ありませんが，女性の労働参加には負の影響があります．このように，結婚による家事育児の負担は，女性の労働参加にのみ負の影響を与えています．なお，子どもの数が増えると女性の労働参加の確率が上がっていますが，これは子どもが多いと，女性も働いてお金を稼ぐ必要が生じるからであると解釈できるかもしれません．

　日本では，高齢化が急激な速度で進んでおり，いままで以上に女性の労働参加が必要とされています．また，少子化も問題です．出生率を高めるためにも，男性の家事育児への積極的参加が必要です．推定結果をみる限り，男性の家事育児への参加は限定的であり，女性に家事育児が集中している現状がうかがわれます．政府のイニシアティブによる「男女共同参画」の推進にとどまらず，これまで以上に男性の意識改革が必要となっています．

12.7　選択肢が3つ以上のケース

　これまで被説明変数がダミー変数（選択肢が0と1）であるモデルについて学習してきました．しかし，ミクロデータでは選択肢が3つ以上ある場合もあります．たとえば，殺虫剤の効果の推定にあたっては，虫に何の影響もない，虫が弱る，死亡する，という3つの状態が考えられます．これらのデータは，プロビットモデルやロジットモデルでは扱うことができず，**順序選択モデル**（順序プロビット，順序ロジット）や**多項選択モデル**（多項プロビット，多項ロジット）を用いる必要があります．本書では，紙幅の関係で順序選択モデルと多項選択モデルは扱っていませんが，興味のある読者は他書を参照してください（たとえば，巻末付録Dの［7］［8］［9］を参照）．

補　足

結婚の意思決定のモデル化

例12-2では，結婚の意思決定をプロビットモデルで分析しました．ここでは，結婚の意思決定をモデル化し，12.2節で掲載した(4)式と(5)式を導出します．

被説明変数 Y_i は結婚したら1となるダミー変数であり，説明変数 X_i は年齢とします．結婚から得られる効用を $Y_{1i}^* = \alpha_1^* + \beta_1^* X_i + u_{1i}^*$ とし，独身であることから得られる効用を $Y_{0i}^* = \alpha_0^* + \beta_0^* X_i + u_{0i}^*$ とします．もし結婚のほうが効用が大きいならば（$Y_{1i}^* > Y_{0i}^*$），結婚することを選ぶとしましょう（$Y_i = 1$）．これを数式で表すと，次式となります．

$$Y_i = \begin{cases} 1 & if \quad Y_{1i}^* - Y_{0i}^* > 0 \\ 0 & if \quad Y_{1i}^* - Y_{0i}^* \leq 0 \end{cases}$$

ここで，潜在変数 Y_i^* を効用の差 $Y_{1i}^* - Y_{0i}^*$ と定義すると，上式は次のように表せます．

$$Y_i = \begin{cases} 1 & if \quad Y_i^* > 0 \\ 0 & if \quad Y_i^* \leq 0 \end{cases}$$

つまり，潜在変数 Y_i^* は，各選択肢から得られる効用の差であり，閾値 c は0となります（この式は(4)式に相当します）．

ここで，潜在変数 Y_i^* は次のように表されます．

$$\begin{aligned} Y_i^* &= Y_{1i}^* - Y_{0i}^* \\ &= (\alpha_1^* + \beta_1^* X_i + u_{1i}^*) - (\alpha_0^* + \beta_0^* X_i + u_{0i}^*) \\ &= (\alpha_1^* - \alpha_0^*) + (\beta_1^* - \beta_0^*) X_i + (u_{1i}^* - u_{0i}^*) \\ &= \alpha^* + \beta^* X_i + u_i^* \end{aligned}$$

式展開では，$\alpha^* = \alpha_1^* - \alpha_0^*$，$\beta^* = \beta_1^* - \beta_0^*$，$u_i^* = u_{1i}^* - u_{0i}^*$ と定義しました（この式は(5)式に相当します）．

潜在変数を用いたモデルにおける確率 $P\{Y_i = 1\}$ の導出

12.2節で掲載したモデル(4)式，(5)式によると，潜在変数 Y_i^* が閾値 c を超えると $Y_i = 1$ となります．このため，$Y_i = 1$ となる確率は，$c < Y_i^*$ となる確率

でもあります.

$$P\{Y_i = 1\} = P\{c < Y_i^*\}$$

さらに右辺に $Y_i^* = \alpha^* + \beta^* X_i + u_i^*$ を代入すると,次のようになります.

$$P\{c < Y_i^*\} = P\{c < \alpha^* + \beta^* X_i + u_i^*\}$$
$$= P\left\{-\frac{u_i^*}{\sigma} < \frac{\alpha^* - c}{\sigma} + \frac{\beta^*}{\sigma} X_i\right\}$$

式展開において,u_i^* を左辺に c を右辺に移動させてから,両辺を σ で割りました.まとめると,$Y_i = 1$ となる確率は,次式となります.

$$P\{Y_i = 1\} = P\left\{-\frac{u_i^*}{\sigma} < \frac{\alpha^* - c}{\sigma} + \frac{\beta^*}{\sigma} X_i\right\}$$

ここで,$\alpha = (\alpha^* - c)/\sigma$,$\beta = \beta^*/\sigma$,$u_i = -u_i^*/\sigma$ と定義すると,次の式で表すことができます.

$$P\{Y_i = 1\} = P\{u_i < \alpha + \beta X_i\}$$

　確率変数 u_i^* の分布は $N(0, \sigma^2)$ であり,0 を中心とした左右対称の分布になります.このため,$-u_i^*$ も u_i^* と同じ正規分布になります(つまり,$-u_i^* \sim N(0, \sigma^2)$ となる)[8].よって,$-u_i^*$ を σ で割って標準化した $u_i = -u_i^*/\sigma$ は,標準正規分布 $N(0, 1)$ に従います(標準化は巻末付録 C.1.3 参照).

　以上から,$Y_i = 1$ となる確率は,次のようになります.

$$P\{Y_i = 1\} = P\{u_i < \alpha + \beta X_i\}$$

ここで,$u_i \sim N(0, 1)$ であり,それが値 $\alpha + \beta X_i$ より小さい確率は,標準正規確率分布の累積密度関数 $F(\cdot)$ を用いて $F(\alpha + \beta X_i)$ となります.

尤度関数を最大化する方法

　数値探索法を用いると,尤度関数を最大化するパラメータを見つけることができます.ここでは,数値探索法の1つであるニュートン法を紹介します.

---

[8]　確率変数に -1 を掛けると,新しい分布はもとの分布を反転した分布になります.このため,0 を中心にした左右対称の分布なら,反転しても分布の形状は変わりません.この点は藪友良(2012)『入門 実践する統計学』東洋経済新報社,の2.2.3節を参照してください.

図12 - 10　ニュートン法のイメージ

(a) パラメータが1つの場合

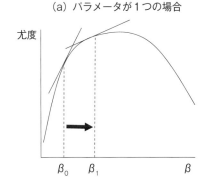

(b) パラメータが2つの場合

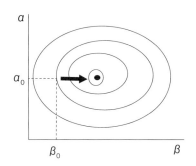

　ニュートン法（Newton's method）は，パラメータの初期値を決めて，そこ
で各パラメータに関する尤度関数の偏微分を評価し，尤度を増大させる方向に
パラメータを動かしていくものです．具体例を用いて考えます．

　図12 - 10（a）では，尤度関数はβだけに依存しています（横軸がβ，縦軸
が対応する尤度です）．初期値をβ_0とし，尤度関数をβで微分すると，傾きは
正となっており，βをβ_0から増加させることで尤度が増加します．また，新し
いβ_1の値で微分を求めて，微分が正ならβの値をさらに増加させます．これ
を微分が0となるポイントまで続けることで，尤度関数を最大にするβを見つ
けます．図12 - 10（b）では，尤度関数は2つのパラメータ（α, β）に依存し
ます．縦軸がα，横軸がβです．ここで，○は等高線であり，山の頂上が尤度
関数を最大にするポイント●です．まず，初期値をα_0, β_0とし，尤度関数をα
とβでそれぞれ偏微分し，尤度を大きくする方向にパラメータを動かします．
こうすることで，尤度関数を最大にするパラメータを選び出すことができます．

練習問題

1．被説明変数 Y_i は結婚したら 1 となるダミー変数，説明変数 X_i は年齢とし，線形確率モデルで推定すると，次のようになったとしよう．

$$\hat{P}\{Y_i = 1\} = -0.5 + 0.032X_i$$

(a) 年齢 X の限界効果を求めよ．

(b) 30歳と45歳の結婚確率を求めよ．

(c) $Y_i = 1$ となる確率が 0 を下回る場合，および，1 を上回る場合は，それぞれどのような状況か．

2．被説明変数 Y_i は結婚したら 1 となるダミー変数，説明変数 X_{1i} は年齢，X_{2i} は大卒ダミー（最終学歴），X_{3i} は院卒ダミー（最終学歴）としたとき，プロビットモデルの推定は，次のようになったとしよう．

$$\hat{P}\{Y_i = 1\} = F(-3.5 + 0.1X_{1i} + 0.3X_{2i} + 0.6X_{3i})$$

このとき，最終学歴が大卒の30歳と45歳の結婚確率を求めよ．

3．被説明変数 Y_i は，(4)式と(5)式によって決定される．このとき，標準正規分布の累積密度関数 $F(\cdot)$ を用いて，$P\{Y_i = 1\} = F(\alpha + \beta X_i)$ と表せる．α と β を，モデルのパラメータ $(\alpha^*, \beta^*, c, \sigma^2)$ を用いて表現せよ．

4．最尤法では，尤度関数の最大化ではなく，対数尤度の最大化が行われる場合もある．対数尤度関数を最大化するパラメータは，尤度関数を最大化するパラメータでもあることを示せ．

5．疑似決定係数が 0 以上 1 以下になることを証明せよ．

6．★3章で学習した単回帰モデルを考える．つまり，モデルは $Y_i = \alpha + \beta X_i + u_i$ であり，標準的仮定を満たす（Y_i は連続変数である）．このとき，パラメータ $(\alpha, \beta, \sigma^2)$ の最尤推定量を求めよ．Hint：誤差項は $u_i \sim N(0, \sigma^2)$ であるため，密度関数は $f(u_i) = \dfrac{1}{\sqrt{2\pi\sigma^2}} e^{-\frac{u_i^2}{2\sigma^2}}$ となる．

7．★プロビットモデルにおいて，$\beta = 0$ としたときの最大尤度 P_0^{max} を求めよ．

8．★選挙区 i の投票率を P_i とし，投票率に影響を与える要因を説明変数 X_i とする．投票率は 0 以上 1 以下の連続的な値をとる変数である．

(a) $P_i = \alpha + \beta X_i + u_i$ を推定すると，どのような問題があるか．

(b) 変数を次のように変換することをロジット変換という．

$$\ln\left(\frac{P_i}{1-P_i}\right)$$

被説明変数をロジット変換した値とした次のモデルを考える.

$$\ln\left(\frac{P_i}{1-P_i}\right) = \alpha + \beta X_i + u_i$$

この推定における利点を説明せよ.

（c）P_i が 0 もしくは 1 のとき, ロジット変換にどのような問題が生じるか.

9．☆例12-4 の推定結果を再現せよ. また, プロビットの推定結果を用いて, 男性に関して, 横軸を年齢とし, 縦軸を結婚確率とした図を作りなさい. ただし, 学歴は大学院卒もしくは大卒の 2 ケースを考える.

10．☆例12-6 の推定結果を再現せよ.

第13章 内生性と操作変数

OLS 推定量では，説明変数に内生性があると，不偏性はもちろん，一致性も満たされません．本章では，内生性の発生する原因を理解し，そして，その克服方法として，操作変数を用いた2段階最小2乗法を学習していきましょう．

13.1 内生変数と外生変数

回帰分析における標準的仮定1では，「説明変数は確率変数ではない」とされていました（3.2.1節参照）．しかし，仮定1は現実的なものではなく，「説明変数は確率変数である」のが自然です．8.3節で学習したとおり，説明変数が確率変数であっても，説明変数と誤差項に相関がなければ，OLS 推定量は一致性を持ちます．

内生性と外生性の概念について，簡単に復習しましょう（詳しくは8.3節参照）．説明変数 X_i と誤差項 u_i に相関があるとき，つまり，

$$Cov(X_i, u_i) \neq 0$$

となる場合，説明変数には**内生性**がある，といいます．これに対して，説明変数 X_i と誤差項 u_i に相関がないとき，つまり，

$$Cov(X_i, u_i) = 0$$

となる場合，説明変数には**外生性**がある，といいます．なお，誤差項と相関している説明変数を**内生変数**（endogenous variable），誤差項と無相関となる説明変数を**外生変数**（exogenous variable）といいます．

説明変数がすべて外生変数であれば，OLS 推定量は一致性を持ちます．しかし，説明変数に1つでも内生変数があれば，OLS 推定量は一致性を持ちません．内生性の原因は大きく分けて3つ（測定誤差，同時方程式，欠落変数）あります．5.3節では，そのうちの1つである欠落変数の問題によって，説明変数と誤差項の間に相関が生じる点について学習しました．次節では，残りの

2つである測定誤差と同時方程式の問題に焦点を当てて，なぜ説明変数に内生性が生じるかをみていきましょう．

13.2　測定誤差──内生性の原因①

　測定誤差（measurement error）とは，その名のとおり，データの測定に伴う誤差を意味します．測定誤差が生じるのは，①データ測定が困難なとき，②データの記入・入力ミスがあるとき，の2つの場合です．

　それでは，①測定困難なデータとは何でしょうか．たとえば，代表的マクロデータであるGDPの測定について考えます．GDPの計算では，帰属家賃（持家所有者が自身に家賃を払うと想定した場合における家賃額）が不動産業の産出額に含まれます．しかし，帰属家賃は，直接には観察できず，周辺家賃などから推定した値であり，測定困難なデータの1つです．推定値である帰属家賃をもとに作成されたGDPには，測定誤差が生じることになります．

　②データの記入・入力ミスとは，たとえば，ミクロデータの場合でいうと，調査協力者が，質問の答えは「はい」であったとしても，「いいえ」と誤って記入してしまうような事象を指します．データ入力者も，データの打ち間違えをする可能性があります．人為的ミスが生じることを考えると，どのような調査であっても，測定誤差は起こりうるといえます．

　説明変数に測定誤差があると，内生性が生じることを理論的に確認します．被説明変数 Y_i と説明変数 X_i^* には，次の関係があるとします．

$$Y_i = \alpha + \beta X_i^* + u_i^* \tag{1}$$

ここで，説明変数 X_i^* と誤差項 u_i^* は無相関とします．しかし，X_i^* は観測できず，それに測定誤差 e_i を加えた X_i だけが観測されるとします．つまり，実際の観測値 X_i は，真の値 X_i^* に測定誤差 e_i を加えた値，つまり，次の式として表されます．

$$X_i = X_i^* + e_i \tag{2}$$

測定誤差 e_i は確率変数であり，その期待値は0とします．

　(2)式を書き換えた $X_i^* = X_i - e_i$ を，(1)式の X_i^* に代入すると，次式で表すことができます．

$$Y_i = \alpha + \beta(X_i - e_i) + u_i^*$$
$$= \alpha + \beta X_i + (u_i^* - \beta e_i)$$

新しい誤差項を $u_i = u_i^* - \beta e_i$ と定義すると，上式は次のようになります．

$$Y_i = \alpha + \beta X_i + u_i$$

このとき，新たな説明変数 X_i と誤差項 $u_i = u_i^* - \beta e_i$ は相関しており，よって，X_i は内生変数になります．この点は，測定誤差 e_i が大きくなると，観測値 $X_i = X_i^* + e_i$ も大きくなり，誤差項 $u_i = u_i^* - \beta e_i$ も変化することから明らかです．

　説明変数が測定誤差を持つとき，OLS 推定量 $\hat{\beta}$ は 0 の方向にバイアスを持つことが知られています（練習問題 1 参照）．これは被説明変数と測定誤差には関係がないため，測定誤差の存在が，被説明変数 Y_i と説明変数 X_i との相互関係を弱めてしまうことによるものです．たとえば，測定誤差 e_i の変動が大きい場合には，説明変数 $X_i (= X_i^* + e_i)$ はほぼ測定誤差 e_i となります．このため，被説明変数 Y_i と説明変数 X_i との関係は消え，OLS 推定量 $\hat{\beta}$ は 0 に近い値として推定されます．

　注意が必要な点は，説明変数に測定誤差があるときには，内生性が生じるという点です．これに対して，被説明変数に測定誤差があっても内生性は生じません．この点は練習問題 2 を参照してください．

コラム　13-1　統計不正

　2018年末，新聞やテレビなどのニュースでは，統計不正が盛んに取り上げられました．これは，「毎月勤労統計調査」において，500人以上規模の事業所では全数調査されなければならないにもかかわらず，東京都で実施された調査では，2004年以降は3分の1の抽出調査しか実施されていなかったという問題でした．その結果，高賃金の大規模事業者のデータが少なくなり，平均賃金は低めに算出されていたことになります．『日本経済新聞』（2019年1月11日付）によると，「同統計を基に算定する雇用保険と労災保険の過少給付額が約537億円にのぼる……対象者数はのべ1973万人」としており，統計不正の影響は大きかったことがわかります．その後，政府統計の洗い出し調査がなされ，それ以外にも多くの不正があったことが明らかになりました．たとえば，『日本経済

『新聞』（2019年3月6日付）によると，大阪府は「総務省所管の小売物価統計のほかに，経済産業省所管の商業動態統計でも府の調査員による不適切な処理が見つかった……既に3人の調査員の不適切な事務処理が判明している小売物価統計について府が追加で調べたところ，新たに6人が実店舗に訪問しないなど不適切な調査を認めたという．最も長いケースで2011年から不正を続けていた」とされています．

政府統計は信頼性の高い調査ですが，その政府統計ですら，こうした問題が起こりえます．

13.3　同時方程式──内生性の原因②

被説明変数と説明変数が同時決定の関係にあるとき，これを「**同時方程式**（simultaneous equation）の関係にある」といいます．たとえば，財政支出が増加すると，GDPは高くなります．その一方，GDPが低下すると，景気を刺激するために，財政支出は増加します．これはGDPと財政支出が同時に決定されていることを意味し，GDPと財政支出は同時方程式の関係にあるということができます．

同時方程式の関係にあるとき，内生性が生じます．この点を確認してみましょう．ここで，Y_iはX_iの関数（(3)式）とし，X_iはY_iの関数（(4)式）とします．

$$Y_i = \alpha_Y + \beta_Y X_i + u_{Yi} \tag{3}$$
$$X_i = \alpha_X + \beta_X Y_i + u_{Xi} \tag{4}$$

ここで，Y_iとX_iは同時決定の関係にあります．このとき，Y_iの誤差項であるu_{Yi}が1単位増えると，(3)式からY_iも1単位増加します．そして，Y_iが1単位増加すると，(4)式からX_iはβ_Xだけ変化します．ここで，X_iは誤差項u_{Yi}と相関しており，(3)式の推定において，X_iは内生変数であるといえます．

たとえば，Y_iを犯罪率（10万人当たりの犯罪件数）とし，X_iを投獄率（10万人当たりの囚人数）とします．投獄率の上昇に犯罪抑止効果があるならば，犯罪率は低下するでしょう．しかし，犯罪率が高くなると，警察が適切に機能している限り，投獄率も上がります．以上から，犯罪率と投獄率は同時決定の関係にあり，内生性が生じています．

13.4　どの原因から内生性が生じるか

　内生性が生じる原因として，測定誤差，同時方程式，欠落変数がありました．実証分析では，どの原因から内生性が生じることが多いのでしょうか．

　扱うデータによって原因は異なりますが，ミクロデータであれば，測定誤差と欠落変数が主な原因であることが多いでしょう（ミクロデータは1.3.3節参照）．ミクロデータは膨大な量になることが多く，チェックにかける時間が十分にとれないなど，人為的ミスが生じやすくなります．また，ミクロデータを分析するにあたっては，生まれつきの能力などの観察できない要因があることから，欠落変数が生じやすくなります．

　マクロデータであれば，同時方程式が主な原因となります（マクロデータは1.3.3節参照）．マクロデータは同時決定されることが多く，内生性が生じやすい傾向があります．また，マクロデータであっても，測定誤差の問題は生じますが，一般には，そうした問題は小さいと考えられます．

13.5　高頻度データの使用——内生性の解決①

　時系列データであれば，同時点の説明変数 X_t と誤差項 u_t に相関があるときには，説明変数は内生変数になります（時系列データなので，下添字は t としました）．つまり，説明変数 X_t が内生変数であるとは，次のようなときです．

$$Cov(X_t, u_t) \neq 0$$

ただし，異時点間の相関であれば内生性は生じません．たとえば，$Cov(X_{t-1}, u_t) \neq 0$ であっても，X_{t-1} と u_t で時点が異なりますから，内生性は生じません．

　同時方程式の問題を解決する方法として，観察頻度の高いデータを使用することが考えられます（観察頻度は1.3.1節参照）．たとえば，年次より四半期のほうが観察頻度は高く，より高頻度のデータとなります．同様に，月次，週次，日次，秒次となるにつれて，観察頻度は高くなります．

　観察頻度の高いデータを用いると，同時点の相関関係が消えることがあります．例を通して，この点を詳しく説明します．

例13-1：年次データと四半期データによる分析——財政政策の効果

　財政政策の効果を検証するため，GDP と財政支出の年次データを用いることにします．GDP は Y_t，財政支出は X_t と表記します[1]．両変数は次のような同時決定の関係にあるとします．

$$Y_t = \alpha_Y + \beta_Y X_t + u_{Yt} \tag{5}$$

$$X_t = \alpha_X + \beta_X Y_t + u_{Xt} \tag{6}$$

(5)式は GDP の決定式であり，(6)式は財政支出の決定式（政府の反応関数）です．財政支出を増やすと GDP は高くなるので β_Y は正となり，GDP が低下すると財政支出は増えるので β_X は負となります．これらは同時方程式であり，内生性が発生しています．

　次に，年次データではなく，四半期データを用いて，財政政策の効果を分析することにします．政府は景気悪化（GDP の低下）を認知したら，財政支出を拡大させるための法案を作成し，国会審議を経たうえで法案を可決し，財政支出を増加させます．景気悪化の認知，法案の作成，国会審議，政策の実行までには，1四半期以上は必要です（このタイムラグは政策ラグといわれます）．このため，四半期データを用いるならば，X_t と Y_t の関係は次のようになります．

$$Y_t = \alpha_Y + \beta_Y X_t + u_{Yt} \tag{7}$$

$$X_t = \alpha_X + \beta_X Y_{t-1} + u_{Xt} \tag{8}$$

(8)式をみると，財政支出 X_t は，1期前の GDP である Y_{t-1} に依存しており，内生性は生じません．(7)式の誤差項 u_{Yt} が増加したら Y_t は増えますが，X_t は変化しません（これは X_t が Y_t ではなく Y_{t-1} に依存しているためです）．以上から，(7)式の推定において，説明変数 X_t は外生変数であり，OLS 推定量は一致性を持ちます．

　以上のように，内生性の問題は，観察頻度の高いデータを使用することによって解決できることがあります．どの程度の観察頻度のデータが必要であるのかは，分析対象によって異なります．たとえば，為替介入が為替レートに与

---

1)　この例は以下の研究に基づいています．Blanchard, O. and Perotti, R. (2002) "An Empirical Characterization of the Dynamic Effects of Changes in Government Spending and Taxes on Output," *Quarterly Journal of Economics* 117(4), 1329-1368, 渡辺努・藪友良・伊藤新 (2010)「制度情報を用いた財政乗数の計測」井堀利宏編『財政政策と社会保障』5 章.

える効果を知りたいとします．為替介入と為替レートには同時決定の関係があります（為替レートが変化したら為替介入が実施され，為替介入を実施したら為替レートは変化します）．国際金融市場において，政府の意思決定は素早く，1時間ほどで為替介入の意思決定がなされる可能性もあります．したがって，この場合，内生性の問題を解決するには，時間単位もしくは分単位の高頻度データが必要です．

　残念ながら，観察頻度の高いデータを使用したからといって，すべての同時方程式の問題を解決できるわけではありません．民間部門を対象にした分析であれば，意思決定はもっと速くなりますが，そもそも観察頻度の高いデータが利用可能ではないことも多々あります．とくにマクロデータは年次や四半期データが多く，あっても月次や日次データがほとんどでしょう．

13.6　2段階最小2乗法──内生性の解決②

　本節では，内生性の問題を解決する一般的手段として，操作変数を用いた2段階最小2乗法を紹介します．

13.6.1　操作変数とは何か

　次の単回帰モデルを考えます．

$$Y_i = \alpha + \beta X_i + u_i$$

ただし，説明変数 X_i は内生変数とします．

　ここで，操作変数 Z_i が利用できるとします．**操作変数**（instrumental variable）とは，「説明変数 X_i と相関はある一方，誤差項 u_i とは無相関となる変数」をいいます．厳密には，操作変数 Z_i は次の条件を満たした変数です．

> **操作変数の条件**
> 　　　　条件①（関連性）：$Cov(Z_i, X_i) \neq 0$
> 　　　　条件②（外生性）：$Cov(Z_i, u_i) = 0$

　操作変数の条件①は，操作変数 Z_i が説明変数 X_i と相関するという条件であり，**操作変数の関連性**と呼ばれます．これに対して，操作変数の条件②は，操作変数 Z_i が誤差項 u_i と無相関（つまり，操作変数は外生変数）であるという条件であり，**操作変数の外生性**と呼ばれます．

図13-1　操作変数と内生変数との関係――単回帰分析の場合

　図13-1は，変数間の関係を示したものです．操作変数Z_iは，内生変数X_iを通じてのみ被説明変数Y_iへ影響を与えます．もし操作変数Z_iが，それ以外の経路（つまり，誤差項u_i）を通じて，被説明変数Y_iに影響を与えるならば，操作変数Z_iと誤差項u_iが相関を持ちます（操作変数の条件②が満たされない）．

13.6.2　2段階最小2乗法の手順

　操作変数を用いて，内生性の問題を除去する方法として，**2段階最小2乗法**（two-stage least squares, 2SLS）があります．この推定によって得られた推定量は，**2段階最小2乗推定量（2SLS推定量）**といいます．この方法では，名前のとおり，2段階に分けて推定を行います．

　第1段階では，被説明変数をX_i，説明変数をZ_iとしてOLS推定し，X_iの予測値である$\hat{X}_i$を求めます．第2段階では，被説明変数をY_i，説明変数を予測値$\hat{X}_i$としたOLS推定によって係数βを求めます．こうして得られた推定量$\hat{\beta}_{2SLS}$は一致性を持ちます（2SLS推定量は，下添字に2SLSを付けて表記します）．以下では，各段階について詳しく説明します．

　第1段階　被説明変数をX_i，説明変数を操作変数Z_iとしたOLS推定をします（ここで，被説明変数はY_iではなく，X_iとしているので注意してください）．このとき，被説明変数X_iの予測値は，次式で表されます．

$$\hat{X}_i = \hat{\gamma}_0 + \hat{\gamma}_1 Z_i \tag{9}$$

また，残差は次のとおりです（残差の式を書き換えると，$X_i = \hat{X}_i + \hat{e}_i$）．

$$\hat{e}_i = X_i - \hat{X}_i \tag{10}$$

　ここで，係数$\hat{\gamma}_1$が有意ではないと，操作変数の条件①（操作変数Z_iは説明変数X_iと相関する）が満たされないため，Z_iは操作変数として無効となります．実際の分析では，第1段階の推定結果を示し，操作変数が有効なものであ

ると示す必要があります.

こうして求められた予測値 $\hat{X}_i$ と残差 $\hat{e}_i$ の性質を説明します.2.5節で学習した残差の性質から,予測値 $\hat{X}_i$ と残差 $\hat{e}_i$ は無相関になります(証明は本章末の補足参照).また,操作変数の条件②(操作変数 Z_i は誤差項 u_i と無相関)により,操作変数 Z_i の線形関数である予測値 $\hat{X}_i = \hat{\gamma}_0 + \hat{\gamma}_1 Z_i$ も誤差項 u_i と無相関になります.

第2段階 第1段階の推定結果から,$X_i = \hat{X}_i + \hat{e}_i$ と分解できます.ここで,$Y_i = \alpha + \beta X_i + u_i$ に,$X_i = \hat{X}_i + \hat{e}_i$ を代入すると,次式のようになります.

$$Y_i = \alpha + \beta(\hat{X}_i + \hat{e}_i) + u_i$$
$$= \alpha + \beta\hat{X}_i + (u_i + \beta\hat{e}_i) \tag{11}$$

ここで,新しい誤差項 u_i^* を,次のように定義します.

$$u_i^* = u_i + \beta\hat{e}_i$$

説明変数 $\hat{X}_i$ は,u_i と無相関なだけでなく,$\hat{e}_i$ とも無相関であるため,新しい誤差項 u_i^* とも無相関になります.つまり,予測値 $\hat{X}_i$ は外生変数になっています.このため,被説明変数を Y_i とし,説明変数を予測値 $\hat{X}_i$ とした OLS 推定により,係数 β をバイアスなく推定できるわけです.これが 2SLS 推定量 $\hat{\beta}_{2SLS}$ となります.

以下では,2つの例を通じて,2SLS 推定量の理解を深めていきましょう.

例13-2:OLS 推定と 2SLS 推定の具体例——女性の労働時間

2人以上の子どもがいる母親(21〜35歳)のデータを用いて,「子どもの数が増えると親の労働供給は減少するか」を検証した W.エバンス(William Evans)と J.アングリスト(Joshua Angrist)らの研究を紹介します[2].被説明変数 Y_i を女性の労働時間(1年で何週間働いたか),説明変数 X_i は多産ダミー(3人以上の子どもがいたら1となるダミー変数)とします.多産ダミー X_i は内生変数になります.これは,子どもが多いと母親の労働時間は減る一方で,母親の労働時間が長いと子どもが減る可能性があり,両変数は同時決定の関係にあると考えられるためです.

操作変数 Z_i は,多産ダミー X_i と相関している一方で,女性の労働時間 Y_i

---

2) Angrist, J. D. and Evans, W. N. (1998) "Children and Their Parents' Labor Supply: Evidence from Exogenous Variation in Family Size," *American Economic Review* 88(3), 450-477.

の誤差項 u_i と無相関でなければいけません．操作変数 Z_i として，最初の2人の子どもが同性なら1となるダミー変数を考えます．これは，最初の2人の子どもが同性なら，異性の子が欲しいと考えて，もう1人子どもを作ろうとする傾向があるからです．また，最初の2人の子どもが同性であるか否かはランダムに決まり，労働時間 Y_i の誤差項 u_i とは無相関になります．

まず，被説明変数 Y_i を女性の労働時間とし，説明変数 X を多産ダミーとした OLS 推定の結果をみてみます（カッコ内はロバスト標準誤差）．

$$\hat{Y} = 21.068 - 5.387X$$
$$(0.056)\ \ (0.087)$$

多産ダミー X の係数は負であり，子どもが3人以上になると，女性の労働時間 Y が5.387週も減少しています．しかし，OLS 推定にはバイアスがあるため，この推定結果は信頼できません．

そこで，2SLS 推定をします．操作変数 Z は同性ダミー（最初の2人の子どもが同性なら1となる）とします．第1段階の結果は，次のようになりました（カッコ内はロバスト標準誤差）[3]．

$$\hat{X} = 0.346 + 0.068Z$$
$$(0.001)\ (0.002)$$

予想どおり，同性ダミー Z の係数は有意に正であり，最初の2人の子どもが同性だと，追加的な子どもを産む確率は6.8% ポイントも増加しています．

第2段階の結果は，次のようになりました（カッコ内はロバスト標準誤差）．

$$\hat{Y} = 21.421 - 6.314\hat{X}$$
$$(0.487)\ \ (1.275)$$

OLS 推定では，多産ダミーの係数は -5.387 でしたが，2SLS 推定では -6.314 になっています．子どもが3人以上になると，女性の労働時間が6.314週も減少することがわかりました．

例13-3：OLS 推定と2SLS 推定の具体例——経済成長と制度の関係

私有財産権が保護された制度の国では，物的資本と人的資本が蓄積され，イノベーションが生じやすくなります．逆に，私有財産権が保護されない制

---

3)　読者の中には，X がダミー変数であるならば，第1段階はプロビット推定が望ましいと思う方もいるかもしれません．しかし，これはよくある間違いの1つです．OLS 推定ならば，予測値と残差は無相関となりますが，プロビット推定ならば，これらが無相関とはなりません．このため，第1段階は，被説明変数がダミー変数であっても，OLS 推定を行う必要があります．

度の国では，イノベーションは生じにくくなります．制度と経済との関係
は，韓国と北朝鮮のたどった歴史からも明らかです．しかし，制度が所得に
与える影響を定量的に調べるのは簡単ではありません．良い制度が国を豊か
にする一方，豊かな国であるから良い制度を持っている可能性があるためで
す．また，制度の数値化は難しく，制度の代理変数には測定誤差の問題があ
ります．

　D. アセモグル（Daron Acemoglu），S. ジョンソン（Simon Johnson），
J. ロビンソン（James Robinson）らは，かつての列強国の植民地であった
64カ国について，現在の制度がGDPに与える影響を推定しました[4]．制度
の良さを表す変数として，「搾取からの保護指数」を用いました（以下，「保
護指数」という）．保護指数は0から10で測定され，数値が高いほど不当な
搾取から保護されており，良い制度であると解釈されます．

　アセモグルらは保護指数の操作変数として，100年以上前の植民者死亡率
を用いました．当時，植民者たちは本国民が有する権利と同じ権利を要求し
ていました．植民者死亡率が低い地域では，結果として植民者が多い地域と
なり（たとえば，米国，カナダ，オーストラリアなど），そうした地域では
良い制度が築かれました．これに対して，植民者死亡率が高い地域では（ナ
イジェリア，マリ，マダガスカルなど），結果として植民者は少なくなり，
そうした地域では資源を搾取する悪い制度が築かれました．また，過去の制
度は，現在の制度と密接な関係にあるため，植民者死亡率は現在の制度に影
響を与えていると考えられます（操作変数の条件①が満たされる）．一方
で，100年以上前の植民者死亡率は，現在のGDPに直接影響を与えるよう
な他の要因とは無関係と考えられます（操作変数の条件②が満たされる）．

　まず，被説明変数 Y はGDP（1人当たり）の対数とし，説明変数 X は保
護指数としたOLS推定の結果をみてみます（カッコ内はロバスト標準誤差）．

$$\hat{Y} = 4.660 + 0.522X$$
$$(0.320)\ (0.050)$$

保護指数の係数は正であり，保護指数が上がるとGDP（対数）が増加する
ことがわかります．しかし，OLS推定にはバイアスがあり，これは信頼で
きない推定結果です．

　次に，2SLS推定をします．操作変数 Z は，植民者死亡率（対数）としま

4) Acemoglu, D., Johnson, S., and Robinson, J. (2001) "The Colonial Origins of Comparative Development: An Empirical Investigation," *American Economic Review* 91(5), 1369-1401.

す．第1段階の結果は，次のようになりました（カッコ内はロバスト標準誤差）．

$$\hat{X} = 9.341 - 0.607Z$$
$$(0.611)(0.127)$$

予想したとおり，植民者死亡率Zの係数は有意に負であり，植民者死亡率が高くなると保護指数は低下します（ここでt値は$-4.79 = -0.607/0.127$であり，有意な結果です）．第2段階の結果は，次のようになりました．

$$\hat{Y} = 1.910 + 0.944\hat{X}$$
$$(1.193)(0.179)$$

OLS推定では，保護指数の係数は0.522でしたが，2SLS推定では，0.944へと上昇しています．

　2SLS推定では，OLS推定よりも，係数が2倍近く大きくなっています．これは，GDPに対して大きな意味を持ちます．たとえば，保護指数はナイジェリアで5.6，チリで7.8でした．OLS推定の結果を用いると，両国の保護指数の違いは，GDP（対数）に対して，1.148（$= 0.522 \times (7.8 - 5.6)$）倍の違いをもたらします．GDPの対数で1.148倍は，GDPでは3.15倍（$= e^{1.148}$）の違いになります．これに対して，2SLS推定の結果を用いると，両国の保護指数の違いは，GDP（対数）に対して，2.077（$= 0.944 \times (7.8 - 5.6)$）の違いをもたらします．これはGDPでは，7.98倍（$= e^{2.077}$）もの違いになります．本研究は，制度がGDPに与える影響の大きさを示す有名な研究の1つとして知られています．

コラム　13-2　誰が操作変数を考案したのか

　ここでは，操作変数の開発者について考察したJ. ストック（James Stock）とF. トレビ（Francesco Trebbi）らの研究を紹介します[5]．

　操作変数を用いた推定は，フィリップ・ライト（Philip Wright）の著書 *The Tariff on Animal and Vegetable Oils*（1928年）の中で初めて提案されました．同書では，動物油と植物油に関する説明がなされ，付録Bで初めて，「なぜ価格と数量の情報だけでは需要曲線と供給曲線が推定できないのか」，「操作変数を用いてどのように推定するか」が説明されています．付録Bの内

5)　Stock, J. H. and Trebbi, F. (2003) "Who Invented Instrumental Variable Regression?" *Journal of Economic Perspectives* 17(3), 177-194.

容が，他の部分とあまりに異なっているため，付録Bの著者はフィリップ・ライトではなく，その息子であり著名な遺伝学者であるシューアル・ライト（Sewall Wright）ではないか，ともいわれています．

　残念ながら，父フィリップは1934年，息子シューアルは1988年に亡くなっており，彼らに直接質問することはできません．しかし，幸運なことに，彼らは多数の著書を単独で執筆しています．J.ストックとF.トレビらは，文体の特徴を数値化して解析する方法である計量文献学を用いて，彼らの著書を分析し，付録Bの著者を特定しています．

　ストックらは，資料を，1000語を1ブロックとなるように分割し，各ブロックの文体の特徴を数値化しました．たとえば，70の機能語（a, all, also, an, and, …, when, which, who, will, with, would）が出現した回数，副詞の後に名詞がきた回数，主動詞が用いられた回数などです．これらを分析した結果，付録Bの著者は父フィリップであることが支持されました．

　ストックらの分析結果からは，付録Bを執筆したのは父フィリップであることが支持されましたが，息子シューアルとの議論をもとに，父フィリップが執筆した可能性は否定できません．親子の共同作業による考察を，父であるフィリップが執筆したと考えることも自然な仮説といえるでしょう．

13.7　2段階最小2乗法の詳細

　これまで単回帰分析を扱ってきましたが，その結果は重回帰分析にも当てはまります．ここでは，重回帰分析における2段階最小2乗法の詳細を簡単に紹介します．

13.7.1　一般的なケース

　ここで，次のようなモデルを仮定します．

$$Y_i = \alpha + \beta X_i + \theta W_i + u_i$$

内生変数 X_i は誤差項 u_i と相関しますが，外生変数 W_i は誤差項 u_i と無相関です．また，内生変数 X_i の操作変数として，Z_{1i} と Z_{2i} があるとします．これらは操作変数であるため，操作変数の条件①（関連性）と条件②（外生性）を満たすとします．

図13-2　操作変数と内生変数との関係——重回帰分析の場合

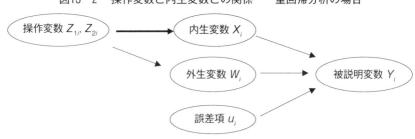

　図13-2を用いて，これら変数間の関係を説明します．操作変数 (Z_{1i}, Z_{2i}) は，内生変数 X_i を通じて，被説明変数 Y_i へ影響を与えるものとします（操作変数の条件①が満たされる）．操作変数 (Z_{1i}, Z_{2i}) は，外生変数 W_i に影響を与えても問題ありません．もし操作変数 (Z_{1i}, Z_{2i}) が，それ以外の経路，つまり，誤差項 u_i を通じて被説明変数 Y_i に影響を与えるならば，操作変数 (Z_{1i}, Z_{2i}) と誤差項 u_i が相関を持ちます（操作変数の条件②が満たされない）．

　2段階最小2乗法による推定は，次の2段階を通して行われます．第1段階では，被説明変数を X_i とし，説明変数を操作変数 (Z_{1i}, Z_{2i}) と外生変数 W_i として OLS 推定し，内生変数 X_i の予測値 $\hat{X}_i$ を求めます[6]．第2段階では，被説明変数を Y_i，説明変数を予測値 $\hat{X}_i$ と外生変数 W_i として OLS 推定をします．こうして得られた 2SLS 推定量 $\hat{\beta}_{2SLS}$ は一致性を持ちます．

13.7.2　操作変数の条件①の確認

　操作変数 (Z_{1i}, Z_{2i}) は内生変数 X_i と相関していなければなりません．両者の相関が高ければ，2段階最小2乗法の推定精度も高くなります．逆に，両者の相関が低ければ，推定精度は下がります．内生変数 X_i との相関が弱い操作変数は，とくに**弱相関操作変数**（weak instrumental variable）と呼ばれます．弱相関操作変数を用いた 2SLS 推定量では，その推定にバイアスが残ることが知られています．

　第1段階の推定で，操作変数の条件①が満たされているかを確認できます．第1段階では，被説明変数を X_i，説明変数を操作変数 (Z_{1i}, Z_{2i}) と外生変数 W_i とした OLS 推定をします．そして，X_i の予測値を次のように求めます．

---

6)　読者の中には，第1段階の説明変数は，操作変数 (Z_{1i}, Z_{2i}) だけで十分ではないか，と思う方もいるかもしれません．しかし，これはよくある間違いの1つです．第1段階の説明変数として，外生変数 W_i を含めないと，第1段階の残差 $\hat{e}_i$ は，外生変数 W_i と無相関にはなりません（よって，第2段階の推定で，外生変数 W_i と新しい誤差項 $(u_i^* = u_i + \beta \hat{e}_i)$ に相関が生じます）．

$$\hat{X}_i = \hat{\gamma}_0 + \hat{\gamma}_1 Z_{1i} + \hat{\gamma}_2 Z_{2i} + \hat{\gamma}_3 W_i$$

操作変数 (Z_{1i}, Z_{2i}) の係数が0ならば，条件①が満たされないため，操作変数は無効となります．そこで，帰無仮説 $H_0: \gamma_1 = 0, \gamma_2 = 0$ とした F 検定を行います．経験則として，F 値が10を上回れば，条件①が満たされると判断されます．F 値が10を下回ると，条件①は満たされず，第2段階の推定結果に疑問が生じます．実際の分析では，F 値とともに第1段階の推定結果を示すことが必要です．操作変数が有効なものであると示すことによって，推定結果の信頼性を高めることができます．

例13-4：重回帰モデルによる分析——経済成長と制度の関係

例13-3で分析した搾取からの保護指数と GDP の関係について，さらに検証してみましょう．ここで被説明変数 Y_i は GDP（対数），内生変数 X_i は保護指数，外生変数 W_i は地理的情報である緯度の絶対値とします．

これまで，操作変数は植民者死亡率 Z_{1i} としていました．これは，植民者死亡率が植民者の人数に影響を与え，当時の制度ひいては現在の制度に影響を与えると考えられるからです．この議論に基づくと，当時の植民者割合も操作変数と考えられます．このため，1900年当時の欧州系人口割合 Z_{2i} も新たな操作変数として用います．

第1段階の推定結果は，次のとおりとなりました．

$$\hat{X}_1 = 7.853 - 0.368 Z_1 + 0.021 Z_2 + 0.200 W$$
$$(0.831) \quad (0.149) \quad (0.008) \quad (1.495)$$

ここで，操作変数 (Z_1, Z_2) の係数を0とした F 検定をすると，F 値は10.52となります．F 値は10以上であり，操作変数の条件①を満たしていることが確認できます．

第2段階の結果は，次のとおりとなりました．

$$\hat{Y} = 1.995 + 0.946 \hat{X} - 0.597 W$$
$$(1.066) \quad (0.172) \quad (0.974)$$

保護指数の係数は0.946と有意であり，例13-3での 2SLS 推定の結果（0.944）とほぼ同じになります．当然ですが，適切な操作変数を追加しても，推定結果はあまり変わりません．

なお，操作変数を追加したり，変更したりしたとき，推定結果が大きく変わるようであれば，いずれかの（もしくはすべての）操作変数が，操作変数

| の条件を満たしていない可能性があります.

13.7.3　操作変数の条件②の確認

　操作変数 Z_i は誤差項 u_i と無相関でなければいけません. ここでは, 操作変数 Z_i は誤差項 u_i と無相関であるか否かを調べるための方法として, **過剰識別検定**（overidentification test）を説明します. 過剰識別検定は, **サーガン検定**（Sargan test）とも呼ばれます.

　ここで, $Y_i = \alpha + \beta X_i + \theta W_i + u_i$ とし, 操作変数は2個（Z_{1i}, Z_{2i}）あるとします[7]. 過剰識別検定の考え方は, 被説明変数を誤差項 u_i とし, 説明変数を操作変数（Z_{1i}, Z_{2i}）として, 操作変数の係数が0であるか否かを確認することにあります. もし係数が0であれば, 操作変数の条件②（外生性）が満たされます. 逆に, 係数が0でなければ, 操作変数の条件②は満たされません.

　過剰識別検定では, 誤差項 u_i が観察できないため, 代わりに残差を用います. 具体的には, すべての操作変数（Z_{1i}, Z_{2i}）を用いて2SLS推定を行い, 2SLS推定量（$\hat{\alpha}_{2SLS}$, $\hat{\beta}_{2SLS}$, $\hat{\theta}_{2SLS}$）を求めます. そして, Y_i の残差を次のように求めます.

$$\hat{u}_i^{2SLS} = Y_i - (\hat{\alpha}_{2SLS} + \hat{\beta}_{2SLS} X_i + \hat{\theta}_{2SLS} W_i)$$

説明変数は予測値 $\hat{X}_i$ ではなく, 観測値 X_i を用いることに注意してください. そして, 残差 $\hat{u}_i^{2SLS}$ を被説明変数とし, 操作変数（Z_{1i}, Z_{2i}）を説明変数とした OLS推定をします（ただし, ε_i は, 残差 $\hat{u}_i^{2SLS}$ の式における誤差項です）.

$$\hat{u}_i^{2SLS} = \delta_0 + \delta_1 Z_{1i} + \delta_2 Z_{2i} + \varepsilon_i$$

　操作変数（Z_{1i}, Z_{2i}）と誤差項 u_i が無相関ならば, 操作変数の係数はすべて0となるはずです. したがって, 帰無仮説 $H_0 : \delta_1 = 0$, $\delta_2 = 0$ とした同時検定を行い, 帰無仮説 H_0 が棄却された場合には, 操作変数の条件②（外生性）は満たされない, と判断します. 注意点としては, 帰無仮説 $H_0 : \delta_1 = 0$, $\delta_2 = 0$ が採択されたとしても, 必ずしも帰無仮説 H_0 の正しさを意味しないことです（4.6.1節参照）. 帰無仮説 H_0 の採択は, 「操作変数の外生性を示す弱い結果」にすぎません.

　操作変数 Z_i が誤差項 u_i と無相関であることを立証するには, 過剰識別検定

7）　過剰識別検定を実行するには, 操作変数の数は内生変数の数より多くなければいけません.

だけでなく，先行研究を調べあげたうえで，筆を尽くして説明する必要がある
でしょう．たとえば，「最初の2人の子どもが同性なら1となるダミー変数」
はランダムなのでしょうか．もし親による産み分けが可能であれば，これはラ
ンダムな事象ではないため，誤差項と相関する可能性があります．したがっ
て，実際の分析では，産み分けは難しいため，ダミー変数はランダムとなるこ
とを読者にきちんと説明する必要があります．

13.8 まとめ

　本章を通して，説明変数における内生性の問題は，避けて通れない問題であ
ることが理解できたと思います．それでは，実証分析を行うときには，内生性
の問題を常に考慮しなければいけないのでしょうか．当然ですが，内生性の問
題の大小は扱うデータによって異なります．内生性の問題が小さければ，あえ
て内生性を考慮する必要はありません．たとえば，マクロデータでも入力ミス
は0ではないものの，そうしたミスは可能性として低いため，測定誤差を考慮
する必要はありません．自分の扱うデータに内生性の問題があるか否か，内生
性の問題がある場合はそれが無視できない程度のものであるかを判断し，その
判断に応じて操作変数などを用いて，内生性がもたらすバイアスを取り除く必
要があるといえるでしょう．

コラム　13-3　アセモグルが語る「良い実証研究の条件」

　D. アセモグルは，MIT 教授であり，多数の影響力ある論文の著者でもあり
ます．Google Scholar によると，彼の引用回数は計20万回以上であり（2022年
時点），確実にノーベル経済学賞を受賞するであろう経済学者といってよいで
しょう．

　彼はインタビューの中で，良い実証研究の条件は何かという質問に対して，
以下のように答えています[8]．「優れた実証論文には2種類あります．1つは
アンサー論文であり，もう1つはチャレンジ論文です．アンサー論文は，重要
な実証的問いに答えるような研究です．たとえば，労働供給の弾力性はどの程
度か？　個人や社会にとって学校教育はどのような価値を持つのか？　学校建

---

8)　インタビューは以下に掲載されています．Bowmaker, S. W. (2012) *The Art and Practice of Economics Research*, Edward Elgar.

設の補助金の効果は何か？……これに対して，チャレンジ論文は，有名な理論を否定したり，パズル（難問）を提示したりするような研究です．こうした論文は，その分野の深い掘り下げを促すため，有意義な研究となります．たとえば，株式プレミアムに関する理論に対して，R. メーラ（Rajnish Mehra）とE. プレスコット（Edward Prescott）らは，この理論がデータを説明できないことを示す論文を書きました．……この論文は，その後に続く多数の文献を生み出し，その過程から我々は多くを学ぶことができました」．

　自身の研究の長所と短所に関する質問では，彼は次のように答えています．「最大の短所は，自分が取り組んでいる問題のほとんどをまだ理解できていないことです．それがあるから，研究を続けています．私は政治経済学に情熱を持って取り組んでいますが，世界銀行や政府関係者から『何かを改善するため，あなたの研究をどう利用したらよいか』と質問されたら困ってしまうでしょう．理論と実践の間にはいまだ大きな隔たりがあります」．

　コラム6-3で紹介した赤池弘次氏もそうでしたが，研究に対する真摯で粘り強い姿勢が，革新的な研究成果を生んでいるといえます．

補　足

第1段階では，被説明変数を X_i，説明変数を Z_i とした OLS 推定により，予測値 $\hat{X}_i = \hat{\gamma}_0 + \hat{\gamma}_1 Z_i$ と残差 $\hat{e}_i = X_i - \hat{X}_i$ が得られます（(9)式，(10)式参照）．2.5節で学習したとおり，残差の性質は次のようになります．

残差の性質① 　残差の総和は 0 である（この場合，$\sum_{i=1}^{n} \hat{e}_i = 0$）

残差の性質② 　説明変数と残差の積和は 0 である（この場合，$\sum_{i=1}^{n} Z_i \hat{e}_i = 0$）

なお，残差の性質①から，残差の平均は 0 です（残差の平均を $\bar{\hat{e}}$ と表記すると，$\bar{\hat{e}} = 0$ となります）．

被説明変数の予測値 $\hat{X}_i$ と残差 $\hat{e}_i$ の標本共分散の分子は，次式で表すことができます．

$$
\begin{aligned}
\sum_{i=1}^{n} (\hat{X}_i - \bar{\hat{X}})(\hat{e}_i - \underbrace{\bar{\hat{e}}}_{=0}) &= \sum_{i=1}^{n} (\hat{X}_i - \bar{\hat{X}}) \hat{e}_i \\
&= \sum_{i=1}^{n} \hat{X}_i \hat{e}_i - \bar{\hat{X}} \underbrace{\sum_{i=1}^{n} \hat{e}_i}_{=0} \\
&= \sum_{i=1}^{n} \hat{X}_i \hat{e}_i
\end{aligned}
$$

ここで予測値 $\hat{X}_i$ の平均を $\bar{\hat{X}}$ と表記しています．また，式展開では，残差の平均は 0 となること（$\bar{\hat{e}} = 0$），残差の性質①（$\sum_{i=1}^{n} \hat{e}_i = 0$）を用いました．

予測値 $\hat{X}_i$ と残差 $\hat{e}_i$ の積和は，$\hat{X}_i = \hat{\gamma}_0 + \hat{\gamma}_1 Z_i$ を代入すると，次のように展開できます．

$$
\begin{aligned}
\sum_{i=1}^{n} \hat{X}_i \hat{e}_i &= \sum_{i=1}^{n} (\hat{\gamma}_0 + \hat{\gamma}_1 Z_i) \hat{e}_i \\
&= \hat{\gamma}_0 \underbrace{\sum_{i=1}^{n} \hat{e}_i}_{=0} + \hat{\gamma}_1 \underbrace{\sum_{i=1}^{n} Z_i \hat{e}_i}_{=0} = 0
\end{aligned}
$$

式展開では，残差の性質①と②を用いました．以上から，予測値 $\hat{X}_i$ と残差 $\hat{e}_i$ の標本共分散は 0 であることがわかります．

練習問題

1. 13.2節の(1)式と(2)式が成立するとき,次の関係式が成立する.

$$Y_i = \alpha + \beta X_i + u_i, \quad u_i = u_i^* - \beta e_i$$

$\beta > 0$ の場合,X_i と u_i との相関は正か負のいずれか答えよ.また,OLS 推定量 $\hat{\beta}$ にどのようなバイアスが生じるか.同様に,$\beta < 0$ の場合はどうなるか.

2. 被説明変数に測定誤差があるケースを考える.モデルは,

$$Y_i^* = \alpha + \beta X_i + u_i^*$$

とし,分析者は Y_i^* ではなく,測定誤差 e_i を含んだ $Y_i = Y_i^* + e_i$ だけを観察できる.また,u_i^* と e_i は,X_i と無相関とする.このとき,被説明変数を Y_i,説明変数を X_i とした OLS 推定量にバイアスは生じるか答えよ.

3. モデルは $Y_i = \alpha + \beta X_i + \gamma W_i + u_i$ とし,X_i は内生変数,Z_i は操作変数とし,W_i は観察できない外生変数とする.被説明変数を Y_i,説明変数を X_i とした 2SLS 推定量がバイアスを持つか否かを以下の 2 つのケースについて考察せよ.

(a) Z_i と W_i に相関がない.

(b) Z_i と W_i に相関がある.

4. 2SLS の第 1 段階では,被説明変数を X_i とし,説明変数を操作変数(Z_{1i}, Z_{2i})と外生変数(W_{1i}, W_{2i})として,次式を OLS 推定する.

$$X_i = \gamma_0 + \gamma_1 Z_{1i} + \gamma_2 Z_{2i} + \gamma_3 W_{1i} + \gamma_4 W_{2i} + e_i$$

操作変数の条件①を調べるための F 検定について説明せよ.

5. 被説明変数 Y_i を大学での成績(GPA),説明変数 X_i を勉強時間(1 日平均)とする.欠落変数(生まれつきの能力)のため,X_i は内生変数となる.この大学では,学生全員が寮で共同生活し,部屋の割り振り(ルームメートが誰か)はランダムに決まる.適当な操作変数として何があるか,あげなさい.

6. 時系列データであり,モデルは $Y_t = \alpha + \beta Y_{t-1} + \gamma W_t + u_t$,誤差項は $u_t = \rho u_{t-1} + \varepsilon_t$ としよう.ここで,$\varepsilon_t \sim i.i.d. N(0, \sigma^2)$ とする.

(a) $Cov(Y_{t-1}, u_t) \neq 0$ を示せ.Hint:$Y_{t-1} = \alpha + \beta Y_{t-2} + \gamma W_{t-1} + u_{t-1}$.

(b) 被説明変数は Y_t,説明変数は Y_{t-1}, Y_{t-2}, W_t, W_{t-1} とすれば,内生性

の問題は存在しなくなることを示せ．Hint：10.5節参照．

7．★単回帰モデル $Y_i = \alpha + \beta X_i + u_i$ において，2SLS推定量は，次のように表現できることを示せ．

$$\hat{\beta}_{2SLS} = \frac{\sum_{i=1}^{n}(Z_i - \bar{Z})(Y_i - \bar{Y})}{\sum_{i=1}^{n}(Z_i - \bar{Z})(X_i - \bar{X})} = \frac{\sum_{i=1}^{n} Z_i(Y_i - \bar{Y})}{\sum_{i=1}^{n} Z_i(X_i - \bar{X})}$$

8．★単回帰モデルで，操作変数 Z_i はダミー変数とする．最初の n_1 番目までのデータは $Z_i = 1$ とし（$i = 1, 2, \cdots, n_1$），それ以後のデータは $Z_i = 0$ とする（$i = n_1 + 1, n_1 + 2, \cdots, n$）．つまり，$Z_i = 1$ となるデータは n_1 個，$Z_i = 0$ となるデータは $n - n_1$ 個ある．このとき，2SLS推定量は次のようになることを示せ．

$$\hat{\beta}_{2SLS} = \frac{\bar{Y}_1 - \bar{Y}_0}{\bar{X}_1 - \bar{X}_0}$$

ただし，$\bar{Y}_1$ は $Z_i = 1$ のときの Y の標本平均，$\bar{Y}_0$ は $Z_i = 0$ のときの Y の標本平均とする（同様に，$\bar{X}_1$ と $\bar{X}_0$ は定義される）．この推定量はワルド推定量とも呼ばれる．Hint：練習問題7の結果を用いる．

9．☆例13-2の推定結果を再現せよ．他の説明変数として，母親の年齢，人種を表すダミー変数を追加して，推定結果の頑健性を評価せよ．

10．☆例13-3，例13-4の推定結果を再現せよ．

第14章 プログラム評価

　プログラム評価とは，あるプログラムの評価に関する研究分野です．プログラム評価の手法としては，ランダム化比較実験が最も優れた評価方法であるとされます．ランダム化比較実験は，実験対象の人々を処置群と対照群にランダムに振り分け，両グループの結果を比較することで，処置の効果を評価する手法です．これに対して，自然実験とは，まるでランダム化比較実験が行われたかのような状況を上手く利用して，観察データから処置効果を評価する手法をいいます．本章では，自然実験として，差の差分析と回帰不連続デザインを説明していきます．

14.1　プログラム評価とは何か

　プログラムには，政府プログラム，政策，介入，処置などさまざまなものがあります．プログラム評価では，ランダム化比較実験が最も優れた評価方法といわれているものの，ランダム化比較実験には，コスト面や道徳面での問題などがあり，その適用範囲はいまだ限られているのが現状です．

　他方，**自然実験**（natural experiment）は，「まるでランダム化比較実験が行われたかのような状況を上手く利用して処置効果（treatment effect）を評価するもの」です．自然実験は，実験に近い状況を利用するため，**疑似実験**（quasi-experiment）とも呼ばれます．また，自然に発生した状況を利用するため，ランダム化比較実験で問題視されるようなコスト面や道徳面での問題がありません．とはいえ，まるでランダム化比較実験が行われたかのような状況を見つけるのは，容易なことではありません．

　本章では，まず，ランダム化比較実験を紹介し，次に，自然実験として，差の差分析と回帰不連続デザインを説明します．

14.2　ランダム化比較実験

　本節では，ランダム化比較実験の内容と，その利点と限界を学習していきましょう.

14.2.1　ランダム化比較実験とは何か

　難病に効くと期待される新薬の効果を，臨床治験により測定したいとします. このような場合，理想的な実験は，全く同じ個人が2人おり，1人には新薬，もう1人には偽薬（プラセボ）を投与し，その後の2人の**アウトカム**（結果）を比較することです. しかし，全く同じ個人は存在しないため，こうした実験は不可能です.

　ランダム化比較実験（randomized controlled trial, RCT）とは，被験者達をランダムに**処置群**（treatment group）と**対照群**（control group）に振り分けて，両グループのアウトカムを比較することで，処置効果を測る方法になります. なお，処置群は**実験群**，**トリートメント・グループ**ともいい，対照群は**比較群**，**コントロール・グループ**ともいいます.

　上記の例では，患者たちを，新薬を投与する処置群と偽薬を投与する対照群にランダムに振り分けます. ランダムに振り分けられるため，処置群と対照群は，平均的には同質な集団になっているはずです. 処置群だけが，症状が重い，あるいは高齢者が多いなどということはありません. このため，両グループのアウトカムの比較によって，新薬の効果をバイアスなく推定することが可能となります.

　回帰分析の枠組みに即して，ランダム化比較実験（RCT）を考えてみましょう. ここで，説明変数 X_i は，処置群（コレステロール値を下げる効果のある新薬を投薬するグループ）ならば1，対照群（偽薬を投与するグループ）ならば0となるダミー変数とします. 被説明変数 Y_i はアウトカムであり，投薬してから1カ月後のコレステロール値の変化分とします. このとき，モデルは次式となります.

$$Y_i = \alpha + \beta X_i + u_i$$

係数 β は，処置効果を表します. 説明変数 X_i がダミー変数であることから，係数 β は，「処置群アウトカムの平均 − 対照群アウトカムの平均」となります

（ダミー変数の係数の解釈は4.5節参照）．

　もし係数 β が負なら新薬によってコレステロール値が減少し，β が0なら新薬の効果はないということになります．誤差項は，説明変数 X_i 以外の要因をまとめたものであり，患者属性（健康状態，生活習慣，年齢，所得など）といった情報が含まれています．しかし，処置群と対照群への割当がランダムであるため，説明変数 X_i は誤差項（患者属性など）と無関係になります．つまり，説明変数 X_i は外生変数（誤差項と無相関）であり，上記モデルを OLS 推定すれば，新薬の効果 β をバイアスなく評価することができます（8.3節参照）．

　最後に，RCT の内的妥当性と外的妥当性について考えてみましょう．**内的妥当性**（internal validity）とは，検討対象とした集団に対して，処置効果を正しく評価できる程度をいいます．RCT は，処置効果 β をバイアスなく推定でき，内的妥当性が高いといえます．これに対して，**外的妥当性**（external validity）とは，異なる集団に同様の処置をしたときに，同等の効果を再現できる程度をいいます．RCT の外的妥当性は，実験デザインに依存して変化します．実験対象が限定されていれば，外的妥当性は低くなります．たとえば，18歳男性に行われた臨床治験が，女性や高齢男性にも同じ効果を持つかはわかりません．また，日本人に対して有効な薬であったとしても，それが異なる人種に対しても同様の効果があるかは定かではないでしょう．

例14-1：RCT の例——STAR 実験によって少人数教育の効果を測る

　かつて，米国のテネシー州では，幼稚園の年長児（5歳児）1万1600人を4年間にわたって追跡調査した実験が実施されました（STAR 実験と呼ばれています）．実験には，計80校が参加し，各学校で生徒と教員をランダムに3グループに振り分けました．3つのグループとは，①少人数クラス（生徒数13～17人），②標準／補助クラス（生徒数22～25人，常勤教員補助付き），③標準クラス（生徒数22～25人）です．ここで，処置群は①②であり，対照群は③になります．

　この実験のデータを使って，処置効果を推定してみましょう[1]．被説明変数 Y_i は，生徒 i の標準テストの結果（算数とリーディングの合計点）とします．説明変数 X_{1i} は，①少人数クラスなら1，そうでなければ0となるダ

1）　データは Instructional Stata datasets for econometrics の star_sw を用いました．また，STAR 実験を用いた研究として以下があります．Krueger, A. B. (1999) "Experimental Estimates of Education Production Functions," *Quarterly Journal of Economics* 114(2), 497-532.

ミー変数です．同様に，説明変数 X_{2i} は，②標準／補助クラスなら 1，そうでなければ 0 となるダミー変数です．RCT であることから，説明変数 X_{1i} と X_{2i} は外生変数になります．また，学校ごとの違いをコントロールするため，学校ダミーを含めて推定しました．

$$\hat{Y} = 932.476 + 16.022X_{1i} + 1.699X_{2i} + 学校効果$$
$$(7.595) \quad (2.245) \quad (2.029)$$

学校ダミーは「学校効果」と略式表記しています（カッコ内はロバスト標準誤差，自由度調整済み決定係数 $\bar{R}^2 = 0.220$）．

　推定値をみると，①少人数クラス X_{1i} の係数は有意ですが，②標準／補助クラス X_{2i} の係数は小さく有意ではありません．この結果から，①少人数クラスは点数を16点も改善させる一方，②常勤教員補助の存在は点数には影響を与えていないことが明らかになりました．

　実験では，各学校内での教員配置もランダムに行われました．このため，教員の勤続年数 X_{3i} は外生変数となり，生徒の点数に与える影響をバイアスなく調べることができます．推定結果は，次のとおりとなりました（自由度調整済み決定係数 $\bar{R}^2 = 0.223$）．

$$\hat{Y} = 925.675 + 15.933X_{1i} + 1.215X_{2i} + 0.743X_{3i} + 学校効果$$
$$(7.653) \quad (2.241) \quad (2.035) \quad (0.170)$$

　推定結果をみると，やはり①少人数教育 X_{1i} の係数は有意ですが，②標準／補助クラス X_{2i} の係数は有意ではありません．なお，教員の勤続年数 X_{3i} の係数は0.743と有意であり，勤続年数が10年長くなると生徒の点数は7.43点（$=0.743 \times 10$）も改善することが明らかになりました．以上の結果から，少人数教育の実施に加えて，教員の質の向上が重要であることがわかります．

14.2.2　ランダム化比較実験の限界と可能性

　RCT は，有効なツールですが，上記のとおり，コスト面や道徳面の問題などがあります．前述の STAR 実験には，1200万ドルの費用がかかったといわれています．

　RCT がよく用いられている分野として，医療分野と開発援助分野があります．医療分野では，新薬開発を目的とした治験における RCT の利用が一般的です．新薬の実験費用はきわめて高額ですが，その販売から得られる利益も莫大であり，RCT の実施を可能としています．また，開発援助の分野では，発展途上国の貧困問題の解決を目的とした開発援助の効果を測定するために

RCTが利用されています．その目的から道徳的批判を避けられているのに加え，発展途上国は物価水準も低い傾向があることから，実験の費用も比較的小額におさまることも，RCTが実施されやすい背景にあると思われます[2]．

14.2.3　重回帰分析によるプログラム評価

観察データを用いた回帰分析によって，プログラム評価はできないのでしょうか．結論をいうと，観察データを対象にした重回帰分析によるプログラム評価は可能ですが，RCTに比べると信頼性の低い結果になります．

観察データを対象にした回帰分析によるプログラム評価について考えてみましょう．職業訓練プログラムへの参加が，将来所得に与える効果を知りたいとします．被説明変数Y_iは1年後の所得，説明変数X_{1i}は職業訓練プログラムに参加したら1となるダミー変数とします．このときモデルは，次の式となり，係数β_1は，職業訓練プログラムへの参加が所得に与える効果を表すことになります．

$$Y_i = \alpha + \beta_1 X_{1i} + u_i$$

誤差項u_iは，職業訓練ダミーX_{1i}以外の要因をまとめたものであり，個人属性（教育年数，勤続年数，性別，親の所得など）といった情報が含まれます．職業訓練ダミーX_{1i}は個人属性と関係しているため，X_{1i}は内生変数と考えられます．

ここで，個人属性（教育年数，勤続年数，性別，親の所得など）を表すコントロール変数（X_{2i}, X_{3i}, $\cdots$, X_{Ki}）を加えた重回帰モデルを考えます[3]．

$$Y_i = \alpha + \beta_1 X_{1i} + \underbrace{\beta_2 X_{2i} + \cdots + \beta_K X_{Ki}}_{\text{コントロール変数}} + u_i$$

仮に個人属性をコントロールすることで，同じ属性の個人間の比較ができるのであれば，同属性の個人間では職業訓練の有無はランダムに決まっており，職業訓練ダミーX_{1i}を外生変数とみなすことができるかもしれません．

しかし，この推定では，そもそもモデルが誤っている可能性があり，頑健な

---

2) アビジット・V・バナジー／エステル・デュフロ（2012）『貧乏人の経済学』みすず書房，山形浩生訳，では，RCTを用いた開発援助の効果を測る実験が多数紹介されています．バナジーとデュフロは「世界の貧困を改善するための実験的アプローチに関する功績」によって，マイケル・クレーマーとともに3名で2019年にノーベル経済学賞を受賞しています．

3) ここでは，全員に同じ処置効果があると仮定しています．これは強い仮定であり，観察データを用いた回帰モデルの欠点の1つです．

推定結果とはいえません．たとえば，個人属性に「本人のやる気」が含まれていないとすると，それが欠落変数バイアスを生じさせる可能性があります（「本人のやる気」は数値化するのが難しい変数です）．また，コントロール変数の定式化を変えると，係数 β_1 の推定結果が変わる可能性もあります．たとえば，コントロール変数の2乗や交差項が含まれるかもしれません．

　これに対して，RCT では，実験対象を処置群と対照群にランダムに振り分けることによって，処置群と対照群は平均的に同質な集団となります．処置群だから教育年数が低いとか，やる気が高いということはありません．このとき，職業訓練ダミー X_{1i} は外生変数であり，コントロール変数を含めることなく，次のモデルを OLS 推定することによって，職業訓練プログラムの効果 β_1 をバイアスなく推定できます．

$$Y_i = \alpha + \beta_1 X_{1i} + u_i$$

　以上のとおり，RCT が，観察データを用いた回帰分析よりも，信頼性が高いものであることは明らかです．

コラム 14-1　大統領選挙を左右したランダム化比較実験

　RCT は，ウェブサイトの改善方法としても広く用いられており，A/B テストとも呼ばれます．2008年の米国大統領選挙では，オバマ陣営がウェブサイト閲覧者の登録率を上げるために，A/B テストを活用したといわれています．ウェブサイトの基本画面を A とし，そこから変更した画面を B とします（図14-1参照）．

　A/B テストでは，閲覧者がウェブサイトにアクセスすると，ランダムに画面 A もしくは画面 B に振り分けられます（実際の画面は，2パターンではなく，24パターンもありました）．画面 A に振り分けられたならば，オバマ氏の写真と「Sign Up」と書かれたボタンが表示され，画面 B ならば，オバマ氏が家族と写った写真に「Learn More」と書かれたボタンが表示されます．A/B テストの結果，画面 A よりも画面 B のほうが登録率は高いことがわかりました．この結果を受けて，オバマ陣営では画面 B を選挙活動に用いることとし，それによって，288万人分の追加的メールアドレス，6000万ドルの追加的資金を集めることができたといわれています．

　A/B テストでは，閲覧者はランダムに振り分けられますが，この振り分け

図14-1　A/Bテスト

(a) 基本画面A　　　　　　　　　　(b) 変更した画面B

(出所)　以下のブログ記事によります. Siroker, D. "Obama's $60 million dollar experiment" https://www.optimizely.com/insights/blog/how-obama-raised-60-million-by-running-a-simple-experiment

自体には，コストはかかりません．注意すべき点は，A/Bテストを行うには十分なサンプルが必要という点です．ウェブサイトの閲覧者があまりいないサイトでA/Bテストをしても，その結果が，誤差か有意な差であるかを判定できません．A/Bテストは，政府や企業などのウェブサイトの改善には有効なツールですが，アクセス数の少ない個人ウェブサイトの改良には向いていないかもしれません.

14.3　差の差分析

　RCTを実施することが難しい状況であっても，自然実験を用いることができるケースがあります．自然実験とは，まるでRCTが行われたかのような状況を上手く利用して，観察データから処置効果を測る分析手法でした．自然実験としては，差の差分析や回帰不連続デザインなどが有名です．本節では，自然実験の1つである差の差分析について学習していきましょう.

14.3.1　2時点の分析

　差の差分析（difference-in-differences analysis）とは，処置群と対照群のそれぞれに対して，処置実施前後のアウトカムの差を計算し，さらに，その差について，2つのグループ間での差をとることで処置効果を求める手法をいいま

す．２時点間の差をとってからグループ間の差をとるために，差の差分析もし
くは**DID分析**と呼ばれます．

表14-1を用いて，DID分析を説明します．２時点のデータがあり，処置前
を１期，処置後を２期とします．処置群における１期の平均を$\bar{Y}_{T,1}$，２期の
平均を$\bar{Y}_{T,2}$と表記します．同様に，対照群における１期の平均を$\bar{Y}_{C,1}$，２期
の平均を$\bar{Y}_{C,2}$と表記します．２時点間の差は，処置群で$\bar{Y}_{T,2}-\bar{Y}_{T,1}$，対照群
で$\bar{Y}_{C,2}-\bar{Y}_{C,1}$です．このとき，処置効果は，２グループ間の差をとることで，
次のようになります．

$$(\bar{Y}_{T,2}-\bar{Y}_{T,1})-(\bar{Y}_{C,2}-\bar{Y}_{C,1})$$

図14-2は，視覚的に処置効果の大きさを確認したものです．処置群は$\bar{Y}_{T,1}$
から$\bar{Y}_{T,2}$に変化し，対照群は$\bar{Y}_{C,1}$から$\bar{Y}_{C,2}$に変化しています．処置効果（変
化の差）は，対照群の線を$\bar{Y}_{T,1}$と重なるまで上方に並行シフトさせ，処置群
の２期の値$\bar{Y}_{T,2}$と新しい点線上の値の差となります．

なぜ，差の差を考えるのでしょうか．アウトカムに影響を与える他の要因も
時間を通じて変わるため，処置群の２時点間の差だけでは，処置効果の大きさ

表14-1　２時点における処置群と対照群のアウトカム①

	処置群	対照群	差（処置群－対照群）
処置前（１期）	$\bar{Y}_{T,1}$	$\bar{Y}_{C,1}$	$\bar{Y}_{T,1}-\bar{Y}_{C,1}$
処置後（２期）	$\bar{Y}_{T,2}$	$\bar{Y}_{C,2}$	$\bar{Y}_{T,2}-\bar{Y}_{C,2}$
差（２期－１期）	$\bar{Y}_{T,2}-\bar{Y}_{T,1}$	$\bar{Y}_{C,2}-\bar{Y}_{C,1}$	$(\bar{Y}_{T,2}-\bar{Y}_{T,1})-(\bar{Y}_{C,2}-\bar{Y}_{C,1})$

図14-2　差の差による処置効果

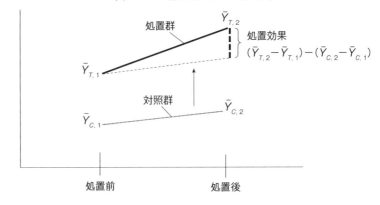

表14-2 2時点における処置群と対照群のアウトカム②

	処置群	対照群	差（処置群－対照群）
処置前（1期）	$\alpha + \theta_1$	α	θ_1
処置後（2期）	$\alpha + \theta_1 + \theta_2 + \beta$	$\alpha + \theta_2$	$\theta_1 + \beta$
差（2期－1期）	$\theta_2 + \beta$	θ_2	β

を推定することはできません．そこで，対照群は処置群と類似の性質を持ち，「処置群と対照群は（処置がなかった場合には）時間を通じて動きが同じ」という「**平行トレンドの仮定**（parallel trend assumption）」が成立するとします．その場合には，処置群の2時点間の差から，さらに，対照群の2時点間の差を引くことで，処置効果の大きさを推定できるのです．

　回帰分析を用いて処置効果を推定します．ここで主体 i は計 N 人いるとし（$i = 1, 2, \cdots, N$），時点 t は1期（処置前），2期（処置後）とします．そして D_i は，主体 i が処置群に属するなら1となるダミー変数です．また，$Time_t$ は2期（処置後）ならば1となるダミー変数です．説明変数 $X_{i,t}$ は交差項 $D_i \times Time_t$ とします（つまり，$X_{i,t}$ は2期に処置群に属していたら1となる）．このとき，モデルは次のようになります．

$$Y_{i,t} = \alpha + \theta_1 D_i + \theta_2 Time_t + \beta X_{i,t} + u_{i,t}$$

平行トレンドの仮定のもとで，説明変数 $X_{i,t}$ は外生変数とみなすことができ，その係数 β が処置効果になります．

　表14-2を用いて，処置効果を確認します．処置群の場合には，1期には，$D_i = 1$，$Time_t = 0$，$X_{i,t} = D_i \times Time_t = 0$ から，$\alpha + \theta_1$ となります．2期には，$D_i = 1$，$Time_t = 1$，$X_{i,t} = 1$ から，$\alpha + \theta_1 + \theta_2 + \beta$ となります．同様に，対照群の場合には，1期には，$D_i = 0$，$Time_t = 0$，$X_{i,t} = 0$ から，α となります．2期には，$D_i = 0$，$Time_t = 1$，$X_{i,t} = 0$ から，$\alpha + \theta_2$ となります．2時点間の差は，処置群では，$\theta_2 + \beta (= (\alpha + \theta_1 + \theta_2 + \beta) - (\alpha + \theta_1))$ となり，対照群では，$\theta_2 (= (\alpha + \theta_2) - \alpha)$ となるため，処置効果（差の差）は，$\beta (= (\theta_2 + \beta) - \theta_2)$ となることが確認できます．

例14-2：差の差分析によって最低賃金引上げの効果を測る

　経済学では，従来は，「最低賃金の引上げは低賃金労働者の雇用を奪う悪い政策である」と考えられていました．そこで，D. カード（David Card）

と A. クルーガー（Alan Krueger）は，最低賃金の引上げがファストフード店で働く労働者の雇用に与える影響を調べました[4].

1992年4月，ニュージャージー州では，最低賃金が4.25ドルから5.05ドルに引き上げられました．ここで，処置前を1992年2月とし，処置後を1992年11月としました．そして，これら2時点において，ニュージャージー（NJ）州とペンシルバニア（PA）州東部に立地するファストフード店（410店舗）の雇用者数を調査しました．なお，PA州東部が対照群に選ばれたのは，デラウェア川を挟んでNJ州と隣接していること，調査期間中の最低賃金は4.25ドルに据え置かれたままであったためです.

表14-3は，1店舗当たりの平均雇用者数を掲載したものです．NJ州では，平均雇用者数は20.44人でしたが，最低賃金が上昇すると21.03人に増えています（雇用者数の変化は0.59人）．これに対して，対照群であるPA州をみると，雇用者数は23.33人から21.17人へと減少しています（雇用者数の変化は−2.16人）．以上から，処置効果（差の差）は，2.75人（＝0.59−(−2.16)）であり，最低賃金が上昇すると雇用者数は2.75人増えたことがわかります.

回帰分析を用いて同じ推定をします．ここで，NJ_i は，店舗 i がNJ州に立地しているならば1となるダミー変数です．また，$Time_t$ は処置後の11月の調査ならば1となるダミー変数です．説明変数 $X_{i,t}$ は，交差項 $NJ_i \times Time_t$ であり，11月においてNJ州に立地する店舗（最低賃金の引上げが行われた店舗）ならば1となります．OLS推定の結果は，次のようになりました.

$$\hat{Y}_{i,t} = 23.33 - 2.89 NJ_i - 2.16 Time_t + 2.75 X_{i,t}$$
$$(1.35) \quad (1.44) \qquad (1.22) \qquad (1.31)$$

表14-3 最低賃金引上げ前後の雇用状況

	NJ州（処置群）	PA州（対照群）	差（NJ州−PA州）
処置前（2月）	20.44	23.33	−2.89
処置後（11月）	21.03	21.17	−0.14
雇用の変化	0.59	−2.16	2.75

（注）雇用者数は，フルタイムなら1人，パートタイムなら0.5人として計算しました.

---

[4] カードは，2021年にノーベル経済学賞を受賞しています．クルーガーは2019年に亡くなっていますが，もし存命ならば，彼もノーベル賞を共同受賞した可能性が高かったといわれています．なお，この例は以下の論文に基づいています．Card, D. and Krueger, A. (1994) "Minimum Wages and Employment: A Case Study of the Fast-Food Industry in New Jersey and Pennsylvania," *American Economic Review* 84(4), 772-793.

ここで，説明変数 $X_{i,t}$ の係数2.75は処置効果です．

さらに説明変数に店舗ダミーを含め，固定効果モデルを推定します（固定効果モデルは11章参照）．固定効果モデルでは，時間を通じて一定の要因はすべて考慮されるため，説明変数から州ダミー NJ_i を除きます．OLS推定の結果は，次のようになりました．

$$\hat{Y}_{i,t} = -2.28\,Time_t + 2.75X_{i,t} + 店舗効果$$
$$\quad\quad\;\; (1.80) \quad\quad (1.92)$$

店舗ダミーは「店舗効果」と略式表示しています．説明変数 X_{it} の係数2.75は，有意ではありませんが，やはり正の値になっています．この推定は，時間効果を $Time_t$ で考慮し，店舗の固定効果を含めたもの，すなわち，固定効果と時間効果を考慮したモデルになります（11.4.2節参照）．

カードとクルーガーの分析結果は，従来の経済学の予想に反するものであったため，大きな議論を巻き起こしました．現在では，その後に行われた実証分析の結果から，最低賃金の引上げは低賃金労働者の雇用にマイナスの影響を与えることがあったとしても，以前に考えられていた影響よりは小さいと考えられています．

14.3.2　T時点への拡張と平行トレンドの仮定

これまで2時点の分析でしたが，DID分析は2時点に限らず，任意の T 時点へと拡張することもできます．

最低賃金の例を考えます．最低賃金の上昇という処置が行われた前後の2時点（1992年2月と11月）だけでなく，その前後で計10年分のパネルデータがあるとします（ただし，最低賃金は6年目に上昇したとします）．店舗 i は1, 2, …, N，時点 t は1, 2, …, 10です．ここで，$Time_t$ は，最低賃金上昇以降（6年目以降）に1となるダミー変数です．このとき，$X_{i,t} = NJ_i \times Time_t$ は，最低賃金上昇以降にNJ州に立地している店舗は1となるダミー変数です．DID分析では，モデルは次のようになり，係数 β は処置効果を表します．

$$Y_{i,t} = \alpha + \theta_1 NJ_i + \theta_2 Time_t + \beta X_{i,t} + u_{i,t}$$

ここで，固定効果を考慮するため，説明変数に店舗ダミーを含めます（時間を通じて一定の要因はすべて考慮されるため，説明変数から州ダミー NJ_i を除きます）．また，時間効果を考慮するため，説明変数に年ダミーを含めます（時間 t において全店舗に同じ影響を与える効果は考慮されるため，$Time_t$ を

除きました)[5]．これは固定効果と時間効果を考慮したモデルであり，次式で表されます．

$$Y_{i,t} = \beta X_{i,t} + 時間効果 + 店舗効果 + u_{i,t}$$

つまり，固定効果と時間効果を考慮したモデルも，DID 分析として解釈できることがわかります．

　DID 分析では，対照群は「平行トレンドの仮定」を満たすことが前提条件であるため，以下の事実確認が必要になります．

　第 1 は，「処置前の時点において，処置群と対照群で，アウトカムの平均の推移が似た動きをしていたか否か」という確認です．図14-3 は，処置が第 6 期になされたとし，処置群と対照群のそれぞれについて，処置前後のアウトカムの平均を示しています．図14-3(a) は，処置前（1〜5期）においては，処置群と対照群の平均は同じような動きをしており，平行トレンドの仮定が満たされることを示しています（処置群と対照群で水準は異なりますが，両者の変化はほぼ同じです）．これに対して，図14-3(b) は，処置前（1〜5期）においては，両者が全く異なる動きをしており，平行トレンドの仮定が満たされていないことを示しています．最低賃金の例では，NJ 州と PA 州では処置前の就業者数の変動には違いがあり，平行トレンドの仮定が満たされていなかった可能性が指摘されています．

　第 2 は，「処置が実施された後に，アウトカムに影響を与えるような他のイベントがなかったか否か」の確認です．仮に，NJ 州だけに低賃金の雇用を促進する補助金が交付されていれば，その影響で NJ 州の雇用者数が減少しなかった可能性があります．2 つの州に同じ影響を与えるイベントであれば（差の差をとる分析であるため）問題はありませんが，両州に対して異なる影響を与えるイベントが発生した場合には注意が必要です．分析者は，新聞や政府資料などを調べて，アウトカムに影響を与えるような他のイベントの有無を確認する必要があります．

　推定結果の頑健性を確保するためには，説明変数を追加することは有効な方法です．仮に処置より前の時点で，処置群と対照群に異なる動きがあったとし

---

5) 年ダミーとは，ある年に 1 となるダミー変数です．10年分のデータがあるため，年ダミーは計10個（$d1_i$, $d2_i$, …, $d10_i$）です．たとえば，$d1_i$ は，時点が $t=1$ の場合に 1 となるダミー変数です．同様に，$d10_i$ は，時点が $t=10$ の場合に 1 となるダミー変数です．$Time_i$ は 6 年目から 1 となるダミー変数であるため，$Time_i = d6_i + d7_i + \cdots + d10_i$ となり多重共線性が生じ，説明変数に含めることはできません．

図14-3　平行トレンドの仮定

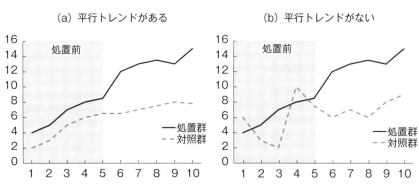

(a) 平行トレンドがある　　　　　　　　(b) 平行トレンドがない

ても，追加的な説明変数によって，それらの差異を上手に説明できるならば，平行トレンドの仮定が満たされるかもしれません．また，処置後に他のイベントが発生していたとしても，それを考慮する新たな説明変数を追加することは可能かもしれません．

　DID分析では，平行トレンドの確認は難しいので，対照群の選択は十分に注意して行うことが必要です．そうでなければ内的妥当性が高い分析方法とはいえなくなります．しかし，サンプルが広範囲の主体をカバーするならば（たとえば，多数の企業や個人を含むなど），DID分析は，外的妥当性が高い分析方法になりえます．

14.4　回帰不連続デザイン

　本節では，自然実験のもう1つの方法である回帰不連続デザインを紹介します．回帰不連続デザインは，最近注目されている推定方法の1つです．

14.4.1　回帰不連続デザインの考え方

　回帰不連続デザイン（regression discontinuity design, RDD）とは，**割当変数**（running variable）が既知の**閾値**を超えると処置が割り当てられるような状況では，処置の割当がランダムであるかのようになることを利用して，処置効果を推定する方法になります．ここで，割当変数とは，処置の有無を決める変数です．

　ここで被説明変数 Y_i はアウトカムであり，説明変数 X_i は処置が割り当て

れたら1になるダミー変数とします．また，説明変数 X_i は，割当変数 W_i に依存して，次のように決まるとします．

$$X_i = \begin{cases} 1 & if \quad W_i \geq c \\ 0 & if \quad W_i < c \end{cases}$$

つまり，割当変数 W_i が閾値 c 以上なら $X_i=1$ となり，それを下回ると $X_i=0$ となるということです．

　処置の有無が，割当変数 W_i によって完全に（シャープに）決定されるため，**シャープな回帰不連続デザイン**（sharp RDD）とも呼ばれます．この状況では，割当変数 W_i が閾値 c より微小に小さいグループと，割当変数 W_i がちょうど閾値 c のグループは同質と考えられ（ランダム化比較実験に近似した状況が生じており），両グループのアウトカム Y_i の平均の差によって，処置効果 β を推定できます．

　次の具体例をとおして，回帰不連続デザイン（RDD）の内容を確認しましょう．

例14‐3：RDD の例①──奨学金と GPA の関係

　ある大学では，2年次の GPA が3.5以上であると，翌3年次から奨学金がもらえるとします．図14‐4は仮想データをまとめたもので，横軸は2年次の GPA，縦軸は3年次の GPA を示しています（実線はデータと当ては

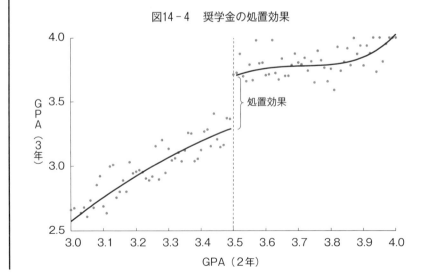

図14‐4　奨学金の処置効果

まりの良い曲線を表します）．当然，GPA（2年）が高いほどGPA（3年）は高くなります．ここでGPA（2年）は割当変数であり，これが閾値3.5以上だと奨学金が付与されます．図をみると，GPA（2年）が3.49から3.5に上がると，GPA（3年）は0.4ほど改善しており，これが奨学金の処置効果となります．GPA（2年）が3.5をわずかに下回る学生とちょうど3.5の学生は同質であるため，処置効果は両グループのGPA（3年）の差として推定できます．

　RDDは，閾値付近における処置効果を推定できますが，閾値から離れた所での処置効果はわからないことに注意が必要です．奨学金の例でいうと，2年次のGPAが3.5前後の学生に対する処置効果の大きさを推定することはできますが，2年次のGPAが2.0や3.8の学生に対する処置効果の大きさはわかりません．RDDは，RCTと同様，内的妥当性は高いですが，外的妥当性は低い方法といえます．

14.4.2　回帰不連続デザインの前提条件

　割当変数が閾値を超えた場合に処置がなされるならば，RDDを使用しても問題はないのでしょうか．実は，RDDには2つの前提条件があります．

RDDの前提条件

　条件①：割当変数 W_i は正確に操作できない

　条件②：閾値 c 付近では，その他の要因が非連続的に変化しない

　前提条件①について考えます．奨学金の例でいうと，GPA（2年）を正確に操作できるならば，GPA（2年）が3.49の学生と3.5の学生は同質ではない可能性があります[6]．重要なのは「正確に」という点です．もし正確に操作できなければ，閾値前後でランダムな割り当てが行われ，RCTに近似した状況が生まれるため，問題とはなりません．

　前提条件①を確認する方法として，割当変数の分布を描き，閾値前後で分布が連続的であるか否かを調べる方法があります．図14-5は，仮想的なGPA（2年）のヒストグラムを描いたものです．図14-5（a）では，GPA（2年）

---

6)　GPA（2年）を操作できるのが，誰（生徒，親，教師）であるかは問題ではありません．重要な点は，何らかの操作によって閾値前後における生徒の属性が変わる点です．たとえば，教育熱心な親が教師に圧力を掛けることで，GPAを3.49から3.5に改善させたとします．そうすると，GPAが3.49と3.5の親の属性は異なることになってしまいます．

図14-5　割当変数の連続性

(a) 前提条件①を満たす

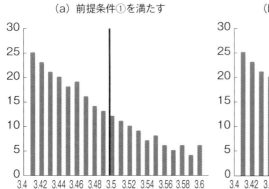

(b) 前提条件①を満たさない

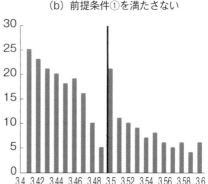

は閾値3.5の前後でも連続的になっていますが，図14-5(b)では，GPA（2年）の分布が閾値3.5の前後で非連続的になっています（ジャンプがあります）．図14-5(b)では，何らかの操作が行われた可能性があったことが示唆され，前提条件①が満たされていない可能性がうかがわれます．

　前提条件②では，閾値付近でアウトカム Y_i に影響を与えるその他の要因が非連続的に変化しない（ジャンプしない）としています．奨学金の例で考えてみます．仮にGPA（2年）が3.5以上になると，奨学金に加えて授業料免除が実施されるとします．そうすると閾値付近の変化は，奨学金と授業料免除を合わせたものになり，奨学金の処置効果を推定できなくなります．

　前提条件②を確認する方法として，その他の要因の分布を描き，閾値前後で分布が連続的であるか否かを調べる方法があります．ここで，その他の要因とは，処置実施以前に決定された変数に限定されます．たとえば，GPA（2年）が3.5以上となった生徒が，3年次の勉強時間を大幅に増やしたとします．3年次の勉強時間は奨学金の受給後に決まるものであるため，勉強時間に非連続性があっても問題にはなりません．奨学金を受給した（すなわち，GPA（2年）が3.5以上となった）学生の勉強時間が大幅に増えたのは，奨学金がもたらした非連続的な変化になります．

　以下では具体例を通じて，RDDを用いた推定の内容とくに前提条件の意義に対する理解を深めていきましょう．

例14‑4：RDD の例②——選挙における現職候補者の優位性

　選挙では，現職候補者は有利なのでしょうか．D. リー（David Lee）は，1946年から1998年までの米国下院議員選挙を対象に，民主党議員が現職議員（現職候補）であることが，次回の選挙で有利に働くのか否かについて分析しました[7]．

　被説明変数 Y_i は，$t+1$ 期に民主党候補が当選したら 1 となるダミー変数です．説明変数 X_i は，t 期に選挙区 i で民主党候補が当選したら 1 となるダミー変数です．t 期に当選したら $t+1$ 期の選挙では現職候補になるため，X_i は現職ダミーと呼びます．最後に，割当変数 W_i は，t 期の選挙区 i における得票差（＝民主党得票率−共和党得票率）となり，得票差が閾値 0 を超えると民主党候補者が当選となります．閾値 0 付近では，選挙の勝者と敗者は同質とみなすことができ，（選挙の勝者と敗者がランダムに決まるような）RCT に似た状況が生じます．

　図14‑6 は，横軸で t 期の選挙の得票差を，縦軸で $t+1$ 期の民主党候補者

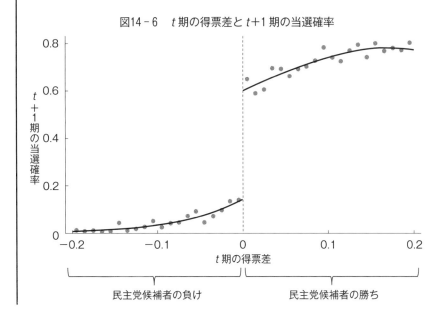

図14‑6　t 期の得票差と $t+1$ 期の当選確率

7)　リーの研究では，現職が職務に伴う特権や資源を，自分の再選，もしくは自分の属する政党に有利になるように利用したか否かに関心がありました．このため，分析では，民主党の現職が次の選挙に出馬しなかったとしても，民主党の新しい候補者は現職候補者として扱われています．詳しくは，以下の論文を参照してください．Lee, D. S. (2008) "Randomized Experiments from Non-random Selection in U.S. House Elections," *Journal of Econometrics* 142(2), 675–697.

の当選確率を示したものです．RDDは，閾値0付近での非連続的変化（ジャンプ）に関心があります．ここでは，得票差が−0.2から0.2までを図示しています．また，閾値0の左側と右側をそれぞれ20組に分けて，各組ごとにY_iの平均値を算出しました（合計40組あるので，点の数は40個です）[8]．ここで，Y_iは民主党候補が当選したら1となるダミー変数であり，その平均は民主党候補者の当選確率となります[9]．

図14−6をみると，閾値0の直前では，$t+1$期の当選確率は約15%と低い値ですが，閾値0を僅かに超えると（現職候補者になると），$t+1$期の当選確率は約60%に上昇します．閾値0の前後で候補者は同質と考えられるため，現職候補であることが当選確率を約45%ポイントも上昇させることが示されたといえます．

回帰分析を用いて，現職候補であることが当選確率に与える効果を推定します．図14−6の実線は，回帰分析から得られた予測値です（回帰モデルは後述します）．図をみると，t期の得票差が大きくなると，$t+1$期の当選確率も上昇することがわかります．ただし，得票差W_iの影響は線形ではなく非線形になっています．回帰分析では，被説明変数をY_iとし，説明変数を現職ダミーX_i，得票差W_iとした次のモデルを推定しています．

$$Y_i = \alpha + \beta X_i + \theta_1 W_i + \theta_2 W_i^2 + \theta_3 W_i^3 + \gamma_1 W_i X_i + \gamma_2 W_i^2 X_i + \gamma_3 W_i^3 X_i + u_i$$

得票差W_iの影響は非線形であるため，説明変数にW_i^2とW_i^3を加えています（説明変数の2乗項を入れたモデルは6.1節の例6−1を参照してください）[10]．また，閾値0の左側と右側で異なる関数形を許容するため，交差項（$W_i X_i$，$W_i^2 X_i$，$W_i^3 X_i$）を加えています．ここで，現職ダミーX_iの係数βは，現職候補であることで当選確率を何%ポイント上昇させるかを示しています．データを推定した結果，係数βは0.455で有意となりました．これは，図14−6の視覚的印象と同じ結果になります．

最後に，RDDの前提条件が満たされているか否かを確認します．前提条件①は，各候補者はt期の得票差を正確には操作できないということでした．たとえば，現職候補は接戦になったとき，競合候補の投票を無効にした

---

8)　左側の1組目は−0.2以上−0.19未満，2組目は−0.19以上−0.18未満，…，20組目は−0.01以上0未満となります．同様に，右側の1組目は0以上0.01未満，2組目は0.01以上0.02未満，…，20組目は0.19以上0.2以下となります．

9)　得票差に応じて，データを40組に分けました．各組でのY_iの総和は，組に属する民主党候補者で当選した人数になります．各組のY_iの平均は，当選者数を総数で割るため，当選確率（厳密には，当選割合）になります．

10)　W_iの4乗（W_i^4）も入れて推定をしましたが，4乗の項は有意ではありませんでした．

図14-7 過去の当選回数の連続性

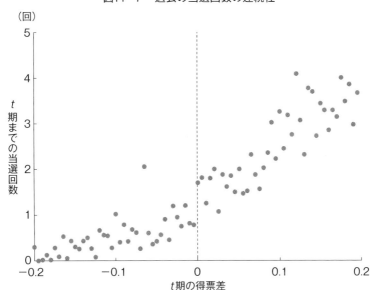

り，集計作業に不正な圧力をかけたりすることはできないという条件です．これは民主主義が機能していれば，満たされるべき条件です．

　前提条件②は，閾値0付近で，その他の要因は非連続的に変化しない（ジャンプはない）ということでした．たとえば，現職候補は経験豊富で接戦に強いならば，閾値0の付近では過去の当選回数に非連続性があるかもしれず，前提条件②は満たされません．図14-7は，縦軸を過去の当選回数としており，閾値付近で非連続性がないことを確認できます[11]．以上から，前提条件②も満たされていると考えられます．

例14-5：RDDの例③──医療費の自己負担割合の影響

　日本では，医療費の窓口負担割合は70歳未満なら3割，70歳以上75歳未満なら2割，75歳以上なら1割です．窓口負担を引き上げることができれば，無駄な治療行為を減らして医療費を抑制できる一方で，必要な治療行為を受けられずに症状を悪化させてしまう可能性があります．そこで，RDDを用いて，窓口負担が医療費や健康に与える影響を調べた重岡仁氏の研究を紹介

11）　閾値0の左側と右側をそれぞれ50組に分けて各組の当選回数の平均を計算しました．

します[12]．2014年以前の窓口負担は，70歳未満３割，70歳以上１割でした．このため，69歳11カ月と70歳の高齢者を比較すれば，窓口負担の変化が医療費や健康に対して及ぼす影響を調べることができます．

　図14-8は，横軸を年齢，縦軸を年齢別の外来患者数（対数）とした散布図を描いたものです[13]．図の実線は，年齢の２乗まで含めた推定からの予測値です．この図からは，年齢が上がると外来患者数が増えること，および，ちょうど70歳で外来患者数が約10％ポイント増加していることがわかります（縦軸は外来患者数の対数であり，0.1の変化は10％ポイントの変化に相当）．

　図14-9は，縦軸に死亡者数（対数），横軸に年齢を示したものです[14]．この図から，年齢とともに死亡者数は増加するものの，70歳を境にした死亡者数の非連続的な変化はない（ジャンプはない）ことがわかります．つまり，70歳を境に窓口負担は３割から１割になって医療支出は増加しますが，それにより死亡者数が低下するといった効果はみられません．

　これらの結果は，「高齢者の窓口負担を高め，医療費に対する財政支出を

図14-8　外来患者数と年齢

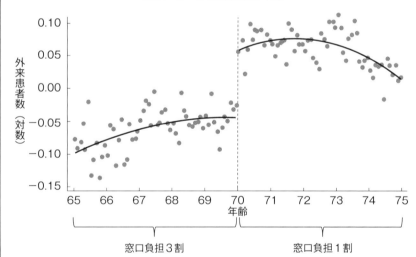

（出所）　Shigeoka, H. (2014) "The Effect of Patient Cost Sharing on Utilization, Health and Risk Protection," *American Economic Review* 104(7) の Figure 2 をもとに作図しました．

---

12)　Shigeoka, H. (2014) "The Effect of Patient Cost Sharing on Utilization, Health and Risk Protection," *American Economic Review* 104(7), 2152-2184.
13)　厳密には，縦軸は外来患者数（対数）を被説明変数とし，誕生月ダミーと調査年ダミーで回帰した残差の平均です．
14)　厳密には，縦軸は，死亡者数（対数）を被説明変数とし，誕生月と死亡月の固定効果とした固定効果モデルの残差です．各点は月年齢別の残差の平均を示します．

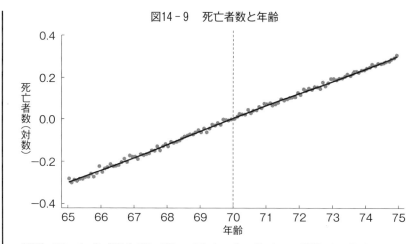

図14-9　死亡者数と年齢

(出所)　Shigeoka, H. (2014) "The Effect of Patient Cost Sharing on Utilization, Health and Risk Protection," *American Economic Review* 104(7), の Figure 6 をもとに作図しました.

削減したとしても, 高齢者の健康 (死亡率) を悪化させることはない」という可能性があることを示唆しています. ただし, これは窓口負担割合が変わる70歳を境とした帰結であるために, 50歳や80歳でも同じ効果があるかはわからないことには注意が必要です.

14.5　バンド幅

RDD は, 閾値 c の前後での非連続的な変化 (ジャンプ) に着目するものであり, 閾値前と後 ($c-h$ から $c+h$ までの区間) のデータを用いて推定を行います. h はバンド幅と呼ばれ, 分析者が事前に決めます. 閾値の前後に十分なデータがあれば (観測値の数が十分に多ければ), バンド幅 h は狭めにとり, 十分なデータがなければ (観測値の数が少なければ), バンド幅 h は広めにとります. また, 閾値付近のデータほど重要な情報を含んでいるため, 閾値付近のデータに高い加重を付けた加重最小2乗法を用います (WLS 推定の詳細は9.4節を参照)[15].

15)　最適なバンド幅の選択に関して興味のある読者は以下を参照してください. Cattaneo, M. D., Idrobo, N., and Titiunik, R. (2019) *A Practical Introduction to Regression Discontinuity Designs: Foundations*, Cambridge University Press.

14.6　ファジーな回帰不連続デザイン

　シャープな回帰不連続デザインでは，割当変数が閾値を下回ると処置は割り当てられませんが，閾値を超えると処置が割り当てられるとしました．これは割当変数が閾値を超えると，処置を受ける確率（処置確率）が0から1に非連続的に変化（ジャンプ）する場合であるといえます．これに対して，**ファジーな回帰不連続デザイン**（fuzzy RDD）では，処置確率が閾値の前後で非連続的に変化しますが，0から1への変化ではないとします．つまり，ファジーな（ぼやけた）変化を考えます．閾値前には処置確率は0である必要はなく，閾値後に1になる必要もありません．たとえば，図14-10では，割当変数 W_i が閾値 c を下回るときには処置確率は低いものの，c になると処置確率が非連続的に上昇していることがわかります．

　これまでと同様に，被説明変数 Y_i はアウトカムであり，説明変数 X_i は処置が割り当てられたら1となるダミー変数です．ここで，割当変数 W_i が閾値 c を超えると，処置確率は非連続的に変化すると仮定します（ただし，0から1への変化ではありません）．ファジーな回帰不連続デザインでは，閾値付近での処置確率の非連続的変化を利用して，処置効果 β を推定します[16]．

　以下の例を通じて，ファジーなRDDへの理解を深めていきましょう．

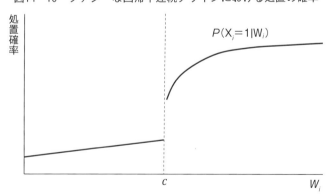

図14-10　ファジーな回帰不連続デザインにおける処置の確率

処置確率

$P(X_i=1|W_i)$

c

W_i

---

16)　ファジーなRDDに関心のある読者は，以下を参照してください．Cattaneo, M. D., Idrobo, N., and Titiunik, R. (forthcoming) *A Practical Introduction to Regression Discontinuity Designs: Extensions*, Cambridge University Press.

例14−6：ファジーなRDDの例──奨学金とGPAの関係

　ある大学では，2年次のGPAが3.5以上であると奨学金の受給資格を得られるとしましょう．しかし，大学の予算には限りがあるため，GPA（2年）が3.5以上の学生のうち，奨学金を得られるのは，ランダムに選ばれた半数の学生とします．図14−11（a）では，GPA（2年）が3.5以上であると，処置確率が0から0.5へとジャンプしています．図14−11（b）では，GPA（2年）が3.5以上であると翌年のGPA（3年）が0.2ほど増加しています．それでは奨学金の処置効果は0.2と解釈してよいでしょうか．仮にGPA（2年）が3.5以上となって受給資格を得ても，そのうち半数（50％）しか奨学金を受給できないため，奨学金受給の処置効果は0.2ではなく，それを2倍にした0.4になります．

　厳密にいうと，ファジーなRDDの処置効果は，次のように推定できます．

$$\frac{閾値前後でのYの平均の変化}{閾値前後での処置確率の変化}$$

この場合，閾値前後でのYの平均の変化は0.2であり，処置確率の変化は0.5なので，処置効果は0.4＝0.2/0.5となります．

　ファジーなRDDでは，閾値前後のデータを用いた2段階最小2乗法によって処置効果を推定できます（練習問題6参照）．ここで，説明変数X_iは，奨学金を受給したら1となるダミー変数であり，内生変数とみなされます．また，操作変数Z_iは奨学金の受給資格があれば（2年次のGPAが3.5以上なら）1となるダミー変数とします．受給資格者の半数が奨学金を受給できるため，操作変数Z_iは説明変数X_iと相関します．また，割当変数W_i（2年次のGPA）が閾値3.5以上になったとき，その他の要因にジャンプが

図14−11　奨学金の処置効果

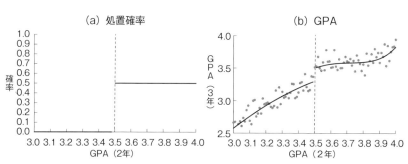

ないならば，操作変数 Z_i は説明変数 X_i を通じてのみ Y_i に影響を与えます（操作変数は誤差項と無相関になります）．このとき，閾値前後のデータを用いて，2段階最小2乗法を行えば，処置効果をバイアスなく推定できます．

コラム　14 - 2　学位証書の効果

　学校教育を受けると所得は増加するといわれています．それを説明する理論には，「人的資本理論」と「シグナリング理論」があります．人的資本理論によれば，「学校教育を通じて自分の能力を高めることが，将来の所得増につながる」と考えます．これに対して，シグナリング理論によれば，「学校教育には所得を増加させる効果はないが，学校教育を受ける能力があると外部にシグナルを出すことを通じて，学校教育が所得の増加につながる」と考えます．D. クラーク（Damon Clark）と P. マートレル（Paco Martorell）は，ファジーな RDD を用いて，2つの理論の妥当性を検証しました[17]．

　米国テキサス州では，高校卒業資格試験があり，試験にパスしないと高校卒業証書が得られません．学生は高校1年次以降に試験を受け，不合格ならば再試験を受けます．ここで割当変数 W_i は卒業資格試験の点数とし，それが閾値（最低合格点）c を超えたら卒業資格 Z_i が得られるとします．そして実際に卒業したら卒業証書 X_i が得られます．

　図14 - 12 (a) は，それまで試験に不合格で高校3年次に再試験を受けた学生の点数分布を示したものです．横軸は，合格最低点からの乖離をみているので，閾値0以上が合格した場合になります．閾値0の周りで分布に非連続性はないので，合格最低点にわずかに届かなかった学生を助けるなどの点数操作はなされていないようです．また，図14 - 12 (b) は，横軸に合格最低点からの乖離，縦軸に（最後の試験から2年以内に）卒業証書を得られる確率を示しています．試験結果が閾値0以上だと，卒業証書を得られる確率が0.4から0.9にジャンプしています．

　最後の卒業資格試験の点数が合格点を超えると，卒業証書を得る確率がジャンプすることから，（シグナリング理論が正しければ）点数が合格点を超えると将来所得はジャンプするはずです．図14 - 12 (c) は，横軸を合格最低点からの乖離とし，縦軸を卒業から7〜11年後の年収（ドル）の平均としたもので

---

17)　Clark, D. and Martorell, P. (2014) "The Signaling Value of a High School Diploma," *Journal of Political Economy* 122(2), 282-318.

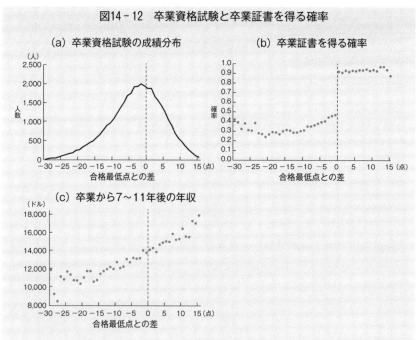

図14-12　卒業資格試験と卒業証書を得る確率

(a) 卒業資格試験の成績分布　　　　　(b) 卒業証書を得る確率

(c) 卒業から7〜11年後の年収

す．これをみると，閾値0付近では非連続性が観察されないことから，卒業証書自体に所得を増加させる効果はなく，シグナリング理論は支持されません．むしろ，点数が高いほうが年収も高いことから，人的資本理論と整合的な結果であるといえます．

　彼らは，シグナリング理論が支持されなかった理由として，就職希望者に対する面接，適性テスト，インターンなどを通じて，雇用者が応募者の生産性を推測できる可能性を指摘しています．

練習問題

1. 次の RCT の内的妥当性は高いといえるか，答えよ．
   (a) 参加者の苗字の最初の字が「あ～の」までの対象者に対し，職業訓練プログラムを受講させた．
   (b) 当初の割り当てでは不参加だったが，講師に陳情し職業訓練プログラムに加えてもらった．
2. DID 分析において，対照群が満たすべき条件を述べよ．
3. 2時点の DID 分析を行うため，次のモデルを考える．

$$Y_{i,t} = \alpha + \theta_1 D_i + \theta_2\, Time_t + \beta X_{i,t} + u_{i,t}$$

   説明変数 D_i は処置群なら1となるダミー変数，$Time_t$ は2期（処置後）なら1となるダミー変数とする．また，$X_{i,t} = D_i \times Time_t$ であり，時点は $t=1$，2とする．このとき，上記モデルは，次のように表現できることを示せ．

$$\Delta Y_{i,2} = \theta_2 + \beta X_{i,2} + \Delta u_{i,2}$$

   ただし，$\Delta Y_{i,2} = Y_{i,2} - Y_{i,1}$，$\Delta u_{i,2} = u_{i,2} - u_{i,1}$ とする．
4. 例14-2において，2時点のパネルデータではなく，2時点の繰り返し横断面データだけが利用できるとする．このとき，DID 分析ができるか．
5. T 大学の入学試験に合格することの効果を考える．仮に20年前の受験者の点数，合格最低点，現在の所得データが利用できるとしよう．T 大学に合格したことが，現在の所得に与える効果を推定する方法を述べよ．
6. ★ファジーな RDD の処置効果は，「閾値前後での Y の平均の変化÷閾値前後での処置確率の変化」として推定できる．これは閾値前後のデータを用いた2段階最小2乗推定量と同じであることを示せ．ただし，被説明変数は Y，説明変数は X，操作変数は割合変数 W が閾値 c 以上なら1となるダミー変数 Z とする．Hint：13章の練習問題8参照．
7. ☆例14-1の推定結果を再現せよ．
8. ☆例14-2の推定結果を再現せよ．また，新たな説明変数として，店舗の営業時間とレジ台数を加えたとき，推定結果がどのように変わるかを述べよ．
9. ☆例14-4の推定結果を再現せよ．バンド幅 h を0.15とし，2乗と3乗項を除いたモデル $Y_i = \alpha + \beta X_i + \theta_1 W_i + \gamma_1 W_i X_i + u_i$ を推定せよ．

第**III**部
時系列分析

　第III部では，時系列データを扱うために必須の知識である時系列分析を扱います．時系列分析は，マクロ経済学やファイナンス分野の実証分析では不可欠の知識となっています．具体的には，15章では，時系列データの特徴を捉えるモデルである自己回帰モデルとベクトル自己回帰モデルを学習します．また，これらのモデルを評価する方法として，インパルス応答関数とグレンジャー因果性を紹介します．16章では，データが単位根を持つかを調べるための方法として，DF 検定とADF 検定を学習します．

# 第15章　定常時系列

　本章では，時系列データの特徴を捉えたモデルとして，自己回帰モデルとベクトル自己回帰モデルを紹介します．自己回帰モデルとは，被説明変数は，自己の過去の値に依存しているとしたモデルです．ベクトル自己回帰モデルとは，自己の過去の値だけでなく，他変数の過去の値にも依存しているとしたモデルです．これらは，マクロ経済学やファイナンス分野の実証分析で欠かすことのできないモデルといえます．

15.1　定常性

　時系列データを理解するうえで，定常性という概念が重要でした（10.1.2節参照）．本節では，定常性を簡単に復習します．

　定常性とは，「変数の期待値や分散などが時間を通じて一定」という性質です．厳密には，確率変数 Y_t が**定常**ならば，任意の時点 t に対し，次の式が成立します．

$$E[Y_t] = \mu \tag{1}$$

$$E[(Y_t - \mu)(Y_{t-s} - \mu)] = E[(Y_{t-j} - \mu)(Y_{t-j-s} - \mu)] = \gamma_s \tag{2}$$

　ここで，μ と γ_s はパラメータです．（1）式は，確率変数 Y_t の期待値 μ が時間を通じて一定であることを示しています．また，（2）式は，確率変数 Y_t の**自己共分散** γ_s は，時差 s が同じならば，時間を通じて一定であることを示しています．

15.2　自己回帰モデル

　時系列データには，被説明変数が自己の過去の値（**自己ラグ**という）から影響を受けるという特徴があります．たとえば，いま景気が悪化すると，それは将来の景気にも悪い影響を与える傾向があります．こうした時系列データの特

徴を捉えたモデルが，**自己回帰**（autoregressive，AR）**モデル**です．**AR モデ
ル**では，被説明変数 Y_t は，自己ラグ Y_{t-j} に依存すると仮定されます．ここ
で，Y_{t-1} は**1 次ラグ**，Y_{t-p} は **p 次ラグ**と呼ばれます．

15.2.1　AR(1) モデル

次の自己回帰モデルを考えます．

$$Y_t = a_0 + a_1 Y_{t-1} + u_t \tag{3}$$

この場合，被説明変数 Y_t は，1 次ラグ Y_{t-1} に依存したものであるため，とく
に **AR(1) モデル**と呼ばれます．AR(1) モデルでは，$t-1$ 期の Y_{t-1} のうち
$a_1 Y_{t-1}$ の部分が，t 期の Y_t に引き継がれます．仮に係数 a_1 が正の値ならば，
Y_{t-1} が大きいと Y_t も大きくなり，係数 a_1 が負の値ならば，Y_{t-1} が大きいと Y_t
は小さくなります．

　図15-1 は，200期分の AR(1) モデルに基づく仮想データを掲載したもので
す．すべて $a_0 = 0$ とし，a_1 は 0，0.5，0.8，1.0，−0.8，1.05のいずれかの値
と設定しています．また，誤差項は $u_t \sim i.i.d. N(0, \sigma^2)$ です（$i.i.d. N$ は，
3.2.7節参照）．図をみると，係数 a_1 の値に応じて，Y_t の動きは大きく異なる
ことがわかります．

　図15-1 (a) は，$a_1 = 0$ の場合を示したもので，$Y_t = u_t$ となります．Y_t は誤
差項 u_t であるため，その動きには何の規則性もありません．(b) (c) は，そ
れぞれ $a_1 = 0.5$，$a_1 = 0.8$ の場合を示したものであり，Y_t が正の値であれば，
しばらく正の状態が継続しますが，長期的には 0 に収束します．(d) は，$a_1 =$
1.0の場合を示したものであり，Y は当てもなく動くだけで，0 に収束する動
きはありません．AR(1) モデルでは，$a_1 = 1$ のとき，Y は「**単位根**（unit
root）**を持つ**」といいます．このモデルは次式で表され，**ランダムウォーク**
（random walk）とも呼ばれます．

$$Y_t = Y_{t-1} + u_t$$

(e) は，$a_1 = -0.8$ の場合を示したものであり，Y は上下に振動しながらも 0
に収束しています．最後に，(f) は，$a_1 = 1.05$ とした場合であり，Y は急速に
発散しています．なお，(a) (b) (c) (e) では，Y は**定常**ですが，(d) (f) で
は，Y は**非定常**（定常ではない）となります．

　以上の結果から，定常性条件は，a_1 の絶対値が 1 より小さいことであるとわ

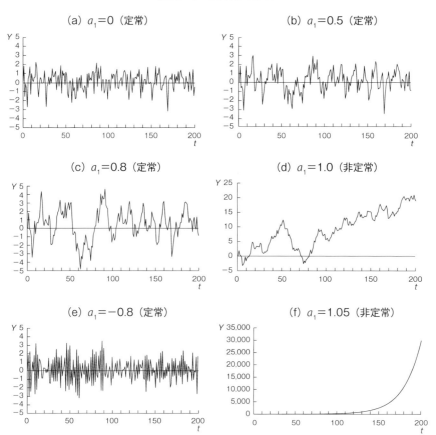

図15-1　AR(1)モデル

(a) $a_1=0$（定常）

(b) $a_1=0.5$（定常）

(c) $a_1=0.8$（定常）

(d) $a_1=1.0$（非定常）

(e) $a_1=-0.8$（定常）

(f) $a_1=1.05$（非定常）

かります.

AR(1)モデルの定常性条件

$$|a_1|<1$$

　たとえば，$a_1=1$ の場合（単位根）には，Y は当てもなく動き，どこにも収束する傾向はありません．また，$a_1>1$ の場合には，Y は急速に発散していきます.

　AR(1)モデルにおいて，$a_1=1$ ならば，Y_t は単位根を持ちます（非定常となる）．このとき，階差をとれば，定常な確率変数に変換することができます．**階差**（difference）とは，前期との差を意味しており，$\Delta Y_t=Y_t-Y_{t-1}$ と定義さ

れます．ここで，単位根を持った AR(1) モデル，

$$Y_t = a_0 + Y_{t-1} + u_t$$

の両辺から，Y_{t-1} を引くと，次式として表せます．

$$\Delta Y_t = a_0 + u_t$$

このとき，ΔY_t は，定数 a_0 ＋誤差項 u_t であり，明らかに定常となります．一般に，Y_t に単位根があるとき，その階差 ΔY_t は定常となります．このため，単位根があるとき，これを**階差定常**（difference stationary）と呼ぶこともあります（単位根や階差定常については16章で扱います）．

15.2.2 AR モデルにおけるインパルス応答関数

インパルス応答関数（impulse response function）は，「0 期に生じた 1 単位のショックが，s 期先の Y_s にどのような影響を与えるか」を示します．誤差項 u_t は，**ショック**（衝撃）ともいいます．たとえば，$u_0 = 1$ は，「0 期に生じた 1 単位のショック」を意味します．

本節では，インパルス応答関数を用いて，定数項を 0 とした AR(1) モデルの性質を説明します．

$$Y_t = a_1 Y_{t-1} + u_t$$

インパルス応答関数を計算するとき，初期条件（0 期以前の Y の値）を 0 とし（$Y_{-1} = 0$），また，将来のショックをすべて 0 と設定します（$u_1 = u_2 = \cdots = 0$）．これらの設定は，0 期のショック（$u_0 = 1$）が，s 期先の Y_s へ与える純粋な影響を計測するためのものです．たとえば，将来のショック u_s が 0 でないと，これらの変動が Y_s に影響を与え，0 期のショック $u_0 = 1$ が Y_s へ与える影響が見えにくくなります．

インパルス応答関数を計算しましょう．まず，0 期の Y は，$Y_0 = a_1 Y_{-1} + u_0$ であり，$Y_{-1} = 0$，$u_0 = 1$ から，次式となります．

$$Y_0 = a_1 \times 0 + 1 = 1$$

同様に，1 期の Y は，$Y_1 = a_1 Y_0 + u_1$ であり，$Y_0 = 1$，$u_1 = 0$ から，

$$Y_1 = a_1 \times 1 + 0 = a_1$$

となり，2期の Y は，$Y_2 = a_1 Y_1 + u_2$ であり，$Y_1 = a_1$，$u_2 = 0$ から，次式となります．

$$Y_2 = a_1 a_1 + 0 = a_1^2$$

こうした計算を繰り返すことで，任意の s のインパルス応答関数として，以下が成立することを確認できます．

AR(1)モデルのインパルス応答関数

$$Y_s = a_1^s$$

図15-2は，インパルス応答関数（$Y_s = a_1^s$）を20期目まで示したものです．インパルス応答関数の形状は，やはり a_1 の値に応じて異なります．図15-2

図15-2　インパルス応答関数

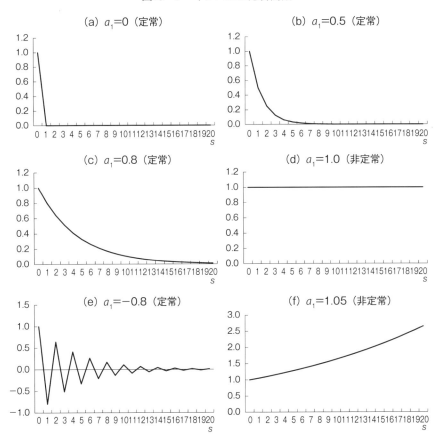

(a) は $a_1 = 0$ の場合であり，0期のショック（$u_0 = 1$）の Y_s への影響は0期だけであり，1期以降に影響はありません．(b) は $a_1 = 0.5$，(c) は $a_1 = 0.8$ とした場合であり，ショックの影響は徐々に小さくなっています．(d) は $a_1 = 1.0$ とした場合であり（単位根），ショックの影響はずっと残っています．(e) は $a_1 = -0.8$ とした場合であり，ショックの影響は振動しながらも徐々に小さくなります．最後に，(f) は $a_1 = 1.05$ とした場合であり，ショックの影響は急速に発散しています．

　以上からも，定常性の条件は $|a_1| < 1$ であると確認できます．この条件 $|a_1| < 1$ が満たされないと，ショックの影響はずっと残るか，もしくは発散してしまうため，ショックが Y_s の期待値や分散を変えてしまいます．

例15-1：AR(1)モデルの推定——金利スプレッドの分析

　図15-3 (a) は，長期金利（5年物国債金利）と短期金利（90〜180日物国債金利）の四半期データを示したものです．長期金利と短期金利は似た動きをしています．図15-3 (b) は，金利スプレッド（＝長期金利－短期金利）を示しています．金利スプレッドは景気の先行指標の1つであり，「金利スプレッドが大きくなると景気は将来上向き，金利スプレッドが小さくなると景気は将来下向く」と解釈されます．図15-3 (a) に示されているとおり，長期金利と短期金利が似た動きをするので，金利スプレッドは0に収束する動きをしていることがみてとれます．

　ここで，Y_t を金利スプレッドとし，AR(1)モデルとして推定すると，次の結果となりました（カッコ内は標準誤差）．

図15-3　日本における金利の動き

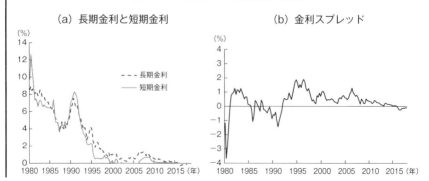

(a) 長期金利と短期金利　　　　　　　(b) 金利スプレッド

$$\hat{Y}_t = 0.055 + 0.861 Y_{t-1}$$
$$(0.032) \quad (0.040)$$

説明変数 Y_{t-1} の係数は0.861であり,前期のスプレッド Y_{t-1} の86.1%が今期に引き継がれることがわかります.係数は1より小さいことから,金利スプレッドは定常となります(厳密には,定常性の確認は,16章で学習する単位根検定で行います).これは,長期金利と短期金利の差である金利スプレッドは,少しずつですが,小さくなる(0に近づいていく)ことを意味しています.

15.2.3 AR(p) モデル

次に,一般的な自己回帰モデルを考えます.

$$Y_t = a_0 + a_1 Y_{t-1} + a_2 Y_{t-2} + \cdots + a_p Y_{t-p} + u_t \tag{4}$$

ここで,Y_t は p 次までのラグに依存しているため,**AR(p) モデル**と呼ばれます.p はラグの長さです.AR(p) モデルでは,前期の Y_{t-1} だけでなく,p 期前の Y_{t-p} までもが,今期の Y_t に影響を与えます.

このとき,定常性条件は,次式を満たす解 z の絶対値が1より大きいことであると知られています[1].また,解 z が1のとき単位根となります.

> **AR(p) モデルの定常性条件**
> $$1 - a_1 z - a_2 z^2 - a_3 z^3 - \cdots - a_p z^p = 0$$

AR(1)モデルを用いて,定常性条件を確認します.AR(1)モデルならば,定常性条件は,次式を満たす解 z の絶対値が1より大きいことです.

$$1 - a_1 z = 0$$

上式を満たす解は,$z = 1/a_1$ であり,$|a_1| < 1$ ならば,解 z の絶対値は1より大きくなります.これは15.2.1節で確認した条件と同じです.また,解 z が1のときは $a_1 = 1$ であり,これは単位根となります.

実証分析では,情報量規準を用いて,ラグの長さ p を選択します.なお,赤池情報量規準(AIC)は,ベイズ情報量規準(BIC)よりも長めの p を選ぶ傾向があります(6.4.3節参照).

---

1) 詳しくは,ウォルター・エンダース(2019)『実証のための計量時系列分析』有斐閣,新谷元嗣・藪友良訳,を参照してください.

コラム 15-1 ARCH モデル

R.エングル（Robert Engle）は，ボラティリティ・クラスタリング（volatility clustering）といわれる現象を発見し，それをモデル化する方法として，自己回帰条件付き不均一分散モデル（autoregressive conditional heteroskedasticity model）を提案しました（このモデルは ARCH モデルとも呼ばれます）[2]．その貢献が評価され，彼は2003年にノーベル経済学賞を受賞しています．

ボラティリティ・クラスタリングとは，「今日，株式市場が不安定なら（株価が大きく予測不能な動きをしたら），明日の市場も不安定となる可能性が高いこと」，逆に，「今日，株式市場が安定しているなら，明日の市場も安定する可能性が高いこと」を意味します．この点を確認するため，2010年1月5日から2018年12月28日までの株価の日次データ（土日祝日を除く）をみてみましょう．図15-4（a）は日経平均株価の変化率，図15-4（b）はダウ平均株価の変化率です．図をみると，株式市場には平穏な期間だけでなく，不安定な期間も存在することがわかります．たとえば，ダウ平均株価は，2011年に大きく変動しますが，2013年と2014年は比較的安定した動きをしています．

ボラティリティ・クラスタリングは当然な現象であり，なぜエングルがノーベル賞を受賞できたか不思議に思われる方もいるかもしれません．しかし，この現象が発見された当時，こうした市場に対する見方は一般的ではありません

図15-4 ボラティリティ・クラスタリング

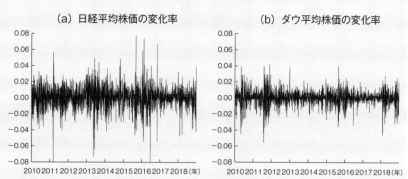

（a）日経平均株価の変化率　　　（b）ダウ平均株価の変化率

---

2) ARCH モデルは，誤差項の2乗 u_t^2 が，そのラグ u_{t-1}^2 に依存して決まるモデルです．詳しくは，以下の論文を参照してください．Engle, R. F. (1982) "Autoregressive Conditional Heteroscedasticity with Estimates of the Variance of United Kingdom Inflation," *Econometrica* 50(4), 987-1007.

でした．彼の研究が世界の認識を変えたことで，革新的な発見は現在，常識的に聞こえてしまうのかもしれません．

　ARCH モデルの利点としては，データからパラメータを推定すれば，時間を通じた株価の分散を推定できる点があげられます．金融商品（オプションなど）の価格は，株価の分散に依存しており，その動きを正しく予測することで，金融商品の適正価格を求めることができるのです．

15.3　ベクトル自己回帰モデル

　これまでは，Y_t が自己のラグに依存している状況を考えてきました．しかし，Y_t は自己のラグだけでなく，他変数のラグ X_{t-j} に依存している可能性もあります（6.4節では，Y_t は他変数のラグ X_{t-j} に依存する分布ラグモデルを紹介しました）．同様に，X_t 自体も自己のラグと Y_t のラグに依存しているかもしれません．こうした関係は，**ベクトル自己回帰モデル**（vector autoregressive model）によって分析できます（このモデルは **VAR モデル**とも呼ばれます）．

　VAR モデルの特徴として，あまり制約を課さないで，変数間の相互関係を捉えられる点があります．2011年にノーベル経済学賞を受賞した C. シムズ（Christopher Sims）は，経済モデルでは恣意的な制約を課していることを批判し，ほとんど制約を課さないで推定する VAR モデルを強く推奨しました．現在では，シムズの考えが受け入れられ，VAR モデルは実証分析で用いられる代表的モデルの1つになっています．

15.3.1　VAR モデルの定式化

　具体的な VAR モデルを紹介します．もし変数が Y_t と X_t の2つだけなら，2変量 VAR モデルと呼ばれ，次のようになります．

$$Y_t = \mu_1 + a_{11} Y_{t-1} + \cdots + a_{1p} Y_{t-p} + b_{11} X_{t-1} + \cdots + b_{1p} X_{t-p} + u_{Yt}$$
$$X_t = \mu_2 + a_{21} Y_{t-1} + \cdots + a_{2p} Y_{t-p} + b_{21} X_{t-1} + \cdots + b_{2p} X_{t-p} + u_{Xt} \tag{5}$$

ここで，Y_t と X_t は定常とします．また，u_{Yt} と u_{Xt} は誤差項であり，p はラグの長さです．

　VAR モデルの特徴は，パラメータ数の多さにあります．2変量 VAR モデ

ルならば，1本の式に $1+2p$ 個のパラメータがあり，式は計2本あるので，パラメータ数は計 $2 \times (1+2p)$ 個です．ここで，変数の数やラグの長さ p が大きくなると，パラメータ数は大きく増加します．たとえば，2変量 VAR モデルで $p=12$ ならば，パラメータ数は $2 \times (1+2 \times 12) = 50$ 個です．

　通常，VAR モデルでは，モデルに含まれる変数の数を最小限にとどめ，ラグの長さ p を小さく設定する傾向があります．情報量規準であれば，BIC のほうが AIC よりも短めの p を選ぶため，実証分析では好まれる傾向があるようです．ただし，AIC と BIC で異なる p を選択したならば，異なる p を用いることで，推定結果がどのように変わるかを確認したほうがよいでしょう．

15.3.2　グレンジャー因果性

　ノーベル経済学賞を R. エングルと共同受賞した C. グレンジャー（Clive Granger）は，**グレンジャー因果性**（Granger causality）という考えを提案しました．変数 X の過去の情報が変数 Y の予測に役立つならば，「**X から Y へのグレンジャー因果性がある**（$X \to Y$）」といいます．逆に，変数 X の過去の情報が変数 Y の予測に役立たないならば，「**X から Y へのグレンジャー因果性がない**（$X \nrightarrow Y$）」といいます．

　(5)式の2変量 VAR モデルでは，「X から Y へのグレンジャー因果性」を知りたい場合には，次の仮説を用いた同時検定を行います．

$$H_0 : b_{11} = b_{12} = \cdots = b_{1p} = 0 \ (X \nrightarrow Y)$$
$$H_1 : H_0 \text{は誤りである} \ (X \to Y)$$

　この同時検定は，**グレンジャー因果性検定**（Granger causality test）と呼ばれます．帰無仮説 H_0 が採択されたら，X のラグは Y_t に影響を与えておらず，X の過去の情報は Y_t の予測に役立ちません（X から Y へのグレンジャー因果性がない）．これに対して，帰無仮説 H_0 が棄却されたら，X のラグは Y_t に影響を与えており，X の過去の情報は Y_t の予測に役立つといえます（X から Y へのグレンジャー因果性がある）．

　同様に，「Y から X へのグレンジャー因果性」を知りたい場合には，次の仮説を用いた同時検定を行います．

$$H_0 : a_{21} = a_{22} = \cdots = a_{2p} = 0 \ (Y \nrightarrow X)$$
$$H_1 : H_0 \text{は誤りである} \ (Y \to X)$$

帰無仮説 H_0 が採択されたら，Y の過去の情報は X_t に影響を与えておらず，Y の過去の情報は X_t の予測に役立ちません（Y から X へのグレンジャー因果性がない）．これに対して，帰無仮説 H_0 が棄却されたら，Y の過去の情報は X_t に影響を与えており，X_t の予測に役立つといえます（Y から X へのグレンジャー因果性がある）．

例15-2：グレンジャー因果性検定——国際金融市場の分析①

　新聞などを読んでいると，米国市場で株価が上がると，翌日の日本の株価は上がりますが，日本市場の株価が上昇しても米国の株価が上がるという逆の話はあまり聞きません．そこで，2010年1月5日から2018年12月28日までの日次データを用いて，日経平均株価とダウ平均株価の相互関係を分析し，グレンジャー因果性を検証してみましょう（データはコラム15-1と同じ）．

　日経平均株価の変化率を Y_t，ダウ平均株価の変化率を X_t とし，ラグの長さ p を4と設定します（AIC は4，BIC は1を選択しました）．ダウ平均株価から日経平均株価へのグレンジャー因果性を調べるため，帰無仮説 H_0 を，

$$H_0 : b_{11} = b_{12} = b_{13} = b_{14} = 0 \ (X \nrightarrow Y)$$

とした同時検定をすると，F 値は109.39となり，有意水準1％で帰無仮説 H_0 は棄却されます（ダウ平均株価から日経平均株価へのグレンジャー因果性がある）．これに対して，帰無仮説 H_0 を，

$$H_0 : a_{21} = a_{22} = a_{23} = a_{24} = 0 \ (Y \nrightarrow X)$$

とした同時検定をすると，F 値は1.44となり，H_0 は棄却されません（日経平均株価からダウ平均株価へのグレンジャー因果性があるといえない）．

　まとめると，ダウ平均株価の過去の情報は日経平均株価の予測には有用ですが，日経平均株価の過去の情報はダウ平均株価の予測に有用とはいえません．米国市場は世界最大の金融市場であるのに対し，日本市場はアジア市場の1つにすぎないことから，上記の結果は違和感なく受け止められるでしょう．

15.3.3　グレンジャー因果性の注意点

　グレンジャー因果性とは，予測に有用であるか否かをもって判断されるものであるため，一般的に考えられる因果関係の内容とは異なる概念になります．

予測の有用性と因果関係が違うことは，「前後即因果の誤 謬（ごびゅう）」を考えると明らかです．**前後即因果の誤謬**とは，ある事象が別の事象の前に生じたら，前に起こった事象が，後に起こった事象の原因と判断してしまう誤りのことをいいます．たとえば，落雷時には，雷光の後に雷鳴が聞こえますが，雷光は雷鳴の原因ではありません．

　グレンジャー因果性には，別変数 Z の問題があります．ある変数 Z があり，これが先に X に影響を与え，しばらくして，Y にも影響を与えるとします．このとき，先に X は変化し，後で Y も変化するため，一見すると X から Y への影響があるようにみえます．しかし，これは Z が両変数にそれぞれ影響を与えているだけであり，X から Y への影響ではありません．

　別変数 Z の問題は，X と Y に Z を含めた 3 変量 VAR モデルによって回避できます．このため，VAR モデルでは，関係性の強い変数をすべて含めた上で分析することが重要になります．ただし，VAR モデルでは，パラメータ数が多くならないように，変数の数を最小限に留める必要があり，変数の選択には細心の注意が必要となります．

例15-3 ：別変数の問題──貨幣量と産出量の関係

　M. フリードマン（Milton Friedman）と A. シュワルツ（Anna Schwartz）は，過去のデータを丹念に調べることで，「貨幣量は産出量を変化させる要因であるが，産出量は貨幣量を変化させる要因ではない」と主張しています．また，「1929年の世界大恐慌は，米国連邦準備銀行が貨幣量を増大させることに失敗したことが原因」としています．

　シムズは，2 変量 VAR モデル（貨幣量と産出量）を推定し，「貨幣量から産出量へのグレンジャー因果性はあるが，産出量から貨幣量へのグレンジャー因果性はない」ことを確認し，フリードマンの主張を支持しました[3]．しかし，シムズは，後の研究において，VAR モデルに金利を含めることで，「貨幣量から産出量へのグレンジャー因果性が消える」ことを確認しています[4]．これは金利が別変数 Z であり，金利が貨幣量や産出量に影響を与えていたことを意味しています．シムズの研究を通じて，VAR モデルは経済理論を検証するうえで重要なツールであること，また，VAR モデル

---

3) Sims, C. A. (1972) "Money, Income, and Causality," *American Economic Review* 62(4), 540-552.

4) Sims, C. A. (1980) "Comparison of Interwar and Postwar Business Cycles: Monetarism Reconsidered," *American Economic Review* 70(2), 250-257.

に含める変数として何を選択するかが重要であることを理解できます.

15.3.4　VAR モデルのインパルス応答関数

　VAR モデルでは, 変数間の相互関係が複雑となり, パラメータの推定値だけみても, それが何を意味しているかわからないことがほとんどです. このため, 推定結果を見せるときは, パラメータの推定値ではなく, インパルス応答関数を掲載するのが慣習になっています.

　ここでは, 2 変量 VAR モデルを用いて, インパルス応答関数を求めてみます. 定数項を 0 $(\mu_1 = \mu_2 = 0)$, ラグの長さを $p=1$ とすると, 次式となります.

$$Y_t = a_{11} Y_{t-1} + b_{11} X_{t-1} + u_{Yt}$$
$$X_t = a_{21} Y_{t-1} + b_{21} X_{t-1} + u_{Xt}$$

また, 誤差項 u_{Yt} と u_{Xt} は無相関とします. 誤差項と変数は, それぞれ 2 種類あるため, インパルス応答関数は計 4 つになります. 具体的には, インパルス応答関数は, ① u_{Y0} が Y_s に与える影響, ② u_{Y0} が X_s に与える影響, ③ u_{X0} が Y_s に与える影響, ④ u_{X0} が X_s に与える影響, の 4 つになります.

　ここでは①と②のインパルス応答関数を作成する方法を説明します. まず, 0 期に u_{Y0} だけが 1 単位変化したとします $(u_{Y0} = 1,\ u_{X0} = 0)$. また, 初期値を 0 とし $(Y_{-1} = X_{-1} = 0)$, 将来のショックもすべて 0 とします $(u_{Y1} = u_{Y2} = \cdots = 0,\ u_{X1} = u_{X2} = \cdots = 0)$. このとき, 0 期には以下となります.

$$Y_0 = a_{11} \times 0 + b_{11} \times 0 + 1 = 1$$
$$X_0 = a_{21} \times 0 + b_{21} \times 0 + 0 = 0$$

同様に, 1 期には以下となります.

$$Y_1 = a_{11} \times 1 + b_{11} \times 0 + 0 = a_{11}$$
$$X_1 = a_{21} \times 1 + b_{21} \times 0 + 0 = a_{21}$$

こうした計算を繰り返すことで, すべての s 期の Y_s と X_s を計算できます.

　インパルス応答関数は, ショックが 1 単位増加したときに, それぞれの変数がどのように変化するかをみています. しかし, 実証分析では, 残差を推定し, その標準偏差を求めたうえで, ショックが 1 単位ではなく, 1 標準偏差だけ増加したら, 変数がどのように変化するかをみることもあります. これはデータでみられる典型的なショックが生じたときに, 諸変数がどのように変化

するかを観察するためです.

15.4 構造 VAR モデル

VAR モデルでは,変数間に同時点の関係はないと仮定しました.しかし,現実には,変数間に同時点の関係があると考えるのが自然です.同時点の関係まで考慮した VAR モデルは,**構造 VAR モデル**(structural VAR model)と呼ばれます.

たとえば,2 変量の構造 VAR モデルは,次式で表されます(ただし,変数はすべて定常とします).

$$Y_t = \mu_1 + a_{11} Y_{t-1} + \cdots + a_{1p} Y_{t-p} + \boldsymbol{b_{10} X_t} + b_{11} X_{t-1} + \cdots + b_{1p} X_{t-p} + \varepsilon_{Yt}$$
$$X_t = \mu_2 + \boldsymbol{a_{20}} \boldsymbol{Y_t} + a_{21} Y_{t-1} + \cdots + a_{2p} Y_{t-p} + b_{21} X_{t-1} + \cdots + b_{2p} X_{t-p} + \varepsilon_{Xt}$$

Y_t の式には,同時点の X_t が説明変数として含まれており,X_t の式には,同時点の Y_t が含まれています.誤差項($\varepsilon_{Yt}, \varepsilon_{Xt}$)は,互いに無相関と仮定され,とくに**構造ショック**(structural shock)と呼ばれます.

構造 VAR モデルは同時方程式であり,内生性の問題があります.たとえば,ε_{Yt} が増えると Y_t が増加し,2 番目の式を通じて X_t も変化します.このため,パラメータの推定では,何らかの追加的な**識別制約**(identifying restriction)が必要となります.

識別制約はさまざまなものがありますが,どれを用いるかは分析対象によって異なります.ここでは,代表的な識別制約である**排除制約**(exclusion restriction)を紹介します[5].これは**コレスキー分解**(Cholesky decomposition)による識別とも呼ばれます.

排除制約を直観的に理解するために,2 変量の構造 VAR モデルを考えます(ただし,ラグの長さを $p=1$ としました).

$$Y_t = \mu_1 + a_{11} Y_{t-1} + \boldsymbol{\cancel{b_{10} X_t}} + b_{11} X_{t-1} + \varepsilon_{Yt}$$
$$X_t = \mu_2 + \boldsymbol{a_{20}} \boldsymbol{Y_t} + a_{21} Y_{t-1} + b_{21} X_{t-1} + \varepsilon_{Xt}$$

ここでは,Y_t は X_t から影響を受けないとしています($b_{10}=0$).このとき,ε_{Yt} が増加して Y_t が増加すると,(2 番目の式から)X_t は増加しますが,X_t は

---

5) 識別制約には,ほかにも係数制約,分散制約,対称性制約,符号制約などがあります.詳しくは,ウォルター・エンダース(2019)『実証のための計量時系列分析』有斐閣,新谷元嗣・藪友良訳,を参照してください.

1番目の式に入っていませんから，内生性の問題は生じません．したがって，1番目の式を OLS 推定すればパラメータを推定できます．では，2番目の式はどうでしょうか．ε_{Xt} が増加すると，X_t が増加しますが，1番目の式に X_t は含まれないため，Y_t は変化しません．したがって，2番目の式でも，ε_{Xt} と説明変数 Y_t は無相関であり，内生性の問題は生じません．

　排除制約は簡単なこともあり，実証分析で頻繁に用いられています．しかし，排除制約を常に課せるわけではなく，その使用には細心の注意が必要です．以下では例を通じて，排除制約の理解を深めていきましょう．

例15-4：構造 VAR モデルの推定──国際金融市場の分析②

　例15-2では，VAR モデルを用いて，日経平均株価とダウ平均株価との相互関係を分析しました．しかし，この分析では，変数間の同時点の関係が考慮されていませんでした．そこで，構造 VAR モデルを用いて，日経平均とダウ平均の関係を分析してみましょう．

　日経平均株価の変化率（％）を Y_t，ダウ平均株価の変化率（％）を X_t とします（ラグの長さは $p=4$）．また，日経平均 Y_t は，同日のダウ平均 X_t から影響を受けないとします（$b_{10}=0$）．これは日米両国の時差から自然な仮定です．日本市場の取引時間は9：00～15：00であり，米国ニューヨーク市場の取引時間は日本時間で23：30～6：00（夏時間なら22：30～5：00）です．日本市場の取引が終了してから米国市場の取引が開始されるため，同日のダウ平均から同日の日経平均への影響はありません（練習問題4参照）．

　図15-5は，インパルス応答関数を示したものです．（a）から，日経平均に対する1標準偏差ショック ε_{Y0} は，日経平均の約1.2％の増加であることがわかります．また，その影響は翌日には消えています．（b）をみると，同じショックは，当日のダウ平均 X_s を0.2％ほど増加させますが，その影響はすぐに消えています．（d）では，米国の1標準偏差ショック ε_{X0} は，ダウ平均の約0.9％の増加であるとわかります．しかし，その影響はやはり翌日には消えています．（c）をみると，同じショックは，当日の日経平均には影響を与えませんが，翌日の日経平均を約0.65％も上昇させています．

　以上から，日本市場から米国市場への影響は限定的である一方で，米国市場から日本市場への影響は大きいことを再確認できました．

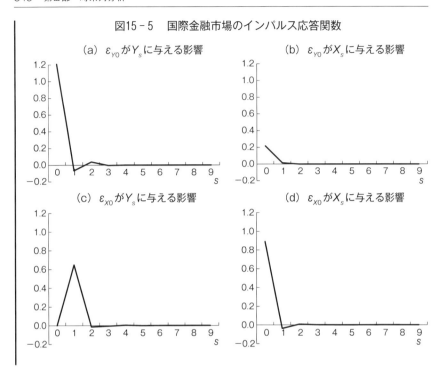

図15-5　国際金融市場のインパルス応答関数

(a) ε_{Y0}がY_sに与える影響

(b) ε_{Y0}がX_sに与える影響

(c) ε_{X0}がY_sに与える影響

(d) ε_{X0}がX_sに与える影響

コラム　15-2　時系列分析の学界内外における位置付け

　かつては，時系列分析が，計量経済学の中では主流でした．私が大学院生だった2000年代初めでも，時系列分析の知識が重視され，同級生たちもこぞって時系列分析の授業を受けていたものです．しかし現在では，時系列分析において革新的発見が（以前に比べると）少なくなってきたこと，また，ミクロデータやパネルデータが広範に利用できるようになったことなどにより，米国の学界内では，時系列分析は主流とはいえなくなってきました．たとえば，就職活動中の米国の大学院生たちをみると，研究テーマはミクロ計量経済学などが多く，時系列分析を研究している学生は少なくなっています．

　こうしたことを書くと，本書では，時系列分析に2章分（15章，16章）も割いて説明していることを不思議に思うかもしれません．しかし，学界の流行とは違って，学界の外（民間企業，政府・中央銀行，国際機関など）では，時系列分析は依然として重要な手法と位置付けられています．たとえば，民間の分析では，ARモデルやVARモデルを用いて，資産価格などの予測が行われま

すし，日本銀行では，VARモデルを用いて，金融政策などの効果が推定され
ています．

　現在，時系列分析は以前ほど注目されていませんが，時系列分析の分野でも
引き続き，革新的アイデアが発表されています．たとえば，大規模データから
共通成分を抽出し，それをVARモデルに組み込んだりするFAVAR（factor-
augmented VAR）モデルなどは，近年発表された有用な手法の1つです[6]．

　多くのデータは（パネルデータも含めて），時間を通じて記録された時系列
データの側面を持っており，今後も，時系列分析が重要でなくなることはない
といえるでしょう．

---

6)　FAVARに関心のある読者は，以下の論文を読んでください．Bernanke, B. S., Boivin, J. and Eliasz, P. (2005)
"Measuring the Effects of Monetary Policy: A Factor-Augmented Vector Autoregressive（FAVAR）
Approach," *Quarterly Journal of Economics* 120(1), 387-422.

補　足

排除制約の一般的ルール

　3変量の構造VARモデルを考えます．ラグの長さpは1と設定します．

$$Y_t = \mu_1 + a_{11}Y_{t-1} + \boldsymbol{b_{10}X_t} + b_{11}X_{t-1} + \boldsymbol{c_{10}Z_t} + c_{11}Z_{t-1} + \varepsilon_{Yt}$$

$$X_t = \mu_2 + \boldsymbol{a_{20}Y_t} + a_{21}Y_{t-1} + b_{21}X_{t-1} + \boldsymbol{c_{20}Z_t} + c_{21}Z_{t-1} + \varepsilon_{Xt}$$

$$Z_t = \mu_3 + \boldsymbol{a_{30}Y_t} + a_{31}Y_{t-1} + \boldsymbol{b_{30}X_t} + b_{31}X_{t-1} + c_{31}Z_{t-1} + \varepsilon_{Zt}$$

誤差項ε_{Yt}，ε_{Xt}，ε_{Zt}は構造ショックであり，Y_t，X_t，Z_tは定常な変数とします．
　排除制約は，次のようにします．

① $b_{10} = c_{10} = 0$

② $c_{20} = 0$

制約①では，Y_tはX_tとZ_tに同時点で影響を受けず，制約②では，X_tはZ_tに同時点で影響を受けない，としています．ここで，Z_tの式に何の制約もないため，他のすべての変数から同時点で影響を受けることになります．

　上記の排除制約を置くと，3変量の構造VARモデルは，次のようになり，内生性の問題は解消されます．

$$Y_t = \mu_1 + a_{11}Y_{t-1} + \cancel{\boldsymbol{b_{10}X_t}} + b_{11}X_{t-1} + \cancel{\boldsymbol{c_{10}Z_t}} + c_{11}Z_{t-1} + \varepsilon_{Yt}$$

$$X_t = \mu_2 + \boldsymbol{a_{20}Y_t} + a_{21}Y_{t-1} + b_{21}X_{t-1} + \cancel{\boldsymbol{c_{20}Z_t}} + c_{21}Z_{t-1} + \varepsilon_{Xt}$$

$$Z_t = \mu_3 + \boldsymbol{a_{30}Y_t} + a_{31}Y_{t-1} + \boldsymbol{b_{30}X_t} + b_{31}X_{t-1} + c_{31}Z_{t-1} + \varepsilon_{Zt}$$

たとえば，ε_{Yt}が変化するとY_tは変化し，2番目と3番目の式からX_tとZ_tも変化しますが，1番目の式にはX_tとZ_tは含まれません．また，ε_{Xt}が変化するとX_tは変化し，3番目の式からZ_tは変化しますが，2番目の式にはZ_tは含まれません．最後に，ε_{Zt}が変化するとZ_tは変化しますが，Y_tとX_tは変わりません．

　排除制約では，VARモデルを外生的な変数から順に並べていることがわかります．つまり，Y_tは，X_tとZ_tから同時点の影響を受けないため，最も外生的な変数です．次に，X_tは，Z_tから同時点で影響は受けないため，2番目に外生的な変数です．最後に，Z_tは他の変数から同時点の影響を受けるため，3番目に外生的な変数です．統計ソフトでは，「**変数の順序付け（外生的な順に変数を並べること）**」が要求されます．これは分析対象に応じて，分析者が

順序付けを考えながら設定する必要があるということです.

誘導型と構造型の違い

15.3節のVARモデルは, VARの**誘導型**（reduced form）と呼ばれます. これに対して, 15.4節で扱った構造VARモデルは, VARの**構造型**（structural form）と呼ばれます. 誘導型は予測に有用なモデルである一方, 誘導型の誤差項は, 構造型の誤差項（構造ショック）の線形関数となっており, それが何を示しているかわからないという問題があります.

我々の関心は構造ショックの影響であるため, 実証分析では, 誘導型ではなく, 構造型のVARでインパルス応答関数を評価します. 以下では, 例を通じて理解を深めていきましょう（練習問題5参照）.

例15–5 ： 2変量の構造型を誘導型として表現する

2変量の構造VARモデルを, 次のようにします.

$$Y_t = \mu_1 + a_{11} Y_{t-1} + b_{10} X_t + b_{11} X_{t-1} + \varepsilon_{Yt}$$
$$X_t = \mu_2 + a_{20} Y_t + a_{21} Y_{t-1} + b_{21} X_{t-1} + \varepsilon_{Xt}$$

ここで, Y_tの式に, X_tの式を代入すると, 次式となります.

$$Y_t = \mu_1 + a_{11} Y_{t-1} + b_{10}(\mu_2 + a_{20} Y_t + a_{21} Y_{t-1} + b_{21} X_{t-1} + \varepsilon_{Xt}) + b_{11} X_{t-1} + \varepsilon_{Yt}$$

これを書き換えると, 次の誘導型が得られます.

$$Y_t = \frac{\mu_1 + b_{10}\mu_2}{1 - b_{10}a_{20}} + \frac{a_{11} + b_{10}a_{21}}{1 - b_{10}a_{20}} Y_{t-1} + \frac{b_{11} + b_{10}b_{21}}{1 - b_{10}a_{20}} X_{t-1} + \underbrace{\frac{\varepsilon_{Yt} + b_{10}\varepsilon_{Xt}}{1 - b_{10}a_{20}}}_{= u_{Yt}}$$

ここで, Y_tは, 変数のラグ（Y_{t-1}, X_{t-1}）だけに依存しています. また, 誘導型の誤差項u_{Yt}は,

$$u_{Yt} = \frac{\varepsilon_{Yt} + b_{10}\varepsilon_{Xt}}{1 - b_{10}a_{20}}$$
$$= \frac{1}{1 - b_{10}a_{20}} \varepsilon_{Yt} + \frac{b_{10}}{1 - b_{10}a_{20}} \varepsilon_{Xt}$$

であり, 構造ショック（$\varepsilon_{Xt}, \varepsilon_{Yt}$）の線形関数となります.

同様に, X_tの式に, Y_tの式を代入すると,

$$X_t = \mu_2 + a_{20}(\mu_1 + a_{11}\,Y_{t-1} + b_{10}\,X_t + b_{11}\,X_{t-1} + \varepsilon_{Yt}) + a_{21}\,Y_{t-1} + b_{21}\,X_{t-1} + \varepsilon_{Xt}$$

となり，これを書き換えると誘導型の式が得られます．

$$X_t = \frac{\mu_2 + a_{20}\mu_1}{1 - b_{10}a_{20}} + \frac{a_{21} + a_{11}a_{20}}{1 - b_{10}a_{20}}\,Y_{t-1} + \frac{b_{21} + a_{20}b_{11}}{1 - b_{10}a_{20}}\,X_{t-1} + \underbrace{\frac{\varepsilon_{Xt} + a_{20}\varepsilon_{Yt}}{1 - b_{10}a_{20}}}_{=\,u_{Xt}}$$

誘導型の誤差項 u_{Xt} は，やはり構造ショック（ε_{Xt}, ε_{Yt}）の線形関数となります．

　仮に Y_t が GDP であり，X_t が政府支出とします．このとき，GDP の構造ショックは ε_{Yt} であり，政府支出の構造ショックは ε_{Xt} です．しかし，誘導型の誤差項（u_{Yt}, u_{Xt}）は，これら構造ショック（ε_{Yt}, ε_{Xt}）の線形関数となっており，それが何を表しているのかわからないことが問題となります．

　そもそも，同時点の関係を考慮した構造型が真のモデルであり，誘導型は，ラグだけに依存するように構造型を書き換えたモデルとなります．このため，構造ショックが真のショックなのであり，構造ショックの線形関数である誘導型の誤差項には経済的な意味は何もありません．

練習問題

1. Y_t を GDP 成長率，X_t を名目金利としたとき，次の関係があるとする．

$$Y_t = a_0 + a_1 X_t + a_2 X_{t-1} + u_t$$

　日本銀行は，景気を安定させるため，次のルールに従って金利操作をすると仮定しよう（$b_1 > 0$ の場合，景気が良いと金利を上げるルールになる）．

$$X_t = b_0 + b_1 Y_{t-1}$$

　このとき，Y_t を AR(2) モデルとして表せ．Hint：$X_{t-1} = b_0 + b_1 Y_{t-2}$．

2. 定常な AR(p) モデル $Y_t = a_0 + a_1 Y_{t-1} + a_2 Y_{t-2} + \cdots + a_p Y_{t-p} + u_t$ の期待値は，次式となることを示せ．

$$E[Y_t] = \frac{a_0}{1 - a_1 - a_2 - \cdots - a_p}$$

　Hint：定常性から，$E[Y_t] = E[Y_{t-1}] = \cdots = E[Y_{t-p}]$ となる．

3. AR(1) モデル $Y_t = a_1 Y_{t-1} + u_t$ のインパルス応答関数を求めよ．また，半減期 s を，「ショックの影響が半減するのに要する期間」と定義するとき，a_1 を用いて半減期 s を表せ．Hint：インパルス応答関数が0.5になるまでの期間が半減期となる．

4. 例15-4では，日経平均株価の変化率（%）を Y_t，ダウ平均株価の変化率（%）を X_t とし，日経平均 Y_t は同時点のダウ平均 X_t から影響を受けないとした（$b_{10} = 0$）．この仮定（$b_{10} = 0$）は，日次データではなく，月次データであっても自然な仮定といえるか述べよ．

5. 次の2変量の構造 VAR モデルを，誘導 VAR モデルとして表現せよ．

$$Y_t = a_{11} Y_{t-1} + b_{10} X_t + b_{11} X_{t-1} + \varepsilon_{Yt}$$
$$X_t = a_{20} Y_t + a_{21} Y_{t-1} + b_{21} X_{t-1} + \varepsilon_{Xt}$$

　ただし，ε_{Yt}，ε_{Xt} は構造型のショックである．

6. ☆例15-2，例15-4の推定結果を再現せよ．

7. ☆例15-2では，AIC によって選択された $p = 4$ を用いた．ここでは，BIC によって選択された $p = 1$ とし，グレンジャー因果性検定を行いなさい．

第16章

非定常時系列

本章では，データが単位根を持つとき，回帰分析に「見せかけの回帰」と呼ばれる現象が生じることを説明します．また，単位根の存在を確認する方法である単位根検定として，DF 検定と ADF 検定を紹介します．

16.1 見せかけの回帰

図16-1は，変数 X と Y の動きを示しています．図をみると，X と Y には正のトレンドがあり，相互に関連しているようにもみえます．そこで，被説明変数を Y，説明変数を X とした OLS 推定をすると，次の結果となりました（自由度調整済み決定係数 $\bar{R}^2 = 0.636$）．

$$\hat{Y}_t = 4.767 + 0.615X_t$$
$$(0.240)\ (0.033)$$

ここで，t 値は18.6（$= 0.615/0.033$）と高く，係数を0とした帰無仮説は有

図16-1 変数 X と Y の推移

意水準1％で棄却されます．以上より，「XはYの動きを説明する有意な変数である」といえるでしょうか．

　実は，変数XとYは仮想データであり，両変数には何の関係もありません．XとYは，次のAR(1)モデルから生成された仮想データです．

$$X_t = X_{t-1} + u_{Xt}$$
$$Y_t = Y_{t-1} + u_{Yt}$$

両式とも係数は1であるため，XとYは単位根を持ちます（単位根は，15.2.1節参照）．また，誤差項（u_{Xt}, u_{Yt}）は，相互に独立な正規分布に従う確率変数です（つまり，$E[u_{Xt}u_{Yt}] = 0$となります）．

　では，なぜ被説明変数をY，説明変数をXとしたOLS推定を行うと，有意な結果が得られるのでしょうか．これはXとYは単位根を持っているために，**確率トレンド**（stochastic trend）が生じてしまうことが原因です．単位根があると，誤差項（u_{Xt}, u_{Yt}）の影響がずっと残るため，それらが累積することで確率トレンドが生じます．確率トレンドの存在が，変数同士に**見せかけの関係**を生み出したわけです．こうした現象は「**見せかけの回帰**（spurious regression）」と呼ばれます．本来，全く関係のない変数間に有意な関係を見出してしまう現象であるため，「見せかけの回帰」は問題となります．

16.1.1　トレンドを除去する方法

　6.5節では，時系列データにあるトレンドを考慮するため，トレンド変数tを導入しました．トレンド変数は，値が1ずつ増加していく変数であり，**確定トレンド**（deterministic trend）とも呼ばれます．確率トレンドがあるとき，トレンド変数tを説明変数に含めることで，「見せかけの回帰」の問題を解決できるでしょうか．これを確認するために，トレンド変数tを説明変数に追加してOLS推定すると，次のようになります（自由度調整済み決定係数$\bar{R}^2 = 0.745$）．

$$\hat{Y}_t = 2.002 + 0.367X_t + 0.037t$$
$$\quad(0.360)\ (0.038)\quad(0.004)$$

ここで，t値は9.6（$= 0.367/0.038$）と高く，係数を0とした帰無仮説はやはり有意水準1％で棄却されます．この結果から，トレンド変数tでは，確率トレンドを考慮できないことがわかります．

　確定トレンドでは，変数は一定スピードで変化しますが，確率トレンドで

は，誤差項の影響でトレンドが確率的に変化します．確定トレンドと確率トレンドは異質なものであり，確定トレンドを説明変数に含めても，確率トレンドを除去できません．

　では，確率トレンドを除去するにはどうしたらよいでしょうか．15.2.1節で学習したとおり，ある変数に単位根があっても，階差（前期との差）をとれば定常な変数に変換できます．換言すれば，これは階差をとれば，確率トレンドを除去できるということです．

　被説明変数を $\Delta Y_t = Y_t - Y_{t-1}$，説明変数を $\Delta X_t = X_t - X_{t-1}$ として，OLS 推定すると，次の式となります（自由度調整済み決定係数 $\bar{R}^2 = -0.003$）．

$$\Delta \hat{Y}_t = 0.067 + 0.041 \Delta X_t$$
$$(0.072)\,(0.071)$$

ここで，t 値は0.6（$= 0.041/0.071$）と小さく，係数を 0 とした帰無仮説は棄却されません．また，自由度調整済み決定係数 $\bar{R}^2$ は 0 に近い値となります．以上から，階差をとることで確率トレンドを除去し，「見せかけの回帰」の問題を解決できたことがわかります．

　トレンドを処理する方法をまとめます．データを図示して，変数に何らかのトレンドが疑われるとします．仮にデータ系列に単位根が存在しないならば，そのトレンドは確定トレンドであり，説明変数にトレンド変数 t を加えることによって，「見せかけの回帰」の問題を解決できます．これに対して，データ系列に単位根が存在するならば，トレンドは確率トレンドであり，変数の階差をとってから分析することによって，「見せかけの回帰」の問題を解決できます．次節では，単位根の有無を検証する方法である単位根検定を紹介します．

16.2　単位根検定

　本節では，単位根の有無を検証する方法である単位根検定を紹介します．15.2.1節で確認したとおり，AR(1)モデルは，

$$Y_t = a_0 + a_1 Y_{t-1} + u_t$$

であり，定常性の条件は $|a_1| < 1$ です．経済データを分析すると，係数 a_1 は -1 より大きく 1 以下の値（$-1 < a_1 \leq 1$）として推定されることがほとんどです．係数 a_1 が 1 より大きい値（$a_1 > 1$），また -1 以下の値をとることはありません．

単位根検定（unit root test）では，仮説を次のように設定します．

$$H_0 : a_1 = 1, \ H_1 : a_1 < 1$$

つまり，帰無仮説 H_0 は単位根（$a_1 = 1$），対立仮説 H_1 は定常（$a_1 < 1$）としま
す．係数 a_1 が -1 以下の値であっても，非定常となりますが，経済データでは
あり得ないことなので，そうした可能性は考慮されません．

本節では，単位根検定として，D. ディッキー（David Dickey）と W. フ
ラー（Wayne Fuller）が提案した **DF 検定**を紹介します．DF 検定では，3 つ
のケース（定数項なし，定数項あり，トレンドあり）が扱われます．順を追っ
てみていきましょう．

16.2.1　ケース 1（定数項なし）

帰無仮説 H_0 と対立仮説 H_1 のもとで，それぞれのモデルは次のようになり
ます．

$$H_0 : Y_t = Y_{t-1} + u_t$$
$$H_1 : Y_t = a_1 Y_{t-1} + u_t \ （ただし，a_1 < 1）$$

帰無仮説 H_0 のもとで，Y_t はランダムウォーク（単位根：$a_1 = 1$）になりま
す．また，対立仮説 H_1 のもとで，定数項 a_0 は 0 となっており，Y_t は 0 付近を
推移する定常な変数になります．

DF 検定では，対立仮説 H_1 のもとで，モデル $Y_t = a_1 Y_{t-1} + u_t$ を OLS 推定
し，次の仮説を用いた t 検定を行います（これは片側検定になります）．

$$H_0 : a_1 = 1 \ （単位根）$$
$$H_1 : a_1 < 1 \ （定常）$$

帰無仮説 H_0 が正しい前提のもとで，t 統計量は次のとおりです（H_0 が正しい
と考え，$a_1 = 1$ とします）．

$$\tau = \frac{\hat{a}_1 - 1}{s_{\hat{a}_1}} \tag{1}$$

ここで，t 統計量は τ と表記しました．ただし，$\hat{a}_1$ は OLS 推定量，$s_{\hat{a}_1}$ は標準誤
差になります．

帰無仮説 $H_0 : a_1 = 1$（単位根）が正しいとき，統計量 τ は t 分布ではなく，
単位根分布（unit root distribution）と呼ばれる特殊な分布に従います．図

図16-2　単位根分布と標準正規分布

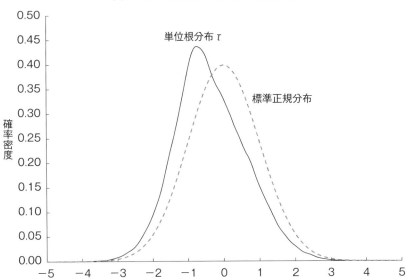

(注)　単位根分布は，$T=2000$とした10万回のモンテカルロ・シミュレーションによって計算しました.

16-2では，ケース1における単位根分布と標準正規分布を示しています．単位根分布は，標準正規分布より左に位置し，0を中心とした左右対称な分布でもありません．この図から，t統計量は，通常より負の値をとりやすいことがわかります．

　対立仮説H_1は$a_1<1$であるため，DF検定は片側検定になります[1]．図16-3では，帰無仮説$H_0 : a_1=1$が正しいもとでのt統計量の分布（単位根分布）と臨界値cを示しています．OLS推定量$\hat{a}_1$が1より小さいときには（$\hat{a}_1 -1$は負となるため），統計量τは負の値をとります．したがって，統計量τが臨界値cより小さい値であれば，帰無仮説$H_0 : a_1=1$は棄却されます．具体的には，仮説検定の判断は次のようになされます．

単位根検定の判断

$\tau>c$ならば，帰無仮説H_0（単位根）を採択する

$\tau\leq c$ならば，帰無仮説H_0（単位根）を棄却する

　表16-1では，単位根分布の臨界値cを掲載しています（ただし，サンプル

---

1)　片側検定は，藪友良（2012）『入門　実践する統計学』東洋経済新報社，の8.2節参照.

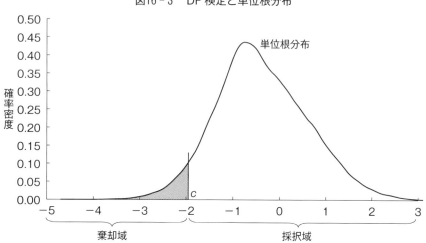

図16-3　DF 検定と単位根分布

表16-1　DF 検定の臨界値

	有意水準		
	0.10	0.05	0.01
τ 統計量（ケース1：定数項なし）	−1.62	−1.94	−2.57
τ_c 統計量（ケース2：定数項あり）	−2.57	−2.86	−3.43
τ_t 統計量（ケース3：トレンドあり）	−3.12	−3.41	−3.96

サイズが小さいときは，異なる臨界値を用います）．表の1行目をみると，臨界値は，有意水準10％なら−1.62，5％なら−1.94，1％なら−2.57となります．先ほど述べたとおり，統計量 τ が臨界値より小さければ，$H_0：a_1=1$ が棄却され，$H_1：a_1<1$ が採択されます．

16.2.2　ケース2（定数項あり）

　これまで対立仮説 H_1 のモデルには，定数項がありませんでした．しかし，Y_t の中心が0となる根拠がなければ，推定式に定数項を入れるべきでしょう．

　ケース2（定数項あり）では，対立仮説 H_1 のモデルを次の式とします（帰無仮説 H_0 のモデルは $Y_t=Y_{t-1}+u_t$ で同じです）．

$$H_1：Y_t=a_0+a_1 Y_{t-1}+u_t（ただし，a_1<1）$$

対立仮説 H_1 のもとで，Y_t は平均周りを推移する定常な変数になります．図16-4（a）は，対立仮説のもとで生成された200期分の仮想データになりま

図16-4　対立仮説のもとでのデータ

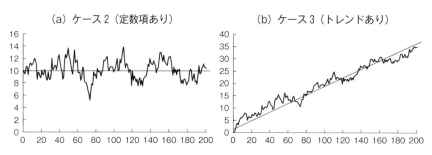

(a) ケース2（定数項あり）　　　　　　(b) ケース3（トレンドあり）

す．この場合，Y_t は平均10の付近を推移している定常な変数です．

　DF 検定では，対立仮説 H_1 のもとで，モデル $Y_t = a_0 + a_1 Y_{t-1} + u_t$ を OLS 推定し，次の仮説を用いた t 検定を行います．

$$H_0 : a_1 = 1, \quad H_1 : a_1 < 1$$

このとき，t 統計量を τ_c と表記します．表16-1の2行目では，統計量 τ_c の臨界値 c を掲載しています．

16.2.3　ケース3（トレンドあり）

　これまで対立仮説 H_1 にトレンド変数 t を含めていませんでした．しかし，データにトレンドがあるならば，対立仮説 H_1 のモデルにトレンド変数 t を入れるべきでしょう．

　ケース3（トレンドあり）では，対立仮説 H_1 のモデルを次の式とします（帰無仮説 H_0 のモデルは $Y_t = Y_{t-1} + u_t$ で同じです）．

$$H_1 : Y_t = a_0 + \gamma t + a_1 Y_{t-1} + u_t \ （ただし，\ a_1 < 1）$$

対立仮説 H_1 のもとで，Y_t はトレンド周りを推移する変数になります．図16-4（b）は，対立仮説のもとで生成された200期分の仮想データになります．この場合，Y_t は正のトレンド周りを推移している変数です．

　DF 検定では，対立仮説 H_1 のもとで，モデル $Y_t = a_0 + \gamma t + a_1 Y_{t-1} + u_t$ を OLS 推定し，次の仮説を用いた t 検定を行います．

$$H_0 : a_1 = 1, \quad H_1 : a_1 < 1$$

このとき，t 統計量を τ_t と表記します．表16-1の3行目では，統計量 τ_t の臨

界値 c を掲載しています.

16.2.4　実証分析における単位根検定の定式化

　単位根検定では, 帰無仮説は $H_0 : a_1 = 1$ であり, t 統計量の計算は(1)式のように, $\hat{a}_1$ から 1 を引く必要があり, 少し手間がかかります. このため, 単位根検定では, モデルを階差で表した式が用いられます.

　この点を詳しく説明します. ケース 1 (定数項なし) では, モデルは次式となります.

$$Y_t = a_1 Y_{t-1} + u_t$$

上式の両辺から Y_{t-1} を引くと, 次のようになります.

$$Y_t - Y_{t-1} = (a_1 - 1) Y_{t-1} + u_t$$

ここで, $\Delta Y_t = Y_t - Y_{t-1}$ とし, パラメータを $\rho = a_1 - 1$ と定義すると, 上式は階差で表した次の式となります.

$$\Delta Y_t = \rho Y_{t-1} + u_t$$

このとき, 単位根検定の仮説は次のとおりです[2].

$$H_0 : \rho = 0 \ (単位根)$$
$$H_1 : \rho < 0 \ (定常)$$

統計量 τ は, OLS 推定量 $\hat{\rho}$ を標準誤差 $s_{\hat{\rho}}$ で割ることで, (2)式として計算できます.

$$\tau = \frac{\hat{\rho}}{s_{\hat{\rho}}} \tag{2}$$

　これは統計ソフトで自動的に計算される t 統計量です. 階差の式では, 帰無仮説は係数を 0 としていて便利であるため, 実証分析では階差の定式化を用いることが多くなります. 当然ですが, どちらも同じ式を表しており, どちらを計算しても同じ推定結果となります.

---

2)　帰無仮説 $\rho = 0$ は $a_1 - 1 = 0$ であり (単位根), 対立仮説 $\rho < 0$ は $a_1 - 1 < 0$ となります (定常).

例16-1：単位根検定の例——金利スプレッド

15.2.2節の例15-1では，金利スプレッド（＝長期金利－短期金利）を Y_t として，AR(1)モデルを推定しました．ここでは，金利スプレッドが単位根を持つか否かを検証します．金利スプレッドが0付近を推移する根拠はなく，また，図15-3 (b) をみるとトレンドもなさそうなので，ここではケース2（定数項あり）を考えます．OLS推定の結果，次のようになります．

$$\Delta \hat{Y}_t = 0.055 - 0.139 Y_{t-1}$$
$$(0.032)(0.040)$$

t 統計量を計算すると，$\tau_c = -3.51(= -0.139/0.040)$ となり，有意水準1％の臨界値 -3.43 を下回っています（表16-1参照）．よって，有意水準1％で帰無仮説 $H_0 : \rho = 0$（単位根）が棄却され，対立仮説 $H_1 : \rho < 0$（定常）が採択されます．以上から，金利スプレッドは定常であり，長期金利と短期金利は互いに発散することなく，連動した動きをすることがわかります．

コラム　16-1　年次データか月次データか

データ分析では，年次データなら長期間のデータが利用できる一方，月次や四半期データでは短期間のデータしか利用できないことが多々あります[3]．たとえば，年次データなら100年間（$T=100$），月次データなら25年間（$T=12 \times 25 = 300$）が利用できるといった場合です．こうした場合，単位根検定では，どちらのデータを用いたほうがよいでしょうか．

通常は，サンプルサイズが大きいほうがよいと考えられるため，月次データや四半期データのほうが望ましいようにも思えます．ところが，正解は，長期間の年次データです．これは観察頻度があがると（年次から四半期，月次へ），係数 a_1 は一定ではなく，むしろ1に近づくため，たとえ定常であっても単位根との見分けがつきにくくなるためです（証明は本章末の補足参照）．これは秒単位のデータを考えると明らかです．すなわち，秒単位のデータでは，Y_t と Y_{t-1} はほぼ同じ値となるため，係数 a_1 は1に近い値として推定されます．

まとめると，「単位根検定では，観察頻度を上げることではなく，分析期間を長くとることを重視すべき」といえます．

---

3)　コラムは以下の論文を基に作成しました．Shiller, R. J. and Perron, P. (1985) "Testing the Random Walk Hypothesis: Power versus Frequency of Observation," *Economics Letters* 18(4), 381-386.

16.3 単位根検定の拡張

単位根検定はさまざまな方向に拡張されています．本節では，実証分析で有名な ADF 検定と DF-GLS 検定を紹介します．

16.3.1 ADF 検定

DF 検定は $AR(1)$ モデルに基づいていますが，これを $AR(p)$ モデルに「拡張した（augmented）」のが **ADF 検定**です．$AR(p)$ モデルは，次の式で表されます（p はラグの長さです）．

$$Y_t = a_1 Y_{t-1} + a_2 Y_{t-2} + \cdots + a_p Y_{t-p} + u_t$$

15.2.3節で学習したとおり，単位根は次式の解 z が1となることでした．

$$1 - a_1 z - a_2 z^2 - a_3 z^3 - \cdots - a_p z^p = 0$$

上式は解 z が1のとき（$z=1$ を代入すると），次のようになります．

$$1 - a_1 - a_2 - a_3 - \cdots - a_p = 0$$

つまり，単位根の場合には，係数の和は1となります（$a_1 + a_2 + a_3 + \cdots + a_p = 1$）．したがって，帰無仮説 H_0（単位根）と対立仮説 H_1（定常）は，次のようになります．

$$H_0 : a_1 + a_2 + a_3 + \cdots + a_p = 1 \text{（単位根）}$$
$$H_1 : a_1 + a_2 + a_3 + \cdots + a_p < 1 \text{（定常）}$$

$AR(p)$ モデルは，簡単な操作を通じて，被説明変数を階差 ΔY_t とした次の式として表現できます（証明は本章末の補足参照）．

$$\Delta Y_t = \rho Y_{t-1} + \sum_{i=1}^{p-1} \rho_i \Delta Y_{t-i} + u_t \tag{3}$$

このとき，パラメータ ρ は，次の式で定義されます．

$$\rho = a_1 + a_2 + a_3 + \cdots + a_p - 1 \tag{4}$$

ADF 検定では，(3)式を OLS 推定し，次の仮説を用いた t 検定を行います．

$$H_0 : \rho = 0 \ (\text{単位根})$$
$$H_1 : \rho < 0 \ (\text{定常})$$

帰無仮説 $H_0 : \rho = 0$ なら単位根あり，対立仮説 $H_1 : \rho < 0$ なら定常です．

ADF 検定でも，t 統計量の分布は，DF 検定の単位根分布と同じになります．上式のように定数項がなければ τ 統計量，定数項があれば τ_c 統計量，トレンドがあれば τ_t 統計量の臨界値を用います．

16.3.2 DF-GLS 検定と MAIC

DF 検定と ADF 検定は，**検定力**（対立仮説が正しいとき，帰無仮説を棄却して対立仮説を採択する確率）が低いという欠点があることが知られています（検定力は4.2.2節参照）．単位根検定の検定力を改善するため，G. エリオット（Graham Elliott），T. ローゼンバーグ（Thomas Rothenberg），J. ストック（James Stock）らは，定数項やトレンド項を**一般化最小 2 乗法**（GLS）で推定したのち，さらに，ADF 検定を行うという **DF-GLS 検定**を提案しました（GLS は10.4.3節参照）．DF-GLS 検定は，著者らの頭文字をとって，**ERS 検定**とも呼ばれます[4]．表16-2は，DF-GLS 検定の臨界値を掲載したものです．

ADF 検定と DF-GLS 検定では，ラグの長さ p を選択する必要があります．単位根検定では，p を短めに選択することの問題が指摘されており，ベイズ情報量規準（BIC）より赤池情報量規準（AIC）で p を選択するほうが望ましいとされます（情報量規準は6.4.3節参照）．また，S. ング（Serena Ng）と P. ペロン（Pierre Perron）らは，AIC を修正した **MAIC**（modified AIC）を提案しています[5]．実証分析では，MAIC でラグの長さ p を選び，ADF 検定もしくは DF-GLS 検定を行うことが推奨されます．

表16-2 DF-GLS 検定の臨界値

	有意水準		
	0.10	0.05	0.01
τ_c 統計量：定数項あり	-1.62	-1.95	-2.58
τ_t 統計量：トレンドあり	-2.57	-2.89	-3.48

---

4) Elliott, G., Rothenberg, T. J., and Stock, J. H. (1996) "Efficient Tests for an Autoregressive Unit Root," *Econometrica* 64(4), 813-836.

5) Ng, S. and Perron, P. (2001) "Lag Length Selection and the Construction of Unit Root Tests with Good Size and Power," *Econometrica* 69(6), 1519-1554.

コラム 16-2　購買力平価説

　為替レートの長期トレンドを説明する代表的理論に，購買力平価説がありま
す．この理論の背後にある考え方は「一物一価の法則」，すなわち「同一の財
であれば世界中どこでも同一価格が成立する」という法則です．たとえば，あ
る財の価格が，米国より日本のほうが安い場合には，日本から米国へ財が輸出
され，両国の価格差は縮小します．この動きは，価格差がなくなるまで続くこ
とになります．購買力平価説によると，「一物一価の法則がすべての財で成立
するならば，同一通貨で測ったとき，さまざまな財の加重平均である物価水準
も世界中で等しくなる」と考えます．

　購買力平価説の考え方を用いれば，物価情報から，適正な為替レート（購買
力平価レート）を計算できます．たとえば，ある電卓の価格が，日本では1000
円，米国では10ドルとします．このとき，一物一価を成立させるレートは，1
ドル＝100円（＝1000/10）です．つまり，1ドル＝100円ならば，米国での電
卓価格は日本と同じ価格となります（10ドル＝1000円）．よって，日米の両国
で電卓価格を等しくするレートは，次の式で計算されます．

日本における電卓の価格÷米国における電卓の価格

　購買力平価レートは，両国の物価水準を等しくする適正なレートとして，次
の式で計算されます．

日本の物価水準÷米国の物価水準

　図16-5は，1973年2月から2022年6月までについて，ドル円レートと購買
力平価レートを示したものです．日本のインフレ率が，米国に比べて低かった
ことから，購買力平価レートは円高方向で推移してきました．購買力平価レー
トは，1980年で約230円，1995年で約160円，2020年で約100円，2022年で約80
円となります．2020年までは，ドル円レートと購買力平価レートの差は小さ
く，ドル円レートは適正なレートで評価されています．しかし，2022年の急激
な円安によって，購買力レートとの差が広がり，円は過小評価されていること
がわかります．当然ですが，こうした円の過小評価は，将来的には修正されて
いくと予想されます．

図16-5　ドル円レートと購買力平価レート

（注）　購買力平価レートの計算において，日本は企業物価指数，米国は生産者物価指数とし，基準時は変動相場制の始まった1973年2月としています．

例16-2：単位根検定の例——購買力平価説の検証

　ここで，P_tを日本の物価水準，P_t^*を米国の物価水準，S_tをドル円レートとすると，実質為替レート（外国と自国の相対価格）は，$S_t P_t^*/P_t$と定義されます．購買力平価説は，両国の物価は等しくなること，つまり，$P_t = S_t P_t^*$を意味します（コラム16-2参照）．このため，購買力平価説が長期的に成立するならば，実質為替レート $S_t P_t^*/P_t$ は1に収束する動きがあるはずです．もっとも，実証分析では，物価水準の代わりに物価指数が用いられるため，実質為替レートは1ではなく，何らかの定数に収束することになります[6]．

　ここで，実質為替レートの対数を $Y_t = \ln(S_t P_t^*/P_t)$ とします．このとき，Y_t が定常ならば，購買力平価説が長期的には成立する，といえます．なお，実質為替レートが小さいほど，日本の物価が相対的に高いことを意味します．図16-6は，1949年から1995年までの日米実質為替レートの年次データを示しています（長期間の年次データを用いる理由はコラム16-1参照）．この図から，実質為替レートには負のトレンドがあることがわかります[7]．

---

[6]　政府は物価水準でなく，基準時点の物価水準を100と指数化した物価指数を公表しています．

[7]　貿易財では，一物一価の法則が成立しますが，非貿易財では，一物一価の法則は成立しません．物価指数の中には，非貿易財の情報が含まれており，実質為替レートはトレンドを持つことになります．当時，日本の経済成長率は高く，日本の非貿易財価格が相対的に高くなっていました．これが原因で，実質為替レートは負のトレンドを持っています．購買力平価説の実証分析に関心のある読者は，以下の論文を参照してください．藪友良（2007）「購買力平価（PPP）パズルの解明—時系列的アプローチの視点から」『金融研究』26巻4号，75-105．

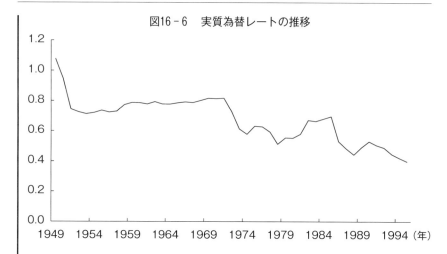

図16-6　実質為替レートの推移

　ここでは，DF-GLS 検定を行います．まず，ケース 2 （定数項あり）として推定すると，t 統計量は -0.251 と 0 に近く，帰無仮説 $H_0 : \rho = 0$（単位根）は棄却されません．しかし，図で確認できるとおり，実質為替レートには何らかのトレンドがあるので，対立仮説で，確定トレンドを考慮すべきです．そこで次に，ケース 3 （トレンドあり）として，トレンド変数を入れて推定すると，t 統計量は -3.023 となり，有意水準 5 ％で帰無仮説 $H_0 : \rho = 0$（単位根）は棄却されます．このため，実質為替レートは定常であり，購買力平価が長期的には成立する，といえそうです．

16.4　共和分関係

　本書では，紙幅の関係で扱っていませんが，単位根を持った複数のデータ系列に，共通の確率トレンドが含まれるケースがあります．このとき，これらの変数は**共和分関係**（cointegrating relation）にあるといわれます．共和分関係を分析するための分析手法に関心のある読者は他書を参照してください（たとえば，巻末付録 D の［7］［8］［9］［10］［11］を参照）．

補　足

分析期間とサンプルサイズの関係

　コラム16-1では，長期間の年次データは，短期間の月次データや四半期データより望ましいと説明しました．これを理論的に考察しましょう．

　ここで，四半期データと年次データの関係を考えます．真のモデルが四半期データに基づくモデルとします，

$$Y_t = a_1 Y_{t-1} + u_t$$

t は四半期データでの時点となるため，Y_t と Y_{t-4} との間の関係式が年次データに基づくモデルとなります．

　上式に $Y_{t-1} = a_1 Y_{t-2} + u_{t-1}$ を代入すると，次の式となります．

$$\begin{aligned} Y_t &= a_1(a_1 Y_{t-2} + u_{t-1}) + u_t \\ &= a_1^2 Y_{t-2} + u_t + a_1 u_{t-1} \end{aligned}$$

さらに $Y_{t-2} = a_1 Y_{t-3} + u_{t-2}$ を代入すると，

$$Y_t = a_1^3 Y_{t-3} + u_t + a_1 u_{t-1} + a_1^2 u_{t-2}$$

となり，さらに $Y_{t-3} = a_1 Y_{t-4} + u_{t-3}$ を代入すると，年次データに基づくモデルになります．

$$Y_t = a_1^4 Y_{t-4} + u_t + a_1 u_{t-1} + a_1^2 u_{t-2} + a_1^3 u_{t-3}$$

　以上から，四半期データの係数 a_1 を4乗したものが年次データの係数です．逆にいえば，年次データの係数を a_1^* とするなら，a_1^* を1/4乗したものが四半期データの係数といえます．同様に考えると，月次データの係数を12乗したものが年次データの係数となり，年次データの係数を1/12乗したものが月次データの係数です（練習問題4参照）．

　たとえば，年次データで係数が $a_1^* = 0.85$ ならば，四半期では $a_1^{*1/4} = 0.96$，月次では $a_1^{*1/12} = 0.98$ となります．つまり，観察頻度が高くなると（年次から月次へ），係数は1に近づき，単位根と見分けがつきにくくなるわけです．これが単位根検定では，長期間の年次データを用いるべき理由となります．

ADF 検定における推定式の表現

AR(p)モデルの別表現を導出するのは面倒なので，ここでは次の AR(3)モデルの別表現を導出します（AR(4)モデルは，練習問題 3 参照）．

$$Y_t = a_1 Y_{t-1} + a_2 Y_{t-2} + a_3 Y_{t-3} + u_t$$

上式の右辺に $(a_3 Y_{t-2} - a_3 Y_{t-2})$ を加えると（0 を加えても等式は維持される），次式となります（ただし，$\Delta Y_{t-2} = Y_{t-2} - Y_{t-3}$）．

$$
\begin{aligned}
Y_t &= a_1 Y_{t-1} + (a_2 + a_3) Y_{t-2} - a_3 (Y_{t-2} - Y_{t-3}) + u_t \\
&= a_1 Y_{t-1} + (a_2 + a_3) Y_{t-2} - a_3 \Delta Y_{t-2} + u_t
\end{aligned}
$$

さらに右辺に $((a_2 + a_3) Y_{t-1} - (a_2 + a_3) Y_{t-1})$ を加えると（0 を加えても等式は維持される），次式となります（ただし，$\Delta Y_{t-1} = Y_{t-1} - Y_{t-2}$）．

$$
\begin{aligned}
Y_t &= (a_1 + a_2 + a_3) Y_{t-1} - (a_2 + a_3)(Y_{t-1} - Y_{t-2}) - a_3 \Delta Y_{t-2} + u_t \\
&= (a_1 + a_2 + a_3) Y_{t-1} - (a_2 + a_3) \Delta Y_{t-1} - a_3 \Delta Y_{t-2} + u_t
\end{aligned}
$$

最後に，両辺から Y_{t-1} を引くと，次式が得られます．

$$\underbrace{Y_t - Y_{t-1}}_{=\Delta Y_t} = \underbrace{(a_1 + a_2 + a_3 - 1)}_{=\rho} Y_{t-1} \underbrace{- (a_2 + a_3)}_{=\rho_1} \Delta Y_{t-1} \underbrace{- a_3}_{=\rho_2} \Delta Y_{t-2} + u_t$$

ここで，$\Delta Y_t = Y_t - Y_{t-1}$ であり，また，パラメータを

$$\rho = a_1 + a_2 + a_3 - 1, \quad \rho_1 = -(a_2 + a_3), \quad \rho_2 = -a_3$$

と定義すると，上式は，次のように ADF 検定の推定式になります．

$$\Delta Y_t = \rho Y_{t-1} + \sum_{i=1}^{2} \rho_i \Delta Y_{t-i} + u_t$$

練習問題

1．DF 検定と ADF 検定の違いは何か．また，実証分析で DF 検定を行うのはどのようなときか．

2．「見せかけの回帰」にはどのように対処したらよいか．

3．AR(4) モデル $Y_t = a_1 Y_{t-1} + a_2 Y_{t-2} + a_3 Y_{t-3} + a_4 Y_{t-4} + u_t$ は，次のように書き換えられることを証明せよ．

$$\Delta Y_t = \rho Y_{t-1} + \sum_{i=1}^{3} \rho_i \Delta Y_{t-i} + u_t$$

ただし，$\rho = a_1 + a_2 + a_3 + a_4 - 1$，$\rho_1 = -(a_2 + a_3 + a_4)$，$\rho_2 = -(a_3 + a_4)$，$\rho_3 = -a_4$ とする．Hint：本章補足（ADF 検定における推定式の表現）を参照．

4．真のモデルは，月次データに基づく，次の AR(1) モデルとする．

$$Y_t = a_1 Y_{t-1} + u_t$$

このとき，年次データに基づくモデルは，どのような定式化になるか．また，$a_1 = 0.95$ のとき，年次データにおける係数はいくつになるか．

5．モデルは $Y_t = Y_{t-1} + u_t$ としたとき，次のように表せることを示せ．

$$Y_t = Y_0 + \sum_{i=1}^{t} u_i$$

6．☆16.1節の推定結果を再現せよ．

7．☆例16-1の推定結果を再現せよ．また，短期金利と長期金利について，それぞれ別々に DF-GLS 検定を行いなさい．

付録 A　数学の復習

　付録 A では，本書を理解するうえで必要な数学（和記法，指数関数，対数関数）についてまとめました．微分については，付録 B を参照してください．

A.1　和記法

　Σ記号は，和を簡易表記するための記号であり，本節では，その基本的性質について復習します．

A.1.1　総和の表記法

　データは n 個あり，$\{X_1, X_2, \cdots, X_{n-1}, X_n\}$ とします（サンプルサイズは n です）．このとき，総和は，

$$X_1 + X_2 + \cdots + X_{n-1} + X_n$$

となりますが，これでは式が長くなり不便です．そこで，Σ（シグマと読む）を使って，次のように表記します．

$$\sum_{i=1}^{n} X_i = X_1 + X_2 + \cdots + X_{n-1} + X_n$$

ここで，Σの上下に添字が付いています．下添字は $i=1$，上添字は n となっていますが，これは X_i というデータについて，X_1（$i=1$ のとき）から X_n（$i=n$ のとき）まで足し上げることを意味します．たとえば，

$$\sum_{i=5}^{10} X_i = X_5 + X_6 + X_7 + X_8 + X_9 + X_{10}$$

となります．下添字は $i=5$，上添字は10であるため，X_5 から X_{10} までの和になります．添字は上記のように上下ではなく，$\sum_{i=1}^{n} X_i = X_1 + X_2 + \cdots + X_n$ のように，Σの右上や右下に付ける場合もありますが，意味は同じです．

例 A-1：Σ記号の例①──標本平均

　標本平均は，総和をサンプルサイズで割った値で次のように定義されます

（標本平均は2.2.2節参照）．

$$\frac{1}{n}\sum_{i=1}^{n}X_i=\frac{1}{n}(X_1+X_2+\cdots+X_{n-1}+X_n)$$

A.1.2　線形変換

ここで，a と b を任意の定数とし，データ X_i を新たに $Y_i=a+bX_i$ へと変換します．たとえば，$a=3$，$b=4$ ならば，$X_i=2$ は，$Y_i=3+4\times2=11$ に変換されます．こうした変換を線形変換と呼びます．

線形変換した $Y_i=a+bX_i$ の総和は，次のようになります．

$$\begin{aligned}
\sum_{i=1}^{n}(a+bX_i)&=(a+bX_1)+(a+bX_2)+\cdots+(a+bX_n)\\
&=\underbrace{(a+a+\cdots+a)}_{n\,個}+(bX_1+bX_2+\cdots+bX_n)\\
&=na+b(X_1+X_2+\cdots X_n)\\
&=na+b\sum_{i=1}^{n}X_i
\end{aligned}$$

この式は任意の定数である a と b について成立します．

ここで，$b=0$ とした場合には，次のようになります．

$$\sum_{i=1}^{n}a=na$$

つまり，定数 a の総和は，定数 a が n 個あるため，na となります．これに対して，$a=0$ とした場合には，次のようになります．

$$\sum_{i=1}^{n}bX_i=b\sum_{i=1}^{n}X_i$$

つまり，X_i の係数 b は定数であるため，Σ記号の外に出すことができます．これらは便利な性質ですので，覚えておいてください．

例 A-2 ： Σ記号の例②──加重平均

加重平均は，加重を $\{\omega_1,\omega_2,\cdots,\omega_n\}$ としたとき，次式として定義されます．

$$\sum_{i=1}^{n}\omega_iX_i=\omega_1X_1+\omega_2X_2+\cdots+\omega_{n-1}X_{n-1}+\omega_nX_n$$

ただし，加重は非負値であり（$0\leq\omega_i$），それらの和は1とします（$\sum_{i=1}^{n}\omega_i=1$）．たとえば，すべてのデータに等しい加重を与えると（$\omega_1=\omega_2=\cdots=\omega_n$

$=1/n$），加重平均は，

$$\sum_{i=1}^{n}\frac{1}{n}X_i = \frac{1}{n}\sum_{i=1}^{n}X_i$$

となり，これはまさに標本平均です（式展開では，$1/n$ は定数であり，Σ 記号の外に出せる性質を用いました）．

A.1.3 変数が 2 つある場合の表記法

データの系列は 2 つあり，それぞれ $\{X_1, X_2, \cdots, X_{n-1}, X_n\}$，$\{Y_1, Y_2, \cdots, Y_{n-1}, Y_n\}$ とします．このとき，$X_i + Y_i$ の総和は，次のとおりです．

$$\sum_{i=1}^{n}(X_i + Y_i) = (X_1 + Y_1) + (X_2 + Y_2) + \cdots + (X_{n-1} + Y_{n-1}) + (X_n + Y_n)$$
$$= (X_1 + X_2 + \cdots + X_{n-1} + X_n) + (Y_1 + Y_2 + \cdots + Y_{n-1} + Y_n)$$
$$= \sum_{i=1}^{n}X_i + \sum_{i=1}^{n}Y_i$$

つまり，$X_i + Y_i$ の総和は，それぞれの総和を足し合わせたものです．

これに対して，$X_i + Y_i$ の 2 乗和は，次のようになります．

$$\sum_{i=1}^{n}(X_i + Y_i)^2 = \sum_{i=1}^{n}(X_i^2 + Y_i^2 + 2X_iY_i)$$
$$= (X_1^2 + Y_1^2 + 2X_1Y_1) + (X_2^2 + Y_2^2 + 2X_2Y_2) + \cdots + (X_n^2 + Y_n^2 + 2X_nY_n)$$
$$= (X_1^2 + X_2^2 + \cdots + X_n^2) + (Y_1^2 + Y_2^2 + \cdots + Y_n^2) + 2(X_1Y_1 + X_2Y_2 + \cdots + X_nY_n)$$
$$= \sum_{i=1}^{n}X_i^2 + \sum_{i=1}^{n}Y_i^2 + 2\sum_{i=1}^{n}X_iY_i$$

つまり，$X_i + Y_i$ の 2 乗和は，X_i と Y_i それぞれの 2 乗和と，2×積和 X_iY_i を足したものです．

A.2 指数関数

本節では，指数関数とは何であるのかを定義し，その基本的性質について説明します．

A.2.1 指数関数の定義と性質

指数関数とは，a^x となる関数であり，a を指数関数の底，x を指数といいます．ここで，底は 1 を除く正の実数，指数は実数とします．x が正の整数であ

れば，a を底とする指数関数は，次のようになります．

$$a^x = \underbrace{aa \cdots aa}_{a \text{ が } x \text{ 個ある}}$$

たとえば，$2^1 = 2$，$2^2 = 2 \times 2 = 4$，$2^3 = 2 \times 2 \times 2 = 8$ であり，同様に，$10^1 = 10$，$10^2 = 10 \times 10 = 100$，$10^3 = 10 \times 10 \times 10 = 1000$です．

　指数関数は，a の右肩の数字（指数）が1増えると a 倍になり，右肩の数字が1減ると$1/a$倍になります．たとえば，$x = -2, -1, 0, 1, 2$ に対して，2^x は，それぞれ，次のとおりです．

$$\left(2^{-2} = \frac{1}{4} \right) \xrightarrow{1/2倍 \atop 2倍} \left(2^{-1} = \frac{1}{2} \right) \xrightarrow{1/2倍 \atop 2倍} \left(2^0 = 1 \right) \xrightarrow{1/2倍 \atop 2倍} \left(2^1 = 2 \right) \xrightarrow{1/2倍 \atop 2倍} \left(2^2 = 4 \right)$$

ここで，2^2 は 2^1 を2倍した4です．逆にいえば，2^1 は 2^2 を1/2倍したものです．こう考えると，2^0 は 2^1 を1/2倍した1，2^{-1} は 2^0 を1/2倍した1/2，2^{-2} は 2^{-1} を1/2倍した1/4といえます．

　指数関数は，正の実数である x と z に対して，以下の法則が成立します．

指数関数の法則

(1) $a^0 = 1$，(2) $a^{-x} = \dfrac{1}{a^x}$，(3) $a^x a^z = a^{x+z}$，(4) $\dfrac{a^x}{a^z} = a^{x-z}$，(5) $(a^x)^z = a^{xz}$

先に示した例である 2^x から，法則(1)と(2)が正しいことは確認できます．ここでは，法則(3)(4)(5)について，x と z が正の整数の場合を証明します．

　まず，法則(3)に関しては，

$$a^x a^z = (\underbrace{aa \cdots aa}_{x \text{ 個}})(\underbrace{aa \cdots aa}_{z \text{ 個}}) = \underbrace{aa \cdots aa}_{x+z \text{ 個}} = a^{x+z}$$

となり，法則(4)に関しても次のようになります．

$$\frac{a^x}{a^z} = \frac{\overbrace{aa \cdots aa}^{x \text{ 個}}}{\underbrace{aa \cdots aa}_{z \text{ 個}}} = a^{x-z}$$

法則(5)に関しては次のように確認できます．

$$(a^x)^z = (\underbrace{(a^x)(a^x) \cdots (a^x)(a^x)}_{a^x \text{ が } z \text{ 個}}) = a^{xz}$$

例 A-3：指数関数の数値例

指数関数の法則を用いれば，以下の式展開が正しいとわかります．

$$2^5 2^8 = 2^{13}$$
$$\frac{3^2}{3^5} = 3^{-3} = \frac{1}{3^3}$$
$$(5^5)^8 = 5^{40}$$

　指数関数の法則は，x と z が（正の整数以外の）実数である場合にも成立します．また，指数関数の底は正の実数であるため，a^x は常に正となることに注意してください．

A.2.2　ネイピア数

　代表的な指数関数の底 a に，ネイピア数と呼ばれる値 $e = 2.718\cdots$ があります．たとえば，巻末付録 C.1 で紹介する正規分布はネイピア数 e を用いて定義されます．図 A-1 では，$y = e^{-x^2}$ を図示しました．y は，$x = 0$ で最大値（$e^0 = 1$）をとり，x が 0 から乖離すると値が小さくなります．ここで，x^2 は，$x = 0$ を中心とした左右対称の形状であるため，$y = e^{-x^2}$ も，$x = 0$ を中心とした左右対称の形状になります．たとえば，$x = 2$ も $x = -2$ も（$x^2 = 4$ であるため），$y = e^{-4} = 1/e^4$ で同じ値です．

図 A-1　$y = e^{-x^2}$ の形状

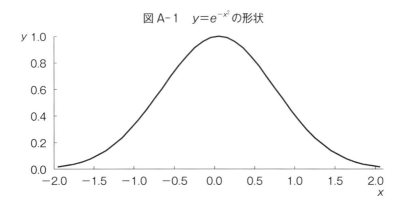

A.3　対数関数

　本節では，対数関数とは何であるのかを定義し，その基本的性質について説

明します.

A.3.1　対数関数の定義と性質

　ここで, y は a を底とする指数関数として, $y=a^x$ と表されるとします. このとき, 指数 x は, 底を a とする y の対数と呼ばれ,

$$x=\log_a(y)$$

と表します. このとき, $\log_a(y)$ を対数関数といいます (log は対数 (logarithm) の略です). $y=a^x$ は常に正となるため, 対数関数は y が 0 より大きいときに定義されます. これは一般には, y が 0 以下の場合には, 対数関数 $\log_a(y)$ は定義できないことを意味します.

　対数の定義から, 次の関係が成立します.

$$y=a^x \Leftrightarrow x=\log_a(y)$$

また, $x=\log_a(y)$ であるため, $y=a^x=a^{\log_a(y)}$ とも書けます. たとえば, $2^4=16$ であるため, 2を底とする16の対数は4であり ($\log_2 16=4$), また, $16=2^{\log_2(16)}$ となります. 同様に, $10^3=1000$ であるため, 10を底とする1000の対数は3であり ($\log_{10} 1000=3$), また, $1000=10^{\log_{10}(1000)}$ です.

　ネイピア数 $e=2.718\cdots$ を底とした対数をとくに自然対数といい, $\log_e(y)$ ではなく, $\ln(y)$ と表します (ln は自然対数 (natural logarithm) の略です). たとえば, $e^{-2}=\dfrac{1}{2.718^2}=0.0135$, $e^{-1}=\dfrac{1}{2.718}=0.368$, $e^0=1$, $e^1=2.718$, $e^2=7.389$ であるため, $\ln(0.0135)=-2$, $\ln(0.368)=-1$, $\ln(1)=0$, $\ln(2.718)=1$, $\ln(7.389)=2$ です. つまり, $\ln(y)$ は, $y=1$ なら $\ln(y)=0$, $y>1$ なら $\ln(y)>0$ となり, $y<1$ なら $\ln(y)<0$ となります. また, y が 0 に近づくと, $\ln(y)$ は $-\infty$ に発散することに注意してください[1].

　ここで対数関数の法則を紹介します.

対数関数の法則

(1) $\ln(xy)=\ln(x)+\ln(y)$, (2) $\ln\left(\dfrac{x}{y}\right)=\ln(x)-\ln(y)$, (3) $\ln(a^x)=x\ln(a)$

　指数関数の法則を用いて, 対数関数の法則が証明できます. 以下の式展開では, 対数の定義から, $x=e^{\ln(x)}$, $y=e^{\ln(y)}$ となることに注意してください[2].

---

[1]　この点は, $y=e^x$ が 0 に近づくのは, x が $-\infty$ に近づくときであることから明らかです.
[2]　$y=e^{\ln(y)}$ を確認します. 対数の定義から, $y=e^x$ なら $x=\ln(y)$ です. よって, $y=e^x=e^{\ln(y)}$ です.

(1) $xy = e^{\ln(x)} e^{\ln(y)} = e^{\ln(x)+\ln(y)}$ から,$\ln(xy) = \ln(e^{\ln(x)+\ln(y)}) = \ln(x) + \ln(y)$ です.

(2) $\dfrac{x}{y} = \dfrac{e^{\ln(x)}}{e^{\ln(y)}} = e^{\ln(x)-\ln(y)}$ となるため,$\ln\left(\dfrac{x}{y}\right) = \ln(e^{\ln(x)-\ln(y)}) = \ln(x) - \ln(y)$ です.

(3) $a^x = (e^{\ln(a)})^x = e^{x\ln(a)}$ となるため,$\ln(a^x) = \ln(e^{x\ln(a)}) = x\ln(a)$ です.

A.3.2 自然対数の差と変化率の関係

ここで,ε が 0 に近い値であれば（正でも負でもよい）,次式が成立します（$\approx$ は近似を表し,両者がほぼ等しいという意味です）.

$$\ln(1+\varepsilon) \approx \varepsilon$$

図 A-2 を用いて,上式が正しいことを確認します.図をみると,$\ln(y)$ は,$y=1$ なら $\ln(y)=0$,$y<1$ なら $\ln(y)$ は負となり,$y>1$ なら $\ln(y)$ は正となっています（なお,y が 0 に近づくと,$\ln(y)$ は $-\infty$ に発散します）.この図では,$\ln(y)$ だけでなく,直線 $y-1$ も図示しています.$\ln(y)$ と直線 $y-1$ は,$y=1$ で互いに接しています.したがって,$y=1$ 付近では,$\ln(y) \approx y-1$ が成立します.ここで,$y=1+\varepsilon$ と設定すると,ε が 0 に近いとき（換言すると,y が 1 に近いとき）,$\ln(1+\varepsilon) \approx (1+\varepsilon)-1 = \varepsilon$ が成立します.

この関係を使えば,変化率を自然対数の差として表せます.たとえば,t 期

図 A-2 $\ln(y)$ と直線 $y-1$ の関係

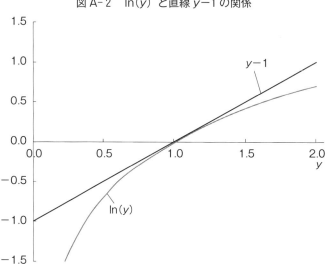

の GDP を y_t, $t-1$ 期の GDP を y_{t-1} とすると, 対数の差は,

$$
\begin{aligned}
\ln(y_t) - \ln(y_{t-1}) &= \ln\left(\frac{y_t}{y_{t-1}}\right) \\
&= \ln\left(1 + \frac{y_t - y_{t-1}}{y_{t-1}}\right) \\
&\approx \frac{y_t - y_{t-1}}{y_{t-1}}
\end{aligned}
$$

となります. 一般に経済データでは, 変化率 $(y_t - y_{t-1})/y_{t-1}$ は 0 に近い値をとることが多いため, 近似関係が成立します.

この関係が正しいことを, 数値を用いて確認します. たとえば, $y_t = 500$, $y_{t-1} = 490$ ならば, 変化率は,

$$
\frac{y_t - y_{t-1}}{y_{t-1}} = \frac{500 - 490}{490} = 0.0204
$$

となります. これに対して, 自然対数の差は $\ln(y_t) - \ln(y_{t-1}) = \ln(500) - \ln(490) = 0.0202$ であり, 実際の変化率とほぼ同じ値です.

この関係は変化率が大きいとき, 不正確な近似となることに注意してください. たとえば, $y_t = 500$, $y_{t-1} = 250$ ならば, 変化率は,

$$
\frac{y_t - y_{t-1}}{y_{t-1}} = \frac{500 - 250}{250} = 1
$$

となります. 自然対数の差は, $\ln(y_t) - \ln(y_{t-1}) = \ln(500) - \ln(250) = 0.6931$ であり, 実際の変化率と大きく異なります. 一般には, 変化率が ±10% 程度までは, 近似は正確ですが, それを超えると近似は悪くなっていきます.

経済データでは, 変化率は小さいことが多く, 自然対数の差を変化率と解釈することが慣例となっています. 以下では, そうした例として, 日本の実質GDP をみてみましょう.

例 A-4：対数差による変化率の近似——日本の GDP 変化率

GDP の四半期データには季節性があるため, 変化率として前年同期比を用います (季節性はコラム 1-1 参照). t 期の GDP を y_t としたとき, 前年同期比の変化率は, 次のようになります.

$$
\frac{y_t - y_{t-4}}{y_{t-4}}
$$

前年同期比では, t 期の GDP を 1 年前の同期 (4 四半期前) の GDP と比べ

図 A-3 変化率と対数差

ることで，季節性の影響を除去した変化率を求めています．このとき，前年同期比での自然対数の差は，次のようになります．

$$\ln(y_t) - \ln(y_{t-4})$$

図 A-3 では，1994年第 1 四半期から2021年第 4 四半期までの GDP の変化率と自然対数の差を描いています．これをみると，両変数はほぼ一致していることが確認できます．この例からも，変化率の近似として，自然対数の差を用いてよいことが確認できます．

付録 B　微分

付録 B では，本書を読むうえで必要な微分の基礎についてまとめています．

B.1　微分の定義

ある値 x に対して，別の値 $f(x)$ を対応させる関係を 1 変数の関数といいます．たとえば，$f(x) = 4 + 2x$，$f(x) = 3x^2$ といった 2 つの式は，それぞれ変数 x を $f(x)$ に対応させる関係であり，1 変数の関数の例です．

微分とは，「関数 $f(x)$ の接線の傾き」であり，「x を微小に変化させたとき，$f(x)$ がどれだけ変化するか」を表します．微分は $df(x)/dx$ と表記されます．

ここで，$y = f(x)$ としましょう．図 B-1 (a) では，$y = f(x)$ を示しています．図をみると，x が増えると y も増加しますが，その増加幅は少しずつ減少する関数であることがわかります．ここで，原点 0 から，x は Δx だけ変化すると，y は Δy だけ変化します（Δ は変化量を示す記号です．すなわち，Δx は x の変化量，Δy は y の変化量を表します）．そして，図 B-1 (a) において，Δx を底辺，Δy を高さとした三角形の傾きは，$\Delta y/\Delta x$ となります．ここで，図 B-1 (b) のように，底辺 Δx を小さくしていくと，三角形の傾き $\Delta y/\Delta x$ は，原

図 B-1　原点 0 での微分のイメージ

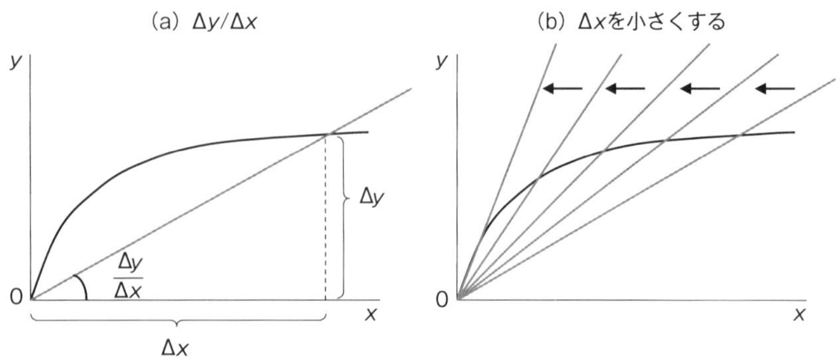

(a) $\Delta y/\Delta x$　　　　(b) Δx を小さくする

図 B-2　一般的な微分のイメージ

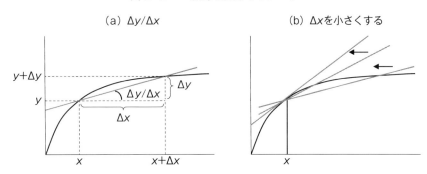

（a）Δy/Δx　　　　　　　　　　（b）Δxを小さくする

点 0 で評価した関数の接線の傾きに近づいていきます．そして，Δx が 0 に非常に近い値であるとき，Δy/Δx は原点 0 で評価した関数の接線の傾きになります．これが x＝0 で評価した微分となります．

　関数の接線の傾きは，x をどの値で評価するかによって異なります．たとえば，x は 0 ではないとします．図 B-2（a）から，ある値 x（≠0）から x＋Δx に変化したとき，y は y＋Δy に変化します．ここで，Δy/Δx は，Δx が大きいため，関数の傾きではありません．しかし，図 B-2（b）のように，Δx を 0 に近づけていくと，Δy/Δx は，x で評価した関数の接線の傾きに近づいていきます．これが x で評価した微分となります．

　微分のイメージが理解できたでしょうか．繰り返しになりますが，微分とは，関数 $f(x)$ の「接線の傾き」であり，「x が変化したとき，$y=f(x)$ がどれぐらい変化するか」を表します．

　数式を用いると，微分は次のように定義されます．

$$\frac{dy}{dx} = lim_{\Delta x \to 0} \frac{\Delta y}{\Delta x}$$
$$= lim_{\Delta x \to 0} \frac{f(x+\Delta x) - f(x)}{\Delta x}$$

ここで，$lim_{\Delta x \to 0}$ とは，x の変化が非常に小さい（Δx が 0 に近い）状態を表します．

B.2　微分の公式

　ここで，$y=x^2$ という関数を考えましょう．このとき，微分は $2x$ です．

$$y = x^2 \qquad \Rightarrow \qquad \frac{dy}{dx} = 2x$$

　これが正しいことを確認しましょう．x から $x + \Delta x$ に微小に変化したとします．このとき，$\Delta y / \Delta x$ は，次のようになります．

$$\frac{f(x + \Delta x) - f(x)}{\Delta x} = \frac{(x + \Delta x)^2 - x^2}{\Delta x}$$

$$= \frac{x^2 + 2x\Delta x + (\Delta x)^2 - x^2}{\Delta x}$$

$$= 2x + \Delta x$$

ここで Δx を 0 に近づけると，第 2 項目が消えて $2x$ となります．

　一般的には，$y = x^n$ という関係を考えると，微分は次のとおりです．

$$y = x^n \qquad \Rightarrow \qquad \frac{dy}{dx} = nx^{n-1}$$

［証明］　x から $x_* = x + \Delta x$ に変化したとします（つまり，$\Delta x = x_* - x$）．よって，微分の定義から，次のようになります．

$$\frac{f(x + \Delta x) - f(x)}{\Delta x} = \frac{x_*^n - x^n}{x_* - x}$$

　ここで，右辺の別表現を考えます．まず，$n = 2$ の場合には，

$$\frac{x_*^2 - x^2}{x_* - x} = x_* + x$$

となり，同様に，$n = 3$，$n = 4$ の場合には，次のようになります（両辺に $x_* - x$ を掛けて，両辺が等式となることを確認してください）．

$$\frac{x_*^3 - x^3}{x_* - x} = x_*^2 + x_* x + x^2$$

$$\frac{x_*^4 - x^4}{x_* - x} = x_*^3 + x x_*^2 + x^2 x_* + x^3$$

これを一般化すると，任意の n に対して，次式が成立します．

$$\frac{x_*^n - x^n}{x_* - x} = x_*^{n-1} + x x_*^{n-2} + x^2 x_*^{n-3} + \cdots + x^{n-2} x_* + x^{n-1}$$

　この関係を用いると，微分は次のように表せます．

$$\frac{f(x + \Delta x) - f(x)}{\Delta x} = \frac{x_*^n - x^n}{x_* - x} = x_*^{n-1} + x x_*^{n-2} + x^2 x_*^{n-3} + \cdots + x^{n-2} x_* + x^{n-1}$$

ここで，Δx を 0 に近づけると，$x_* = x + \Delta x$ は，x に限りなく近づいていきます．よって，微分は，上式の x_* を x で置き換えた式，つまり，

$$x^{n-1} + x x^{n-2} + x^2 x^{n-3} + \cdots + x^{n-1} = x^{n-1} + x^{n-1} + x^{n-1} + \cdots + x^{n-1} = n x^{n-1}$$

となります． ［終］

　ここでは，さらに上の公式を一般化します．任意の定数 a と b を考えて，関数 $y = a + bx^n$ を定義します．この関数を微分すると，次のとおりです．

> **微分の公式**
> $$y = a + bx^n \qquad \Rightarrow \qquad \frac{dy}{dx} = bnx^{n-1}$$

任意の定数である a は，x に依存してないため，微分の式に表れていません．
［証明］ x から $x_* = x + \Delta x$ に変化したとします（つまり，$\Delta x = x_* - x$）．よって，微分の定義から，次のようになります．

$$\frac{f(x+\Delta x) - f(x)}{\Delta x} = \frac{(a + bx_*^n) - (a + bx^n)}{x_* - x} = b\left(\frac{x_*^n - x^n}{x_* - x}\right)$$

ここで，$\Delta x = x_* - x$ を 0 に近づけると，$(x_*^n - x^n)/(x_* - x)$ は nx^{n-1} になるため，微分は bnx^{n-1} です． ［終］

> **例 B-1：微分の数値例**
>
> 　$y = a$ とします．このとき，a は x に依存していないため，
> $$\frac{dy}{dx} = 0$$
> となります．これは微分の公式で $b = 0$ とした場合に該当します．つまり，定数の微分は 0 です．
>
> 　次に，$y = bx$ とします．このとき，微分の公式より，
> $$\frac{dy}{dx} = bx^0 = b$$
> となります．つまり，x で微分すると定数 b となります．
>
> 　最後に，$y = 3 + 4x^3$ とします．このとき，微分の公式より，次のようになります．
> $$\frac{dy}{dx} = 4 \times 3x^2 = 12x^2$$

B.3　関数の最小化と最大化

　微分を用いることで何がわかるでしょうか. 微分は関数の傾き, つまり, 「x が変化したときの y の変化」を教えてくれるので, それ自体が有用な情報を与えてくれます. それ以外にも, 微分を用いることで, 関数 $f(x)$ の最大値や最小値を求めることもできます.

　図 B-3 では, 2 つの関数 $f(x)$ を描いています. これをみると, 関数の最大値と最小値において, 関数の傾きが 0 になっているのがみてとれます. 実は, 関数 $f(x)$ の微分が 0 となるポイント x^* とは, 関数を最大化もしくは最小化するポイント x^* にもなっているのです[3].

　ここで $y=x^2$ としましょう. 公式より $dy/dx=2x$ です. 図 B-4 (a) は, $y=x^2$ という関数を, 図 B-4 (b) は, 微分 (接線の傾き) である $2x$ を示したものです. 当然ですが, $2x$ という関数は, x が負のとき負の値である一方, x が正のとき正の値です. これは $x<0$ で微分が負の値に, $x>0$ で微分が正の値となることを意味します. ここで, $x=0$ で微分は 0 となるため, この関数は, $x=0$ で最小値となります (厳密には, $2x=0$ を満たす x は, $x=0$ と求められます).

　これまでの議論から, 関数を微分して 0 と置いた式を x について解くことで, 関数を最大化もしくは最小化するポイント x^* を求められることが理解で

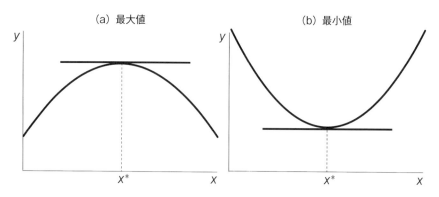

図 B-3　微分が 0 となるポイント x^*

---

3)　これは局所的に最大化もしくは最小化されている可能性もあります.

図 B-4　関数 $y = x^2$

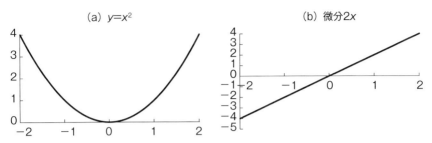

(a) $y = x^2$　　　　(b) 微分$2x$

きました．では，こうして求めた点 x^* が，最大化と最小化のどちらであるのかを，どうしたら判断できるのでしょうか．もちろん関数を図示すればわかりますが，図に描くのも面倒です．別の方法として，微分して 0 と置いた点 x^* から微小に x を変化させ，関数の値が減少すれば，x^* は最大化点と判断することができます．

B.4　合成関数

ここで，$y = f(x)$ とし，また x は別の変数 z の関数とします（これを $x = g(z)$ と表します）．このとき，y は z の関数となっており，$f(g(z))$ を $f(x)$ と $g(z)$ の合成関数と呼びます．たとえば，$y = (3 + 2z)^2$ とすると，これは $y = x^2$，$x = 3 + 2z$ という合成関数と考えられます（つまり，$y = (3 + 2z)^2$ は，$f(x) = x^2$ と $g(z) = 3 + 2z$ の合成関数です）．

B.4.1　合成関数の微分

合成関数の微分は，関数 $f(g(z))$ の傾きとなります．これは合成関数の微分の公式によって，次のように求めることができます．

> **合成関数の微分の公式**
> $$\frac{dy}{dz} = \frac{dy}{dx}\frac{dx}{dz}$$

この公式は，言葉で説明すると，次のようにいうことができます．

$$\begin{pmatrix} z \text{ が変化したときの} \\ y \text{ の変化量} \end{pmatrix} = \begin{pmatrix} x \text{ が変化したときの} \\ y \text{ の変化量} \end{pmatrix} \times \begin{pmatrix} z \text{ が変化したときの} \\ x \text{ の変化量} \end{pmatrix}$$

これは直観的に理解できる式ではないでしょうか．

例 B-2：合成関数の微分の数値例

$y = (3 + 2z)^2$ とし，これを z に関して微分したいとします．この関数は，$y = x^2$ と $x = 3 + 2z$ との合成関数です．また，微分の公式から，

$$\frac{dy}{dx} = 2x, \qquad \frac{dx}{dz} = 2$$

となるため，合成関数の微分の公式から，dy/dz は次のとおりです．

$$\frac{dy}{dz} = \frac{dy}{dx}\frac{dx}{dz} = 4x = 4 \times (3 + 2z) = 12 + 8z$$

B.5　偏微分

　これまで，ある変数 x が，ある値 $f(x)$ に対応する1変数の関数である場合について考えてきました．これに対して，もし2変数 x_1 と x_2 が，ある値 $f(x_1, x_2)$ に対応するならば，これは2変数の関数といいます．同様にして，3つ以上の変数の関数も定義できます．

　ここで，x_1 に関する偏微分とは，「x_2 は固定した値として，x_1 に関して微分をとったもの」です．これは，次のようになります．

$$\frac{\partial y}{\partial x_1} = lim_{\Delta x_1 \to 0} \frac{\Delta y}{\Delta x_1}$$
$$= lim_{\Delta x_1 \to 0} \frac{f(x_1 + \Delta x_1, x_2) - f(x_1, x_2)}{\Delta x_1}$$

ここで，x_2 は固定した値とし，x_1 が $x_1 + \Delta x_1$ に変化しています．

　偏微分では，微分と明確に区別するため，記号として，d ではなく ∂（ラウンド・デルタと呼ぶ）を用いています．偏微分記号を用いるときは，変数が複数あり，そのうち1つを微小に変化させる状況を考えています．偏微分と聞くと難しそうですが，他の変数を固定した値とみなして，微分をとるだけなので，とても簡単です．

例 B-3：偏微分の数値例

　ここで，$y = x_1^2 x_2$ を x_1 で偏微分します．x_2 を固定した値とみなすので，偏微分は以下となります．

$$\frac{\partial y}{\partial x_1} = 2x_1 x_2$$

　次に，$y = x_1^3 + 2x_1x_2 - 4x_2$ を，x_1 で偏微分します．x_2 を固定した値とみなすので，偏微分は次のとおりです．

$$\frac{\partial y}{\partial x_1} = 3x_1^2 + 2x_2$$

付録 C　確率分布

　付録 C では，代表的な連続確率分布として，正規分布，カイ 2 乗分布，t 分布，F 分布を紹介します．これらの分布に馴染みがない読者は，統計学の入門書を事前に読むことをお勧めします[4]．なお，連続確率変数では，その確率は密度関数の面積によって定義されます．

C.1　正規分布

　確率変数 Y の密度関数 $f_Y(y)$ が，

$$f_Y(y) = \frac{1}{\sqrt{2\pi\sigma^2}} \, e^{-\frac{(y-\mu)^2}{2\sigma^2}}$$

であるとき，Y を正規確率変数，その確率分布を正規分布といいます．正規分布は指数関数の代表的な底であるネイピア数 $e = 2.718\cdots$ を使って定義されます（指数関数とネイピア数については A.2 参照）．

　正規確率変数 Y の期待値は μ，分散は σ^2 となります．

$$E[Y] = \mu, \quad V(Y) = \sigma^2$$

図 C-1　正規分布

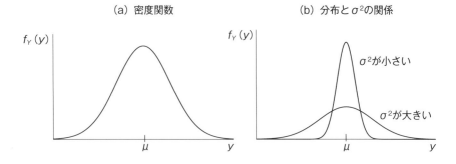

(a) 密度関数　　　　　　　　　　(b) 分布と σ^2 の関係

―――
4)　藪友良（2012）『入門 実践する統計学』東洋経済新報社，の 6 章で正規分布，9 章でカイ 2 乗分布，t 分布，F 分布を解説しています．

また，Y が正規分布に従うことを $Y \sim N(\mu, \sigma^2)$ と表します.

図 C-1 (a) では，正規分布の密度関数を描いており，その中心は期待値 μ となります．また，図 C-1 (b) をみると，分散 σ^2 が大きいほどばらつきが大きく，分散 σ^2 が小さいほどばらつきは小さくなっています.

C.1.1 正規分布の再生性

正規分布の再生性とは，「正規確率変数の線形関数は正規分布に従う」ことを述べたものです．確率変数の線形関数とは，n 個の確率変数（Y_1, Y_2, $\cdots$, Y_n）と任意の定数（c_0, c_1, c_2, $\cdots$, c_n）を用いて，

$$c_0 + c_1 Y_1 + c_2 Y_2 + c_3 Y_3 + \cdots + c_n Y_n$$

と表したものです．正規分布の再生性は，すべての Y_i が正規確率変数であれば，その線形関数 $c_0 + c_1 Y_1 + c_2 Y_2 + c_3 Y_3 + \cdots + c_n Y_n$ も正規分布に従うとしています.

正規分布の再生性のイメージを簡単な例を使って考えましょう（図 C-2 参照）．Y_1 と Y_2 は正規確率変数であるとします（$Y_1 \sim N(\mu_1, \sigma_1^2)$, $Y_2 \sim N(\mu_2, \sigma_2^2)$）．ただし，$0 < \mu_1 < \mu_2$ とします．ここで，$Y_1 + Y_2$ は正規確率変数の線形関数ですから（$c_1 = c_2 = 1$, $c_0 = c_3 = c_4 = \cdots = c_n = 0$），やはり正規分布に従います.

C.1.2 標準正規分布

正規確率変数のうち，期待値 μ が 0，分散 σ^2 が 1 の場合を，標準正規確率変数といい，その分布を標準正規分布と呼びます．図 C-3 では，標準正規分布を描いています．ここで，Z が標準正規確率変数なら，その密度関数は，次

図 C-2 正規確率変数の和

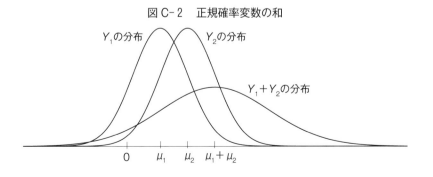

のようになります（正規分布の密度関数に $\mu=0$, $\sigma^2=1$ を代入しました）.

$$f_Z(z) = \frac{1}{\sqrt{2\pi}} \, e^{-\frac{z^2}{2}}$$

また, Z が標準正規分布に従うことを $Z \sim N(0, 1)$ と表記します.

　標準正規確率変数 Z の確率は, 密度関数 $f_Z(z)$ の面積として定義され, 次のようになります.

$$P\{1.645 < |Z|\} = 0.1$$
$$P\{1.96 < |Z|\} = 0.05$$
$$P\{2.576 < |Z|\} = 0.01$$

$P\{1.96 < |Z|\} = 0.05$ とは, 確率変数 Z が, $Z < -1.96$ もしくは $1.96 < Z$ となる確率が 0.05 となることを意味します[5]. 確率の和は 1 ですから, これは $P\{-1.96 < Z < 1.96\} = 0.95$ を意味します（確率 $P\{-1.96 < Z < 1.96\}$ は, 図 C-3 の網掛けの部分に該当します）.

C.1.3　標準化

　正規確率変数 Y の期待値は μ, 分散は σ^2 とします（つまり, $Y \sim N(\mu, \sigma^2)$ となる）. このとき, 確率変数 Y から, その期待値 μ を引き, 標準偏差 σ で割

図 C-3　標準正規確率変数の絶対値が1.96を下回る確率

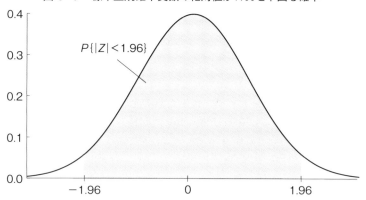

---

5)　Excel なら「NORM.S.DIST(-1.96,TRUE)」と入力すれば, Z が -1.96 より小さくなる確率を 0.025 と計算できます. また, 標準正規分布は 0 を中心に左右対称なので, $P\{Z < -1.96\} = P\{1.96 < Z\}$ です. 以上から, $P\{1.96 < |Z|\} = P\{Z < -1.96\} + P\{1.96 < Z\} = 2 \times 0.025 = 0.05$ と求められます.

ると，新たに定義された確率変数は標準正規分布に従います．

$$\frac{Y-\mu}{\sigma} \sim N(0,1)$$

この操作を標準化といいます．

C.1.4　中心極限定理

　相互に独立な n 個の確率変数 Y_1, Y_2, $\cdots$, Y_n が与えられたとき，n が十分に大きければ，これらの和や平均は正規分布に従います．これを中心極限定理といいます．

　具体的には，相互に独立な n 個の確率変数 Y_1, Y_2, $\cdots$, Y_n があり，それぞれの期待値は μ，分散は σ^2 とします（各分布の形状は正規分布である必要はありません）．このとき，n が十分に大きければ，標本平均 $\bar{Y}$ と総和 $\sum_{i=1}^{n} Y_i$ は，次のような正規分布に従います．

$$\bar{Y} \sim N\left(\mu, \frac{\sigma^2}{n}\right), \quad \sum_{i=1}^{n} Y_i \sim N(n\mu, n\sigma^2)$$

C.2　カイ 2 乗分布

　n 個の相互に独立な標準正規確率変数 Z_1, Z_2, $\cdots$, Z_n を考えます（つまり，$Z_i \sim N(0,1)$ となる）．これらの 2 乗和である

$$W = Z_1^2 + Z_2^2 + \cdots + Z_n^2$$

を $\chi^2(n)$ 確率変数といい，W の分布を自由度 n の χ^2 分布といいます（χ^2 はカイ 2 乗と読む）．これを $W \sim \chi^2(n)$ と表します．自由度は「2 乗和を構成する確率変数のうち，自由に動ける確率変数の数」のことです．W には，n 個の自由に変動する確率変数が含まれていますから自由度は n です．図 C-4 では，異なる自由度に対応した χ^2 分布を描いています．

　確率変数 W の期待値 $E[W]$ と分散 $V(W)$ は，それぞれ次のようになります．

$$E[W] = n, \quad V(W) = 2n$$

つまり，期待値は自由度，分散は 2 × 自由度です．図 C-4 をみると，自由度が大きくなると，期待値と分散が大きくなっていることがわかります．

図C-4　さまざまな自由度に対するχ^2分布

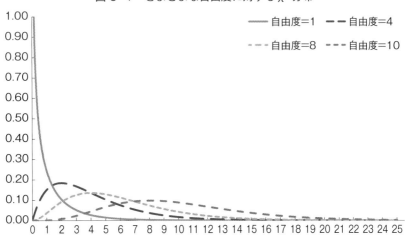

C.3　t分布

　Zを標準正規確率変数，Wを（Zと独立な）自由度nのχ^2確率変数とすると，

$$U = \frac{Z}{\sqrt{\dfrac{1}{n}W}}$$

は自由度nのt分布に従います．ここで，Uをt確率変数といい，$U \sim t(n)$ と表します．

　図C-5は，標準正規分布$N(0,1)$と自由度1，2，4のt分布（$t(1)$，$t(2)$，$t(4)$と表記）を示したものです．これをみると，t分布は0を中心とした左右対称の分布であり，標準正規分布よりも頂点が低く裾の厚い分布であることがわかります．また，自由度nが大きくなると，t分布は標準正規分布に近づいていきます．

C.4　F分布

　W_1を自由度mのχ^2確率変数，W_2を自由度nのχ^2確率変数とすると（W_1とW_2は互いに独立とします），

図 C-5　自由度と t 分布の形状

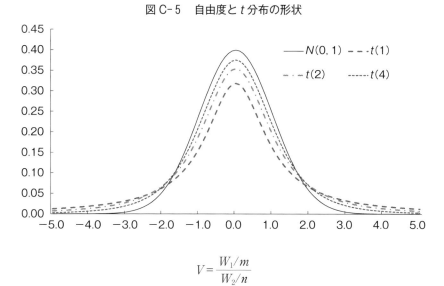

$$V = \frac{W_1/m}{W_2/n}$$

は，F 分布（自由度 m, n）に従います．分子の自由度 m を第 1 自由度，分母の自由度 n を第 2 自由度，V を F 確率変数といい，$V \sim F(m, n)$ と表します．

付録 D　文献紹介

一般向けの書籍

［1］伊藤公一朗（2017）『データ分析の力』光文社新書

［2］中室牧子／津川友介（2017）『「原因と結果」の経済学』ダイヤモンド社

［3］スティーヴン・D・レヴィット／スティーヴン・J・ダブナー（2007）『ヤバい経済学』増補改訂版，東洋経済新報社，望月衛訳

［4］スティーヴン・D・レヴィット／スティーヴン・J・ダブナー（2010）『超ヤバい経済学』東洋経済新報社，望月衛訳

　［1］［2］では，因果関係を特定するための手法が，豊富な事例を通じて説明されています．［3］［4］では，社会の裏側を経済学と計量経済学を用いて検証しています．その内容が面白いだけでなく，論文のテーマ選びの参考にもなります．

統計学の入門書

［5］藪友良（2012）『入門 実践する統計学』東洋経済新報社

［6］岩田暁一（1983）『経済分析のための統計的方法』第2版，東洋経済新報社

　統計学に馴染みがない読者は，統計学の入門書を事前に読んでから本書に取り組むことで，理解が飛躍的に高まるはずです．統計学の入門書としては，本書の姉妹書である［5］をお勧めします．［5］の1章から9章までが，統計学の基礎となります．本書では，統計学の復習が必要な箇所について，［5］の参照箇所を明記しました．さらに勉強したい方には，［6］をお勧めします．こちらは，行列を用いた説明が充実しており，大学院進学を目指している読者にお勧めです．［6］の12章では，大学院レベルの統計学や計量経済学の理解に必要な行列の内容がコンパクトに説明されています．

計量経済学の入門書

［7］Stock, J. H. and Watson, M. W. (2019) *Introduction to Econometrics*, 4th ed., Pearson（ジェームス・ストック／マーク・ワトソン（2016）『入門 計量経済学』共立出版，宮尾龍蔵訳，原書第2版の翻訳）
［8］Wooldridge, J. M. (2019) *Introductory Econometrics*, 7th ed., South-Western.
［9］西山慶彦／新谷元嗣／川口大司／奥井亮（2019）『計量経済学』有斐閣

　計量経済学をさらに学習したい方に，本書に加えてお勧めする教科書です．［7］［8］は，世界の定番教科書となります（［7］は日本語訳も出版されています）．［9］は，計量経済学の初級から中級までをカバーした書籍であり，理論の説明に関して充実しています．［7］［8］［9］は，漸近理論を用いて説明しているだけでなく，計量経済学の広い範囲をカバーしているのが特徴です．これらのうち，いずれか1冊を読まれることをお勧めします．

時系列分析の入門書

［10］沖本竜義（2010）『経済・ファイナンスデータの計量時系列分析』朝倉書店
［11］ウォルター・エンダース（2019）『実証のための計量時系列分析』有斐閣，新谷元嗣／藪友良訳

　［10］は，時系列分析の基礎をコンパクトに説明した書籍です．さらに学習したい方には，［11］をお勧めします．こちらは，分量が少し多くなりますが，基礎理論の説明が充実しており，実証分析も多数紹介されています．

機械学習の入門書

［12］James, G., Witten, D., Hastie, T., and Tibshirani, R. (2021) *An Introduction to Statistical Learning*, 2nd ed., Springer.

　［12］は，機械学習の入門書です．データやRの再現コードもあり，手を動かしながら機械学習について理解を深めることができます．こちらはウェブサイトから，教科書をダウンロードもできます．

大学院レベルの計量経済学の書籍

[13] Hayashi, F. (2000) *Econometrics*, Princeton University Press.

[14] Hansen, B. E. (2022) *Econometrics*, Princton University Press.

[15] Wooldridge, J. M. (2010) *Econometric Analysis of Cross Section and Panel Data*, 2nd ed., MIT Press.

[16] Angrist, J. D. and Pischke, J.-S. (2008) *Mostly Harmless Econometrics*, Princeton University Press.

[17] Hamilton, J. D. (1994) *Time Series Analysis*, Princeton University Press.

　大学院レベルの書籍としては，[13] をお勧めします．こちらは，GMM で理論を説明したユニークな本ですが，その説明はわかりやすく，実証分析も多数紹介されています．また，[14] は，計量経済学の広い範囲を，最新の内容までカバーした書籍となります．さらに勉強したい方は，ミクロ計量なら [15][16]，時系列分析なら [17] があります．

統計ソフトの解説書

[18] 松浦寿幸（2021）『Stata によるデータ分析入門』第 3 版，東京図書

[19] 今井耕介（2018）『社会科学のためのデータ分析入門（上・下）』岩波書店，粕谷祐子／原田勝孝／久保浩樹訳

　データ分析のための統計ソフトとして，Stata や R があります．[18] は，Stata の定番教科書です．[19] は，R を使って，データ分析の基礎を学ぶことができます．テキストデータ，ネットワークデータ，空間データなどの分析方法も紹介されています．これらは，データや再現コードも提供されており，手を動かしながら，統計ソフトの理解を深めることができます．

付録 E　ギリシャ文字の読み方

　本書では，パラメータの表記にギリシャ文字を用いています．以下では，参考までに，ギリシャ文字の読み方をすべてまとめています．

大文字	小文字	読み方
A	α	アルファ
B	β	ベータ
Γ	γ	ガンマ
Δ	δ	デルタ
E	ε	イプシロン
Z	ζ	ゼータ
H	η	イータ
Θ	θ	シータ
I	ι	イオタ
K	κ	カッパ
Λ	λ	ラムダ
M	μ	ミュー
N	ν	ニュー
Ξ	ξ	クサイ
O	o	オミクロン
Π	π	パイ
P	ρ	ロー
Σ	σ	シグマ
T	τ	タウ
Υ	υ	ウプシロン
Φ	φ	ファイ
X	χ	カイ
Ψ	ψ	プサイ
Ω	ω	オメガ

索引

【著者紹介】
藪　友良（やぶ　ともよし）
1997年　法政大学経済学部卒業.
1999年　一橋大学大学院経済学研究科修士号取得.
2006年　ボストン大学大学院経済学研究科Ph. D.(経済学)取得.
日本銀行エコノミスト, 筑波大学システム情報系専任講師を経て,
現在, 慶應義塾大学商学部教授.

主要論文・著書
藪友良(2012)『入門 実践する統計学』東洋経済新報社.
Perron, P. and Yabu, T.（2009）"Estimating Deterministic Trends with an Integrated or Stationary Noise Component," *Journal of Econometrics* 151(1).
Perron, P. and Yabu, T.（2009）"Testing for Shifts in Trend with an Integrated or Stationary Noise Component," *Journal of Business & Economic Statistics* 27(3).
Ito, T. and Yabu, T.（2007）"What Prompts Japan to Intervene in the Forex Market: A New Approach to a Reaction Function," *Journal of International Money and Finance* 26(2).
ほか多数.

入門　実践する計量経済学

2023 年 5 月 4 日発行

著　者——藪　友良
発行者——田北浩章
発行所——東洋経済新報社
　　　　　〒103-8345　東京都中央区日本橋本石町 1-2-1
　　　　　電話＝東洋経済コールセンター　03(6386)1040
　　　　　https://toyokeizai.net/

装　丁…………吉住郷司
印刷・製本……丸井工文社
編集協力………村瀬裕己／堀　雅子
編集担当………茅根恭子
©2023 Yabu Tomoyoshi　　　Printed in Japan　　　ISBN 978-4-492-31550-7